本书的出版得到
荷兰文学基金会的资助

DE VERGETEN
WETENSCHAPPEN

Een geschiedenis van de humaniora

人文学的历史

被遗忘的科学

〔荷兰〕任博德（Rens Bod） 著　　徐德林　译

北京大学出版社
PEKING UNIVERSITY PRESS

著作权合同登记号　图字：01-2013-5795
图书在版编目(CIP)数据

人文学的历史：被遗忘的科学/(荷兰)任博德(Rens Bod)著；徐德林译.—北京：北京大学出版社，2017.11
ISBN 978-7-301-28701-9

Ⅰ.①人…　Ⅱ.①任…②徐…　Ⅲ.①人文科学—历史—研究—世界　Ⅳ.①C091

中国版本图书馆 CIP 数据核字(2017)第 214918 号

DE VERGETEN WETENSCHAPPEN
Copyright © Rens Bod, 2010
Simplified Chinese Edition © 2017 Peking University Press
All Rights Reserved

书　　　名	人文学的历史——被遗忘的科学 RENWENXUE DE LISHI
著作责任者	〔荷兰〕任博德（Rens Bod）著　徐德林　译
责任编辑	闵艳芸
标准书号	ISBN 978-7-301-28701-9
出版发行	北京大学出版社
地　　　址	北京市海淀区成府路 205 号　100871
网　　　址	http://www.pup.cn
电子信箱	minyanyun@163.com
新浪微博	@北京大学出版社
电　　　话	邮购部 62752015　发行部 62750672　编辑部 62750673
印　刷　者	涿州市星河印刷有限公司
经　销　者	新华书店
	965 毫米×1300 毫米　16 开本　26.75 印张　407 千字 2017 年 11 月第 1 版　2017 年 11 月第 1 次印刷
定　　　价	88.00 元

未经许可，不得以任何方式复制或抄袭本书之部分或全部内容。
版权所有，侵权必究
举报电话：010-62752024　电子信箱：fd@pup.pku.edu.cn
图书如有印装质量问题，请与出版部联系，电话：010-62756370

目　录

| 第一章 | 前言：寻求原则与模式 | 1 |

第二章　古代："人文学"的发端 …………………………… 11
- 第一节　语言学·语法的诞生 …………………………… 11
- 第二节　历史编纂学·史料问题与历史的形式 ………… 20
- 第三节　语文学·文本修复问题 ………………………… 33
- 第四节　音乐学·和声与旋律法则 ……………………… 40
- 第五节　艺术理论·世界的视觉复制 …………………… 48
- 第六节　逻辑学·推理规则 ……………………………… 57
- 第七节　修辞学·演讲术作为一门学科 ………………… 63
- 第八节　诗学·文学与戏剧研究 ………………………… 71
- 概要：古代世界人文学的共通模式 ……………………… 77

第三章　中世纪：普遍与特殊 ………………………………… 81
- 第一节　语言学·从规则到范例 ………………………… 81
- 第二节　历史编纂学·通史与形式传述理论 …………… 92
- 第三节　语文学·缮写员、百科全书编纂者与译者 …… 113
- 第四节　音乐学·音乐实践的形式化 …………………… 119
- 第五节　艺术理论·遵循与打破规则 …………………… 129
- 第六节　逻辑学·真实三段论的法则 …………………… 136
- 第七节　修辞学与诗学·形形色色的规则 ……………… 143
- 概要：中世纪人文学的创新 ……………………………… 152

第四章　早期近代：人文学的统一 …… 156
　第一节　语文学·早期近代的学问女皇 …… 156
　第二节　历史编纂学·语文学传播：世界观的世俗化 …… 175
　第三节　语言学与逻辑学：在人文主义的束缚下 …… 198
　第四节　音乐学·人文主义与自然科学之间的缺失一环 …… 214
　第五节　艺术理论·视觉世界表征的一个转折点 …… 228
　第六节　修辞学·包罗万象(抑或空空如也)的科学？ …… 249
　第七节　诗学·绝境中的古典主义 …… 253
　概要：早期近代人文学中有进步吗？ …… 261

第五章　现代：复兴的人文学 …… 273
　第一节　历史编纂学·世界的历史化 …… 274
　第二节　语文学：一门完备的学科？ …… 295
　第三节　语言学与逻辑学·语言与意义的法则 …… 305
　第四节　音乐学·系统与历史 …… 327
　第五节　艺术史与考古学·走向视觉语文学 …… 338
　第六节　文学与戏剧研究·修辞学与诗学的神奇消失 …… 354
　第七节　媒体与文化研究·从电影研究到新媒体 …… 367
　概要：现代人文学中有断裂吗？ …… 374

第六章　结论·改变世界的人文学洞见 …… 381

附录　关于方法的说明 …… 394

索引 …… 396

第一章 前言:寻求原则与模式

本书是书写人文学比较史的首次尝试。在很长一段时间内,人文学与科学之间并无区隔。无论一个人希望理解精神还是自然的秘密,那都属于相同的智识活动。毕达哥拉斯(Pythagoras)同时研究音乐和数学,比鲁尼(al-Biruni)同时是历史学家和天文学家。甚至科学革命的代表性人物——伽利略(Galileo)、开普勒(Kepler)和牛顿(Newton)——也同时从事语文学和自然世界研究。这就提出了人文学与科学之间的区隔在何等程度上是本质的还是人为的这一问题。它们的研究方法的区别在哪里?它们何时朝着不同的方向发展?人文学的洞见是否曾促成重大发现?1959年,C. P. 斯诺(C. P. Snow)引发的著名的"两种文化论争"仅仅是过去50年的一种现象呢,还是始终存在?① 回答类似问题时,人文学与科学二者的历史书写是不可或缺的。

人文学科何为?它就像圣奥古斯丁(St Augustine)意义上的"时间"概念:倘若你不追问,我们了然在胸,但倘若你追问,我们则一片茫然。② 19世纪以降,人文学科通常被定义为那些考察人类精神表达的学科。③ 音乐学、文学理论、语言学、视觉艺术研究,悉数属于人文学科的范畴,有别于属于科学范畴的自然研究。类似的是,对社会语境中人类的研究属于社会科学。但是,这些定义并不能令人满意。数学在很大程度上是人类心智的产物,但它并不被视为是一门人文学科。因此,一种实用主义的立场可能更加切实

---

① Charles Percy Snow, *The Two Cultures and the Scientific Revolution*, Cambridge University Press, 1959.

② St Augustine, *Confessions*, Book XI, chapter XX.

③ Wilhelm Dilthey, *Einleitung in die Geisteswissenschaften. Versuch einer Grundlegung für das Studium der Gesellschaft und der Geschichte*, Teubner 1883, reprinted: 1979.

可行：人文学科是在人文系科被讲授、研习的学科。根据这一"定义"，人文学科通常包括语言学、音乐学、语文学、文学理论、历史学科（包括艺术史和考古学），以及电影与电视研究等较新的领域。在一些国家，神学和哲学也是在人文系科被讲授的，而在另一些国家，它们自成系科。正如我在下文中要解释的那样，我在本书中将主要聚焦"经验主义的"人文学科。

这马上就提出了一个概念性问题——假如它们是由人创造的，那么人类精神的表达，比如语言、文学、音乐和艺术，在什么程度上可以被称作"经验主义的"？人文学科主要研究"精神世界"而不是外部世界，事实并非如此吗？诚然，人文学科的产物一直都是为人所创造，但当这些产物显现为手稿、乐曲、文学作品、雕塑、语法书籍、戏剧、诗歌和绘画等形式的时候，它们显然和其他研究主题一样，是向经验研究和各种假说的提出开放的。我们将看到，自古以来，人文学科中的这些研究主题实际上一直在接触关乎假定模式与阐释的各种假说与评价。

我将在本书中证明从古至今的人文学者如何处理他们的材料（语言、文本、音乐、文学、戏剧和艺术），以及他们认为他们能够从中得出什么结论。我要强调，或许不必要，人文学的历史并非关于音乐、艺术或者文学的历史，而是关于音乐学、艺术理论和文学理论的历史。这种历史始于最早的人文活动在古代的诞生。然而，我们应当记住的是，直到 19 世纪，人文学科才被视为一个融贯的学问分支，我们的分类因此完完全全属于 19 世纪。① 比如，直到 18 世纪后期，音乐学（也）被视为是一种数学活动，属于"四艺"，以天文、几何和算术为伴。关于精神世界的知识与关于自然世界的知识之间的区隔，在近代早期甚至尚未被划分。然而，目前被认为将出现在人文学保护伞之下的学科，已然被系统地排除在现有科学史之外。因此，我不会把人文学的历史限定在 19、20 世纪（当时的人文学科被置于了一种标准之下）。相反，我将从我们最初发现这些活动的地方——古代——出发。

为什么有人希望割裂人文学与科学的历史，而不是志在一种包括**所有**（强调为作者所加，下同——译者）学术活动——从自然、社会到人文——

---

① Wilhelm Dilthey, *Einleitung in die Geisteswissenschaften. Versuch einer Grundlegung für das Studium der Gesellschaft und der Geschichte*, Teubner 1883, reprinted: 1979.

的历史？1930年代,乔治·萨顿(George Sarton)尝试过勉力书写一种包括**所有**学科的历史。① 然而,他的工作是基于一种高度实证主义的进步概念,其结果并未超越14世纪,而且即使在那个时期,人文学在萨顿的历史中占据着一个非常边缘的位置。虽然他在某种程度上包括了语言学和音乐学,但他排除了其他人文学科,比如艺术史和文学理论。根据萨顿,不同于音乐研究,视觉艺术(绘画、建筑和雕塑)的历史仅仅从"外部"让人了解学术,无助于学术"进步"。② 萨顿并未进一步阐释这一问题,但他似乎是在指向艺术**本身**的历史,而不是作为一门**学科**的艺术史。

我们将看到艺术史像文学理论一样,是人文学历史的基本要素。早至公元前3世纪以降,亚历山大学派的学者们便在描述现实的时候,勉力阐明艺术家对"正确"比例的探求。公元1世纪,普林尼(Pliny)详细描述了古典雕塑家何以坚守严格的比例,比如头部尺寸和身体之间的比例;维特鲁威(Vitruvius)介绍了古代神殿的比例。非常令人吃惊的是,这些比例与见诸(毕达哥拉斯、托勒密[Ptolemy]及其他人的)音乐和声研究的比例相一致。类似关系也显示在印度和中国的艺术与音乐之中(比如婆罗多牟尼[Bharata Muni]与刘安)。因此,倘若我们希望正确理解人文学的历史发展,我们就应该把音乐研究(音乐学)和艺术研究(艺术史)包括在内。然而,在这二者中,萨顿仅仅讨论了音乐学,而且主要是因为它对科学进步的重要性。萨顿的著作并非是关于学问与科学的通史,更不必说是人文学的通史。可以说,汉斯-约阿希姆·施杜里希(Hans-Joachim Störig)在1953年对科学史的概述同样如此。③ 虽然施杜里希的著作并非是基于对进步的实证主义信仰,但他仅仅把语言学和历史编纂学算做了人文学科。④

---

① George Sarton, *Introduction to the History of Science*, Volume I, II, III, Baltimore: Williams and Wilkins, 1931/1947.

② George Sarton, *Introduction to the History of Science*, Volume I, 5, Baltimore: Williams and Wilkins, 1931/1947.

③ Hans-Joachim Störig, *Kleine Weltgeschichte der Wissenschaft*, Fischer, 1953.

④ 虽然不乏杰作,比如米歇尔·福柯(Michel Foucault)的《词与物》(*The Order of Things*, 1966)、乔治·古斯多夫(Georges Gusdorf)的《人文学科与西方思想》(*Les Sciences humaines et la pensée occidentale*, 1967),但这些主要是哲学性质的,聚焦于社会科学而不是人文学(被收录在内的有语言学与历史编纂学,但别无其他人文学科)。

因此,在内容与时代两方面,人文学通史依旧"曝光不足"。这一点日渐引人注目,因为 19 世纪以降,科学史已然被书写。① 最近,社会科学通史也得到了研究。② 换言之,从一种历史编纂学的观点来看,人文学的历史是因其缺席而引人注目的。思想史上的这一显而易见的空白何以才能被人理解呢?一种解释将在本书中显影出来,即在过去的两个世纪中,人文学已然变得日益碎片化——不同于科学,其间似乎已然发生相反的情况。当下的科学史编纂通常选取物理学作为核心学科,随之其他科学(化学、生物学与地质学)得到讨论和比较。对人文学的历史而言,这样的一种方法即便不是不可能也会难得多。并没有所有其他学科可以效仿的核心人文学科——虽然我们将在本书中看到,存在诸多共有的人文实践与方法论。迄今为止,已然被书写的为数不多的历史都是**单个**人文学科的历史,比如语言学史、③文学理论史,④以及史学史。⑤ 不同学科中的方法与原则之间的联系鲜有被建立。这已然导致了奇怪的情势。比如,在 17 世纪的英国,威廉·霍尔德(William Holder)同时撰写了彼此相关的语言学和音乐学著作,但他通常被

---

① 在诸多自然科学史著述中,最早的之一是威廉·休厄尔(William Whewell)的《归纳科学史》(*History of the Inductive Sciences*,共 3 卷,1837)。后来的经典是斯蒂芬·梅森(Stephen Mason)的《科学史》(*A History of the Sciences*,MacMillan,1962)、威廉·丹皮尔(William Dampier)的《科学史及其与哲学和宗教的关系》(*A History of Science and Its Relation to Philosophy and Religion*,Cambridge University Press,1966)。更晚近的一些经典之作包括詹姆斯·麦克莱伦(James McClellan)与哈罗德·多恩(Harold Dorn)的《世界史中的科学与技术导论》(*Science and Technology in World History: An Introduction*,Johns Hopkins University Press,1999)、弗雷德里克·格里高利(Frederick Gregory)的《西方历史中的自然科学》(*Natural Science in Western History*,Wadsworth Publishing,2007)。

② 关于社会或人类科学(human sciences)(不能与人文学[humanities]混为一谈)的历史的代表作包括罗杰·史密斯(Roger Smith)的《诺顿人类科学史》(*The Norton History of the Human Sciences*,Norton and Company,1997)、斯科特·戈登(Scott Gordon)的《社会科学的历史与哲学引论》(*The History and Philosophy of Social Science: An Introduction*,Routledge,1993)、西奥多·波特(Theodore Porter)与多萝西·罗斯(Dorothy Ross)的《剑桥科学史卷 7:现代社会科学》(*The Cambridge History of Science, Volume 7, The Modern Social Sciences*,Cambridge University Press,2003)。

③ 比如 R. H. Robins,*A Short History of Linguistics*,Longman,1997。

④ 比如 Richard Harland,*Literary Theory from Plato to Barthes*,Palgrave Macmillan,1999。

⑤ 比如 Ernst Breisach,*Historiography: Ancient, Medieval and Modern*,The University of Chicago Press,2007。

视为两个不同的人。在中国汉代,司马迁设计了一种同时关乎历史编纂学与诗学的叙事方案,但他仅仅以历史学家的身份为人所知。

这就意味着这些领域的一种比较法的、跨学科的历史必不可少。而且,我们不能将自己限定在某一地区。事实是几乎不存在人文学的历史可以被孤立考察的地方。比如,帕尼尼(Panini)的印度语言学首先渗透到了中国和伊斯兰文明,之后对欧洲的语言研究产生了深远影响。就模式的发现而言,希腊(希罗多德[Herodotus]与修昔底德[Thucydides])、中国(司马迁)和非洲(伊本·赫勒敦[Ibn Khaldun])的历史学家全都"发现了"崛起、鼎盛与衰落这一不断循环的历史模式。尽管如此,单个人文学科的历史编纂经常局限于西方传统的范围之内,没有尝试去揭示不同地区之间引人注目的互动。① 本书将至少在某种程度上勉力揭示这样的相互影响,虽然全球视野下的人文学历史是很难的,因为很多史料尚无法获得。② 我深知我在本书中给予西方人文学的关注度是有失均衡的。但除欧洲与美洲之外,我还将讨论印度、中国、伊斯兰文明与非洲,对拜占庭和奥斯曼帝国也有所涉猎。任何未来的人文学世界史还应当包括其他地区——从前哥伦布时代的美洲到日本。从来就不存在遗漏这些或者那些地区的充足理由。充其量日本人文学科的历史可能多少有些孤立地结束于我们当下的概述之中,因为它们对我们所讨论地区的影响不及它们所受到的影响(有几个令人印象深刻的例外——参见第六章)。

然而,从如此庞大数量的历史资料中,选择何以能够进行?一如存在许多可能的科学史,所以,我的描述将是许多可能的人文学历史之一。在本书

---

① 甚至新近出版的九卷本《剑桥文学批评史》(*Cambridge History of Literary Criticism*,Cambridge University Press,2009)也都局限于西方文学批评,而这种实践(地区间的互动)在中国、印度和阿拉伯世界之间已存在一千余年。然而,并非所有历史概述都有这个缺陷,比如《历史学家和历史书写百科全书》(*Encyclopedia of Historians and Historical Writing*,Routledge,1999)便旨在覆盖全球。同样,在自然科学史上,全球视野日渐流行,比如詹姆斯·麦克莱伦与哈罗德·多恩的《世界史上的科学与技术导论》,弗洛里斯·科恩(Floris Cohen)的《现代科学的产生:四种文明,一种17世纪的突破》(*How Modern Science Came into the World: Four Civilizations, One 17th-century Breakthrough*,Amsterdam University Press,2010)。

② 参见比如 Khaled El-Rouayheb,"Opening the Gate of Verification: the Forgotten Arab-Islamic Florescence of the 17th Century",*International Journal of Middle East Studies*,38,pp. 263—281,2006。

中,我聚焦人文学中的一条未曾中断的线索;在我看来,我可以把它视为**基于方法原则寻求人文资料中的模式**。这条线索并非唯一的思路,但是它可以见诸一切时期和地区。而且,它赋予我的历史编纂一定程度的融贯性,随之我还可以为其他不是寻求模式的方法找到一个位置。像这样的科学史或许是过时的,或者没有说服力,但迄今为止,人文学科的历史概述一种都没有。随之出现的问题是人文学者已然发现了什么原则与模式。它们很少是"绝对"定律,就像我们在科学中所看到的那些定律一样。但自古以来,我们一直在人文资料中同时寻找地方性的、普适性的规律。这些规律的确切本质是本书的主题。第六章的结论之一是人文学与科学之间仅仅存在一种渐进区隔,以及在模式及其潜在"例外"的本质中存在一种连续体。

我们对待人文学历史的方法挑战了哲学中的一种极具支配性的观点。这种观点是由威廉·狄尔泰(Wilhelm Dilthey)提出的,它主张人文学(Geisteswissenschaften)主要关注理解(verstehen),而自然科学(Naturwissenschaften)则关注解释(erklären)。① 根据狄尔泰,倘若人文学者去观察、计算、测量或者寻找表面规律,他们注定会失败。他们当为之事是探寻重要历史人物的动机与意图。揭示这些**内在**动机比研究人类精神的**外在**表现更加重要。在这一语境下,已然有人讨论威廉·文德尔班(Wilhelm Windelband)在对待知识的**具体**方法(它是对独特、特殊的研究)与研究的**常规**方法(它力图归纳)之间所做的区隔。② 虽然这种观点在人文学科的哲学中很有影响,③但它被证明与人文实践关系较少。即使是在狄尔泰的观点盛行的时候(19世纪末20世纪初),每一门人文学科中也都同时有具体和常规要素,而且后者经常占据支配地位。我们已然发现常规的、寻求模式的要素不仅见诸德·索绪尔(De Saussure)和雅各布森(Jacobson)的语言学,而且见诸拉赫曼(Lachmann)的语文学、申克(Schenker)的音乐学、普洛普(Propp)的文学理论、沃尔夫林(Wölfflin)的艺术史,以及年鉴学派的历史编纂学,仅举

---

① Wilhelm Dilthey, *Einleitung in die Geisteswissenschaften. Versuch einer Grundlegung für das Studium der Gesellschaft under der Geschichte*, Teubner 1883, reprinted: 1979, pp. 29ff.
② Wilhelm Windelband, *Geschichte und Naturwissenschaft*, Heitz, 3rd edition, 1904.
③ 参见比如 Gunter Scholz, *Zwischen Wissenschaftsanspruch und Orientierungsbedürfnis: zu Grundlage und Wandel der Geisteswissenschaften*, Suhrkamp, 1991。

几例。尽管有狄尔泰和文德尔班的构成性建议,寻求和发现人文学科中的模式的努力依然激增。不过,狄尔泰和文德尔班的著作所代表的人文学观念是有影响的,然而,这一事实主要源自它赋予人文学科的强大同一性,同一性使得人文学科能够让自己区别于并摆脱日趋重要的自然科学(参见第五章)。然而,本书将证明**寻求人文学科中的原则与模式是一种持续的传统**。历史编纂似乎非常理想地适合于对哲学视野进行批评性评估。

我们的比较方法要求我们进一步做出一些决定。比如,我选择了"经典的"时期划分,即古代、中世纪、早期近代和现代。在我描述中国、印度、伊斯兰文明和非洲人文学科的时候,像这样的分期并不令人满意。因此,我也将经常参照特定地区内的时期划分,比如中国的朝代。很显然,当我们希望建立不同文明之间的联系时,无论我们选择中国的朝代、希腊的四年周期还是塔巴里(al-Tabari)的时代,任何时期划分都是有缺陷的。遵循经典的时期划分,我主要是按年代顺序、按学科讨论人文学的历史;我设法尽可能多地在不同学科和地区之间进行比较。在这样做的过程中,我把注意力更多地放在人文学科的内部发展上,而不是它们的外部文化语境,无论它们多么错综复杂地纠缠在一起。我已然选择的是一种编年史结构而不是一种基于主题的处理办法,因为对辨识跨越历史的主题而言,以年代为顺序的人文学科概述似乎是一种必须。① 因此,我们将仅仅随着我们的进展揭示潜在主题,而不是事先列举它们,只有一个重要的例外,它是我们在所有时期和地区都遇到的,即对人文资料中的方法原则与经验模式的持续不断的找寻。

任何思想史都面临术语—概念问题——哪些名称可以被理想地用于描述过去的学术活动?我们可以用"音乐学"和"艺术史"等当代术语来意指古代世界的音乐研究和艺术研究而不陷入令人误解的时代错误吗?倘若我们把历史上的智识活动硬塞进当今表达的紧身衣中,我们就会有落入一种不受欢迎的"现代主义"(presentism)的危险,于其间过去依据现在的概念与视野得到阐释。更可取的(preferred)起点是使用表示智识活动的当代术

---

① 参见比如 John Pickstone, *Ways of Knowing*: *A New History of Science*, *Technology and Medicine*, University of Chicago Press, 2001。

语,比如表示诗歌和戏剧研究的**诗学**、表示语言研究的**语法**。但是,这些表达有时候是模棱两可的,就像"音乐"(musica)的情况那样,它可以表示音乐研究或者音乐本身(以及更多附带含义)。在其他情况下,具体术语是缺乏的;比如,在缺乏更好办法的情况下,艺术研究在普林尼的《博物志》(*Naturalis historia*)中,被归类到了矿物学和材料的运用之下。被用于描述印度和中国等欧洲之外地区的人文活动的各种语词则是另一难题。对此,我并没有一种稳健的解决办法。为了解决这些问题,至少在一定程度上解决,在很多情况下我提到了相关人文活动的当代或者地区名称,然后替换以我心目中最连贯的术语。有时候它是历史的(比如诗学),而另一些时候,它是当下的(比如音乐研究或者音乐学)。我认为并不是每一种形式的现代主义都可以避免。而且,存在于古代、中世纪和现代人文学之间的连续性似乎比原本所想象的要大。关于自然科学的发展(皮埃尔·督黑姆[Pierre Duhem]及其他人),这样的连续性自14世纪就受到了关注,但在人文学中,它似乎可以追溯到更为久远的过去(参见第四章和第五章概要)。这并不仅仅是因为"人文学"一词读起来、听起来胜过"对人类精神产物的研究"或者类似的表达。事实上,让这个术语可以推而广之到不同时期是有理由的。一如尼古拉斯·贾丁(Nicholas Jardine)已然证明的,[1]并非一切时代错误都是误导性的。

因此,作为一个整体,本书讨论**已然在人文学科中被发展的方法原则、已然在对人文资料(文本、语言、文学、音乐、艺术、历史)的研究中被发现的模式**的历史。被发现的模式可能是简单的规律——包括例外——但它们也可能由语法之类复杂的规则系统组成,或者甚至包含严格的模式,比如语言中的语音演变定律,或者音乐中的和声法则。事实上,我的"模式"概念无所不包,包括可以在并不精确的规律与精确的定律之间发现的一切。暂时我不会让这一概念更加具体,因为在我的探寻中,**我不希望事先排除任何"模式"**。"模式"概念将渐渐具体化,我将把它与其他学科的类似概念进行比较(我将在附录中,更加详细地向感兴趣于方法论的学者们讲述我的方

---

[1] Nicholas Jardine, "Uses and Abuses of Anachronism in the History of the Sciences", *History of Science*, 38, 2000, pp. 251—270.

法)。

无论原则和模式涉及人文学、科学还是社会研究的知识,我对原则和模式的探寻可能对很多人而言看起来都是显而易见的。尽管如此,一些人文活动仍然是在我们的叙述的范畴之外。这是因为我们并不经常在哲学和神学中发现经验主义的探寻,其中的一部分我因此没有讨论。比如,虽然我讨论了帕尼尼和阿波罗尼奥斯·狄斯克鲁斯(Apollonius Dyscolus)的**语言学**,但孔子和柏拉图的**语言哲学**仅仅获得了"荣誉奖"。神学中关涉考察文献源头的部分将会被讨论,而思辨神学则不会被讨论。然而,我会经常描述神学和哲学对人文学的影响,但这些学科并不是本书的重点。

我对原则和模式的专注并不意味着我疏忽唯一一次的、纯属偶然的发现。谁会从人文学的历史上抹除海因里希·施里曼(Heinrich Schliemann)对特洛伊的考古发现呢?然而,一个更加有趣的问题是这一发现究竟是纯属偶然还是基于方法原则的。另外,我还将考察相反驳斥模式概念的学者,他们包括从公元前3世纪的异常派论者(anomalist,又译"应由人定论者")到20世纪的解构主义者。

我因此得出的关于人文学科及其历史的观点似乎偏向自然科学。我意欲挑战这种印象。在观察大自然的时候,还有在考察文本、艺术、诗歌和音乐的时候,寻找模式是超越时间的、无所不在的。认知科学告诉我们,人们**不可能**不这样做。然而,一如在一切其他学术之中,它致力于设法在偶然与非偶然模式之间进行有意义的区隔。当然,人文学科也关注获取对我们的文化及其价值的洞察,以及借此对我们人类自身的洞察。本书将证明也有一种悠久的寻求原则与模式的人文传统,同时为我们提供一种什么让我们成为人类的理解。这一传统长期为人所忽视,而且仅仅被归于科学。

我知道本书视野宽广。关于阅读本书的最佳方法这一问题出现了。任何人但凡希望体验寻求人文学中的原则与模式的全程冒险,都必须从头至尾阅读它。为了让读者有所收获,我将在每一节的最后总结所发现的原则与模式;我将以作为一个整体的时代的比较性概要结束每一章。希望简便、快速了解概况的读者应当将自己限定在四个概要和结论,以及每一章开篇处的简短引言。仅仅感兴趣于某一人文主题的历史的读者,比如音乐研究,可以限定自己阅读关于音乐学——迄今为止尚未有人为之书写历史概况的一门学科——的章节。本书包含的不是一部人文学的历史,而是8部(20世纪以降甚至有14部)。它们相互交织在一起,但在一定程度上,它们可以彼此独立地阅读。倘若有人在阅读本书之后,觉得需要另写一部人文学的历史,那么我的目的便已然实现。一如赫拉尔杜斯·福修斯(Gerardus Vossius)所言:"在我之后有他人,他人之后又他人,他人会比我做得更出色。"[1]

---

[1] Gerardus Vossius, *Poeticae institutiones*, Praefatio, in *Opera*, III, 1647 (without page numbers): "Exsurgent post me alii, et alii, qui felicius conentur."

第二章 古代:"人文学"的发端

人文学科是以多种方式出现的——作为仪式的一部分、作为哲学的一种结果,有时候是作为一种政治工具。我将讨论已然为每一人文学科发展出来的系统原则,以及借助这些原则获得的结果(模式)。另外,我将讨论反过来拒绝寻求模式的方法。我们将不止一次地发现,世界不同地区——从中国到印度再到希腊——的人文学科之间存在令人吃惊的相似,但似乎没有或者几乎没有知识的分享。

第一节 语言学:语法的诞生

常言道,一切学问和科学始于希腊。然而,对语言的研究却并非如此。语言学的历史并非始于柏拉图或者亚里士多德,而是印度语法学家帕尼尼。① 不可否认,最早的字典的历史要远为久远——公元前2000年的美索不达米亚(Mesopotamian)泥板——公元前6世纪,孔子从哲学角度对语言进行了解释,但系统地描述作为一个整体的语言的最初尝试则是由帕尼尼在印度完成的。

> **印 度**
>
> 直到公元6世纪,印度的历史都是笼罩在迷雾之中,其基础主要是源自公元前1500年到公元前1000年的宗教典籍。数世纪以来,这

---

① 梵文抄本是"Pāṇini",其重音是在第一个音节上。

> 些印度教吠陀经(Vedas,又译韦达经、韦陀经等)被僧侣阶层婆罗门(Brahman)非常准确地熟记,仅仅以口头形式存在,直到因为书写在公元前6世纪的出现而被整理成书。这些古老的典籍是用梵文书写的,涉及许多人文主题,从语言到艺术。印度对东南亚产生了重要影响,最初是通过印度教,后来是通过起源于公元前5世纪的佛教。印度的影响从中国和爪哇(Java)延伸到了后来的高棉帝国(Khmer Empire)和泰国。公元前327年,亚历山大大帝攻入远至旁遮普(Punjab)的地方,随后印度西北部处于希腊—大夏王国(Greco-Bactrian)的领地统治之下。希腊文化让人感受到了它在印度艺术、知识和科学中的存在。希腊和罗马商人与印度进行贸易往来,罗马皇帝接待印度使团。公元700年之后不久,伊斯兰教传入,而伊斯兰教对印度西北部的征服始于1200年前后。仅仅在为数不多的几个地方,大多数人口皈依了伊斯兰教。1526年,伊斯兰莫卧儿帝国(Islamic Mughal Empire)在印度建立。英国对印度事务的参与始于17世纪;这个国家在经历漫长的殖民统治之后,于1947年再次独立。

帕尼尼与语法的发现　虽然帕尼尼被视为语言学之父,但我们对他的生平几乎一无所知,甚至不知道他生活在哪个世纪。我们所知道的一切便是他出生在前印度(现在的阿富汗)的犍陀罗(Ghandara),时间很可能是在公元前7世纪到公元前5世纪之间。在长达两千多年的时间里,他的见解在欧洲并不为人所知,但到它们为人所知时,它们彻底改变了西方语言学。帕尼尼的著述有何特别之处?他何以不同于他的同时代希腊人——他们终归对他一无所知?

在其《八章书》(*Ashtadhyayi/Eight Books*)中,帕尼尼把语言——此处指梵文——描述为一个包含有限数量的规则的系统,这些规则可以被用于描述很可能**无限**数量的语言表达(句子)。像这样的一个系统现在被称作语法。帕尼尼的梵文语法可能是有限的,但它实际上数量非常巨大。它包含3959条语法规则。帕尼尼语法是非常了不起的。就我们的了解而言,帕尼尼是承担创建完整的规则系统这一任务的开先河者；借助该规则系统有可能准确地预知音序是否代表了正确的语言表达，以及可以归于表达的意义。此外，就其对梵文的描述而言，帕尼尼语法是无法超越的。① 2500年之后，这个包括将近四千条非常复杂、相互联系的规则的系统依然是无可争议的。

帕尼尼不只是一位才华横溢的语言学家。他在《八章书》中发展出来的深层的形式体系(formalism)与方法同样令人关注。或许，我们大多数人都是靠规范的语法教材教育长大的，这些教材列举了很多疑难例证，但很少设法做到全面。比如，我们很可能学过，"**less**"(较少的)不应该与可数名词连用，而"**fewer**"(较少的)不应该与不可数名词连用(比如，不是"ten items or less"，而是"ten items or fewer"——十项或者更少)。毋庸置疑，我们也被教导过，在带"**if**"(如果)的条件句中，正确形式是"if I had known…"，不是"if I would have known…"(假如我知道……)。但有趣的是，我们从不被告知英语语法的更为显而易见的情况。比如，在英语中，省去单词有时候是合理的，这是一种众所周知为**省略**(ellipsis)的现象；但是，没有英语语法教材告诉我们，在并列句中我们**只能**省略句子后半部分的动词。因此，说"John ate an apple and Peter a pear"(约翰吃了一个苹果，彼得一个梨)是正确的，而下面这一句"John an apple and Peter ate a pear"(约翰一个苹果，彼得吃了一个梨)却是错误的。很显然，这是微不足道的，以致无须提及它，更遑论为它定规则。但是，在日语、韩语等语言中，情况正好相反：在并列句的前半部分，动词可以省略。虽然对母语为英语的说话者而言，这可能显得不自然，但它证明并列句中的省略现象是需要清楚地讨论的，否则一部语法便是不完整的；不符合语法规范的句子不可能因此被认可。

相反，帕尼尼在《八章书》中的方法是让他的语法系统清楚而全面。他设计了一套规则，这套规则通过使用一定数量的单元(词干)的组合，可以包括所有正确的梵文表达。为了达此目标，帕尼尼发明了一个有序的规则系统。他的规则被应用于某一序列之中，以期得到一种语言表达。这是与算法概念相一致的：一个通过有限数量的顺序步骤生成一种结果的过程。

---

① Paul Kiparsky, "Paninian Linguistics", *The Encyclopedia of Language and Linguistics*, Elsevier, 1993.

帕尼尼的规则也是**可以选择的**,这就意味着总是存在不止一种可能的选择(否则仅仅可能包括一种语言表达)。为了让其系统具有一致性,他引入了"元规则"(metarule):"若两条规则相冲突,第二条规则有效。"帕尼尼系统化了他的语法,所以该元规则始终有效。①

在帕尼尼的规则系统中,最令人感兴趣的思想之一是语法规则可以调用自身。这被称为"递归"(recursion)。递归也被称为"德罗斯特效应"(Droste effect),出现在类如"She was harassed by the individual who was caught by the policeman who was spotted by the photographer"(他受到了被摄影师发现的那个警察逮捕的那个人的骚扰)的句子中。只要我们愿意,我们可以让这个句子更长,办法是不断运用语法的从句规则填入其他单词(或者词干)。通过这种方法,帕尼尼可以实实在在地用有限数量的规则和词汇去获得无限数量的句子。

虽然我不会详细讨论梵文,但我想说明帕尼尼语法的形式体系。他的语法的动力是上文所提及的选择规则,它们采取如下形式:A→B/C_D。实际上,这就意味着倘若 A 是处于 C 和 D 的语境之中,A 就可以被替换为 B;A、B、C 和 D 于其间是语言单位,其范围可以从词干和词类到整个词组。在现代语言学中,这类规则被称为"上下文相关规则"(context-sensitive rule);尽管简单,但它被证明是强有力的,不但足以描述梵文,而且足以描述其他语言。倘若我们在上述规则中用 A 替代 B,或者换言之,倘若 A 可以被其自身替代(A→A/C_D),递归现象即被达成。

然而,帕尼尼的语法并非仅仅聚焦词形和结构(词法)、语音(音韵)和句子结构(句法),它也包括意义(语义学)。② 像拉丁语一样,梵文在词序方面允许巨大的自由,因此,关于意义的大多数信息都是包含在词汇及其语境之中。帕尼尼为词汇分派了语义角色,词汇被组合为更复杂的成分,最终被组合为有意义的句子。帕尼尼的语法过程是一部"迷你剧",表演者包括施

---

① 参见 Frits Staal, *Universals: Studies in Indian Logic and Linguistics*, The University of Chicago Press, 1988, p.155。

② 参见 Johannes Bronkhorst, *Theoretical Aspects of Panini's Grammar*, PhD thesis, Leiden University, 1980;同时参见 George Cardona, 'Panini's Syntactic Categories', *Journal of the Oriental Institute*, Baroda, 16(3), 1967, pp.201—215。

事者(Agent)(主角)和很多其他角色,比如目标(Goal)、接受者(Recipient)、工具(Instrument)、地点(Location)和源头(Source)。结果是对整个句子的解释。因为帕尼尼为其语法指定了清晰的程序,他称之为规则系统,我们将把他的过程命名为"程序性规则系统原则"(the procedural system of rules principle)。

对帕尼尼规则系统的评价　帕尼尼语法有多成功?换言之,他的程序性规则系统有多准确?我们能够使用现存古梵文文集对此进行评定吗?事实上,帕尼尼语法已然被详细评估过,结论是(在帕尼尼的追随者纠正了几处前后矛盾之后)迄今为止,未曾发现古梵文中有不为帕尼尼语法认可的句子。另外,事实一如所述,同样地,不符合语法规范的句子——在它们肯定可以被编造的范围内——是不为帕尼尼语法认可的。要验证帕尼尼语法是合也为符合语法规范的梵文句子指派正确的意义则更难,因为我们无法在各种情况下,从流传给我们的语料库中查明这些意义是什么。然而,作为语法,他的规则系统已然是无可争议的。在《语言和语言学百科全书》(*Encyclopedia of Language and Linguistics*)中,语言学家、梵文学者保罗·凯巴斯基(Paul Kiparsky)对帕尼尼语法评价如下:"现代语言学承认它是已经编写出的关于任何语言的最完整的生成语法,并且继续从中吸纳技术理念。"[①]作为一个反驳的观点,人们可以主张,古梵文仅仅以有限的文集的形式存在,因此,就语言变异与变化而言,帕尼尼语法是无法被评估的。在一定程度上这是正确的。帕尼尼语法只能使用现存的数量有限的古梵文文集进行评定。然而,帕尼尼为梵文口语定下了特别的规则,通过梵文口语他设法考虑到了语言变异。[②]后来的梵文学者进一步拓展了帕尼尼规则系统,列入了古梵文中不为人所知的新词和词形(18世纪,杰出的印度语法学家纳格萨[Nagesa]依然还在进行这项工作)。然而,要让这些新版本的帕尼尼语法受制于相关语言资料,还有许多工作要做。

---

①　Paul Kiparsky, "Paninian Linguistics", *The Encyclopedia of Language and Linguistics*, Elsevier, 1993. 术语"生成语法"(generative grammar)意指一个可以生成无限数量的句子的规则系统(同时参见第五章)。

②　参见 Paul Kiparsky, *Panini as a Variationist*, MIT Press/Poona University Press, 1979。

什么驱使帕尼尼把复杂得令人难以置信的东西发展为一部完整的梵文语法？这个问题很难回答，因为我们对帕尼尼及其前辈知之甚少。虽然《八章书》提到了很多前辈语法学家，但他们的著述大多从未被发现。我们确实知道在印度有语言哲学的传统，拥有萨卡塔亚纳（Sakatayana，前8世纪）和耶斯卡（Yaska，前5世纪）等哲学家。比如，萨卡塔亚纳坚持所有名词都可以在词源上源自动词，耶斯卡主张一切复杂思想都可以发展自最小单位的意义的组合（后来众所周知为语意合成性原则[the principle of compositionality，又译组合性原则]的原则——参见第三章第一节和第五章第三节）。因此，所有更为复杂的表达都可以通过使用有限数量的单位而生成这一思想已然被人意识到，但尚未有语法的描述。然而，在印度地区出现了精确地阐释被人准确无误地记忆和背诵的宗教吠陀梵文文本的需要，帕尼尼语言学的思想源头很可能包含在此间的吠陀"知识"之中。① 但是，他的语法更多地聚焦（当时的）口语而不是吠陀的语言。比如，有人断言，他的著述旨在记录如何"正确地言说梵文"。② 帕尼尼语法是婆罗门教育的基石。学生们从6岁开始受训记忆帕尼尼的语法规则。在此之后是多年的研究。但是，这并不能解释是什么驱使了帕尼尼把他的梵文语法构想为一个由相互联系的、递归的规则所组成的非常系统化的、有序的系统。

帕尼尼的著作同时对印度社会的语言学和逻辑学产生了巨大而持久的影响。他的语法催生了很多流派的语言学家，他们评述对他的语法的评述，于其间他们也纠正了帕尼尼规则系统中的一些前后不一致和遗漏之处：从迦旃延（Katyayana）在公元前4世纪的解释、帕坦伽利（Patanjali）在公元前2世纪的令人难忘的"了不起的评论"（Great Commentary），到其逻辑系统基于帕尼尼的方法的正理派（Nyaya）（参见第二章第六节）。帕尼尼的语法也为泰米尔语（Tamil）、藏语等语言制造了模型，这实际上证明了其规则形式体系并不仅仅局限于印欧语系的梵文。它也可以用于描述其他非印欧语系的语言（参见第五章第三节）。

---

① Frits Staal, 'The Origin and Development of Linguistics in India', *Hymes*, 1974, pp. 63—74.

② Esa Itkonen, *Universal History of Linguistics*, Benjamins, 1991, p. 12.

然而，千余年之后，帕尼尼才在印度社会之外为人所知，最初是在公元 7 世纪被访问印度的中国求法僧，后来在 11 世纪通过著作《印度志》(*Indica*，又译《印度考察记》)被波斯学者比鲁尼，尽管是以一种非常精简的形式（参见第三章第一节）。直到很久之后，随着 19 世纪比较语言学的出现，帕尼尼语法也在欧洲被人"发现"（参见第五章第三节）。古希腊人、希腊化时的希腊人似乎从未了解到帕尼尼的著述——无论是通过亚历山大大帝还是任何其他路径。鉴于他们对基本原则和"万里挑一"的寻求，他们肯定会欣赏它。但是，希腊哲学家很可能已然发现，对一种简洁的、充满格言的语言描述而言，帕尼尼的近 4000 条规则有些偏多。然而，我们现在知道，规则更少的人类语言并不存在；实际上，规则很可能更多。

狄俄尼索斯·特拉克斯的语法教材　相较于帕尼尼，古代的其他语言学家似乎是来自不同的世界。就复杂程度或者准确性而言，中国、希腊或者罗马文献中的其他著述概莫能接近帕尼尼的语法。然而，出现了语言哲学的兴盛（它实际上发生在这段历史的范围之外）：公元前 6 世纪，孔子在对"名"(name)的意义进行哲学探讨；公元前 4 世纪，在《克拉底鲁篇》(*Cratylos*)中，柏拉图在仔细思考字词起源及其与现实的关系。这之后是亚里士多德在公元前 4 世纪末、克吕西波斯(Chrysippus)（参见第二章第三节）及其他人在公元前 3 世纪对词类和词形的研究。但是，并没有规则系统形式的描述语法的痕迹。

由希腊人传承下来的第一次尝试是出自狄俄尼索斯·特拉克斯(Dionysius Thrax，公元前 1 世纪)之手的一本规定语法教材，一段时间之后继之以阿波罗尼奥斯·狄斯克鲁斯（前 2 世纪）的著述。在富有的罗马人当中，感兴趣于学习希腊语为第二语言者大有人在；语法教材满足了这一需求。在其《语法术》(*Téchne grammatiké*，又译《希腊语语法》《读写技巧》等)中，狄俄尼索斯把语言学定义为"被诗人和散文作家使用的语言要素的实践知识"。这个定义表明他的目标迥异于帕尼尼的目标。狄俄尼索斯·特拉克斯和其他西方语法学家有一个教育目标——基于规范指令学习希腊语。另一方面，帕尼尼希望设计一种基于形式和完整规则的程序语法，但不是用于学习作为外语的梵文。

狄俄尼索斯的并不充实的教学语法接近 30 页,被用作教材长达数世纪。狄俄尼索斯专注于正确的语音、重读、标点、字母表、音节、名词、动词、冠词、介词、副词和连接词,以便最终做出一个对不同韵律的概述。直到 18 世纪末,他的语法术语被运用于所有欧洲语法之中,但狄俄尼索斯的语法几乎没有超越对变位(conjugation)和变格(declension)的一种描述。① 句法和词序几乎彻底被忽视。然而,其他人尝试描述了希腊语的"天然词序",其中包括哈利卡那索斯的狄俄尼索斯(Dionysius of Halicarnassus)(公元前 1 世纪末),但后来他推翻了自己曾经基于源自荷马的例子而提出的八条原则(参见第二章第八节"诗学")。

阿波罗尼奥斯·狄斯克鲁斯的句子结构与罗马传统　　我们在阿波罗尼奥斯·狄斯克鲁斯(公元 2 世纪)的著述中,第一次看到了对希腊语**句法**的浓厚兴趣,虽然他的分析在很大程度上依然是基于主语和谓语的亚里士多德式概念。阿波罗尼奥斯的最重要的创新是:(1) 对动词论元结构(the verb arguments structure)的分析;(2) 在数与格方面向着语法一致概念延伸,就像它在希腊语中位于冠词与物主代词之间一样。② 阿波罗尼奥斯也描述了复杂的希腊语格系统;他注意到——并且表示吃惊——主语有时候有第一格,但假如它与不定式连用,也可以有第四格。然而,阿波罗尼奥斯并没有为这一现象提供基本规则;他是基于很多例子在讨论。他的语法因此在一定程度上是"基于范例的"。倘若没有规则被发现,语言现象就是在使用范例而不对那些范例做概括的情况下被讨论的。诚然,并非总是可能对各种语言现象进行概括。特殊表达和习惯表达的存在(比如,"赶快逃走"[to make a bolt for it])是规则缺席的标准例子。但是,阿波罗尼奥斯也使用了其间很可能有基本规则的例子,但他没有发现规则。

撇开阿波罗尼奥斯的努力不论,几乎没有古代语言学家解决了使用一种基于规则的语法去描述希腊语多变的句法和语义这一挑战。虽然阿波罗尼奥斯的儿子赫罗迪安(Herodian,180—250)构想了一个针对更小的重音

---

① Pieter Seuren, *Western Linguistics: A Historical Introduction*, Blackwell Publishers, 1998, p.22.

② Fred Householder, *The Syntax of Apollonius Dyscolus*, John Benjamins, 1981, p.2.

问题的规则系统,但希腊人很快便意识到,针对句法或词序的规则系统不可能建立于少量的定律或原则之上。希腊世界实际上依旧对系统化模式更感兴趣。顺便指出的是,我们将在第二章第五节看到,音乐学家亚里士多塞诺斯(Aristoxenus)承担了设计希腊音乐语法的工作,但他的成果在音乐学之外几乎没有产生影响。

遵循狄俄尼索斯·特拉克斯和阿波罗尼奥斯·狄斯克鲁斯传统的语法也是为拉丁语而制订的,比如被瓦罗(Varro)、多纳图斯(Donatus)和普利西安(Priscian)等人。瓦罗(公元前1世纪)主要重视形式(句法)范畴,多纳图斯和普利西安则主要重视功能(语义)范畴。多纳图斯的《小艺》(*Ars minor*,又译《初级语法》)和《大艺》(*Ars maior*,又译《中级语法》)(公元4世纪)在中世纪前半叶成了使用最广泛的教材,直到普利西安的《语法教程》(*Institutiones grammaticae*)(公元6世纪)在卡洛林文艺复兴(Carolingian Renaissance)中被重新发现。虽然普利西安引入了规则(regula)的概念描述名词变格,但他的语法主要关注词汇结构,同样没有进入句法和(句子)语义。普利西安之后,西方语言学家继续受支配于单词的分类研究,这一情势直到帕尼尼语法在欧洲被(重新)发现时也并未发生变化。

人文学抑或科学? 帕尼尼语法是人类思想史上的主要里程碑之一。① 就原创性和视野而言,古代唯一能够与之相提并论的著作是《几何原本》(*The Elements*)——古希腊数学家欧几里得(Euclide)在公元前3世纪对几何学的公理化研究。在这两个例子中,有限数量的规则被用于涵盖无限数量的可能表达,其中,欧几里得的著作关心数学语言之中的表达,而帕尼尼的著作关心人类语言之中的表达。但是,帕尼尼的语法是针对特定语言的。它仅仅讨论梵文。因此产生了帕尼尼语法的**形式体系**具有多少普遍性的问题。它是普遍的还是具体的? 一如我们已然看到的,帕尼尼的形式体系也被用于描述泰米尔语和藏语等语言,但直到罗杰·培根(Roger Bacon,又译罗吉尔·培根)的著述在13世纪的出现,我们才见到一切语言之基础的"普遍语法"(Universal Grammar)这一概念能够存在。17世纪,这一概念

---

① 参见 Leonard Bloomfield, *Language*, University of Chicago Press, 1984[1933], p.11.

被达尔加诺(Dalgarno)、威尔金斯(Wilkins)和莱布尼茨(Leibniz)等人更加深入地发展,在20世纪被诺姆·乔姆斯基(Noam Chomsky)推向了顶峰;诺姆·乔姆斯基主张普遍语法是先天固有的(参见第五章第三节)。与此同时,我们已然了解,帕尼尼语法的形式体系实际上可以被用于描述很多,或许是所有的人类语言。此外,他的形式体系充当了最早的高阶程序语言的模型,比如AL-GOL-60,这些程序语言也可以基于某种完全指定的语法而运作。①

但是,假若帕尼尼规则系统的性质是非常形式化的,那么他的语法依然可以被视为人文学的产物吗?相反它不应该被看作是对语言的科学研究吗?换言之,帕尼尼语法代表人文学吗?在这里,人文学和科学的定义对我们无济于事。在帕尼尼与欧几里得时代,知识的这些形式之间并无区别。我们将看到,数世纪以来,尤其是15世纪以降,语言学使用了日益形式化的方法(一如其他大部分人文学科)。而且,它的主题是对人类语言的研究,而人类语言是人类精神的一种高超表达。因此,在世界各地的所有人文科系里,语言学都被讲授。无论人们如何看待它,帕尼尼都是语言学之父,不是数学之父。

原则:程序性规则系统原则

模式:形式语法(可以借助最小单位,即词干的组合预测潜在语言表达及其意义的类别的规则系统)、学校教学语法(对学习外语的标准规则的教学概述)

第二节 历史编纂学·史料问题与历史的形式

我们如何理解我们的历史?历史编纂学独立地出现在全世界的不同地方,但它确切地始于何时?这是一个很难回答的问题,因为神话和历史编纂学非常频繁地交织在一起(神话可能包含社会真相,但它们并不相当于批

---

① 参见 P. Z. Ingerman, "Panini-Backus Form Suggested", *Communications of the ACM*, 10 (3), 1967, p.137。

评性的历史分析)。① 比如,在其《神谱》(Theogony)中,希腊人赫西奥德(Hesiod,大约公元前700)描述了一种神、英雄和凡人的世界史,分为五个时代:黄金时代(golden age)、白银时代(silver age)、青铜时代(bronze age)、英雄时代(heroic age)和铁器时代(iron age)。它是一个日渐混沌与悲惨的故事,但不是一种历史编纂。中国的《尚书》(The Book of Documents)的历史可以追溯到公元前6世纪,很可能是流传下来的最早的成文史;它归功于孔子。它用58章讲述了杰出统治者的言行,始于尧和舜等传奇帝王,继而是夏、商、周朝的皇帝。它是漂亮的散文,描述了一连串奢华、仁慈、明智、凶残的统治者,但它不是一种批评性的历史编纂。再过一百年之后,成文史才随着希罗多德的《历史》(History,前440)始于希腊。

希腊、希腊化时代与罗马

很少有地方像希腊那样,对知识和科学产生了如此巨大的影响。公元前1000年左右,希腊由200个城邦组成。在起源于公元前9世纪的泛希腊(Pan-Hellenic)或者奥林匹亚运动会期间,这些城邦之间的诸多争议被搁置下来。希腊编年史的基础是始于公元前776年的官方记载的奥林匹亚运动会名单。公元前5世纪,在伯里克利(Pericles)的统治之下,希腊文明在雅典达到了其活力之巅。新认识从未被匹敌过,在智识努力的差不多所有领域都得到了发展,从艺术到哲学,从历史编纂学到数学。希腊文化传遍了南部意大利和西西里岛被殖民地区,即大希腊(Magna Graecia)。然而,公元前4世纪,城邦之间的多次战争导致了衰退与不和,在此之后权力转移到了之前并不重要的马其顿(Macedonia)。亚历山大大帝有能力统一全希腊,他对埃及、亚洲和波斯的征服使马其顿成了一个帝国。即使是在亚历山大大帝于公元前323年英年早逝之后,在前帝国的多元文化人口

---

① 参见 Percy Cohen, "Theories of Myth", *Man. The Journal of the Royal Anthropological Institute*, 4(3), 1969, pp.337—353。

> 当中,希腊语依旧是最重要的语言。这个时代众所周知为希腊化时代,是世界上最早的全球化文化。很多希腊人迁移到了使用希腊语的都市,亚历山大拥有古代最大的图书馆和学术中心,成了对艺术家和学者非常有吸引力的地方。希腊化时代成了罗马帝国的罗马文明的一个关键因素,它引发了希腊文化在欧洲和非洲的进一步传播。

希罗多德与修昔底德:崛起、鼎盛和衰落的循环模式　是什么使得希罗多德的《历史》相较于之前的历史书写具有"批评性"和"经验性"?据我们所知,希罗多德是第一位系统地收集资料并以某种方式检验资料准确性的历史学家。这种批评态度是作为一种"学术活动"的历史编纂的真正开始。我们能够谈论历史编纂而不检验史料的可靠性或者准确性吗?这就意味着必须不带任何形式的批评假设,每一份报告、每一份史料都是真实的。另一方面,希罗多德让他的材料接受基本形式的批评分析。并不轻信源自他的直接环境的(口述)史料,他踏遍了当时的已知世界,试图尽可能接近关涉他的主题希波战争(the Persian Wars,前490、前480—前479)的"史料"。假如希罗多德对某一史料不太肯定,或者史料彼此冲突,他就全面分析它们,然后从中选择他认为**最可信**的史料。他不担心在此过程中表达他自己的意见。因为这一方法的主观性,希罗多德被后来的历史学家(包括公元前2世纪的克劳狄俄斯·埃利安[Claudius Aelianus]通过《史林杂俎》[*Varia Historia*])指责美化了甚至歪曲了史料。因此,希罗多德获得了说不清是好还是坏的名声,同时是"历史之父"和"谎言之父"。①

目前大家对希罗多德的意见要友善得多:我们知道,历史编纂的客观性是一个不可企及的理想;希罗多德的方法虽然远非完美,但至少包括了一种批评的成分。我们愿意把他的方法命名为"**最可信史料原则**"(the most probable source principle)。虽然人们可能自己问自己,这一主观原则是否配

---

① Detlev Fehling, *Herodotus and His "Sources": Citation, Invention, and Narrative Art*, Arca Classical and Medieval Texts, Papers, and Monographs 21, Francis Cairns, 1989.

得上"原则"一词,但希罗多德与后来的历史学家相比,不得不加倍地依靠口述史料。尽管我们仅仅拥有很多其他学者工作的**结果**(比如帕尼尼的梵文语法),希罗多德也描述了他**如何**使用他的原则。比如,他在讨论埃及时指出:"到目前为止,我认为埃及人是权威人士,但在随后部分,我将描述就这个国家的历史而言其他人也倾向于接受的东西,其中的一些意见补充了我自己的观察。……就此而言,我觉得有必要提供一种我知道会遭到大多数人反驳的意见。不过,因为我认为它是正确的,我不会隐瞒它。"①在此之后他选择了他认为最可信的史料。这一原则特许了希罗多德选择他非常看重的史料——但直到他已然比较和评价其他史料。

为什么希罗多德要寻找基于批评原则的显性方法呢?根据历史学家恩斯特·布赖萨赫(Ernst Breisach),②希罗多德的历史编纂堪比人们俯伏在母亲面前学习的荷马史诗及其辉煌的英雄事迹。这样的口述传统享有巨大权威,唯有一种同样基于口述传统的基本方法才能把一种形式的成文史合法化。希罗多德的目标因此无异于荷马时代吟游诗人的目标;他自己把它描述为"保持对历史的鲜活记忆",其间"合宜之标准已然确定"。③

紧随希罗多德之后的最伟大的历史学家是修昔底德,他对伯罗奔尼撒战争(the Peloponnesian Wars,前431—前404)的描述绝不容忍二手或者三手史料,唯有"**目击者叙述**"(eyewitness accounts)。他怀疑每一份不是基于直接证据的史料。当然,修昔底德在此间是有道理的,但与希罗多德不同,他会描述事件的历史,其目击者,包括他自己在内,依然健在。修昔底德还有一个观点。因为他希望他的著作以"**目击者叙述原则**"(the eyewitness account principle)为基础,他拒绝了大量见诸希罗多德那里的人种志和地理描述。内容广泛的文化方法在修昔底德身上找不到了,他反复强调历史编纂者应该集中精力于**人民的生活**——不多也不少。在他为伯里克利葬礼发表的著名演说中,这一点得到了完美的证明。虽然修昔底德的名声胜过了希罗多德,但他并未提供冲突性史料问题的解决办法;希罗多德为冲突性史料

---

① Herodotus, *Histories* 2 and 7.
② Ernst Breisach, *Historiography: Ancient, Medieval and Modern*, The University of Chicago Press, 2007, p.19.
③ Herodotus, *Histories* 1.

问题设计了一种探试法,无论它多么主观。此外,修昔底德的故事缺乏准确的时间指示,但程度不及见诸希罗多德那里的序时空白。

尽管有这些不足,两位历史学家气势恢弘地运用了他们的历史原则,把历史编纂从不加批评的讲故事变为了一种批评性活动。除描述希波战争和伯罗奔尼撒战争之外,希罗多德和修昔底德还"发现"了某些非凡之物。他们认为自己发现了**历史循环模式**(the cyclical pattern in history)。比如,希罗多德的历史反映了一种不断重复的崛起、鼎盛与衰落模式。我们在他对人与城邦二者的描述中看到了这一模式,比如暴君皮西特拉图(Pisistratus,又译皮西斯特拉妥)与雅典(Athens)、克里萨斯王(King Croesus)与吕底亚(Lydia)、大流士(Darius)与波斯(Persia):他们的命运盛衰交替。希罗多德认为,循环模式是历史的基本结构,"因为曾经伟大的很多城邦已变得无足轻重,在我有生之年伟大的那些城邦昔日往往很小"。①

修昔底德同样主张雅典的兴衰及其在伯罗奔尼撒战争期间的瓦解与其他历史时期有相似之处,认为循环模式与人性类似,因此甚至可以充当"阐释未来的助手"。② 未来、现在和过去乃永恒循环模式,这一观点也可见诸毕达哥拉斯学派和柏拉图(《蒂迈欧篇》[*Timaeus*])的著述,以及希腊悲剧。③ 希罗多德和修昔底德的新元素是他们基于他们的方法原则发现了这些循环模式。

除循环模式以外,希罗多德还发现了一种文化模式。比较波斯人、希腊人和卡列特人(Callatian)之后,他认为他能够得出**所有人都相信他们自己的生活最好**这一结论:"假设我们让所有人从全世界选择最好的法律和习俗。经过深思熟虑之后,他们全都会选择他们自己的法律和习俗,因为他们全都深信,他们自己的生活方式是最好的生活方式。"④希罗多德还构思了文化相对主义(cultural relativism)概念。⑤

---

① Herodotus, *Histories* 1.5.
② Thucydides, *History of the Peloponnesian War*, 1.22.
③ 参见 David Bebbington, *Patterns in History*, Regent College Publishing, 1990。
④ Thucydides, *History of the Peloponnesian War*, 3.38.
⑤ 参见 Siep Stuurman, *De uitvinding van de mensheid: korte wereldgeschiedenis van het denken over gelijkheid en cultuurverschil*, Bert Bakker, 2009, p.160。

伯诺索斯、曼涅托、蒂迈欧:编年与成文史料原则　在希罗多德和修昔底德之后现身的是谁？伯罗奔尼撒战争之后,城邦的希腊世界没有产生新的方法或者原则。总体而言,公元前4世纪的历史编纂人,比如色诺芬(Xenophon),令人钦佩的《远征记》(Anabasis)的作者,继续运用修昔底德的方法。即使是在亚历山大大帝时代(前356—前323),也没有堪与希罗多德或者修昔底德相提并论的伟大历史学家。然而,一种传记新类型出现了;麦加斯梯尼(Megasthenes)的《印度志》(大约前300)启动了关于印度的一种历史悠久的描写传统。不过,这些也是基于目击者叙述原则。

希腊化时代最重要的历史编纂是在希腊之外,比如伯诺索斯(Berossus)的美索不达米亚历史、曼涅托(Manetho)的埃及历史,二者都是完成于公元前3世纪。正是在这里,我们第一次见到了材料的**序时组织**(chronological organization)。不同于伯诺索斯在其《巴比伦史》(Babyloniaca)中似乎使用随意的编年,曼涅托的《埃及史》(Aegyptiaca)基于君王列表一丝不苟地整理了埃及王朝。很多这样的列表幸存了下来,比如《古王国年谱》(Annals of the Old Kingdom)和《国王的都灵古抄本》(Turin Papyrus of Kings)。然而,曼涅托使用了哪些君王列表是不得而知的。① 不过,他是最早基于成文史料而工作的希腊历史学家之一,因此,我们可以把他的方法称为**"成文史料原则"**(the written source principle)。后来,曼涅托的著述被用作了弗拉菲乌斯·约瑟夫(Flavius Josephus)的犹太史(1世纪)的成文史料,被用在了基督教编年史之中,比如由尤西比乌斯(Eusebius)所完成的那些(4世纪)。16世纪,经过约瑟夫·斯卡利格(Joseph Scaliger)对它们的准确修正之后,曼涅托的君王列表导致了基督教视野下的早期近代危机(参见第四章第二节)。

在南部意大利,对序时组织的专注也可见诸《大希腊》(Magna Graecia)的历史学家。以陶尔米纳的蒂迈欧(Timaeus of Tauromenium[Taormina])在大约公元前300年对罗马与迦太基(Carthage)的建造的描述为例。他推算出迦太基被建造于公元前814—公元前813年之间。为此,蒂迈欧使用了奥

---

① Gerald Verbrugghe and John Wickersham, *Berossos and Manetho, Introduced and Translated: Native Traditions in Ancient Mesopotamia and Egypt*, University of Michigan Press, 1996.

林匹亚运动会的四年周期作为时间单位,使用了皮西安竞技会(the Pythian Games)的获奖者名单(已为亚里士多德所拟定)。这就使得按时间顺序排列不同的历史著作成了可能。蒂迈欧的按时间顺序的时间标尺得到了其他学者的普遍采纳,甚至得到了天文学家和地理学家埃拉托色尼(Eratosthenes)的采纳。[①]

波利比奥斯的个人经验原则 罗马的历史编纂者被认为罕有表现出有重要意义的原创性。恩斯特·布赖萨赫和其他人[②]主张,罗马人接受了希腊人关于历史理论的思想,并且将它们与蒂迈欧的序时创新进行了整合。事实上,最早的罗马史是由费边·毕克托(Fabius Pictor)等罗马人与波利比奥斯等希腊人用希腊文书写的。像修昔底德一样,波利比奥斯(Polybius,又译波利比乌斯)在其《历史》(Histories)(前200)中假设,最可靠的史料是**目击证人**的叙述,或者至少必须以**个人经验**为基础。因为他是罗马的人质,他很多年都无法使用图书馆;他依靠他人的联系或他自己的经验获取史料。比如,他曾亲自探索汉尼拔(Hannibal)穿越阿尔卑斯山的旅行,因此,我们将把他的原则命名为**个人经验原则**(the personal experience principle)。

波利比奥斯对罗马帝国在希腊人失败的地方取得成功的方法表示了极大的钦佩。他指出,罗马帝国例外于曾发生在雅典历史上的崛起、鼎盛与衰落循环原则,即君主制、贵族制、寡头制、民主制及通过暴政重新回到君主制的循环。与雅典不同,罗马帝国因为其**混合的**(mixed)政体,对该循环——因此对衰落——具有免疫力。在罗马帝国,同时存在着君主制(执政官)、贵族制(元老院)和民主制(人民议会)。根据波利比奥斯,这一同时性打破了循环模式。后来他改变了对此的看法,开始相信作为腐蚀性权力与繁荣的一种结果,罗马帝国迟早会失去其混合的、同时存在的政体,并因此将受到永恒循环的影响。

罗马历史学家与年鉴 然而,罗马历史学家引入了一种历史编纂创新:

[①] Truesdell Brown, *Timaeus of Tauromenium*, University of California Press, 1958.
[②] 参见比如 Stephen Usher, *Histories of Greece and Rome*, Duckworth Publishers, 2001。

年鉴(annal),在其中事件被以扼要的形式、按时间顺序一年接一年地描述。最初,年鉴是由罗马大祭司长(pontifex maximus)按天更新的,大祭司长记录治安官的名字,还有关于神奇预兆、神殿奉献及缺额的各种各样细节。大约从公元前120年开始,年鉴被代替以"大年代记"(*Annales maximi*),包括简短的文字和严格的序时结构。大年代记对罗马历史学家产生了巨大影响,因为他们也使用一种基于编年的方法,其结果是很多历史概述都始于"罗马城的建立"。这些线性的而非循环性的描述经常被称作《罗马历史源流》(*Origines*,又译《起源论》《创世纪等》)和《编年史》(*Annales*),它们相较于前文所讨论的曼涅托的著述,有着更严格的序时方法。编年史作者希望没有任何遗漏地描述每一年。大祭司所编的《编年史》对他们非常有帮助,但先前的历史学家和语文学家的文本修复(text reconstruction)工作同样如此(一如我们将在第二章第三节所看到的)。比如,波利比奥斯使用了费边·毕克托的研究,而李维/蒂托·李维(Livy/Titus Livius)在其皇皇巨著《罗马史》(*Ab urbe condita*)(前1世纪末)中,同时包含了波利比奥斯和费边·毕克托,以及瓦罗在其历史概述中的序时修正(公元前1世纪)。

因此,这些历史学家的年鉴首先是基于成文而不是口述史料。此外,这些历史编纂是线性的而不是循环性的模式。但是,年鉴传统并未取代其他形式的历史编纂。撒路斯提乌斯(Sallustius)和尤里乌斯·恺撒(Julius Caesar)二人主要聚焦相对较短的时期(比如共和时代后期和高卢[Gaul]的征服)。因此,现在有两种历史编纂:《罗马史》(*Historiae*)和《编年史》,前者记录作者本人观察到的事件,而后者描述源自过去的事件。在普布利乌斯·克奈利乌斯·塔西佗(Publius Cornelius Tacitus,55—120)的作品中,这两种传统结合了起来。在他的因为其结构被称作《编年史》的最著名作品中,塔西佗开篇即概述历史上最重要的事件。然后,他从李维停笔之处——奥古斯都(Augustus)之死——落笔。

从普鲁塔克(Plutarch,约46—120)的《传记集》(*Parallel lives*)和苏埃托尼乌斯(Suetonius,约70—140)的著名帝王传记中,作为一种类型的传记也获得了巨大推动。苏埃托尼乌斯之后,历史书写的数量大幅下降;基本上不存在新的原则或者模式。卡西乌斯·迪奥(Cassius Dio,约155—229)写了一部罗马历史概况,但他不再感兴趣于共和时代。在《功德碑》(Res Gestae)中,最后一位重要的古典历史学家阿米阿努斯·马塞林(Ammianus Marcellinus,约330—400)把塔西佗的工作延伸到了公元378年。在马塞林的时代,年鉴继续由罗马的线性历史组成,没有任何衰退。尽管罗马帝国在4世纪的衰落无可否认,但马塞林却把晚期罗马帝国阐释为一种"成熟"。对他而言,日益迫近的灭亡是无法想象的。像很多古典历史学家那样,马塞林不是把罗马城(the City)的问题归结于结构性变化,而是归结于失败的个人。

年鉴形式,包括其线性模式,继续存在于基督教编年史之中。它们不是始于"城"的建立,而是始于亚伯拉罕、亚当或者甚至与圣经融贯(biblical)的创世。一部非常有影响的著作是尤西比乌斯(265—340)的《纪年史》(Chronicon),其间的线性时间标尺从亚伯拉罕延伸到了君士坦丁大帝(Emperor Constantine,又称君士坦丁一世)。《纪年史》融合了与圣经融贯的历史和古代历史,是古代世界最杰出的编年史之一。它综合了伯诺索斯和曼涅托的旧作、罗马年鉴的时间标尺,甚至利比亚历史学家塞克斯图斯·阿非利加努斯(Sextus Africanus)的编年史(221)。它开启了一种众所周知为**通史**(Universal History)的传统(参见第三章)。

中　国

中国人的历史始于传说中的黄帝,他被认为于公元前2696年到公元前2599年间在位。他的出生日期代表天干地支的开始。中国历史并没有连绵不断的编年史。历书都是每个朝代重设的。知识、科学与技术在汉朝(公元前2世纪)开始蓬勃发展,不同于世界上其他任何地方。指南针、火药、造纸术和印刷术的发明先于世界上其他地方数个世纪。人文学科也盛名远扬。它们包括墨家逻辑学、音乐学、艺术史和诗学。最重要的中国哲学是儒家学说(Confucianism)和道家学说(Daoism)。孔子(前551—前479)解释了他在过去所发现的美德。他的"六德"是仁、孝（子女对父母）、义、礼、忠、信。儒家学说影响了东南亚大多数地区，从韩国、日本到越南。道家学说的核心概念是"道"，它是一切事物因而产生的不可分割的原则。道家信徒不勉力阻止事态的发展，而是试图与它们自然地相处。《道德经》一书被认为是老子（前604—前507）所著，构成了道家学说的基础。后来的新儒学（Neo-Confucianism）融合了儒家、道家和佛教。在很长一段时间内，中国的重要成就始终局限于它巨大的帝国，以及它的直接势力范围。存在三大外来影响：第一是唐朝时期的佛教，当时大约有1700卷经文被从梵文译为了中文；第二，13世纪和14世纪的蒙古人统治让中国接触到了伊斯兰知识和科学；第二，耶稣会信徒在16世纪的到来导致了与欧洲的知识分享（第四章）。此外，一如考古发现所证明的，公元前4世纪以来，丝绸之路（the Silk Road）促成了中国、印度、中东和罗马帝国之间的一系列文化交流。

司马迁：古代最广博的历史著作 在希腊—罗马世界之外，就历史编纂传统而言中国是最重要的地区。中国修史官使用了一种严格编年史的方法，就像罗马帝国的历史学家那样。上文提及的《尚书》讲述了一系列按时间顺序排列的统治者，《竹书纪年》（Bamboo Annals，又称《汲冢纪年》）和《春秋》（Spring and Autumn Annals）以一种非常简明的方式依次记录了重大事件。

最初，中国第一位杰出的历史学家司马迁①（约前145—前86）遵循了既有年鉴传统，为很多后来的汉代历史学家奠定了基础。作为宫廷史官，他以《史记》（Records of the Grand Historian）的130篇，描述了中国内外他所知道的一切人物与地区的全部历史。司马迁所讨论的时间跨度从公元前2700年的神话传说中的黄帝时代，一直延续到了汉代的第一个百年（公元前2世纪）。之前从未有历史学家涉及如此巨大的一个时段。《史记》是古

---

① 除文字引用使用韦氏（Wade-Giles）拼写之外，我将在本书中使用拼音拼写。

代最广博的历史著作。

　　他的父亲司马谈是太史令,收藏有大量历史文献,司马迁为之添加了源自皇家档案馆和私人图书馆的史料(成文史料原则)。在《史记》中,司马迁也使用了他在多次游历全国各地期间收集到的口述史料。① 遗憾的是,《史记》中的选择原则和司马迁处理彼此冲突的史料的方式,让人捉摸不透。然而,他的确抱怨过在严格执行法家制度的秦朝时候,由公元前213年的焚书坑儒所导致的史料匮乏。在这一制度时期,儒家思想的传播被视为是颠覆性的。公元前213年,大臣李斯决定彻底消灭儒家思想的"煽动者",命令所有哲学书籍必须由其主人焚毁。同时,据说有460位儒家学者被活埋,但并没有该次处决发生过的证据。② 然而,它对中国文化遗产的破坏是相当大的。

　　在《史记》中,司马迁使用了流传下来的**成文**史料——《尚书》《诗经》和《春秋》——和他收集到的很多**口述**史料。编年史的方式不再适合处理如此众多相异的史料。因此,司马迁规定了五种历史体裁,各有自己的形式与风格。这些是中国宫廷历史编纂1800余年的特点,也对中国诗学产生了巨大影响:

　　(1) 本纪(Annals)　　　　　严格编年史形式的帝王传记
　　(2) 表(Tables)　　　　　　对政府及其最重要事件的列表概述
　　(3) 书(Treatises)　　　　　对不同的国家参与领域的描述,从仪式、音乐、天文学到河流与运河
　　(4) 世家(Hereditary lineages)　以编年史的形式对国家和人民的描述
　　(5) 列传(Illustrative traditions)　重要人物的传记

　　司马迁差一点就没有完成其毕生的事业。在他大约完成《史记》的一半之后,他为了支持一位已失宠的将军,斗胆公然反抗皇帝。司马迁被处以了宫刑,次重的最严厉惩罚。他没有自杀——在这样的情势之中是非常正

---

① Burton Watson, *Ssu-ma Chien: Grand Historian of China*, Columbia University Press, 1958.
② Barend ter Haar, *Het hemels mandaat: de geschiedenis van het Chinese keizerrijk*, Amsterdam University Press, 2009, p.66.

常的,他容忍了对他的惩罚,以期能完成他的历史编纂。司马迁为了一件他希望可以还他清白的工作,牺牲了他的荣誉和名声。①

司马迁在其历史著作中得出结论说,他在王朝顺序中发现了一种**循环模式**。每一朝代都始于上天选择的某位德才兼备的统治者,他之后的每一位继任统治者越来越没有头脑,直到"上天"失去耐心,收回最后的、不成器的统治者的授权。在此之后,一切重新开始,包括历法。朝代的这种崛起和衰落模式类似于希罗多德和修昔底德发现的循环模式,但在司马迁那里,它是根植于道家思想之中。根据道家世界观,宇宙由具有相同"能量"、不断相互影响的对立相位组成(阴和阳)。存在的一切都受制于这一基本原则。它变为道或者大道,显影于由现在(the present)的发展所引发的变化之中。人们相信他们可以在这些变化中发现模式,而历史学家的任务就是发现这些可以作为对现在的一种解释的模式。在司马迁看来,现在可以被描述为过去的一种完全相同情势的翻版。

班固与班昭:儒家基本美德原则 司马迁之后最重要的历史学家是班固(32—92)。在其《汉书》(*Book of the Han*)中,班固主张尽可能客观的历史叙述。然而,他也受支配于客观记载仅仅可能是主观选择过程的结果这一现实。班固所使用的标准源自在汉代被普遍接受的儒家思想,其基础是六德——仁、孝、义、礼、忠、信。公元 92 年,班固因为与窦太后的牵连被处死之后,他的妹妹班昭(45—116)接着完成了她兄长的工作。班昭很可能是第一位女性历史学家,也是《女诫》(*Lessons for Women*)的作者,她主张妇女对男人要谦恭顺从,虽然她也主张为妇女提供良好的教育。在他们二位的著作中,我们都没有发现新的模式。

在班固之后的 400 年中,中国出现了 1100 多部历史著作。很显然,这里有一座金矿,其间的大量方法论研究尚待开展。第一部完整的、详细的历史批评似乎是出自历史学家刘知几之手,但直到 7 世纪才出现(参见第三章第二节)。

---

① 参见 John Minford and Joseph Lau (eds.), *Classical Chinese Literature, from Antiquity to the Tang Dynasty: An Anthology of Translations*, Columbia University Press, 2002, p.330。

印度：没有历史编纂的文明？ 关于古代的印度历史编纂，我们可能会相对简短。它不是基于史料，主要是根据神话。这些神话虽然可能包括社会或者宗教的真相，但并不相当于对源自各种渠道的材料的批评性评价。在印度，它们以《往事书》(*Puranas*，又译《古事记》)的形式存在，提供宇宙从创造到毁灭的一个概况。《往事书》涵盖数百万年的漫长岁月，它们接着再被分为时代(Yuga)。虽然《往事书》显示出对世界历史的明确关注，但印度人似乎笃定人类世界不值得任何历史描述。[①] 印度古代历史文献的缺乏已然引起诸多历史编纂者的关注。一种在人文学的众多领域——从语言学、逻辑学、修辞学、诗学到艺术史和音乐学——都表现突出的文化，怎么可能显然对它自己的历史没有兴趣？关于直到 12 世纪的印度的所有历史知识，全是来自外来史料。这是非常引人注目的一个现象，以致一些历史编纂者简直不能接受，认为在这个或者那个时候撰写的印度历史著作全部丢失了。[②] 其他人通过参照令人生畏的时代来解释这一现象，它们在让任何人类历史相形见绌的根据神话的《往事书》中延续了数百万年。无论真相可能是什么，在 11 世纪居住于印度期间，比鲁尼非常吃惊，似乎不存在对万物的历史脉络的兴趣。[③] 已知最早的印度史著作是直到 12 世纪才出现的卡尔诃那(Kalhana)的《诸王流派》(*Rajatarangini*，又译《王统谱》《王河》等)，它描述了克什米尔的地方史(参见第三章第二节)。

基于规则的历史编纂 最后，我们可以说，希腊—罗马世界和中国的古典历史编纂使用了基于规则的方法。这些方法的基础可能是希罗多德的最可信史料原则，修昔底德所使用的目击者叙述原则，波利比奥斯的个人经验原则，曼涅托、李维和其他人所使用的成文史料原则，司马迁著作中的口述

[①] Cyril Philips (ed.), *Historians of India, Pakistan and Ceylon*, Oxford University Press, 1961.

[②] 参见 R. C. Mujandar, 'Ideas of History in Sanskrit Literature', in Cyril Philips (ed.), *Historians of India, Pakistan and Ceylon*, Oxford University Press, 1961, p. 25。

[③] "遗憾的是，印度教徒不太关注万物的历史脉络，他们随随便便地叙述他们国王的继位顺序；当他们被要求提供信息而不知所措，不知道说什么的时候，他们总是喜欢讲故事。"详见 Al-Biruni, *Indica*, Translated into English by Edward Sachau, Vol. II, S. Chand & Co., 1964, p. 349。

与成文史料的结合,或者最后班固的基本美德原则。无论这些历史原则可能是多么主观和可疑,它们似乎是富有成效的,足以建立(抑或说强加?)史料之中的模式。这些模式可能被证明是毫无根据的。比如,崛起和衰落的循环模式可能遭到基于经验的驳斥(一如罗马帝国的线性发展在一段时间内的情况),或者得到新史料或者事实的经验支持(就像最终随着罗马帝国的陷落而出现的那些)。当然,也有微观和中观历史聚焦更短的时段或者甚至一个"事件",比如塞勒斯特(Sallust)对喀提林阴谋(Catiline conspiracy)和朱古达战争(Jugurthine war)的描述。但是,这些单一事件的历史也容易被证明没有根据。比如,蒂迈欧和他之后的数代人重点关注一个事件,即罗马城建立的准确日期,它就像一种钟摆逐渐停止一样,最终定格为瓦罗所谓的公元前753年。这个日期被接受了数百年,直到1606年,约瑟夫·斯卡利格证明,并没有史料如此准确地认可罗马建城日期的确定。

就像语言学有其基于规则的语法,历史编纂学是一门经验性学科。在一个非常抽象的层面,帕尼尼的语言学方法与希罗多德、修昔底德及其他人的历史方法之间,几乎没有差异。双方都设法用最小数量的原则涵盖最大数量的现象。当然,在一个更加实际的层面,更大差异是存在的。古代历史编纂是不"可复制的"。它依然是关于史料是否被视为"可信"的一种个人的选择,尽管是批评性的。另一方面,帕尼尼的程序语法发挥作用的方式是可以被准确复制的。任何人运用规则都可得出相同的结论。

原则:最可信史料原则、目击者叙述原则、个人经验原则、成文史料原则、成文与口述史料相结合原则、基本美德原则

模式:崛起、鼎盛与衰落的循环规律性、没有衰落的线性模式、所有人认为他们自己的生活方式是最佳生活方式、现在可以被描述为过去的一种完全相同情势的翻版

第三节 语文学·文本修复问题

曾经有一段时间,经验世界似乎主要由文本组成。关于可以被新手稿的发现证实或者驳斥的现存手稿,学者们提出了种种假设。语文学作为一

种分析活动旨在基于现存手稿修复所谓的原始史料。这就使得语文学成了最早的跨学科的人文学科之一,关于语法、修辞、历史和诗学的知识汇集于其间。① 语文学比很多人所想象的要更为古老。假如我们相信传统,早在公元前 6 世纪的时候,雅典暴君皮西特拉图便发布了指示,要为泛雅典娜节(Panathenaic festival)建立"官方"荷马文本。荷马被持续不断地研究和背诵,始于公元前 6 世纪的诗人梭伦(Solon),直到公元前 4 世纪末的亚里士多德。

亚历山大的规则派论者(analogist,又译"名实相应论者""类比推理者") 直到大约公元前 300 年,托勒密二世(Ptolemy II)建立了亚历山大图书馆,对文学文本的系统的语文学研究才真正开始。希腊化世界各地数以万计的手稿②的积聚,导致了知识和科学历史上的最大悖论之一。在同一文本的经常几十上百甚至成百上千的复本中,没有两个复本是相同的。有些情况下,差异不太大,其发生是因为誊抄错误,但差异也可能非常大,包括整句貌似被蓄意更改、增加或删除。也有文本仅仅是以不完整碎片的形式幸存了下来。原始文本——原型——何以能够从所有这些材料中被追根溯源呢?

系统地解决这一问题的第一人是以弗所的泽诺多托斯(Zenodotus of Ephesus,约前 333—约前 260),他也是亚历山大图书馆的第一位图书管理员。泽诺多托斯利用典型荷马时代的词汇编纂了一部字典,借助该字典他希望能够从手稿的诸多破烂残片中,构想出"完美的"文本。遗憾的是,没有理论支撑泽诺多托斯的尝试,他的标准似乎是基于审美偏好和猜测。

他的继任者,拜占庭的阿里斯托芬(Aristophanes,约前 257—前 180)和萨莫色雷斯的阿里斯塔克(Aristarchus of Samothrace,约前 216—约前 144),勉力提供这样的一种理论,以期让语文学尽可能地摆脱主观因素。被损文字问题代表了最大挑战之一。一种未知词形怎么能够被视为一个古词或者

---

① John Edwin Sandys, *A Short History of Classical Scholarship from the Sixth Century B. C. to Present Day*, Cambridge University Press, 1915.
② 据大多数人的估计,亚历山大图书馆馆藏从公元前 3 世纪的大约 20 万册增加到了公元前 50 年的 70 万册以上;参见 Luciano Canfora, *The Vanished Library: A Wonder of the Ancient World*, University of California Press, 1990。

一个错误呢？阿里斯托芬基于**类比**(analogy)概念解决了这一问题。① 如果有人确定**未知词如已知词那样形成、变位或者变格**，那么他就相信他能重构出具有一定可信度的原始形式。阿里斯托芬规定了词形变化彼此间必须遵守的五种标准，以便被看作是"可类比的"。关于(1)性、(2)格、(3)词尾、(4)音节数、(5)重音，词形变化必须一致。他的学生，萨莫色雷斯的阿里斯塔克增加了第六种标准——比较两种词形时，二者必须要么是**复合的**(合成的)要么是**非复合的**(简单的)。历史语文学实际上肇始于阿里斯托芬。我们把他的方法称作**类比原则**(the analogy principle)。亚历山大时代的语文学家使用了相同的命名：类比(analogía)。

阿里斯托芬的语文学方法似乎是基于一些类比标准发现了词汇之间规律性的一种元语法。但是，他的方法迥异于第二章第一节论述的帕尼尼语法规则系统。亚历山大学派信徒没有旨在建立一致词形的精确规则。寻找相似之处是一项复杂的活动，于其间词汇的意义、字体、韵律及审美面向经常必须被纳入考量之中。因此，发现的过程依然在很大程度上是联想的、主观的。然而，作为文本修复的一种批评性方法，亚历山大学派的方法已然经受住时间的考验。我们非常感激亚历山大学派信徒对版本的真知灼见，各种版本的荷马、赫西奥德、品达(Pindarus)、阿尔基洛科斯(Archilochus)和阿克那里翁(Anacreon)，以及悲剧家和历史学家，已然被传承给我们。此外，比较词汇的类比方法为出自狄俄尼索斯·特拉克斯之手的第一部希腊语法确定了标准(参见第二章第一节)。

帕加马的异常派论者 在亚历山大的规则派论者时代，也存在一个相互竞争的斯多葛学派，它是由季蒂昂的芝诺(Zeno of Citium, 前334—前262)在帕加马(Pergamon)建立的。这个学派的语文学家探寻例外而不是规律性。他们基于**异常原则**(the anomaly principle, 又译"变则原则")开展工作，该原则是由索利的克吕西波斯(Chrysippus of Soli, 约前280—前207)通

---

① Rudolf Pfeiffer, *History of Classical Scholarship: From the Beginnings to the End of the Hellenistic Age*, Clarendon Press, 1968, pp. 202—208.

过术语"异常"(*anomalia*,又译"不规则")引入的。① 不是寻找词形之间的类似之处,克吕西波斯强调寻找词形之间的**差异**与**例外**的重要性。根据异常派论者,基于类比推断出文本的原始形式是不可能的。异常法最热心的支持者是马鲁斯的克拉特斯(Crates of Mallus/Cratos of Mallos,卒于约前150)。根据克拉特斯,规则派论者所付出的一切努力都是徒劳的、表面的。求得原始文本的唯一方式是选取最接近作者意图的现有文献;一旦选择已做,被选取的文献就必须被尽可能地坚持。② 在一定程度上,这一方法非常类似于希罗多德的历史最可信史料原则。正如希罗多德处理前后不一致的史料那样,异常派论者比较前后不一致的文本,选择就他们的知识范围而言"最可信的"文本。根据异常派论者,所有词汇、句子和阐释都是特殊的,更深层次的规律系统不存在。因此,这种方法比基于类比的方法更不合常理,经常导致非常怪诞的、寓言式的文本阐释。③

然而,异常派的方法产生了许多非常具有原创性的著作。异常派论者——不同于著作非常规范的规则派论者——做出了知识渊博的评论。比如,关于整本《伊利亚特》(*Iliad*)以不及62行的篇幅讨论的特洛伊军力(Trojan forces),涅琉斯的德米特里乌斯(Demetrius of Scepsis)撰写了一个由30本书组成的系列。每一种观点都被作者分析过,通过使用大量文献、地方和口述传统、历史、神话、地理、诗歌,以及旅行者的观察——换言之,为了文本阐释,他查询了所有古代知识。这一详尽、特殊主义的方法在帕加马得到了发展,并且自此从未在人文学中销声匿迹。我们会遭遇到多种不同面目的异常派论。它挺过了中世纪和近代早期,在19世纪的解释学中得到了革新,在20世纪的后结构主义中达到了暂时性的巅峰(参见第五章)。

规则派—异常派论争的罗马和解 在某种意义上,规则派论者与异常派论者都是正确的。规则派论者在词汇之间的规律方面确有重要见解,但他们低估了文本的语义和语用主旨,忽视了作者的意图,而异常派论者深入

---

① Rudolf Pfeiffer, *History of Classical Scholarship: From the Beginnings to the End of the Hellenistic Age*, Clarendon Press, 1968, p. 203.

② David Greetham, *Textual Scholarship: An Introduction*, Garland Publishing, 1994, p. 300.

③ John Edwin Sandys, *A Short History of Classical Scholarship from the Sixth Century B. C. to Present Day*, Cambridge University Press, 1915, p. 49.

讨论了文本的(可能的)阐释与假定的意图,但不考虑任何形式的词序则是错误的。从大约公元前300年到公元前50年,两个学派似乎一直彼此对立,之后它们间的论争好像得到了解决,或者无论如何已然消失。公元前1世纪的罗马语文学家,比如玛尔库斯·特伦提乌斯·瓦罗(Marcus Terentius Varro)和维里乌斯·弗拉库斯(Verrius Flaccus),鉴于他们在各自的文本分析中同时给予规则与变则的关注,似乎受到了两个学派的影响。公元前55年,甚至尤里乌斯·恺撒还曾撰写过一本关于该论争的书,于其间他找到了两个极端之间的平衡。但是,罗马没有荷马来推进语文学文本修复,就像亚历山大学派信徒曾经做的那样。直到公元前28年,巴拉丁图书馆(Palatine Library)被兴建于罗马,尤里乌斯·叙吉努斯(Julius Hyginus,他也是罗马第一位图书管理员)等语文学家才开始撰写评论,瓦勒里乌斯·普罗布斯(Valerius Probus)才开始利用现存手稿修复拉丁文本。

罗马语文学似乎没有产生新的原则或者方法。它首先是折中的,就像几乎所有罗马知识、科学和哲学那样。然而,罗马语文学确乎更加关注文本的年代和日期。这是与罗马历史编纂中的年表大规模制作相一致的,罗马历史编纂反过来是大祭司的编年传统的产物(参见第二章第二节)。相反,语文学也为历史编纂学提供生产性反馈,罗马历史学家可以很好地利用由语文学家所保存的文本。因此,我们可以在这里公正地讨论富有成效的交叉渗透。比如,语文学家和语言学家瓦罗借助他对《年鉴》文本的修复,推进了序时历史编纂。

我们也可以说语文学与语言学之间存在交叉渗透吗?一如我们已然看到的,亚历山大学派语文学家对第一部希腊语法的发展产生了重要影响,但我们应当意识到,在希腊化世界,这两门学科之间几乎没有任何差异。直到古代末期,各种语法,比如狄俄尼索斯·特拉克斯的《语法术》,才被视为语言学著作,它们并不关注修复文本这一语文学目标。因此,似乎存在这样的一个过程,于其间语言学变得独立于语文学,而不是交叉渗透。

后来的罗马语文学主要是百科全书式的。早在公元前1世纪的时候,瓦罗撰写了一本关于"博雅教育"(artes liberales)的综合类著作《教育九卷》(Disciplinarum libri novem),它涵盖了每个自由人都被期待掌握的知识。瓦罗的著作没有幸存下来,但我们从其他文本知道,博雅教育被归类为:

(1)语法、(2)逻辑、(3)修辞、(4)几何、(5)算术、(6)天文、(7)音乐、(8)医学、(9)建筑。在希腊化世界,从西西里(Sicily)到旁遮普,大致相同的分类被用作了一种普通的"完整的"教育(参见第二章第七节"修辞")。该系列的前七学科相当于圣奥古斯丁的博雅艺术,马尔提亚努斯·卡佩拉(Martianus Capella)在其寓言作品《墨丘利与语文学的联姻》(*Nuptiae Philologiae et Mercurii*,5世纪)中对它们进行了详细阐述。语法、逻辑与修辞等学科形成了"三艺"(trivium),而几何、算术、天文与音乐等学科构成了"四艺"(quadrivium)。在基督教中世纪,马尔提亚努斯的著作成了最重要的教材之一,在中世纪修道院和天主教学校中代表基础知识长达几个世纪。但是,他的著作与史料修复无关。这将见诸古代晚期,但通常是以文本注释的形式,比如马克罗比乌斯(Macrobius)在5世纪对西塞罗(Cicero)的《斯基皮欧之梦》(*Somnium Scipionis*/Dream of Scipio,关于正直生活的来世回报)的颇具影响的评论。

对两个学派的评价 亚历山大学派语文学家的方法有多可信呢?唯有原始资料(或者比流传下来的文本历史更悠久的文本)后来被发现,史料修复方可被评价。然而,即使有也很少的情况是原始资料可以被**准确地**修复自幸存的复本(同时参见第四章第一节和第五章第二节),我们因此只能讨论修复的准确程度。至于亚历山大学派的方法,令人遗憾的是,规则派的文本修复悉数没有幸存下来,更不必说具有原创性的原始文本(亚历山大学派的修复仅仅以中世纪复本的形式幸存)。唯一"幸存的"图书馆,赫库兰尼姆(Herculaneum)的帕皮里别庄(Villa dei Papiri),在公元79年维苏威火山爆发期间被埋在了3米厚的泥浆和熔岩之下。碳化的卷轴已通过计算机断层扫描得到部分修复;可以看出,总体而言,它们包含彼时深具影响的伊壁鸠鲁学派(Epicurean)学者噶达拉的菲洛德穆(Philodemus of Gadara)的原始资料。[①] 令人痛心的是,没有后来的菲洛德穆著作复本幸存下来,因此,在这个例子中,我们面临着没有任何复本的原始文本的相反情形。

斯多葛学派语文学家的异常派方法完全不同。或许,源自帕加马的博

---

① 参见Marcello Gigante, *Philodemus in Italy: The Books from Herculaneum*, University of Michigan Press, 2nd edition, 2002.

学、详尽的文本注释是古代人文学产生的最佳文本注释。但是,它是学问还是文学艺术?无论真相如何,异常派论者的结果都无法被经验地验证,更不必说复制。但话又说回来,这远非它们的意图。

中国与印度的语文学　当然,文本修复并不仅仅发生在希腊化世界和罗马帝国。在中国也有文本编纂和修复传统,但是他们的方法和原则几乎不为人知。已知最早的中文文本修复被孟子(前372—前289)认为是孔子所为,孔子被认为编纂了第一部中国古代文学概观——儒经。但是,我们不知道这些经典的修复是以哪些原则为基础的。然而,有一种说法,在李斯(秦朝期间的公元前213)指挥的焚书坑儒之后,儒经因为孔子门徒的超强记忆力,实际上很容易被复制。根据传统,我们必须因为流传下来的一些原始资料而感谢伏生(Fu Sheng)。他把孔子的著述藏在了他家的墙壁里。① 另一个例子是讲述公元前2000年到大约公元前300年这段中国历史的《竹书纪年》的修复。它们在公元297年被发现后,已然松散的竹简必须被修复为它们原来的顺序。然而,所使用汉字的不规则的、不相同的手迹是不为人识的;晋代束晳(261—300)的修复非常有争议,以致《竹书纪年》被认为是伪造之物达数世纪之久。② 直到近代,像亚历山大学派那样的学术性语文学传统才在中国发展起来(参见第四章第一节)。

印度吠陀经被一字不差地传承了下来,它们现在被认为是世界上最早的连续性口述传统。③ 该传统的目标是基于歌唱(诵经/patha)完整、完美地记忆神圣的吠陀经文本。文本中的每两个相邻的词汇首先被以原始顺序学习(和描述),之后被以逆序重复,最后再次以原始顺序被重复。因为梵文的自由词序,逆序与意义没有联系。特殊的韵律结构和节奏保证了文本的每个音节保持完整。这种方法被证明是非常有效的,以致最早的印度吠陀经集子《梨俱吠陀》(*Rigveda*,前1500)依旧作为一个文本而存在,没有变体。④ 当然,确实,在印度就像在所有其他国家一样,并非所有文本都被记

---

① Chin Annping, *The Authentic Confucius: A Life of Thought and Politics*, Scribner, 2007.
② Edward Shaughnessy, *Rewriting Early Chinese Texts*, SUNY Press, 2006.
③ 参见比如 Gavin Flood (ed.), *The Blackwell Companion to Hinduism*, Blackwell, 2003。
④ Arthur Macdonell, *A History of Sanskrit Literature*, Kessinger Publishing, 2004.

忆。很多非宗教文本只以传统形式存在。① 尽管如此,前后不一致的问题似乎是有限的,并未引发文本修复的学术实践。

因此,语文学作为对原始资料的追求似乎是被创立于存在大量不完整或者前后不一致的手稿的地方。这首先发生在希腊化世界,那里的数以万计的手稿代表了一个无与伦比的经验世界。

原则:类比原则、异常原则

模式:揭示词形之间的对应关系、可以区隔古词与讹误之词的类比相似性系统、"一切都是特殊的"

第四节 音乐学·和声与旋律法则

科学中最古老的法则是音乐法则。② 它关乎和声(或和音)音程,归功于毕达哥拉斯(公元前6世纪)。打个比喻说,和音音程是独立音符消散到彼此之中的和声。毕达哥拉斯音乐法则规定,和音音程对应于前四个整数(1、2、3和4)之间的比例,而不谐和音则反映更为复杂的比例。③ 比例的确定可通过先拨一弦,然后再拨半弦、三分之二弦或者四分之三弦。于是人们听到八度音、五度音和四度音,而二度音之类非和声音程则关乎8/9之类比例。④ 虽然毕达哥拉斯音乐法则似乎很好地预言了"最简明的"和声音程,但我们却在三度音、六度音等音程方面遭遇了难题。三度音通常被认为属于和音,但在毕达哥拉斯的系统中,它们相较于非和声的二度音(8/9),对应于更加复杂的比例(64/81)。毕达哥拉斯拒绝三度音,这或者是因为"命理的"原因。同样,毕达哥拉斯音乐法则并未解释相对简单的比例8/9(二

---

① Radha Kumud Mookerji, *Ancient Indian Education*, Motilal Banarsidass Publications, 2nd edition, 1988, pp. 535ff.

② 参见 H. Floris Cohen, *Quantifying Music: The Science of Music at the First Stage of the Scientific Revolution, 1580—1650*, Reidel Publishing Company, p. 2.

③ 虽然该法则归功于毕达哥拉斯,但它在数世纪之前,已然为巴比伦人所知晓。参见 M. L. West, "The Babylonian Musical Notation and the Hurrian Melodic Texts", *Music & Letters*, 75(2), 1994, pp. 161—179。

④ 参见关于声音片段(sound fragment)的链接:http://en.wikipedia.org/wiki/List_of_musical_intervals(其间的音程分式,比如1/2、2/3、3/4 也被反向表示为2/1、3/2、4/3,等等。)

度音)为何听起来刺耳得令人毛骨悚然,而3/4(四度音)听起来却令人愉快地和谐。

毕达哥拉斯的和声法则 和声理论的核心问题是**和声音程是否是基于某种深层系统**。毕达哥拉斯认为确实如此,并且让和声符合前四个整数的简明算术比例,前四个整数之和等于10——神圣的"毕达哥拉斯质数"(Pythagorean number)。这一结果在希腊人眼中是非常重要的,他们将其推而广之到了众所周知为"和谐世界"(harmonia mundi)的世界观。根据这种世界观,宇宙就像音乐一样,可以通过使用简明算术比较得到描述。在《蒂迈欧篇》中,柏拉图甚至主张,一种比例可以推衍自宇宙,于其间"回响"着七大天体之间的理想距离。当时为人所知的七大"行星"(太阳、月亮、金星、水星、火星、木星和土星)之间的相对距离被认为对应于音乐音程之间的比例。这种世界观被称作"天籁之音"(Music of the Spheres),已然存在2000余年。① 这归功于毕达哥拉斯,他把音乐包括在以"数学"(Mathémata)为名的其他数学学科(算术、几何与天文)之中。一个世纪以后,智者派(sophist)把数学添加到了三门"语言学"学科(语法、逻辑与修辞),它们共同构成了人文学(博雅教育)(同时参见,第二章第三节)。在该课程体系内,音乐研究被认为是一门数学学科,聚焦协和音程或者"愉快的"和声之间的关系。

但是,什么音乐和声真正听起来令人"愉快"呢?在这里可以发现一个清晰、有序的结构吗?毕达哥拉斯学派的结果暗示了最简明音程的一个有序结构,但结果证明,将毕达哥拉斯系统中的这一有序性推而广之到所有"和声"音程是不可能的,比如六度音或者三度音。这很快便导致了争议,比如,在塔伦特姆的亚里士多塞诺斯(Aristoxenus of Tarentum)的著作中(他是亚里士多德的学生,被认为是古代第一位"音乐学家"②),亚里士多塞诺斯坚持,对音程,因此和声的判断不必基于它们的最简明算术比例,而是根据**听觉**(hearing)。他认为,因为天籁之音是无法被观察的,更胜一筹的是歌

---

① 甚至在17世纪,约翰内斯·开普勒(Johannes Kepler)还不遗余力地让行星之间的相对距离与理想的数学比例一致。

② Andrew Barker, *Greek Musical Writings*, Vol. II, Cambridge University Press, 2004.

唱和演奏听起来让我们愉快的东西,而它无须受支配于数学比例的简明性。换言之,亚里士多塞诺斯主张经验发现(基于观察)优先于理论计算。重要的是要强调亚里士多塞诺斯并**不拒绝数学方法**,相反,他坚决反对不使用数学方法的同时代人的著作,他们被称作"和声学者",根本不愿意运用任何逻辑严密的原则进行音乐研究,放弃了所有音乐法则。虽然亚里士多塞诺斯的方法保持着逻辑严密,但经验主义拥有决定权。

亚里士多塞诺斯的旋律法则　在其《和声原理》(*Harmonic Elements*)和《韵律原理》(*Rhythmic Elements*)中,亚里士多塞诺斯最重要的新观念之一是音乐由经验法则组成。根据亚里士多塞诺斯,这些法则可以通过研究音乐作品本身而不是使用之前构想的数学或者哲学思想而被发现。在这里他离开了他的老师亚里士多德,亚里士多德并没有赋予音乐以独立价值,其立场依然接近毕达哥拉斯学派。亚里士多塞诺斯的另一个,或许是更有意义的新观念是将音乐学延伸至**旋律**的研究。**哪些乐音序列构成有序的旋律?我们可以为它们设计一个规则系统吗?** 这个问题类似于帕尼尼的"语言之问"。亚里士多塞诺斯是具体音乐作品研究——我们也将把它命名为音乐学——的第一人。

亚里士多塞诺斯发掘了规律性,他称之为"旋律的自然法则",详细说明"正确"旋律的音程的可能顺序。① 首先,他注意到了并非音符之间的每一任意序列的音程都产生旋律。歌唱的时候,声音似乎基于**连续性**与**先后顺序**的原则把音程与音符进行顺序排列。一如在希腊音乐中很平常的那样,亚里士多塞诺斯在这里建立了旋律与和声之间的密切联系。他详细描述了旋律起落中的可能音程,为此他引入了**四度音阶**(tetrachord)和**微阶**(pyknon)概念。四度音阶是半个音阶;音阶中的四基音系列。微阶是一个基音单位,其大小取决于音阶,包括两个平等的双剑符号——其间的一个双剑符号是音程的基本单位,在亚里士多塞诺斯那里大致相当于四分之一个基音。然后亚里士多塞诺斯建立了一个公理系统——再次按照亚里士多德和欧几里得的传统——于其间他完全根据经验发现的法则(定理[theo-

---

① Edward Lipman, *Musical Thought in Ancient Greece*, Columbia University Press, 1964, pp. 22ff.

rem])被"演绎地"证明是以他定义的公理或基本原则为基础的。亚里士多塞诺斯的公理特别详尽,比如:①

公理 1

让公众接受:在每一四度音阶中,就像旋律序列通过连续乐音升降自任何特定乐音一样,它必须用四度连续乐音制造四度谐音(不协和音程),或者用五度连续乐音制造五度谐音。

公理 3

关于音程的音量,谐音的音量似乎要么因为被控制在某一音量,根本没有变化范围,要么具有非常难以辨识的范围,而不谐和音(不协和音程)的音量则在小得多的程度上拥有该特性。

这些公理主要是关于和声的,但根据亚里士多塞诺斯,它们也构成了乐音旋律顺序的基础。为了这一目的,亚里士多塞诺斯引入了描述旋律限制、从公理推导出来的定理。亚里士多塞诺斯把这些定理称作"天然旋律法则"(natural melodic law),一如以下两条规则所证明的:

- 非微阶,既非完整微阶也非部分微阶,通过旋律与另一微阶相邻。
- 从乐音开始,和谐进行有两个可能的方向:弱三度音或者升微阶。

亚里士多塞诺斯总共给出了 25 条规则或者"天然旋律法则"。无须赘言,这些规则并不代表普遍法则,而是代表亚里士多塞诺斯时代的希腊旋律传统的规律。希腊音乐主要包括很少被记录在乐谱之中的即兴创作。歌手或者乐师同时身兼作曲和表演。这并不是说音乐演奏是自发的、即席的。演奏者必须遵守被普遍接受但未成文的关于旋律形式与风格的规则。亚里士多塞诺斯设法形式化的,或许正是这些未成文的有意识或者无意识的规则。这便是我们为什么把他的"法则"定义为**"基于限定的语法"**(restriction based grammar)的原因,他的"法则"关乎作曲者 歌手可以于其间运作的各种潜在希腊旋律的类别。就旋律选择而已,25 条规则依然为歌手提供

---

① 参见 Sophie Gibson, *Aristoxenus of Tarentum and the Birth of Musicology*, Routledge, 2005, pp.66—68。

了巨大的自由。他们仅仅描述可能的旋律的边界,而不描述旋律本身。这些法则最初是描述性的,但很快则被视为是规定性的,尤其是被后来的亚里士多塞诺斯学派(参见下文)。

亚里士多塞诺斯的音乐理论中有一种程序性规则体系吗?虽然有许多规则,但它们并不以帕尼尼语法的方式具有程序性。这是因为亚里士多塞诺斯的规则并不产生新旋律。它们仅仅描述或"宣布"旋律必须遵循的边界条件,而不提供规则系统的程序。因此,我们将把亚里士多塞诺斯的工作原理称作"**陈述性规则系统原则**"(the declarative system of rules principle)。有一个陈述性规则系统构成了希腊旋律的基础,这就是亚里士多塞诺斯希望揭示的东西。

看到亚里士多塞诺斯的方法离开了狄俄尼索斯·特拉克斯、阿波罗尼奥斯·狄斯克鲁斯等希腊语言学家的方法有多远,这是令人印象深刻的(参见第二章第一节)。在语言研究中,同样可能规定哪些词、词组能或者不能与它们的意义相结合,构成更大的单位或者句子(一如帕尼尼对梵文所做的那样)。但是,没有希腊语言学家似乎对此进行过考察。他们主要感兴趣于词类及其细分(参见第二章第一节)。因此,音乐学中的句法传统并不保证语言学或者语文学中的句法传统(反之亦然,一如我们将在谈论印度音乐学时所看到的)。亚里士多塞诺斯的旋律法则在多大程度上是精确的、是经验地准确的,这尚未得到探讨。遗憾的是,这是不可能直接确定的,因为现存最早的希腊旋律被创作于亚里士多塞诺斯**之后**大约 200 年。① 我们将看到早期近代的音乐学家如何再次应对为支撑音乐旋律的规则下定义这一挑战;我们将能够间接地评价亚里士多塞诺斯的方法(参见第四章第四节)。

毕达哥拉斯和亚里士多塞诺斯的影响 就方法和主题而言,毕达哥拉斯和亚里士多塞诺斯似乎是完全对立的,但二者都试图找到精确的音乐法则。毕达哥拉斯使用了数学比例,甚至是在它们与经验主义不相符的时候,

---

① 仅仅有为数极少的现存希腊古典旋律:始自大约公元前 150 年的两首神谕(Delphic)赞美诗、同期的一首酒歌,以及始自公元前 2 世纪的克里特的米索迈德斯(Mesomedes of Crete)的几首赞美诗——参见 M. L. West, *Ancient Greek Music*, Oxford University Press, 1994。

而亚里士多塞诺斯的努力则是基于经验发现的,关于这些经验发现他追溯到了最接近亚里士多德传统的基本原则。毕达哥拉斯和亚里士多塞诺斯并肩反对"和声学者",从"和声学者"那里什么也没有传承下来,亚里士多塞诺斯曾撰文指出他们忽视了所有法则。在一定意义上,他们的对立堪比我们在语文学中发现的亚历山大规则派论者与帕加马异常派论者之间的差异(参见第二章第三节);亚历山大规则派论者追求规则系统,而帕加马异常派论者认为规则并不存在。正像在文本阐释中,音乐学有两种传统:一种是规范的(毕达哥拉斯学派和亚里士多塞诺斯学派),一种是非规范的(和声学者);规范传统中有理论学派(毕达哥拉斯学派)与经验学派(亚里士多塞诺斯学派)。

亚里士多塞诺斯的影响并不及人们基于他的著作所想象的那么广泛。虽然他聚集了一批追随者,包括信徒如克里欧奈德斯(Cleionides)、阿里斯提得斯·昆提利安(Aristides Quintilianus)(不能与修辞学家马库斯·昆体良[Marcus Quintilianus]或者昆体良[Quintilian]混为一谈——参见第二章第七节)、巴克希俄斯(Bakcheios)和普塞罗斯(Psellos),但亚里士多塞诺斯的追随者忽视了所有公理、证据,甚至他的著作的实验—经验基础。这在亚里士多塞诺斯的接受中,导致了极大误解。欧几里得(公元前3世纪)和托勒密(83—168)错误地为他的著作贴上了反数学的标签。然而,欧几里得确乎证明了亚里士多塞诺斯根据经验确立的定理并非全都能够推演自他确立的公理或者基本原则——但这并不贬损定理本身,定理实际上并不是演绎的,而相反是经验的、归纳的。亚里士多塞诺斯去世之后,毕达哥拉斯音乐学再次取得了支配地位,尽管此前引入了几个根据经验的调整。在其《科农》(Canon)中,欧几里得描述了毕达哥拉斯版的亚里士多塞诺斯和声理论;在埃拉托色尼和托勒密的著作中,我们看到了对待和声理论的两种方法之间的一种妥协。基于亚里士多塞诺斯的批评,托勒密用测弦器进行了非常精确的实验,声称亚里士多塞诺斯之前的一个实验是不准确的。然而,这些变化全都没有影响到旋律理论,它被亚里士多塞诺斯认为是最"音乐的"。① 波伊提乌(Boethius,又译波伊提乌斯,480—525)在《音乐原理》(De

---

① 参见如 John Landels, *Music in Ancient Greece and Rome*, Routledge, 1998。

institutione musica）中讨论了这两种和声方法，他有一种显而易见的毕达哥拉斯立场。这本著作把论争带进了中世纪（参见第三章第四节），它特别有影响的一个面向是波伊提乌基于柏拉图对音乐的三分法：**宇宙音乐**（musica mundana，听不见的宇宙音乐，或者天籁之音）、**人类音乐**（musica humana，人类的音乐，或者身体与心灵之间的和声）和**器乐**（musica instrumentalis，他把声乐也包括其中）。在马尔提亚努斯·卡佩拉的讨论自由七艺的教材《墨丘利与语文学的联姻》（5世纪，参见第二章第三节）中，和声理论在本质上主要是昆提利安派和亚里士多塞诺斯派理论。但是，毕达哥拉斯和声理论因为其严格的数学比例，在中世纪和早期近代影响最大。真正的亚里士多塞诺斯复兴直到16世纪因为文森佐·伽利莱（Vincenzo Galilei）——伽利略·伽利莱（Galileo Galilei）之父——等人文学家（参见第四章第四节）才出现。

婆罗多牟尼的和声与旋律理论　正像在第二章第三节中所解释的，印度最早的音乐传统联系着以圣歌（诵经）为基础的《吠陀经》仪式化记忆。《吠陀经》之三《沙摩吠陀》（*Samaveda*，其本意是"旋律知识"）介绍了一个非常精确但规定性的规则系统。《沙摩吠陀》列举了唱圣歌的具体规则，但并没用对任何歌的音乐分析。

印度最早的音乐研究是由神话人物婆罗多牟尼进行的（约前1世纪——1世纪），他通过他的《戏剧学》（*Natya Shastra*）同时为印度音乐学、印度舞蹈与戏剧奠定了基础（参见第二章第八节）。直到13世纪，他的著作才被视为对印度古典音乐的"权威"研究。[①]　婆罗多牟尼主要描述了乐器，但也讨论了他在印度音乐中发现（或者为之规定）的深层规则系统。婆罗多牟尼介绍了原则形式的规则系统，它们似乎是根据经验从音乐材料中演绎出来的：

1. **沙达佳**（shadja）原则：这是音阶的第一个音；假如这个音已被确定，音阶的其他音也就被固定了。
2. **和音**原则，它包括两个子原则：
1) 音阶中有一个基音始终存在，并且是不可更改的。（这是音阶中的

[①] Donald Lentz, *Tones and Intervals of Hindu Classical Music*, University of Nebraska-Lincoln, 1961.

基音,它用七个基本乐音把八度音阶分为 12 个半音:Sa/沙 Re/利 Ga/加 Ma/马 Pa/帕 Dha/达 Ni/你 Sa/沙,它们依次对应于 Do Re Mi Fa Sol La Ti Do。)

2) 音调之间有天然和音,最佳者在 Sa(沙达佳)与下一个 Sa(高音沙达佳[Tar Shadja])之间,次佳者在 Sa 与 Pa 之间。(这两个和音分别对应于希腊和声理论中的八度音和五度音。)

3. **情感**原则:有适合每个音的情感,音乐样态(musical modi)或者音阶据此被界定,音乐形式借此被制造。(这与被用于印度斯鲁提斯[shrutis]和拉格[raga,又译拉加]之中的悦耳的成语类似。)

上面提到的原则迥异于我们在亚里士多塞诺斯著作中所见到的形式的旋律规则,虽然婆罗多牟尼根据第三个原则向音乐形式投入了如此多的关注,以致它们可以被视为可能的印度旋律的指导纲领。[1] 但是婆罗多牟尼的方法从未在任何地方接近帕尼尼的印度语言学传统——它为可能的梵文表达寻求一种明晰、完整的规则系统(参见第二章第一节)。在和声理论方面印度和希腊音乐学之间存在着更为密切的联系,尤其是就乐曲必须遵守的谐音和声而言。就像毕达哥拉斯一样,婆罗多牟尼认为八度音和五度音最谐和,虽然他并未讨论这两种和声之间的算术比例。

很可能,希腊音乐学的某些面向在印度是为人知晓的。公元前 6 世纪的波斯人入侵、公元前 327—公元前 326 年的亚历山大大帝入侵之后,印度人接触到了巴比伦和希腊知识与科学。被传播的知识主要关涉天文学[2],但也不排除其他学科被涵盖其中的可能性。

中国的音乐学:刘安　　最早的中国音乐分析见诸《礼记》(*The Book of Rites*),该书被认为是孔子所著,其中有一章专门讨论音乐实践。它讲述了音乐与现实之间的基于周朝五声音阶(以周朝命名)的关系。"基本音'宫'(kung)代表君主;'商'(shang,比宫高一音阶)代表大臣;'角'(chiao,比宫

---

[1] 参见 Pradip Kumar Sengupta, *Foundations of Indian Musicology*, Abhinav Publications, 1991, pp. 104ff。

[2] 参见 James McClellan and Harold Dorn, *Science and Technology in Western History: An Introduction*, Johns Hopkins University Press, 2006, p. 143。

高三分之一音阶)代表人民；'徵'(chih,比宫高五分之一音阶)代表国家事务；'羽'(yu,比宫高六分之一音阶)代表事物。如果这五个音阶不是处于混乱之中，和声就会盛行全国。"①在这一章里，"旋律规则"被数次提及，但它们是什么却未曾得到讨论。另外，孔子把305首诗歌辑成了《诗经》，它对中国当代文学与音乐，至今依然有重要影响。

最重要的中国古代音乐著作归功于刘安(前179—前122)。这个有趣的人物是汉代时期的淮南王，也是太极这一武术的传奇创始人。由他所著的《淮南子》(*The Masters of Huainan*)乃道家哲学的基石之一，包括了著名的阴阳理论(同时参见第二章第二节)。该著作收录了很多文章，据说它们是源自刘安与其宫廷中常客之间的文学与哲学辩论。但是，《淮南子》也收录了关于纯三度律(tone temperament)的最详尽的乐理研究成果之一，提供了对"毕达哥拉斯逗号"(Pythagorean comma)的完整分析。② 直到1978年曾侯乙(前433)的著名编钟上的铭文的发现，《淮南子》是对中国十二平均律(twelve-tone temperament)已知最早的分析，大致精确到了六位数字和两位小数。③ 然而，刘安的方法主要是数学的，并不旨在讲述乐曲，更不用说可能的旋律序列的类别。

原则：数学比例原则、陈述性规则系统原则

模式：和声和音对应于简单的算术比例、旋律遵守定理和公理、八度音和五度音是最协和的(印度、希腊)

第五节 艺术理论·世界的视觉复制

我们怎么能够尽可能忠实地描述视觉现实呢？这个问题同时关乎哲

---

① Walter Kaufmann, *Musical References in the Chinese Classics*, Detroit Monographs in Musicology Nr 5, 1976, p.37.

② "毕达哥拉斯逗号"是12个五度音和7个八度音之间的微小的(成比例的)差异。这一音程对协调乐曲有重要影响，因为在大多数音乐中，12个五度音和7个八度音被视为是相同的音程。

③ Ernest McClain and Ming Shui Hung, "Chinese Cyclic Tuning in Late Antiquity", *Ethnomusicology*, 23(2), 1979, pp.205—224.

学、技术和艺术;在古希腊—罗马时代,它被从不同立场进行了探讨。艺术模仿自然,这是自明之理,但这里的**模仿论**(mimesis)也是有问题的。比如,柏拉图认为,虽然绘画和雕塑设法复制现实,但这样的复制并不代表事物的本质。它们保持一种外在相似性。柏拉图的艺术观源自他的理念学说,本质是由观念而非现象所创造。关于艺术乃现实的模仿或者视觉再现,亚里士多德明显积极得多。在他看来,模仿是学习过程——逐步从经验到理解的过程——的一个元素(参见第二章第八节"诗学")。

普林尼的幻觉主义 现存最早的艺术史(与理论)并不是希腊人所为,而是由罗马帝国作家老普林尼(Pliny the Elder, 23—79)所著,见其《博物志》。普林尼援用了之前的艺术史学家,比如西锡安的奇诺克雷蒂(Xenocrates of Sicyon)和卡里斯图斯的安提哥诺斯(Antigonus of Carystus)(二者生沽在公元前3世纪),但他们的著述没有幸存下来。普林尼认为雅典黄金时代(公元前5世纪)开启了伟大的绘画时代,它在公元前4世纪达到了巅峰。虽然他的艺术史始于抱怨自己所处时代绘画的衰落,但普林尼发现了艺术中的一种不曾中断的努力,它可以被描述为尽可能**现实地**表征世界的一种努力,也以**幻觉主义**(illusionism,又译错觉艺术手法)的名称为众人所知。①普林尼解释说,幻觉艺术绘画始于围绕一个人的阴影画一条线,它借助单色绘画导向对现实的多色表现。普林尼讲述了公元前5世纪的意在实现幻觉主义的种种努力,其中有一则关于画家宙克西斯(Zeuxis)和巴赫西斯(Parrhasius)之间较量的轶事,宙克西斯绘制了一串葡萄,非常逼真,鸟儿飞奔而来。他对自己的胜利胸有成竹,于是要求巴赫西斯揭开其画的面纱,结果宙克西斯发现,他所认为的面纱实际上就是画本身。这时宙克西斯承认了失败,因为虽然他能够迷惑鸟儿,但巴赫西斯成功地让一位艺术家出尽了洋相。

情感的表现也是幻觉追求的一部分。雕塑家菲迪亚斯(Phidias)和普拉克西特利斯(Praxiteles)之所以名满天下,是因为"他们向石头灌注了灵魂的激情"。另一方面,画家蒂曼提斯(Timanthes)因为省略艺术而著名。在他

---

① Robert Williams, *Art Theory: A Historical Introduction*, Blackwell, 2003.

那幅描述阿伽门农(Agamemnon)的女儿依菲琴尼亚(Iphigenia)牺牲的画中,国王的脸为面纱所罩,激发了观众的想象力。表现人物的深层次特征甚至比描述情感更加重要。科斯岛的阿佩利斯(Apelles of Kos)因为对亚历山大大帝身体肖像的描绘,以及对他的英勇品格、精神与气质的惊人再现,受到了高度称赞。根据普林尼,阿佩利斯是前无古人后无来者的画家。令人遗憾的是,阿佩利斯的画作一幅都没有流传下来。普林尼把幻觉主义描述为对情感与人物的逼真表现和描绘,但他也把它视为描述**抽象**思想的能力。比如,宙克西斯画了一幅奥德修斯(Odysseus)的妻子珀涅罗珀(Penelope)的画像,这幅画像根据传统来看,是对美德的人格化。

对现实的绘画表现可以基于规则形式化吗?虽然普林尼处理了描绘过程的诸多技术面向,但他通过他的轶事强调了偶然性和灵感。普林尼讲述了画家普罗托曳尼斯(Protogenes)设法描绘一条狗口吐白沫的故事。多次尝试失败之后,普罗托曳尼斯愤怒地把他的海绵掷向了画板,结果这一掷刚好制造了他所希望的视觉效果。"因此,运气赋予了这幅画自然性!"普林尼写到。① 关于灵感,他收录了菲迪亚斯拒绝为奥林匹亚(古代世界七大奇迹[Seven Wonders of the Ancient World])的巨型宙斯塑像使用模特的故事:菲迪亚斯选择了荷马著作作为他唯一的启示。

当然,我们可以有保留地接受这些轶事,但信息是清楚的。根据普林尼,并不存在可以涵盖整个(观察到的和观察不到的)世界的普遍规则系统。必须为新的绘画问题寻找新的解决办法;偶然的发现或者故事性的灵感来源可能是绝好的机会。倘若有一种原则在支撑普罗托曳尼斯和菲迪亚斯的工作方法,它就是异常原则,即是说,艺术过程中的新情势是特殊的。

经典与数学比例原则 虽然可能并没有普遍规则系统,普林尼撰文讨论了艺术家为其艺术所利用的"基本原则"——准则(canon)。普林尼之前,准则这一概念是人所共知的,源自雕塑家波利克里托斯(Polykleitos,前5世纪)的一部失传著作。准则充当其他作品的模型或者标准。普林尼描述了波利克里托斯利用其雕塑《执矛者》(*Doryphoros/spear-bearer*)创建准则的

---

① 参见 Pliny the Elder, *Naturalis historia*, Joost Gelder, Mark Nieuwenhuis and Ton Peters, Athenaeum-Polak & Van Gennep, 2005, p.668。

方法,借助该方法"他用艺术作品创造了艺术本身"。① 通过波利克里托斯的雕塑作品,雕塑被总结为一个微观世界:持矛者的正确姿势(对立式平衡姿势[contrapposto stance])、对身体不同部位的描述、精确的细节,但尤其是雕塑的可确定部分根据基于毕达哥拉斯整数比的简单数学比例,借以彼此相关的方式——参见图一。②

因此,波利克里托斯的准则包括头部和身高的维度之间、头部与肩部的宽度之间、手掌与手指之间的准确比例。在其被视为准则的时候,类似的一系列比例具体说明了其他雕塑必须满足的边界条件。它并不规定其他雕塑应当看起来像什么样子。它只是说明雕塑家可以于其间自由发挥的规则。这似乎符合见诸亚里士多塞诺斯的音乐语法的**陈述性规则系统原则**(参见第二章第四节)。然而,鉴于这些规则是由数学比例构成,我们也可以像在毕达哥拉斯的和声理论中那样,称之为**数学比例原则**(the mathematical proportions principle)。

波利克里托斯准则中的比例很少能与具体某人的严格解剖学意义上的人体比例一致。但是,如果"绝对的"关系被给予足够的关注,和谐与平衡就能够在

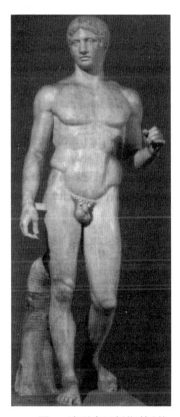

图一:波利克里托斯的《执矛者》,希腊原作的罗马复制品,制作于大约公元前450年,现存于那不勒斯国家考古博物馆(Museo Archeologico Nazionale)。《执矛者》的比例体现了希腊古典雕塑准则。

---

① Pliny the Elder, *Naturalis historia*, Joost Gelder, Mark Nieuwenhuis and Ton Peters, Athenaeum-Polak & Van Gennep, 2005, p.637.

② 参见 Warren Moon(ed.), *Polykleitos, the Doryphoros and Tradition*, University of Wisconsin Press, 1995。

对世界的表现中得以实现。因此,幻觉主义本身并不足以实现和谐。无论一个雕塑家可能多么有灵感,倘若他不遵守绝对的比例,他的努力就会付之东流。波利克里托斯的准则受到了同时代人的热情拥戴,一如成百上千的《执矛者》复制品(其中的五幅罗马复制品流传至今)所悉数证实的。在"细节菲洛"(Philo Mechanicus,又名拜占庭的菲洛[Philo of Byzantium])和加伦(Galen)的现存文本残篇中,波利克里托斯的准则与绝对算术比例也以溢美之词被提及。他的作品被视为意指艺术本身的代表作。虽然艺术的这一自我指涉面向也在其他时期再次出现,但我们在普林尼的作品中发现了最早的(现存的)参照。

建筑中的比例法:维特鲁威 普林尼不仅在雕塑中,而且在他对建筑的概述中,表明了数学比例的重要性。然而,这些建筑规则已被马库斯·维特鲁威(Marcus Vitruvius)在《建筑学》(*De architectura*,又译《建筑十书》,公元前1世纪)中讨论过,其中**对称**(symmetry)概念是关键。这是根据正确的比例对整体的各个部分的协调排列。**秩序**(ordinatio)即对称的恰当运用生成**美观**(venustas),或者美,它是建筑师附加给建筑的价值。根据维特鲁威,适意的建筑除要求美观之外,还同时要求**坚固**(firmitas)与**实用**(utilitas)。

维特鲁威的著作是唯一一部流传至今的关于古代建筑理论的著作。直到1452年,莱昂·巴蒂斯塔·阿尔伯蒂(Leon Battista Alberti)才在欧洲出版了一本关于这一主题的新书(参见第四章第五节)。维特鲁威描述了希腊人何以设计建筑风格:多利克(Doric)柱式、爱奥尼亚(Ionic)柱式和科林斯(Corinthian)柱式。它为他们提供了一种比例感,这种感觉促成了他们对建筑的各部分之间理想关系的理解。维特鲁威利用数字10和6解释了这些理想比例。数字10是一个"自然的"完美数字,因为它是自然赋予人类的手指的数量,而6则是数学意义上的完美数字,因为它等于其因子之和(1、2和3)。无论是就人体还是古代神殿而言,部分与整体的所有比例都可以依据10和6,以及它们的因子的组合得到界定。一切都是按照严格比例表达的,从最小的解剖细节到整个人体,从神殿的最小细节(比如三联浅槽饰[triglyph],又译花纹装饰)到作为整体的建筑。下巴与头之间、头与身高之间,或者柱头的直径与高度之间、神殿的长度与宽度之间的比例,甚至门的位置:一切都是按照数率被描述的。

根据维特鲁威(《建筑学》之三),甚至不同的人体位置也都与宇宙秩序的两种基本形状——矩形与圆形——之间的关系一致,这一点在 1500 年之后,在列奥纳多·达·芬奇(Leonardo da Vinci)的《维特鲁威人》(*Vitruvian Man*)中,借助一种无与伦比的方式得到了描述:一个人同时以不同的姿态站立在圆形和矩形里(参见第四章第五节)。

罗马艺术史编纂的原则与模式 普林尼的"艺术—历史"方法以七个原则为基础:他使用了异常原则来证明好的艺术无法用规则来理解。同时,他使用了数学比例原则(已被毕达哥拉斯使用于音乐研究之中)来形式化见诸雕塑与建筑之中关系的规律,它们在(陈述性)规则系统中被用作边界条件。这些比例已在维特鲁威的著作中得到了论述,或许在先前的画家、雕塑家和艺术史家的并未流传下来的专著中同样得到了论述。作为历史学家,普林尼再次利用了成文史料原则(而不是比如目击者叙述原则)。除成文史料以外,普林尼似乎也利用了直接的视觉资料(他描述的很多艺术作品都在罗马)。普林尼所确定的模式包括**对现实的忠实复制的进步**(幻觉主义)、**确立艺术本身的艺术作品原型**(准则)与**调和比例**(联系着毕达哥拉斯)。一如我们已看到的,这些模式不可能是被普林尼本人发现的。他的著述是基于前辈艺术理论家的发现,而且前辈艺术理论家自身也都是艺术家。然而,我们必须把普林尼几乎全然视作已然传承下来的古代艺术史的唯一源头(建筑方面维特鲁威除外)。

六支与塔拉比例法 有着图画表现的精确比例的规则系统也曾在印度和中国得到制定。关于印度艺术,已知的最早文本是一部关于佛教绘画的理论专著《六支》(*Sadanga*/Six Limbs,又译《谢丹伽》)。根据传统,它被撰写于大约公元前 1 世纪,但根据从公元 3 世纪被传承下来的形式,它意指一份出自筏蹉衍那(Vatsyayana)之手的文献。[①]《六支》描述了绘画原则,它们是:

(1) 对外形的认知
(2) 正确的观察、尺寸与结构

---

① Prithvi Agrawala, *On the Sadanga Canons of Painting*, Prithivi Prakashan, 1981.

(3) 行动、情感、形式
(4) 优雅
(5) 相似性
(6) 画笔与色彩的使用

六支似乎在很大程度上是规定性的,但这些规则有可能是源自公元前2世纪的早期印度壁画。按照维度,马哈拉斯特拉邦(Maharashtra)著名的阿旃陀石窟(Ajanta Cave)壁画或多或少地符合六支的第二条原则——正确的观察、尺寸与结构——它描述的是比例、解剖和透视缩短的规则(参见图二)。

图二　印度阿旃陀石窟一号窟壁画细节,5世纪后半叶

后来的一部关于印度艺术的著作《毗湿奴最上法》(The *Vishnudharmottara*,

约400)含有类似规则,具体说明艺术家可以于其间自由发挥的条件。① 六支的尺寸被按照"塔拉"(Tala)比例予以了最详尽的说明,比如眼睛的样子与大小、不同的姿势、透视缩短法、阴影的影响,对国王、廷臣、武士、动物、河流的表现,等等。在印度艺术中就像在希腊艺术中一样,被制定的陈述性规则系统最初很可能是源自经验,但是后来具有了作为准则的规定作用。②

谢赫六法 中国的艺术理论像印度的六支一样,同样具体说明了六个原则。大约公元500年,生活在刘宋王朝与南齐王朝时代的谢赫制定了这些原则。③ 他的批评性著作《古画品录》(*Classification of Painters*)似乎受到了六支的启示,六支很可能是被中国佛教僧人传入印度的。谢赫描述六法如下:

1. 精神共鸣或者活力(气韵生动):这是艺术家通过作品传递的能量(根据谢赫,进一步考察没有精神共鸣的艺术作品是没有意义的)

2. "骨法用笔":笔墨技法表达自信、力量与灵活性(就像骨头一样)

3. 应物象形

4. 随类赋彩:色彩与色调的适当运用

5. 经营位置:安排构图、空间与景深

6. 传移模写:对真人真物进行写生,对古代作品进行临摹

谢赫六法开启了中国艺术批评中的一种长期传统(参见第三章第五节和第四章第五节)。谢赫也拟定了一份27位画家的名单,包括对他们作品的简要介绍,以及他们能够——或者不能够——整合六法的方法。他使用了一种"等第制"(points system)把画家分为六品。画家卫协名列榜首,因为笔墨技法之中的精美细节,还有他对六法的整合,因此"他超越了所有古代大师"。

被谢赫分级的画家的作品,仅有少数流传下来。在他认同的画家中,最

---

① C. Sivaramamurti, *Indian Painting*, National Book Trust Indian, 1970, pp. 20ff.
② Sherman Lee, *A History of Far Eastern Art*, Prentice Hall, 2003.
③ Osvald Sirén, *The Chinese on the Art of Painting: Texts by the Painter-Critics, from the Han through the Ch'ing Dynasties*, Dover Publications, 2005[1936], p. 219.

著名者当属活跃于 4 世纪的顾恺之。① 他的《女史箴图》(*Admonitions of the Instructress to the Court Ladies*)是中国古代最重要的艺术作品之一(参见图三)。然而,谢赫仅仅将顾恺之归入了第三品画家之列,这时他写道:"格体精微,笔无妄下,但迹不逮意,声过其实。"②《古画品录》是最早的中国艺术史撰述。

图三 顾恺之,《女史箴图》细节,4 世纪末,现藏于伦敦大英博物馆(很可能是唐朝复制品)

原则:陈述性规则系统原则、数学比例原则、视觉和成文史料原则、异常原则

模式:幻觉主义、现实表现中的进步模式、准则、有着准确比例的规则系统

---

① 参见 Richard Barnhart, Yang Xin, Nie Chongzhen, James Cahill, Lang Shaojun, Hung Wu and Wu Huang, *Three Thousand Years of Chinese Painting*, Yale University Press, 2002。
② Osvald Sirén, *The Chinese on the Art of Painting: Texts by the Painter-Critics, from the Han through the Ch'ing Dynasties*, Dover Publications, 2005[1936], p.220.

第六节 逻辑学·推理规则

何为有效推理？何时一种陈述会被正确地视为真或者不真？这些是逻辑学的关键问题,逻辑学也众所周知为辩证法。逻辑学或许最初源自古代法律制度,于其间论证的说服力可以成就或者毁掉一个案子。逻辑学是修辞学的一门辅助学科(参见第二章第七节),它们与语法一起构成了博雅教育的三艺。但古典逻辑学拥有的不是一种而是三种传统:希腊、印度与中国,三者都在公元前4世纪蓬勃发展。

芝诺、柏拉图与亚里士多德的演绎逻辑 公元前5世纪,埃利亚的芝诺(Zeno of Elea)提出了希腊的第一条推理原则。芝诺因其归谬法(reductio ad absurdum)而声名远扬:从假设(前提)演绎出来的显然不真或者荒谬的结论被用于证明假设本身不真。比如,在其《巴门尼德篇》(*Parmenides*)中,柏拉图(前428—前347)描述了据说芝诺如何基于多神假设的荒谬结论证明一元论(monism)。柏拉图本人更感兴趣于逻辑学的哲学面向,比如论证的假设与结论之间的联系的本质是什么？又如定义的本质是什么？这些问题在他的对话录中浮现了出来,比如《泰阿泰德篇》(*Theaetetus*)、《理想国》(*The Republic*)和《智者篇》(*The Sophist*)。

亚里士多德是设法揭示前提与结论之间规则系统的第一人。在被称作《工具论》(*Organon*)的一系列著作中,推理的构成与结构得到了分析。亚里士多德的逻辑学,尤其是他的三段论(syllogism)理论,产生了空前重要的影响。直到19世纪,他的逻辑系统几乎被用于欧洲的一切智识活动之中。① 三段论是一个逻辑论证,其间的一个命题(结论)是从其他两个命题(前提)中演绎出来的。亚里士多德把三段论视为**演绎**推理的核心,于其间事实由复合陈述所决定,与**归纳**推理中事实由重复观察所决定相反。三段论由三部分组成:大前提、小前提和结论。一个著名的例子是如下的有效推理:

---

① 参见 William Kneale and Martha Kneale, *The Development of Logic*, Clarendon Press Oxford, 1978。

（1）大前提：所有人都终有一死

（2）小前提：苏格拉底是人

（3）结论：苏格拉底终有一死

该三段论属于这一类型：

（1）大前提：所有甲都是乙

（2）小前提：丙是甲之一

（3）结论：丙是乙

代替"所有"（all）一词，三段论也可以含有"一些"（some）、"不"（no）和"非"（not）等词。比如，下面的推理就含有"所有""一些"和"非"等词：

（1）大前提：所有信息项都是有用的

（2）小前提：一些书并非是有用的

（3）结论：一些书并非是提供信息的

该三段论属于"所有甲都是乙，一些丙并非乙，一些丙并非甲"一类。更加准确地讲，三段论包括三个命题，其中的前两个是前提，恰好含有一个共用词汇，而其中的第三个是结论，含有两个非共用词汇。虽然有无限数量的可能的三段论，总共可以识别出使用"所有""一些""不"和"非"等四个谓项（predicate）的 256 种不同类型；但至多只有 16 种是有效的。比如，下面的推理并**非**有效推理：

（1）大前提：所有人都终有一死

（2）小前提：欧里庇得斯（Euripides）终有一死

（3）结论：欧里庇得斯是人

或许结论可能是正确的，但推理是无效的。未必能够从前提所有人都终有一死、欧里庇得斯也终有一死便得出结论欧里庇得斯是人。比如，倘若欧里庇得斯是一条狗的名字，因此终有一死，那么结论便是不正确的。换言之，"所有甲都是乙，丙是乙之一，丙是甲之一"这一类三段论是无效的。

至多有 16 种有效三段论可以被反复用于构建新的有效三段论，这在亚里士多德看来，建立了潜在的基本推理系统，或者辩证法。然而，亚里士多德的逻辑学远非完美无瑕。它甚至无法被用以描述欧几里得《几何原本》中的最基本推理。然而，逻辑学可以在一定程度上被用于描述"日常"推理，比如被用于谈话之中（参见第二章第七节）。

在其《形而上学》(Metaphysics)中,除这些三段论以外,亚里士多德"发现了"一些甚至更为基本的人类推理原则。这些原则是**不矛盾律**(the law of non-contradiction,一种论断及其否定不可能同时是真的)与**排中律**(the law of excluded middle,每一论断要么是真的要么是不真的)。这些法则可以被视为一切有效推理和正确论证都必须遵守的标准。

斯多葛学派命题逻辑 在亚里士多德之后的一百年里,一种迥异的逻辑学发展了出来:**命题逻辑**,它源自麦加拉学派(Megaric)和斯多葛学派(Stoic)。在这一极具原创性的逻辑学分支中,命题组合(或者运算)的真或者不真是被演绎自命题本身的真或者不真。命题运算是基于**连接词**(connective)进行的:**否定**(非)、**合取**(和)、**析取**(或)、**蕴涵**(如果……那么……)与**等值**。比如,被用于命题"约翰聪明和彼得愚蠢"之中的合取能够为真,唯有命题"约翰聪明"和"彼得愚蠢"同时为真。如果两个合取命题之一是不真的,整个命题就是不真的。这种情况与选言命题不同。命题"约翰聪明或彼得愚蠢"不真,唯有"约翰聪明"和"彼得愚蠢"同时不真。根据蕴涵,命题"如果约翰聪明,彼得就愚蠢"不真,唯有"彼得愚蠢"不真且"约翰聪明"为真。

通过这种方法,建构这样的一个真值表是可能的,即它基于个体陈述的真值的可能组合,陈述复杂陈述的真值。在下面的真值表中(表一),甲和乙代表命题,箭头"→"代表蕴涵"如果甲……那么乙……",双箭头"↔"代表"甲等值于乙"。否定在本表中未予考虑,因为它仅仅连接一个命题,而不是两个:如果甲的真值等于"真",其否定的真值便等于"不真",反之亦然。复合命题的真值是根据甲和乙(前两栏)的真值的每一次复合而给定的。比如,该表第一行说明,其中,如果甲和乙二者的真值等于"不真",那么合取命题"甲和乙"的真值同样等于"不真"。

表一 合取、析取、蕴涵和等值真值表

甲	乙	甲和乙	甲或乙	甲→乙	甲↔乙
不真	不真	不真	不真	真	真
不真	真	不真	真	真	不真
真	不真	不真	真	不真	不真
真	真	真	真	真	真

真值表的力量在于更加复杂的命题的真值,比如"如果甲和乙那么甲或乙",可以通过把它们细分为最小的支命题予以计算。在斯多葛学派逻辑学为数不多的现存残篇之一中,麦加拉的菲洛(Philo of Magara,约前300)确乎给出了蕴涵"甲→乙"的真值表,世界上最早的真值表。① 一代人之后,在索利的克吕西波斯的指导下,命题逻辑被赋予了公理基础,被打造成了一个融贯的、系统的整体。这是逻辑学的一个史无前例的成就。但是,令人吃惊的是,克吕西波斯也是所有模式与规则于其间都被拒绝的**异常**语文学派的创始人(参见第二章第三节)。在本书的结尾部分,我们将回到我们在其他学者中间发现的这一令人陶醉的学术分裂(参见第五章概要)。无论如何,斯多葛学派都认为规则系统不适合辩证法之外的领域,比如语文学或者语言学。

尽管命题逻辑的精确公理化,它并不能与亚里士多德逻辑学相提并论。三段论逻辑学要实用得多,在公元3世纪得到了新柏拉图派哲学家和其他人的接受。罗马逻辑学,从西塞罗到波伊提乌,并未提出新的见解;在中世纪及以后,亚里士多德依旧是逻辑学的基础。② 直到19世纪,斯多葛学派逻辑学被视为一个形式主义系统,在本质上并非不同于亚里士多德系统。直到现代命题演算的发展,斯多葛学派的成就的价值才获承认,成为**谓词逻辑**(predicate logic,又译述词逻辑)的一部分(参见第五章第三节)。

或许,古典逻辑学是唯一能够勉强与帕尼尼语法相比较的希腊学科(参见第二章第一节)。同时适合亚里士多德学派逻辑推理和帕尼尼语法概念的一个形式系统被设计了出来,它根据一种有限的基于规则的程序,涵盖了推理或者语言表达的一切可能路径。这让逻辑学像语言学一样成为一门经验性学科吗?换言之,我们可以在具体的、实际的情势中验证推理规则或者模式的正确性吗?是的,我们可以如此,正如我们将在第二章第七节讨论修辞的时候所看到的。

梨俱吠陀与正理派归纳逻辑 印度也有发达逻辑研究传统,其历史甚

---

① 参见 W. V. O Quine, *Mathematical Logic*, Norton, 1940, p.15。
② R. W. Sharples, *Stoics, Epicureans and Sceptics: An Introduction to Hellenistic Philosophy*, Routledge, 1996, pp.24—26.

至比希腊传统更久远。关于逻辑的最早思考见诸《梨俱吠陀》(约前1500年,参见第二章第三节),其间有各种逻辑区隔被构造起来,比如"甲""非甲""甲和非甲"和"非甲和非非甲"。① 第一个逻辑学学派似乎是由美达悌西·乔达摩(Medhatithi Gautama)在公元前6世纪建立的。② 然而,众所周知,不奈婆修·阿提耶(Punarvasu Atreya,约前550)才是第一部逻辑学—修辞学著作《揭罗迦本集》(Charaka-Samhita)的作者,该书我们将在第二章第七节(修辞学)予以讨论。帕尼尼的语法如在《八章书》中被描述的那样,有时候也被视为逻辑学专著。就像我们在第二章第一节评论指出的那样,他的语法是基于一种具有算法性质的深层规则系统,换言之,一个基于有限数量的运算产生一种结果的有序规则过程。

然而,最重要的印度逻辑学派是正理派(Nyaya,表示"递归"或者"推论"的梵文,又译尼夜耶派)。该派的基础是阿萨帕达·乔达摩(Akṣapada Gautama)在大约公元200年所撰的经文。正理派信徒把知识与逻辑视为脱离苦海之路,因此勉力获取正确的推理形式。四种知识源头获得了认同:**观察**、**推论**(或者**演绎**)、**比较**和**证据**。推论或者比知(Anumana)对逻辑学是头等重要的。它被视为归纳和演绎推理的一种组合,是最值得注意的正理派洞见之一。③ 正理派推论包括五个步骤,如下面的例子所证明的:

(1) 山上着火了(宗[Pratijna],必须被证明之物)
(2) 因为它在冒烟(因[hetu],理由或者原因)
(3) 有烟之处必有火,炉灶便是例子(喻[Udaharana],实例)
(4) 山上也是如此(合[Upanaya],应用规则于实例)
(5) 因此山上着火了(结[Nigamana],结论)

正理派推论的代表性属性强调实例及其在新情况下的运用。与亚里士多德学派逻辑学不同,这种推理形式不是演绎的,因此不是那么"严格",但

---

① Satis Chandra Vidyabhusana, *A History of Indian Logic*: *Ancient*, *Mediaeval*, *and Modern Schools*, Motilal Banarsidas Publishers, 1971.
② 参见 Radha Kumud Mookerji, *Ancient Indian Education*, Motilal Banarsidas Publications, 2nd edition, 1998, pp. 319—323。
③ Sue Hamilton, *Indian Philosophy*: *A Very Short Introduction*, Oxford University Press, 2001, pp. 4ff.

因此更加广泛地运用于实践。在古印度,它通过设法基于症状确定最有可能的临床表现被用于进行医学诊断。正理派推论也易于运用在修辞学或者演讲术之中,归纳论证通常在其中是支配性的,而亚里士多德三段论必须采取迂回路径,比如让前提合情合理而不是绝对(参见第二章第七节)。然而,除医学以外,正理派逻辑学家将自己限定于哲学和神学范围之内。尽管不乏对他们逻辑学的评论,但直到 10 世纪,他们的推论理论几乎没有变化。

墨家学说与类比逻辑 在中国,逻辑主题最早显影于《易经》(*Book of Changes*)之中,以及中国诡辩家那里,比如公孙龙的悖论"白马非马"。但是,最重要的逻辑学学派是墨家学派,它是由墨子在公元前 5 世纪创立的。墨子是通过将逻辑学置于研究中心而反对儒家学派的第一人。于是便有了墨家经典,它们把逻辑学用作从经济学到光学等其他一切学科的基础——虽然墨子不希望与音乐有任何干系,因为音乐在他看来是无用的,是阳春白雪的。墨家信徒专注于**类比**推理,而不是形式逻辑或者显而易见的逻辑推论思想。这是借助四种不同的技巧做到的:①

> 辟也者,举他物而以明之也
> 侔也者,比辞而俱行也
> 援也者,曰"子然,我奚独不可以然也?"
> 推也者,以其所不取之同于其所取者,予之也

这些技巧一条也没有像在希腊和印度逻辑学中那样,通过使用形式的、一步一步的推理来描述。虽然类比推理方法不及演绎和归纳推理可靠,②但墨家逻辑学或许更接近人类日常生活分析,这在(现在的)认知科学家看来,更多的是基于进行类比而不是运用形式规则。③ 但事实是墨家逻辑学并不承认任意的类比论证。比如,墨家信徒制定了所有推理和论证都必须遵守的**基本原则**。这些原则的第一条指出,在两种相互矛盾的陈述中,其中

---

① Joseph Needham, *Science and Civilization in China*: Volume 7, Part I: Language and Logic, by Christoph Harbsmeier, Cambridge University Press, 1998.
② Chad Hansen, *Language and Logic in Ancient China*, University of Michigan, 1983.
③ 参见 Dedre Gentner, Keith Holyoak and Boicho Kokinov (eds.), *The Analogical Mind*: *Perspectives from Cognitive Science*, The MIT Press, 2001。

之一必然是假的:它们不可能同时是真的。① 这一条对应于亚里士多德提出的**不矛盾律**(参见前文)。第二条指出,两种相互矛盾的陈述不可能同时是假的,它们之一必然是真的。这一条与**排中律**一致。墨家信徒似乎是最早发现这两条逻辑基本法则的人(参见第二章第七节)。

但是,无论是对墨家逻辑学还是对整个中国古代逻辑学而言,结果都不太好。秦朝时期(前221—前206),墨家思想为严格的法律制度所禁止;直到公元7世纪,逻辑学实践才在佛教哲学的影响之下,重新出现。

希腊、印度与中国的比较　逻辑学在希腊、印度与中国的发展有几个面向类似,注意到这一点是非常有趣的。希腊与印度逻辑系统是在希腊化时代之前(亚历山大大帝征服之前),被彼此独立地创造的。同样情形也适用于推理的基本原则,比如由墨家信徒和亚里士多德所发现的不矛盾律和排中律,他们互不知道彼此的存在。我们在历史编纂中发现了类似的并行,比如崛起、鼎盛与衰落循环模式的发现(识别),以及一定程度上在和声理论中。至今尚无对这些引人注目的平行发展的解释,尤其它们并非是在受前古希腊文化影响的地方。

原则:程序性规则系统原则、类比原则

模式:使得从前提演绎出结论成为可能的规则系统(三段论)、计算命题真值的规则系统(真值表)、从实例与先例中得出结论的类比推理图示系统

第七节　修辞学·演讲术作为一门学科

现在,修辞学不再是作为一门独立的学科而存在。作为对流畅的研究,它属于应用语言学;作为演讲术实践,它充其量毁誉参半。② 这与古代及之后若干世纪的情形是多么的不同! 修辞学曾经是建立在语法和逻辑学之上

---

① Jialong Zhang and Fenrong Liu, "Some Thoughts on Mohist Logic", in John van Benthem, Shier Ju and Frank Veltman (eds.), *A Meeting of the Minds: Proceedings of the Workshop on Logic, Rationality and Interaction*, College Publications, 2007, pp.85—102.

② 参见 Brian Vickers, *In Defence of Rhetoric*, Oxford University Press, 1989。

的至高荣誉。作为"口才好的艺术",它代表了每一位有教养的年轻人的完整教育,可以直接应用于法律和政治之中。从亚里士多德到恺撒和赫莫杰尼斯(Hermogenes,又译赫墨根尼),哲学家、政治家和语文学家都花时间分析言语。何为成功演说的结构?听众觉得何种论证具有说服力?人们从何处获得其论证?演说应该如何和使用什么手势被发表?在一种(或多或少)民主的口传文化中,这些问题具有显而易见的重要性。你必须说服你的听众你是正确的,更为重要的是,你通常必须被证明是正确的。

智者派对柏拉图 是什么让古代的修辞学成了一门经验性学科?是人们意识到了:有一个系统在支撑演讲术,以及这个系统可以被应用于实际情势之中,比如政治和司法管理。事实上,最早的西方修辞学家都是老师——公元前5世纪的智者派,比如高尔吉亚(Gorgias)、普罗塔哥拉(Protagoras,又译普罗泰戈拉)和伊索克拉底(Isocrates,又译伊苏克拉底),等等。他们的起点是绝对真理并不存在,而支持或者反对每一种观点的论据是存在的。修辞学包括言语技巧方面的训练和对具有说服力的论据的寻找。大家普遍认为,西方修辞学实际上发展于5世纪的雅典,因为大量人口参与其间的民主结构。这就产生了对能够说服别人的言语技巧教育的需要,因而催生了智者派以及对说服方法的分析研究。①

但是,柏拉图对智者派是持强烈批评态度的。在他看来,智者派可以教育学生的断言是不恰当的。他们并没有贡献出具体的相关知识,他们的修辞学没有主题。相反,柏拉图宣传(苏格拉底的)辩证法。在他的《高尔吉亚篇》(*Gorgias*)中,他拒绝了有输家和赢家的辩论实践,相反以为持不同观点的两人之间的对话是理解两种观点的方法。② 但是,柏拉图并未在提出论证方面提供任何教益。

亚里士多德的修辞论辩:省略推理法 亚里士多德是勉力揭示支撑修辞学之系统的第一人。虽然亚里士多德首先被视为哲学家和逻辑学家,但他也是一位经验主义的学者,首先是"生物学家",而且也是历史学家(一如

---

① 参见 Gilbert Dherbey, *Les Sophistes*, Presses Universitaires de France, p.199。
② 参见 A. Braet, *Taalbeheersing als nieuwe retorica: een historisch, programmatisch en bibliografisch overzicht*, Wolters-Noordhoff, 1980, p.9。

他对希腊戏剧和皮西安竞技会的历史的论述所证明的)、语文学家,以及研究文学的学者(比如他对荷马的分析以及他的《诗学》)。在其著作《修辞学》(Rhetorica)中,亚里士多德将自我定位在一端的哲学与另一端的知识和科学之间。它从演说者、论辩和听众的视野,第一次完整、系统地论述了该学科。① 根据亚里士多德,修辞学就像辩证法一样,乃每个人的能力之所及。一些人比另一些人更擅长,但某人成功运用的修辞手段是可以被系统化的,因此代表一种**技艺**(technè),一种**艺术**(ars):**规则的有序组合**(ordered array of rules)。② 我们在亚里士多德身上看到的抱负无异于我们在帕尼尼身上看到的抱负(参见第二章第一节):揭示支撑人人都有的能力的程序或者规则系统,无论是语法还是修辞学。因此,亚里士多德的工作原则似乎无异于帕尼尼的工作原则:程序性规则系统原则。

为了让其论辩尽可能地具体,在其著作《修辞学》中,亚里士多德以解释他如何描述该学科的特征开篇:他把修辞学定义为并非说服的艺术,而是"为任何一个主题确定有哪些说服人的方法可资利用的技艺"③。在这样做的过程中,亚里士多德毋庸置疑地证明了他希望将所有重点放在"构思"(inventio),论点的发现之上,以及他希望与智者派所实践的成功修辞学没有任何干系。④

亚里士多德最重要的观念是修辞学与辩证法或者逻辑学基于相同类型的论辩模式。换言之,就结构而言,论证的修辞陈述并非在本质上不同于逻辑演绎(参见第二章第六节)。在他看来,仅有的相关区隔在于前提的本质方面:在修辞学中,前提未必是**真的**陈述,而是对特定听众而言**貌似合理的**陈述。这一点通过**省略推理法**(enthymeme)这一概念得到了表达。省略推理法是一种缩略的三段论,有着与演绎论证相同的前提—论证结构,但是其间的前提只会被特定目标群体视为"可以接受的"。论证的修辞陈述之中

---

① 参见 Eugene Garver, *Aristotle's Rhetoric: An Art of Character*, University of Chicago Press, 1994。
② Aristotle, *Rhetorica*, I. 1.
③ Aristotle, *Rhetorica*, I. 2.
④ 参见 A. Braet, *Taalbeheersing als nieuwe retorica: een historisch, programmatisch en bibliografisch overzicht*, Wolters-Noordhoff, 1980, pp. 9ff。

的其他一切不过是说服过程的一种补充。亚里士多德借助历史例证证明，倘若目标群体认为某事已然被证明，目标群体就很容易信服。从形式上讲，修辞陈述的基本概念如下：为了让某一特定目标群体相信陈述 q 情况属实，说话者必须首先选择一个已然被目标群体接受的陈述的集 P。说话者然后必须证明 q 可以被演绎自 P，其间 P 中的陈述被视为前提。①

我们何以能够发现不同听众认为可以接受的前提或者论证？根据亚里士多德，这是以"例证"为基础而进行的；例证分为两种类型：一种是**历史**例证或者先例，一种是**虚构**的例证，比如寓言。亚里士多德解释说，在正常的讲话中，即在主要基于省略推理法的讲话中，仅有一个或者至多几个例证是必需的。另一方面，为了提出令人信服的归纳性论证，人们需要拥有一个完整系列的例证，这会让讲话相当冗长。

作为寻找例证的地方，亚里士多德提到了另一本书《论题篇》(Topica，又译《题旨》)。在这本书中，他证明了证据何以能够借助抽象的搜寻策略被找到。这些搜寻策略可能是相当普通的，比如因果、整体/部分、差异、一致或者类比，等等。但是资料也可能非常具体，比如目击者叙述、合同、誓言与忏悔，等等。假设一位演说家希望说服其听众接受这一思想：某位需要保镖的狄奥尼索斯(Dionysus)正在设法建立暴政。基于亚里士多德的启发法，这位演说家可以着手工作如下：他首先回想之前的所有暴君(例证)，然后说出听众熟知的所有在成为暴君之前同样需要保镖的人的名字(貌似合理的陈述、"前提")，之后他便可以使用归纳论证来断言，狄奥尼索斯也醉心于暴政。最后，其结果就是一种修辞陈述(省略推理法)，它虽然可能站不住脚，但对某一特定目标群体而言，则是令人信服的。

对亚里士多德修辞学的评价　在一定程度上，亚里士多德的方法不亚于帕尼尼解决语言问题的办法：他提出了一种普遍程序，如果使用得当，其结果就是证据的一种修辞陈述(省略推理法)。亚里士多德为这些制定了规则：(1) 寻找先例或者例证，(2) 对目标群体貌似真实的陈述，(3) 最终的缩略三段论形式的修辞论辩。因此，我们将把亚里士多德的方法称为程

---

① 参见 A. Braet, *Taalbeheersing als nieuwe retorica: een historisch, programmatisch en bibliografisch overzicht*, Wolters-Noordhoff, 1980, pp. 9ff。

序性规则系统原则。但是,他的修辞程序与帕尼尼的修辞程序并不同类。虽然亚里士多德说他旨在系统的过程陈列(因此使用的原则与帕尼尼相同),但他的修辞理论并未产生出一个清晰的规则系统来保证有效的修辞陈述。亚里士多德的系统也不是陈述性规则汇编,具体说明各种可接受的省略推理法的普遍限制,那是亚里士多塞诺斯的音乐语法为可接受的乐曲的类型所做之事(参见第二章第四节)。它们是很可能产生结果但未必产生正确结果的解决策略,从这个意义上讲,把亚里士多德的错综复杂的系统描述为**启发法**(heuristics)大全或许会更好。启发法生成关乎潜在解决办法的指导方针,并通过限定解决办法于最有可能可资应用的那些办法,节约大量时间和精力。就此而言,比较亚里士多德的修辞方法与亚历山大学派(他们是亚里士多德之后活跃的一代)的类比法可能会更好。规则派论者同样没有毫不含糊的词汇重构程序,而是仅仅有很多启发式方法,借助这些方法词形之间的对应关系得以被确定,以期找到可能的解决办法。

在其《修辞学》中,亚里士多德也讨论了对这些的信赖:品德——信誉(ethos,又译人格)、听众的情感——情感(pathos)、演讲本身的风格和结构——逻各斯(logos,它也被用于表示修辞论辩)等。然而,《修辞学》中的这些额外成分并不是基于经验的。亚里士多德认为它们是形式,主要是说服过程的一种"补充"。无论这些补充物可能对操纵听众有多重要,它们在本质上是与修辞论辩相分离的。

亚里士多德的修辞方法是否在他所在时代催生了有效的演讲术?它成功与否?这些问题尚无答案,因为亚里士多德文集直到他去世两个世纪之后才出版。根据普鲁塔克,罗德岛的安德罗尼柯(Andronicus of Rhodes)出版了被独裁者苏拉(Sulla)在公元前84年带到罗马的亚里士多德作品的一个版本。① 在此期间,兴盛的不是亚里士多德派修辞学,而是更具规定性的希腊化的形式,被用于罗马帝国各处。直到中世纪,亚里士多德才被视为知识与科学的各个领域的绝对权威,这时他的作品被伊斯兰文明传遍了欧洲。

希腊化时代与罗马修辞学:争点论与良好表达　　亚里士多德在世期间,

---

① Lucius Mestrius Plutarch, *Sulla*, XXVI.

亚历山大大帝英年早逝,年仅 32 岁(前 323),留下了一个从西西里一直延伸到旁遮普的庞大帝国。20 年内讧之后,帝国一分为三:安提柯(Antigonus)管辖的西亚和小亚细亚、托勒密管辖的埃及和爱琴海地区,以及塞琉古(Seleucus)管辖的从叙利亚到印度这一地区。尽管这些地区的分裂与巨大多样性,希腊文化仍居于支配地位,以致出现了一个综合性教育计划,让年轻人为希腊生活方式做准备。这一标准课程以"普通教育"(enkyklios paideia)之名众所周知,大致地讲,包括了与后来的博雅教育相同的学科:语法、逻辑、修辞、算术、几何、天文与音乐。同样正是在这一时期,古典的修辞学细分显影了出来。它通常是用拉丁语被提及的:

(1) 构思:发现论点

(2) 谋篇(dispositio):布局论点和言词

(3) 作文(elocutio):风格

(4) 记诵(memoria):熟记言词

(5) 演说(actio):陈述

18 世纪,这种五段式分类依然在沿用。① 希腊化期间,最重要的修辞学创新是作为构思的一部分的"争点论"(Stasis,又译争议点理论)。这一理论归功于特姆诺斯的赫尔马戈拉斯(Hermagoras of Temnos,前 150),但它仅仅以摘要的形式传承在马尔库斯·图留斯·西塞罗(Marcus Tullius Cicero,前 106—前 43)的《论创造》(De inventione,又译《论发明》)之中。该理论与亚里士多德的来源论(《论题篇》)最相似,不过是以一种简化的形式,提出了**谁**、**什么**、**如何**、**哪里**、**为了什么**(for what)、**为什么**(why)、**何时**及**靠什么**等问题。在司法论证的语境下,对这些问题的答案可能导致将在演讲中提出的正确观点。

长期以来,人们不正确地认为,西塞罗是争点论的创始人。但西塞罗根本没有在现实中的任何领域显现为原创思想家或者学者。他的《论雄辩家》(De oratore,前 55)是欧洲传统中最有影响的修辞学著作之一,这一事实主要是因为西塞罗描述学科的折中观点。然而,《论雄辩家》不仅仅是一部修辞学著作:它以描述"它当何以被进行"的规范程序汇编的形式,整合了

---

① Thomas Conley, *Rhetoric in the European Tradition*, University of Chicago Press, 1990.

哲学、演讲术、政治才能和伦理学。传统的经典例证模仿于是变得最重要，而且在西塞罗那里没有经验主义的倾向性。类似的是，在西塞罗之后最伟大的修辞学家马库斯·法比尤斯·昆体良（Marcus Fabius Quintilianus，简称Quintilian，35—100）所著《雄辩术原理》（*Institutio oratoria*）中，并没有经验主义的复活——尽管他的影响非常巨大，尤其是 15 世纪，波焦·布拉乔利尼（Poggio Bracciolini）在圣加仑（St Gallen）发现《雄辩术原理》的完整手稿之后（参见第四章）。修辞学从亚里士多德时代的很大程度上的批评性学科，退化成了昆体良时代的规范指南。结果证明，这对教授演讲术（良好表达[bene dicendi]）是非常有价值的，但对作为经验学科的修辞学而言却几乎无用。这一情形在罗马帝国的希腊部分并无本质的不同，虽然这是天才塔尔苏斯的赫莫杰尼斯（Hermogenes of Tarsus，155—225）带来争点论的复活与进一步发展的地方。在其《修辞初阶》（*Progymnasmata*）中，赫莫杰尼斯定义了修辞学的一种新组织，它与西塞罗和昆体良的五段式分类有所不同，很快就被视为是规定性的。10 世纪，他的著作依旧在拜占庭帝国被人使用。

印度与中国的雄辩术 修辞学在希腊—罗马世界以外发展如何？辩证法与修辞学的区别主要是一种希腊尤其是亚里士多德学派现象。在（前希腊化时代的）印度和中国两地，修辞学作为雄辩术构成了论证和辩论逻辑的一部分（参见第二章第六节）。有一点需要记住，那就是印度正理派逻辑在一定程度上是归纳性的（一如亚里士多德学派的省略推理法），而中国墨家逻辑主要具有类比推理的倾向性（与亚里士多德的源头理论相似）。

"辩论的方法"在印度文本《揭罗迦本集》（前550）中得到了解释，该文本被认为是不奈婆修·阿提耶所为，但很可能要晚得多。这些方法为正理派哲学家所采纳（参见第二章第六节），被进一步分为了下列元素：①

（1）对辩论主题的定义

（2）命题

（3）反命题

（4）演讲，或者知识的源头

---

① Radha Kumud Mookerji, *Ancient Indian Education*, Motilal Banarsidass Publications, 2nd edition, 1998, p.320.

(5) 应用(这与正理派逻辑归纳一致)

(6) 结论

(7) 反应

(8) 例证

(9) 由专家或者演绎得来的证据所确定的真

(10) 被双方接受的疑点或者不确定性

印度修辞学对辩论的强调与后来的阿萨帕达·乔达摩的逻辑学著作(参见第二章第六节)一致。在要点(9)和(10)中,辩论双方取得一个联合结果,它们让人想起了柏拉图的辩证法,于其间新的洞察可能源自不同的观点,并且未必导致意见分歧。因此,印度修辞学与亚里士多德修辞学相距甚远;在亚里士多德修辞学中,焦点不是在辩论上而是主要在论证上。在使用似是而非的陈述方面存在着与亚里士多德的方法的一致,似是而非的陈述在亚里士多德修辞学中也是归纳性的(比如对以前的一切暴君的概括,他们在掌权之前曾需要保镖)。但是,在亚里士多德必须竭尽全力将归纳推理加入论证的地方,印度修辞学热情地把归纳作为推理与辩论二者的一种必不可少的要素。

中国的修辞学研究始于早至孔子的德性论,他于其间解释了哪些美德具有特别的说服力,比如义、诚、仁和敬。[1] 但是,因为墨家信徒,修辞学以辩论的形式达到了巅峰。[2] 墨家信徒彼此批评,设法让他们的国君相信他们的建议。他们同时对辩论的实用性及其元理论感兴趣。按照墨家的方法,修辞学的实用面向与逻辑论证的基本技艺一致,逻辑论证一如在第二章第六节中所讨论的那样,本质上是类比推理的。这与亚里士多德的《论题篇》或者源头理论有些相似性,其间的类比推理也作为"似是而非的陈述"被认为是可以接受的。然而,正是在"辩"的元理论领域,墨家信徒做出了最重要的发现——推理原则,我们考察中国逻辑的时候会讨论它。"辩论"被定义为**关于相互矛盾的断言的意见不同**,第一条辩论原则是:两种相互矛

---

[1] 参见 Robert Oliver, *Communication and Culture in Ancient India and China*, Syracuse University Press, 1971。

[2] 我将在讨论诗学的第二章第八节讨论曹丕和刘勰。

盾的断言之一必然是不真的。另外,第二条原则指出,两种这样的断言都不真是不可能的。目前,存在着一种一定程度上的一致意见,即墨家信徒属于最早制定逻辑学基本规则(不矛盾律和排中律)的人之列。①

原则:类比原则;程序性规则系统原则

模式:修辞与逻辑论证之间的结构一致;基于先例、陈述与演绎的组合建构修辞论证的程序系统

第八节 诗学·文学与戏剧研究

文学、诗歌与戏剧似乎是作为仪式的一部分而发端的;英雄史诗在仪式上被表演,而戏剧则为官方节日及其他庆典出借风格。② 然而,文学和戏剧作品本身很快就成了研究的主题,这种研究被称作诗学(poetics)。

作为模仿的诗学:柏拉图的批评 虽然一些希腊人认为诗学与修辞学主题相同(泰奥弗拉斯托斯[Theophrastus]断言,"诗学与修辞学关注告知与指引听众"),但与此同时,两门学科彼此不同,尤其是就柏拉图所谓的模仿而言:诗学(戏剧、史诗、抒情诗)勉力重建完整的经验,并设法让听众好像身临其境一样去经历事件。③ 诗学很可能要采用修辞手段,但本质是模仿的经验。因此,柏拉图立即让诗学成了辩论的主题。他认为模仿仅仅表征可以观察得到的现象,不是事物的本质。诗学不是更加靠近"真"——它在柏拉图看来是抽象的("观念"),而是与它渐行渐远。另外,有一种道德危险潜伏在文学与戏剧之中,因为它们可以通过无法控制的情感对听众产生隐秘不测的影响,尤其是对年轻人。在柏拉图看来,这种批评也适合其他艺术中的模仿,比如绘画与雕塑(参见第二章第五节)。

---

① 参见会议手册《中国逻辑学的历史》(*The History of Logic in China*),2010 年 11 月 24—26 日,阿姆斯特丹;同时参见 Donald Leslie, *Argument by Contradiction in Pre-Buddhist Chinese Reasoning*, Centre of Oriental Studies, Australian National University, Canberra, 1964。

② 参见 Phillip Zarrilli, Bruce McConachie, Gary Jay Williams and Carol Fisher Sorgenfrei, *Theatre Histories: An Introduction*, Routledge, 2010。

③ 参见 Plato, *Republic*, 10。

净化：根据亚里士多德的叙事结构　亚里士多德采取了一种与柏拉图有所不同的立场。虽然在模仿的定义上他与老师意见一致，但亚里士多德认为，人类对模仿的需求是一种自然且健康的冲动。"艺术模仿自然"是他的名言；挑战是揭示事物的隐蔽特性。亚里士多德借此把一种更高级的真赋予了诗学——更深层次的普遍的真是实际细节的本质，而非它们的翻版；诗人需要理解其原则。因此，亚里士多德寻找支撑好"故事"的规则。他的隐含问题是：**有一个为创作优秀戏剧、诗歌或者故事提供基础的规则系统吗？**亚里士多德认为他已然发现很多这样的规则，并在他的《诗学》（*Poetica*）中对它们进行了描述。这些规则被呈现为人们必须为"优秀"悲剧设置的要求。借助（埃斯库罗斯[Aeschylus]、索福克勒斯[Sophocles]和欧里庇得斯的）现存悲剧和（尤其是荷马的）史诗，亚里士多德举例说明了这些规则。他的规则系统因此首先适用于希腊古典故事，而不是一般的故事。

亚里士多德以列举悲剧的六要素开篇：情节、性格、言词、思想、形象和歌曲。然后他清楚地说明了这些要素的规则①，比如：

- 故事需要情节，情节包括发生、发展、结局。发生、发展和结局这三个阶段必须是清晰可辨的。
- 故事中的最高级悬念应该与故事的实际发展相一致。
- 故事必须要有代表城邦中的重要人物的英雄或者主角，因为这些人物对城邦的存在至关重要。
- 故事中的悬念源自包含在对手或者敌手的性格之中的冲突。情节必须专注于解决这一冲突。
- 故事必须在观众成员中唤起怜悯和恐惧的情绪；观众成员将把自己认同为英雄，并且通过与英雄合力解决冲突，最终产生一种净化（catharsis）的感觉：一种"净化"或者"新认识"的心理形式。作为一个整体的故事旨在在观众成员中产生净化。
- 作者必须优先选择可信的不可能性，而不是不可信的可能性。

---

① 关于亚里士多德发现的所有规则，参见 Aristotle, *Poetics. A Translation and Commentary for Students of Literature*, Translation by L. Golden. Commentary by O. B. Hardison, jr., Prentice-Hall, 1968。

这些规则并不像亚里士多塞诺斯的旋律规则或者普林尼的比例规则那么准确,更不必说推理的逻辑规则或者帕尼尼的语法规则。诗学规则为含混提供了必要的空间;就此而言,它们类似于希罗多德所构想的处理史料的历史编纂规则。就悲剧或者史诗的**结构**而言,亚里士多德的规则是不含混的,但就**内容**(英雄、主角和冲突的必须要素除外)而言,它们留下了许多悬而未决之处。因此,亚里士多德的规则系统可能最好被比作一种"限制语法"(陈述性规则系统原则),戏剧或者史诗必须按照这种语法来完成。作为对古典悲剧的一种概括,亚里士多德的诗学可能在描述的意义上是准确的,但作为戏剧与诗学的一种普遍规则系统,它充其量是规范性的。

重要的是要记住亚里士多德设法用他的规则系统要达到的目的。他的著作并不是针对诗人或者戏剧家,①而是分析对"优秀"故事的要求。就像他一如既往地做的那样,为了这一目的,亚里士多德讲述了哪些资源可被用于实现目标。在他看来,诗学的目的在于带来观众成员的**净化**,而为此所需要的资源获取自模仿——对一种行动的模仿,以致观众群体是,比如,一个事件的目击者。模仿和净化概念是古典诗学的两个最值得注意的特点。它们继续存在于希腊化时代和罗马世界的诗学中,贺拉斯(Horace/昆图斯·贺拉斯·弗拉库斯[Quintus Horatius Flaccus],前65—前8)是主要阐述者。贺拉斯的著作《诗艺》(*Ars Poetica*)几乎全然基于亚里士多德,因为后者的著作被苏拉从雅典介绍到了罗马。然而,贺拉斯的规则系统变成了规范的、模仿的和传统的规则系统。他像严格的学校教科书作者一样写道:"我将告知诗人他的职责;我将告诉他在哪里可以找到他的资料……他之可为与不可为……"。尽管我们依旧可以给予亚里士多德"疑点利益"(the benefit of the doubt),贺拉斯的教诲是非常必要的,以致它们与基于经验的人文学没有任何关联——在史诗、抒情诗和戏剧中寻找看得见的模式。

朗吉努斯与崇高:陶醉与净化 后来的希腊作家似乎将诗学带向了美学,一如在被认为是出自朗吉努斯(Longinus,又译朗基驽斯)之手的著作《论崇高》(*On the Sublime*)中那样(公元1世纪,虽然这一归属判断完全可

---

① 参见 Richard Harland, *Literary Theory from Plato to Barthes*, Palgrave Macmillan, 1999, pp. 14—15。

能是不正确的)。① 这部颇具影响力的作品是一份选自 50 多位作家和 1000 年文学史的文学实例的清单。范例是非常多元化的,包括荷马、萨福(Sappho)、柏拉图、西塞罗等人的摘录,甚至《创世纪》中的一个段落,它是公元 1 世纪的例外。朗吉努斯为称赞和贬低文学作品为好或者糟的风格树立了榜样。他推荐了一种严肃的写作风格,它同时表现了朴素的本质。朗吉努斯也引入了"崇高"概念。"崇高之第一个及最重要的源泉是创造影响深远的思维方式的能力。"朗吉努斯认为,"崇高"意指超越"普通之上"的一种写作风格。朗吉努斯给出了崇高的五种源头:伟大的思想、强烈的情感、优美的修辞、高雅的措辞及高贵的用法。朗吉努斯认为,崇高不是导致观众的说服或者净化(亚里士多德就是这样的例子),而是**陶醉**(ecstasy):"令人眼花缭乱之物总是伴以一种沮丧和恐惧的感觉,这种感觉比令人信服或者令人愉悦之物具有优势。说服是在每个人的能力范围之内,然而崇高却超越每一位观众成员。"朗吉努斯对崇高的论述非常引人注目,以致在后来的美学家比如 18 世纪的埃德蒙·伯克(Edmund Burke)看来,他已然查明诗意感觉的本质(参见第四章第五节)。很显然,发现**创造**崇高或者美的支撑性规则系统这一愿望并不在朗吉努斯的方法之列。

哈利卡那索斯的狄奥尼索斯与经验诗学 另外还有人在设法辨识诗歌材料中的规则系统,比如关于优美句子的建构,这就再次拉近了诗学与修辞学的距离。借助与在视觉艺术中——于其间艺术取法自然(natura artis magistra)——实现和谐的规则的类比,哈利卡那索斯的狄奥尼索斯(公元前 1 世纪末)设法根据"自然"词序的概念,寻找写作诗句的规则。狄奥尼索斯提出了他从斯多葛学派接受的一个假说,即基于自然法则的词序通向优美、富有诗意的创作。② 他添加了这样的规则作为自然法则:(1) 名词出现在动词之前,(2) 动词出现在副词之前,(3) 先发生的事件在后发生的事件之前被叙述。狄奥尼索斯基于哲学思考解释了这些规则的自然性。这样一种

---

① 参见 Andrew Russell, *"Longinus" on the Sublime*, Clarendon Press, 1964。
② 参见 Casper de Jonge, *Between Grammar and Rhetoric: Dionysius of Halicarnassus on Language, Linguistics, and Literature*, PhD thesis, Universiteit Leiden, 2006, pp. 248ff。(https://openaccess.leidenuniv.nl/dspace/bitstream/1887/10085/1/Thesis.pdf)

思考是：名词之所以必须出现在动词之前，是因为前者给定本质（substance）而后者给定"偶有属性"（accident）；自然模式是本质先于偶有属性。

狄奥尼索斯的工作的特别之处在于他实际上也设法使用没有人会怀疑其优美和诗意的文本，即荷马来验证他的规则。但是，在他证明荷马并未遵守以上提及的三个自然法则的时候，狄奥尼索斯也拒绝了他（以及斯多葛派）提出的其他规则。实验并未产生狄奥尼索斯所希冀的结果。可以看出，荷马式诗歌之美并不是基于自然规则。因此，狄奥尼索斯抛弃了优美诗句可以通过使用"自然"规则系统而建立这一理论。① 在这里，我们有极佳的一个关于人文学中的证伪的古代例子。②

因此，似乎有两种方法存在于希腊诗学之中：对"优秀"故事的追求、创造"优美"或者崇高故事的渴望；前者通向净化，后者通向陶醉。规则系统可能是为前者建构的，但当时不是为后者。同样，有优秀音乐和艺术的规则（精确比例原则），但没有崇高音乐和艺术的规则（异常原则）——参见第二章第四节和第五节。

印度诗学的规则系统：味论与弥曼差派 印度诗学中也存在对规则系统的寻找。一如在印度音乐学中那样，本领域最重要的著作归功于婆罗多牟尼的《戏剧学》（参见第二章第四节）。这部著作为一切梵语文学及戏剧生产提供基础达 1500 多年。《戏剧学》的地位非常显赫，以致它经常被视为一部单独的吠陀。③《戏剧学》详细概述不同的"修辞情绪"，它们也被称作"味"（rasa）。味共有八种类型：艳情味、滑稽味、悲悯味、暴戾味、英勇味、恐怖味、厌恶味和奇异味。然后是对情感状况何以能够用这些味进行表达的解释。比如，麻痹这一情感状况被表现以大汗淋漓、结结巴巴、颤抖、战栗、脸色变化、流泪、意识丧失或者昏厥。伴奏乐器和歌唱也有具体说明。这些规则之后，《戏剧学》进入戏剧结构，描述了不下 25 种类型，从独幕剧到十

---

① Casper de Jonge, *Between Grammar and Rhetoric: Dionysius of Halicarnassus on Language, Linguistics, and Literature*, PhD thesis, Universiteit Leiden, 2006, p. 278.
② 关于人文学中的另一次证伪，参见第二章第二节：反驳波利比奥斯的罗马的历史永远遵循线性模式而没有衰退这一观点。
③ G. N. Devy (ed.), *Indian Literary Criticism: Theory and Interpretation*, Sangam Books, 2002, p. 3.

五幕剧。其间有一丝不苟的详细描述,内容从化妆、布景、服装到关于嘴唇、睫毛甚至耳朵的最细微动作的身体动力学。对观众群体的不同类型、他们能够或者不能够把握某些情感,也有详尽的描述。

关于戏剧的希腊著作,无一接近于《戏剧学》的准确。然而,在"形式化"方面,《戏剧学》的规则系统更接近于亚里士多德的《诗学》,而不是帕尼尼的语法或者亚里士多塞诺斯的旋律理论。比如,"颤抖"是似乎无须进一步具体说明的一种反射动作。在其他方面,《戏剧学》似乎是表演戏剧、舞蹈和音乐的一本传统综合手册。这部著作错综复杂的细节暗示,它是以一种描述性方式被创作的。《戏剧学》很可能是作为某种现存戏剧传统的记录而出现的,即使——或许在增加一种或者更多种传统之后——有任何进一步偏离本记录的情况,这种情况也很少,在此之后它就具有了规范性。

规则系统不仅仅是为创作过程而设计的。它们也是为阐释过程,或者换言之,经文注疏制定的。比如,弥曼差派(Mimamsa)打算制定一种基于规则的吠陀注疏。吠陀仪式在大约公元2世纪被佛教等"新"印度哲学日益边缘化的时候,这样的一种注疏成了话题。作为一种平衡,印度教手稿学者希望基于全面说明的阐释指导而证明吠陀的有效性,以便人人都能够理解它们。伊弥尼(Jaimini)的《前弥曼差经》(*Purva Mimamsa Sutras*)始于大约公元前2世纪,代表了本领域最重要的著作。意料之中的是,伊弥尼的阐释系统极具规范性,因此从我们的观点来看不是那么有趣。但是,伊弥尼的努力似乎已经成功,因为印度佛教出现了长期的停滞不前。

刘勰的"文心":作文技法与文学史 在中国,早在公元前6世纪,孔子就曾撰文讨论文学的教育与寓言目的,但关于诗学的现存最早的著作则是曹丕(187—226)的《论文》("On Literature")一文,仅有600字。[①] 曹丕,传奇将军曹操之子,崛起成了魏朝开国皇帝,但他也是诗人和评论家。他最值得注意的推论是"文以气为主";他认为,文气"譬诸音乐,曲度虽均,节奏同检,至于引气不齐,巧拙有素"。

关于中国文学的现存最早的**体系化**著作是刘勰(465—521)的《文心雕

---

① John Minford and Joseph Lau (eds.), *Classical Chinese Literature, from Antiquity to the Tang Dynasty: an Anthology of Translations*, Columbia University Press, 2002, p.425.

龙》(*The Literary Mind and the Carving of Dragons*)。①《文心雕龙》凡 50 篇，始于对刘勰时代众所周知的 32 种写作文体的解释，从最具审美趣味的风格到最为实用的风格。比如，他概述了神话和传奇、经学(尤其是孔子)及其模仿、不同文体的诗(乐府)和诗性散文(赋)、赞、颂、祝、盟、哀、史(包括对司马迁著述全面的文体描述——参见第二章第二节)、诸子、封禅、章、奏和记，甚至檄。简言之，《文心雕龙》上编是作为一个整体的中国诗学与修辞学的几近完整的概要。

在《文心雕龙》下编，刘勰论述了创作过程本身，比如设计篇章(发现)、文章的初稿、修改和根据情景语境的必要改写。也有对作文技法的讨论，以及对结构元素的解释，比如词、句和段。他也涉及修辞格、情感的表现、有效性、音乐性、排比，等等。最后，刘勰考察了外部因素，比如物质环境、批评家的作用、个人天赋与个人抱负。

从分析与创作二者的角度来看，刘勰的《文心雕龙》是最令人钦佩的古代文学及其历史概述之一。他的著作可以与朗吉努斯的千年古典文学史相提并论，但在系统分类方面远远超越了朗吉努斯。很难把刘勰的著作归类为诗学或者修辞学。像哈利卡那索斯的狄奥尼索斯的著作一样，它在一定程度上属于二者。

原则：陈述性规则系统原则；异常原则
模式："优秀"戏剧、史诗、抒情诗的规则系统；"优美"或者"崇高"规则系统的缺失；文本注释规则系统

概要：古代世界人文学的共通模式

追求规则系统　如果我们试图把古代世界的人文学科视为一个整体，那么我们可以说，在多种方法和原则被采用的同时，各地**不乏有人努力制定规则系统(源自经验或者其他途径)**：语言学中的语法、历史编纂学中处理史料的规则、语文学中对词语类比的启发法、音乐学和艺术史中的和声比例

---

① 刘勰：《文心雕龙》，杨国斌英译，周振甫今译，外语教学与研究出版社，2003 年。

和陈述语法、逻辑学中的程序语法、修辞学中的启发式规则系统,以及诗学中的叙述性规则系统。在所有学科和所有地区,从中国、印度到希腊—希腊化世界,我们都可以发现对准确的规则系统的这种追求。有一个值得注意的例外。在语文学中,除基于规则的方法以外,还有一种传统拒绝规则、主张唯有例外情况存在。这一异常传统一直很罕见,尚未在任何地方建构出一种支配性的,更不用说独特的方法(我们也在艺术理论中发现了异常现象,但它是与数学比例的准则携手前行的)。虽然不存在普遍方法,但所有古典人文学科都有经验成分:人们为了潜在的规则、启发、类比或者比例,细查了可以观察到的语言学、历史、音乐、文学、逻辑或者艺术资料。

类似发现 除普遍追求规则系统以外,还有显而易见的类似发现见诸人文学科。历史的循环模式被建构于希腊(希罗多德)和中国(司马迁)。音乐学中,关于基音、八度音阶和五度音阶的基本和声原理在一共三个地区被发现:希腊(毕达哥拉斯)、印度(婆罗多牟尼)和中国(刘安)。逻辑学中,排中律和不矛盾律于中国(墨家信徒)和希腊(亚里士多德)被建构。艺术理论中,视觉和谐的数值比例概念得到了普林尼和六支的描述。类似发现并非人文学所独有。它们也发生在科学之中。① 另外,有很多并不相似的模式:在所有地区,修辞、语法和叙事的规则系统和模式彼此不同。

从描述到规定 要决定被观察到的规律和模式在何等程度上是描述性的还是规定性的,这在所有情况下都是不可能的。见诸音乐学、艺术史和诗学的原初基于经验的规则似乎很快就被用作了强制性指示。这个**从描述到规定的变化过程**似乎是人文学中的一个不断再现的特征:语言、艺术和音乐中的规律与模式被变为规范性规则。这一点可以使人文学与科学区别开来。自然现象中的规律从来不是规定性的。大自然对规范性指示不屑一顾。然而,事实是一旦规律被发现——比如在行星的运转或者落体运动之中——它们就会对它们的人类观察产生巨大影响,就像在人文学中那样。一个例子可以见诸被观察到的行星运转秩序,它被柏拉图、欧多克索斯(Eu-

---

① 参见比如 H. Floris Cohen, *How Modern Science Came into the World*, Amsterdam University Press, 2010。

doxus)及其他人阐释为一个"圆系"(system of circles)。这一假定秩序扰乱了近2000年来我们对行星如何运转的观察。行星必须而且总是绕圈运转——如果必须以由此的某种复杂组合运转——直到约翰·开普勒(Johann Kepler)认为,他可以基于第谷·布拉赫(Tycho Brahe)的新观察,将行星轨迹还原为椭圆。有一种类似的历史见之于落体的可见秩序。无论我们喜欢与否,见诸之前观察的规律将自己强加于我们的新观察之上。就此而言,在科学现象研究与人文学现象研究之间并无本质差异。

鲜有演绎 在古代人文学与科学之间,或许存在另一典型差异。与古代科学相比,人文学中的演绎法(断言是借助它从必要的基本原理推导出来的)是边缘性的。我们仅仅在亚里士多德逻辑学和亚里士多塞诺斯音乐学中发现了演绎风格,不过那时亚里士多塞诺斯是亚里士多德的学生。然而,亚里士多塞诺斯的推导给人以牵强的印象,而且在某些情况下明显是不正确的。另外,演绎性的亚里士多德三段论是古典逻辑系统中的一种例外。印度正理派逻辑是归纳性的(断言是从不断重复的观察,而不是从基本原理推导出来的),中国墨家逻辑是类比性的(论点是从与类似情势的类比中推导出来的)。我们可以基于语言表达是借助组合语法规则演绎地推导出来的这一事实,把帕尼尼的语法解释为一个演绎系统。然而,把4000条规则视为"必要的基本原理"是很困难的。演绎法在人文学科中的使用似乎已然被限定于亚里士多德传统。

旨在"优秀"而不是"优美"的经验法则 尽管普遍意见如此,但显而易见,古代世界的人文学经常显影为是可以证伪的,以及在某些情况下是可以复制的。比如,据悉,波利比奥斯(关于罗马史的非循环论)和哈利卡那索斯的狄俄尼索斯(关于自然和诗歌词序的一致)的假设很可能在他们自己的时代遭到经验事实(分别是历史资料和诗歌素材)的**反驳**。另一方面,结果证明,**证实**其他假设和理论是有可能的,比如帕尼尼的梵文语法、托勒密关于毕达哥拉斯和音程的理论。一些理论原来是既不能证实也不能证伪的,这不是因为认识论的缺陷(事实上这仅仅适合异常派语文学),而是人文资料遗失的结果:亚里士多塞诺斯的旋律理论和阿里斯托芬的语文学理论不再能够借助它们为之被设计的材料得到验证。最后,我们可以通过已然被发现的规则模式的有效性建立一种元模式。在古典人文学中,似乎**没有**有效的旨在优美或者崇高的规则系统,但是**有**有效的旨在正确或者优秀的规则系统。因此,没有关于诗歌语言、崇高修辞和优美艺术的规则(参见狄奥尼索斯、朗吉努斯和普林尼),但存在关于符合语法规范的语言、有效的修辞与和谐的艺术的规则(参见帕尼尼、亚里士多德和维特鲁威)。

未解问题　我们并无所有问题的答案。为什么希腊语言学如此显著地落后于希腊其他人文学科?比如,为什么没有为语言句法设计的规则系统然而却有为音乐句法设计的规则系统?为什么印度没有历史编纂但印度人却在人文学的所有其他领域贡献如此之多?我们应当问自己,为什么罗马知识和科学无所作为并保持折中。虽然罗马知识和科学,包括人文学在内,实际上大约公元前2世纪以降就包含了希腊知识和科学,但几乎所有学者都继续具有希腊血统。目前的解释是罗马人首先对政治事业感兴趣,不能即刻应用于其间的知识与科学被视为是不相干的。与印度和希腊相比,中国古代人文学在某些方面也似乎是一直"落后"的,尤其是在语言学和语文学方面。但我们只需记住秦朝统治时期的公元前213年焚书坑儒事件,当时根据传统,很多中文文献都被付之一炬了。秦朝建立之初被创作的杰作,比如刘安的音乐著述和司马迁的历史报告,让我们对已然损失并且将永不为人所知的一切伤心难过。

第三章 中世纪：普遍与特殊

要断定古代世界的人文学何时变为了中世纪人文学几乎是不可能的。比如，人们可以说中世纪基督教历史编纂始于4世纪的尤西比乌斯(Eusebius)，而欧洲音乐学很可能发端不早于8世纪。希腊—罗马人文学的"终结"通常是以当柏拉图学园在529年被查士丁尼大帝(Emperor Justinian)关闭的时候，其最后的追随者逃到波斯为标志。伊斯兰扩张建立了繁荣的知识和科学新文化，它从波斯一直延伸到了非洲，通过西西里和西班牙传到了欧洲。最具活力的人文学科存在于此间的伊斯兰文明之中。虽然中国和印度似乎我行我素，但它们对伊斯兰文化产生了显而易见的影响，其间比鲁尼充当了印度和阿拉伯世界之间的枢纽，而佛教僧人则在印度和中国之间发挥了同样的作用。在中国和通过拜占庭传到欧洲的撒马尔罕(Samarkand)伊斯兰文明之间，同样存在互动。

第一节 语言学·从规则到范例

中世纪期间，有三大基本上相互独立运作的语言学传统。它们是帕尼尼在印度的延续、伊斯兰文化中的西拜韦(Sibawayh)新范例语言学，以及欧洲的思辨语法(speculative grammar，又译理论语法)。也有很多清晰可辨的相互作用。印度语言学渗透进了中国和伊斯兰文化，阿拉伯语言学是以希腊人的语言学为基础，欧洲语言学——虽然源自罗马传统——直到受到来自南部西班牙和西西里的伊斯兰影响之后，才活跃起来。

印度：帕尼尼的遗产 帕尼尼精确的梵文规则系统(参见第二章第一节)肯定产生了势不可当的影响，以致近2200年以来，印度语言学家几乎仅仅致力于评论、阐释这部大师之作,以及为之进行为数不多的修正。在印度语言学中,(晚期)古代、中世纪和早期近代之间的区隔几乎是没有意义的。直到 18 世纪,帕尼尼语法在印度一直被视为一个近乎"完美无缺的"系统,本质上不存在改进的可能性。虽然帕尼尼的语法方法也被应用于其他语言,比如泰米尔语和藏语,但这是印度之外语言学家的功劳。

但是,在印度也有非帕尼尼传统。比如,伐致呵利(Bhartrhari,又译伐致诃利,6 世纪或者 7 世纪)研究了音素和言语交际。他把后者分为三个阶段:(1) 说话人的概念化,(2) 说话人的语言生产,(3) 听众的语言理解。这种三重分类是言语交际的很多当代认知模型的令人吃惊的先驱(参见第五章)。伐致呵利也是斯丰塔(Sphota,语言本体)学派的创始人,该学派关注的问题是人类思维何以将语言单位组织为一个连贯整体,比如会话或者话语。关于语义学,斯丰塔学派宣传**语义整体主义**(semantic holism),它意味着整体的意义无法源自其组成部分的意义。在这个问题上,斯丰塔学派与逻辑学正理派完全相反,正理派——比如语言哲学家耶斯卡(参见第二章第一节)——拥护**语意合成性**(compositionality)概念,据此,整体的意义,比如句子,实际上可以演绎自要素(词)的含义。

7 世纪期间,来自中国的游僧使得印度语言学传统在中国可资利用。通过旅行和翻译,僧人玄奘(600—664)对中国和印度之间交流的贡献超过了任何人。7 世纪末 8 世纪初,义净(I Ching)和法藏(Fazang)也把很多经文从梵文译为了汉语。然而,除这些翻译以外,印度语言学传统似乎几乎没有对中国语言学产生影响;中国语言学要么遵循孔子的实践,保持哲学本色,要么从事字典编纂。

伊斯兰文明:西拜韦与范例语法　关于阿拉伯—伊斯兰科学的大量著述已然面世,但关于阿拉伯人文学,哪怕是简单的概述都是难以寻找的。①伊斯兰黄金时代期间,所有人文学科一派繁荣,尤其是语言学、历史编纂学和音乐学。

---

① 虽然《阿拉伯科学史百科全书》(*Encyclopedia of the History of Arabic Science*,Routledge,1996)旨在提供所有阿拉伯"科学"的概述,但它遗漏了历史科学、语言科学、等等。但是,音乐学被包括在内。

伊斯兰文明

穆罕默德(Muhammad)在世期间(约570—632),阿拉伯半岛大半部分地区处于伊斯兰统治之下。622年,穆罕默德及其追随者从麦加迁徙至麦地那,这一年众所周知为迁徙——希吉拉(Hijra,又译徙志)——之年,它标志着伊斯兰历的开始。穆罕默德去世两年之后,他的忠实伙伴阿布·伯克尔(Abu Bakr)作为第一任哈里发(继承者)发布指示,收集之前以口耳相传和书面形式被传播的先知信息。其结果是《古兰经》第一版的问世。阿布·伯克尔去世之后,伊斯兰教在哈里发奥马尔(Caliph Omar)的领导下,出现了非常迅速的传播。帝国疆域发展到包括美索不达米亚、叙利亚、巴勒斯坦和埃及。除伊斯兰教以外,阿拉伯语言、阿拉伯艺术与文化也随征服者传播。因为多次接触其他文明,尤其是希腊人及其继承者,科学也兴盛了起来。到大约750年,伊斯兰教从波斯拓展到了北非,从阿拉伯半岛拓展到了西班牙。伊斯兰教的黄金时代是从8世纪到13世纪。在阿巴斯王朝(Abbasids)的统治下,巴格达成为了世界上最重要的知识中心。鼎盛时期出现在9世纪,其标志是智渊阁(House of Wisdom/Bayt al-Hikma)的建立。哈里发马蒙(al-Ma'mun)时期,大量希腊、印度和波斯文献,以及来自君士坦丁堡图书馆的手稿,全被翻译成了阿拉伯语。在这一庞大翻译活动中,关键人物是叙利亚人侯奈因·伊本·伊斯哈格(Hunayn Ibn Ishaq,808—873),他在巴格达建立了一所翻译学校。图书馆也在伊斯兰教的西班牙被建立了起来。它们在12世纪的文艺复兴时期,为知识向基督教欧洲传播发挥了不可小觑的作用。然而,长达4个世纪,巴格达保持为最重要的中心,直到它在1258年被蒙古人摧毁;因为油墨,底格里斯河漆黑一片。

人们可以说阿拉伯语言学始于伊本·阿比·伊斯哈格(Ibn Abi Ishaq,卒于736年,不能与翻译家侯奈因·伊本·伊斯哈格混为一谈——参见第三章第三节)。伊本·阿比·伊斯哈格规范语法的基础是贝多因人(Bedouin)的语言,在他看来它是所有语言中最纯正的。然而,他的语法与描述系统相距甚远,所以不能被视为是对自然语言的学术性描述。

学术性的阿拉伯语言学始于任职于巴格达的波斯人西拜韦(约 760—793)。非阿拉伯人西拜韦编写了第一本阿拉伯语法书《西拜韦之书》(*Al-kitab fi al-nahm*),简称《书》(*Kitab*)。《西拜韦之书》意在让非阿拉伯穆斯林能够理解《古兰经》,与狄俄尼索斯·特拉克斯的语法旨在帮助说其他语言的人学习希腊语一样。但是,《西拜韦之书》比狄俄尼索斯那单薄到不及 30 页的语法教科书要详细得多。在 900 多页的篇幅里,西拜韦基本上讨论了阿拉伯语的一切面向。尽管如此,他的基本语言学概念似乎直接源自希腊语法传统,比如词形的概念、变格、两种性和三种动词形式的辨识。虽然直到 8 世纪,大多数希腊著作尚未被译为阿拉伯语,但大家认为,狄俄尼索斯·特拉克斯的语言学是为西拜韦所熟知的。这是因为狄俄尼索斯的著作很早就被译为了叙利亚语,而叙利亚语在波斯帝国的大部分地区与后来的阿拉伯帝国,是有人理解和阅读的。①

虽然西拜韦语法中的基本范畴是彻头彻尾的希腊式,但在《西拜韦之书》中,他朝着对语言的**基于范例的描述**迈出了决定性的一步。这样一种描述已然以一种非常基本的形式见诸阿波罗尼奥斯·狄斯克鲁斯的著述(参见第二章第二节)。它以如下理念为基础:在规则可见之处,它们被说明是针对比如变位和变格。倘若不是如此,这种现象就会最大程度地基于总结具体范例被描述。比如,阿波罗尼奥斯·狄斯克鲁斯发现,在被作为一个整体的时候,词序——或者句法——太过复杂,无法用规则说明。通过使用大量例子来证明阿拉伯语何以运作,西拜韦解决了这一问题。然而,就像我们在第二章第一节所解释的那样,纯粹基于范例生成或者理解**新**句子是不可能的。因此,西拜韦引入了两个原创性的语言学概念:**类比替换**(analogical substitution)和**词汇依存**(lexical dependence)。他用第一个概念来证明假若它们处于相似的、可比拟的语境中,词或者词的组合可以相互替换。

---

① 关于希腊语言学对阿拉伯语言学的影响,参见 Kees Versteegh, *Greek Elements in Arabic Linguistic Thinking*, Brill, 1977。

西拜韦把词汇依存概念用于证明一个词汇元素的形式何以依赖另一个词汇元素的形式。在很多语言中,动词的形式取决于主语,比如在英语中,我们说"I like it"但"She likes it"。在一些历史学家看来,这让西拜韦在依存语法这一术语被发明之前便成了依存语法学家。①

因此,西拜韦的语言学似乎主要是一个范例列表,或者如阿拉伯语学者凯斯·弗斯蒂格(Kees Versteegh)所言:"《西拜韦之书》乃阿拉伯语中所有特殊用法和例外大全。"②但是,因为类比替换这一概念,西拜韦原则上可以像帕尼尼使用梵文规则那样(帕尼尼把任何例外都包括在规则本身之中),通过替换例子中的词和词系建构出无限数量的新句子。然而,与帕尼尼的比较并不真正具有说服力。首先,用旧句子造新句子这一观念在西拜韦的著作中是找不到的。人们必须从他的例子中间接地提炼。其次,西拜韦并没有提供类比替换的准确定义,而是再次仅仅用例子说明它;因此,他的系统实际上是无法验证的。最好还是比较西拜韦的系统和公元前 3 世纪的亚历山大规则派语文学家的系统,或者阿波罗尼奥斯·狄斯克鲁斯的基于范例的语法。西拜韦的意图似乎是语言使用者(或者阿拉伯语学生)可以就所提供的例子进行概括,为此他为他们提供了一个类比替换形式的工具,人们可以把它阐释为一种元规则。西拜韦及其描述性的、基于范例的语法代表了一种非常悠久的传统的开始,该传统在现代依旧非常有活力(参见第五章)。

有时候,西拜韦也与帕尼尼相比较,因为他对语音学和音韵学的讨论像帕尼尼语法那样,详细得令人吃惊。对穆斯林而言,《古兰经》诗节的发音是至关重要的,因为它事关造物主的语言的发音。后来的伊斯兰语言学家很可能了解帕尼尼的印度语言学,不过很肤浅。1030 年,在其《印度地理》(*Kitab al-Hind*)或者《印度志》(*Indica*)等关于印度的人类学描述中,比鲁尼用了一整章讨论印度语言学,他深入讨论了帕尼尼语法的音韵面向。但是,他毫不犹豫地评论说:"我们穆斯林从中什么也学不到,因为它是树干的一

---

① Jonathan Owens, *Early Arabic Grammatical Theory*, John Benjamins, 1990, pp. 13ff.
② Kees Versteegh, *Greek Elements in Arabic Linguistic Thinking*, Brill, 1977, p. 11.

个分支,我们遥不可及,我的意思是指语言本身。"①根据比鲁尼,梵文迥异于阿拉伯语,以致严格地基于规则描述它的方法并不适合阿拉伯语。

直到西拜韦去世数世纪之后,比鲁尼的《印度志》才面世;西拜韦很可能不知道帕尼尼的著作。但是这对他没有任何妨碍。数世纪以来,西拜韦一直被巴格达和阿拉伯世界其他地区视为最伟大的阿拉伯语语言学家,他之后的若干代人都为他的方法所鼓舞。专攻语法性别属性的法拉(Farra,761—822)、阿克斯菲什(Axfash,约835)和穆巴里德(Mubarrid,825—898)都在最杰出的语言学家之列。然而,10世纪以降,阿拉伯语言学变得日益僵化,语言学家似乎只对归类和整理那些已被8世纪和9世纪语言学家系统阐述过的各种阿拉伯语细枝末节感兴趣。然而,让语言历史学家感兴趣的阿拉伯语语言学家很多,比如10世纪的伊本·金尼(Ibn Jinni)、11世纪的朱尔加尼(al-Jurjani——他的语法于17世纪被托马斯·范·艾尔佩[Thomas van Erpe]译介到了莱顿)以及15世纪的苏尤蒂(al-Suyuti,又译苏玉梯,他也是一位历史学家——参见第三章第二节)。但是,在我们对深层原则与模式的追求中,让我们感兴趣之物很少或者没有。

我们将把西拜韦的方法命名为**(类比的)基于范例的描述原则**(the [analogical] example-based description principle)。这一原则与亚历山大学派语文学家的类比原则有联系,但不同之处在于亚历山大学派试图基于类比发现**规则**,而西拜韦满足于**范例**的收集和他的替换——类比——概念。

欧洲:模式派,普遍语法与层级句子结构　公元476年,西罗马帝国灭亡,在之后的数个世纪里,我们或许可以首次谈论"欧洲"语言学。知识和科学的中心不再是城市,比如亚历山大或者罗马,而是修道院;城市通过其影响覆盖了从前的已知世界的大部分地区,而修道院的影响则局限在基督教欧洲的受教育者阶层或者甚至更少。欧洲的这个部分情况不佳。从5世纪到10世纪,它可怕地遭受了汪达尔人(Vandal)、哥特人(Goth)、匈奴人和北欧人的攻击和劫掠。直到9世纪,语言学中几乎没有任何理论或者经验的发展。唯一的例外是体现晚期罗马传统的一部凯尔特人日常用语描述语

---

① Al Biruni, *Indica*, Edward Sachau, Vol. I, S. Chand & Co., 1964, p.135.

法,《"学者"初级读本》(Auraicept na n-Éces),其历史或许可以追溯至 7 世纪,被编写于相对宁静的爱尔兰。对于已然传承下来的古典语言学,我们得感谢卡西奥多罗斯(Cassiodorus,约 485—约 585)等语文学家。出于对希腊—罗马文化的热爱,在作为罗马政治家的漫长一生中,他尽可能多地誊抄了古典著作,其结果是很多类似经典的传承都紧靠这一思路,而城市图书馆则惨遭厄运。

直到查理曼大帝(Charlemagne,742—814)时代,教育才在一定程度上被学者、教育家约克的阿尔昆(Alcuin of York,约 735—804)恢复,但到那时,希腊语知识已在很大程度上消失于欧洲;依然被人研究的语言学专著局限于拉丁文。**卡洛林文艺复兴**(Carolingian Renaissance)期间,教会学校使用多纳图斯的《小艺》和马尔提亚努斯·卡佩拉的通用教材(参见第二章第三节)进行语言教育,直到普利西农的《语法教程》被重新发现。然而,该新发现并未带来语言学的任何新发展。这一情势并未发生改变,直到欧洲世界的大门被来自西西里尤其是西班牙的伊斯兰文明打开。最终,人们得以再次研习亚里士多德的著述;除源自《工具论》的两部逻辑学著作之外,亚里士多德在基督教欧洲几乎不为人知(参见第三章第六节)。在所谓的 **12 世纪文艺复兴**(the twelfth-century Renaissance)期间,通过与犹太教、基督教和伊斯兰教学者的和谐合作,很多希腊语和阿拉伯语经典被译为拉丁文。在伊斯兰文化和基督教文化之间的边界地区,比如托莱多(Toledo),出现了成百上千的译本。比如,意大利修道士—翻译家克雷莫纳的杰勒德(Gerard of Cremona)在西班牙生活了不止 40 年,在那里他先后翻译了 87 部阿拉伯语著作。然而,结果证明,翻译家们主要对科学和哲学著作感兴趣;他们无视语言学、音乐学和历史编纂学著述。① 然而,重新熟悉希腊语,尤其是亚里士多德哲学,大大地改变了欧洲人文学科。

最初,亚里士多德对欧洲语言学的影响并非来自他的逻辑学著作,而是他的形而上学。根据亚里士多德,知识可以分为实用技术和理论认识,以及仅有后者通向真理。按照亚里士多德的观点,仅有三门学科是真正纯理论

---

① 关于从西班牙语和希腊语到拉丁文的中世纪译本列表,参见 Edward Grant, *A Source Book in Medieval Science*, Harvard University Press, 1974, pp. 35—41。

的——物理、数学和神学。因此,13世纪的欧洲语言学家问自己,除已确定的实用性、描述性方法之外,语言是否也能以一种理论的方式被研究。[①] 这些语言学家包括罗杰·培根、达契亚的波伊提乌(Boethius of Dacia)和埃尔富特的托马斯(Thomas of Erfurt)等杰出学者,他们悉数来自北欧。他们的语言学运动被称作**思辨语法**,在1270—1320年间达到了巅峰。"思辨"一词应当被阐释为"理论"。这些思辨语法学家一心一意地专注于追求语言的"普遍"面向,以及与现实的关系。很显然,词汇不可能是普遍的,因为它们随语言而不同,但根据这些学者,语法范畴是普遍的。他们用于表示语法范畴的术语是"modi"(模式)。虽然几乎每一位思辨语法学家都有自己的模式系列,但存在一些关于基本分类的一致意见。模式进一步分为(1)"存在"范畴(modi essendi),(2)"认识"范畴(modi intelligendi)和(3)"指示"范畴(modi significandi)。实际上,所有范畴都被指定为模式:词类、格、性、变位,等等。[②]

思辨语法学家也被称作模式派(Modist);根据他们的说法,语法范畴基于这些模式体现现实。比如,每一个动词都可以追溯至独立于该动词的具体含义的一种模式。这一点让模式派假定,**每一个动词可以还原为一个系词和一个形容词**。比如,"John grows"这一句子可以被改写为"John gets taller"。通过这种还原,所有句子都可以被转换为"更简单"的句子,仅仅有作为动词限定形式的系词变位(即 **to be**、**to become**、**to get**、**to feel** 或者 **to seem** 的变位)。在其专著《模式》(De modis)中,达契亚的波伊提乌主张,语言的普遍规则将会基于持续不断的类似语言还原而被发现。[③] 罗杰·培根仔细思考了语言还原论的根本含义,断定体现所有语言的某种普遍语法确实存在。

虽然模式派并没有提出具体语言的任何实用语法,但他们的理论思考确乎导致了具体的假设。其中的一些假设,比如普遍语法假设,是难以验证

---

① Vivian Law, *The History of Linguistics in Europe*, Cambridge University Press, 2003, p.171.
② Pieter Seuren, *Western Linguistics: A Historical Introduction*, Oxford University Press, 1998, p.32.
③ Umberto Eco, *The Search for the Perfect Language*, Wiley-Blackwell, 1995, p.44.

的。但对另一些假设而言,验证则相对容易,比如这样的主张——复合句可以还原为导致概念数量更少的简单句(比如我们在前文所描述的动词还原为系词和形容词)。模式派假定,使用有限数量的概念便可涵盖无限数量的语言现象。他们因此采纳了程序性规则系统原则,虽然没有以具体方式使用该原则。

除提出普遍语法这一概念之外,模式派也被视为**层级句子结构**(hierarchical sentence structure)这一理论概念的发明者;在层级句子结构中,句子被分解成部分(剖析),这些部分被进一步剖析为单词。① 模式派成员埃尔富特的托马斯借助"homo albus currit bene"(the white man runs well)这一句子,阐明了这一概念;他首先将句子分为两部分——主语 homo albus 和谓语 currit bene,然后揭示单词之间的依存关系,于其间 albus 依靠 homo、bene 依靠 currit。我们遭遇了先前的西拜韦语法中的词汇依存概念。虽然没有迹象表明模式派成员认识西拜韦,但他们有可能阅读过他的著作或者他的追随者的著作。很多基督教学者可以使用伊斯兰西班牙的图书馆,尤其是在"收复失地运动"(Reconquista,又译作光复运动、再征服运动)期间征服安达卢斯(Al-Andalus)的地盘之后。但是,模式派和西拜韦之间也有无数差异。模式派主要是有一种理论方法,而西拜韦为阿拉伯语设计了一种实用语法;模式派寻找普遍规则,西拜韦则基于具体范例而运作。

如其出现那样,模式主义(Modism)很快就销声匿迹了。这或许联系着**唯名论**(nominalism)以**唯实论(realism)** 为代价在 14 世纪的胜利。长期以来,这两个运动支配着欧洲中世纪的哲学景观,它在众所周知的"共相问题"(Problem of Universals)的争论中达到了高潮。简言之,唯实论者捍卫普遍性概念确实存在(依靠个体事物或相反)这一观念,而唯名论派则坚信仅仅个体事物才有实际存在、共相仅仅代表一种精神概念。逻辑学家奥卡姆的威廉(William of Ockham)指出,个体事物可能不乏相同之处,但这些共性仅仅是涉及个体事物的心理方式。因为奥卡姆二段论的巨大成功(参见第三章第六节),唯名论运动获得了支持;渐渐地,一切带有"普遍主义"意味

---

① Michael Covington, *Syntactic Theory in the High Middle Ages: Modistic Models of Sentence Structure*, PhD Thesis, Yale University, 1982.

的逻辑学和语言学都遭到了拒绝。在其权威之作《逻辑大全》(Summa logicae)的任何地方,奥卡姆都没有攻击过思辨语法,但14世纪的其他人肯定攻击过。① 然而,因为唯名论并未提供替代性语言学理论,模式派的轻理论、重文法概念留存了下来。普遍语法这一概念也始终非常具有吸引力。16和17世纪,它在达尔加诺、威尔金斯和莱布尼茨等人的著作中"骑马归来"(第四章第三节),并且在20世纪语言学之中被诺姆·乔姆斯基重新激活(第五章第三节)。

平行世界:方言语法 我们之前所言很可能造成了这一印象——中世纪欧洲语言学家主要是以假设和思辨的方式而运作,并未亲手勉力编写实实在在的语法。这样的印象是不正确的。欧洲人文学科中一个引人注目的现象是中世纪期间既有理论者的高等阶层,也有实践者的低等阶层。在语言学、历史编纂学、艺术理论与诗学中,情况确实如此。存在着以不同方式阐释人文学科的两个平行世界:思辨—假设式与描述—实践式。附带说一句,虽然并非总是如此,但高等阶层往往是由受教育程度高的人组成,而低等阶层往往则是由受教育程度稍逊一筹的人组成。博学的僧侣们也编写实践语法。但是,两种传统——理论与实践——多年来并行不悖,有时候甚至独立运行。

在为口语或者方言编写的很多教学语法中,我们可以看到语言学中的这一点。我们已然提及7世纪的凯尔特语法。9世纪,保加利亚修道士切尔诺里泽茨·赫拉巴(Chernorizets Hrabar)编写了第一部古保加利亚语(Old Bulgarian)或古代教会斯拉夫语(Old Church Slavonic)语法。10世纪,盎格鲁—撒克逊修道士埃尔弗里克(Aelfric)编写了一部拉丁语语法,虽然**使用**的是古英语。他在绪论中不断为此致歉,但他解释说,为了避免年轻人的教育缺失,他使用方言是绝对必需的。埃尔弗里克在古英语和拉丁语之间做了各种各样的比较,并且在绪论中指出,他的语法可以同时被用于学习拉丁语和古英语。事实上,他全部使用了拉丁语语言范畴,这些范畴对古英语而言说不上恰当(比如,古英语使用冠词,而冠词在拉丁语中并不作为一种词

---

① 参见 Earline Ashworth, *The Tradition of Medieval Logic and Speculative Grammar*, Pontifical Institute of Mediaeval Studies, 1977。

类而存在)。

在这些方言语法中是找不到新方法或者新观念的。它们在很大程度上是模仿有八种词类的拉丁语语法;它们也在一定程度上基于范例,就像在西拜韦的《书》中那样。同时,它们不同于西拜韦的方法。西拜韦知道如何非常熟练地使用的类比替换概念,中世纪语法悉数不采用。因此,中世纪方言语法更加接近混杂的希腊—罗马语言学传统。因为规则与范例的同时使用,我们将这些方言语法的方法命名为**基于范例的描述原则与程序性规则系统原则的组合**(the combination of the example-based description principle and the procedural system of rules principle)。这些语法中的程序性规则系统局限于词法(词形)与音韵(语音),而句法(词序)通常以范例为基础。在后来的方言语法中,比如 14 世纪的奥克语(Occitan,又译奥克西唐语、欧西坦语)的《爱的法则》(*Loys d'Amors*),我们也见到了规则与范例的类似组合,但在这里,拉丁语语法模式的影响同样是巨大的。

然而,在另一部中世纪语言学手稿中——一部 12 世纪古冰岛语(Old Icelandic)或者古斯堪的纳维亚语(Old Norse,又译古诺尔斯语)语法——我们发现了令人吃惊的新方法。这部佚名手稿以"第一部语法专著"(The First Grammatical Treatise)为众人所知,于其间**最小对立对法**(technique of minimal pairs)被构思了出来。① 在 20 世纪结构语言学中,它将再次发现(参见第五章第三节)。最小对立对是只有**一个语音相异**、有着**不同含义**的成对字词。这些对立体被用以证明一门语言的两个音是两个单独的"音素"(即是说,**让字词相互区别的声音**)。比如,在英语中,/v/和/b/是音素,因为词对/vet/和/bet/有着两种不同的含义,但在西班牙语中,语音/v/和/b/是可以互换的,因此意指同一音素。倘若一门语言的音素已然被确定,人们就拥有了可以被用于制造这门语言中所有词汇的基础成分。事实上,帕尼尼在公元前 5 世纪就像西拜韦在公元 8 世纪那样,已然在使用音素。另外,最小对立对原则提供找寻这些音素的"发现程序"。然而,这些最小对立对的使用并未产生出一门语言的完整语法。该方法聚焦衍生出语音基本成分。

---

① Einar Haugen (ed.), *First Grammatical Treatise: The Earliest Germanic Phonology*, Longman, 1972.

中世纪语言学的原则与模式　上文所描述的语法大多组合使用**基于范例的描述**和**基于规则的描述**。在规则无法被找到的地方,规则被提供。倘若规则没有被提供,范例则被讨论,以期讨论某种特殊现象。虽然西拜韦提供了一种更进一步的范例概括工具,但欧洲语法的使用者通常不得不在没有这一帮助的情况下设法对付过去。也有一种思辨语法的传统,于其间有一种对更深层次、普遍规则的追求,因而导致了普遍语法的概念。但是,这一传统并未导致实践语法。仅仅在印度,我们发现了一种全然规范的没有范例的规则系统,而且当时仅仅是作为更早的传统的一种延续。

现存原则:程序性规则系统原则

新原则:基于范例的描述原则;最小对立对原则

现存模式:基于规则的语法

新模式:基于范例的语法;普遍语法;层级句子结构

第二节　历史编纂学·通史与形式传述理论

相较于古代历史编纂学中方法论统一性的合理程度,中世纪历史编纂学就是一锅大杂烩。所使用的原则之间存在着极大分歧,从我们称之为与圣经融贯的高度非形式原则,到基于严格的传述链(transmission chain)伊斯纳德(isnad,又译"赛奈德",意为"传述世系""传述系统")的形式原则。但是,几乎在世界各地都有编年史或者通史,比如在罗马非洲、欧洲、拜占庭帝国、阿拉伯世界与埃塞俄比亚。对通史的兴趣似乎是设法让其历史与圣书一致的深度宗教社会的产物。历史编纂学的这些形式通常都是远离批评性的,尤其是在基督教的欧洲和埃塞俄比亚。另一方面,在中国有详细的历史批评;在伊斯兰文明中,一种形式传述理论(formal transmission theory)首次显影。在印度,除克什米尔编年史以外,基本上没有历史编纂学。

罗马非洲的基督教历史编纂学:与圣经融贯原则　最早的基督教历史编纂学出现在非洲,延续了前罗马编年史的传统,于其间一种始自罗马建城之时的历史概述(罗马建城纪年[ab urbe condita])被呈现了出来。然而,基督教编年史家比异教徒编年史家走得远了一步,建构了从创世纪到他们的时代,甚至到世界末日的历史的一种概述。如我们在第二章第二节所看到的,塞克斯图斯·尤里乌斯·阿非利加努斯(Sextus Julius Africanus)和尤西比乌斯启动了类似的编年史,它们也是通史(或者救赎史[Salvation History,又译救恩历史])的发端。这些历史编纂聚焦耶稣个人,全力关注时代划分。比如,在其《上帝之城》(De Civitate Dei)中,柏柏尔人(Berber)教父圣奥古斯丁(354—430)——当时任职于希波皇室(Hippo Regius,现在的阿尔及利亚)——建议了一种六个时代的时代划分。这一细分已被塞克斯图斯·阿非利加努斯在3世纪完成,类似于创世纪的六天,即(1)从亚当到大洪水,(2)从大洪水到亚伯拉罕,(3)从亚伯拉罕到大卫,(4)从大卫到流放巴比伦,(5)从流放巴比伦到基督的诞生,(6)从基督诞生到世界末日。圣奥古斯丁将这六个时代与人生的六个阶段进行了比较:从童年、青春期、青少年时期、壮年、暮年到老年。①

通过圣奥古斯丁的时代划分,世界史实际上等同于与圣经融贯的犹太—基督史,为当代史留下的不过是非常有限的空间而已。同样的情况也适用于其他的时代划分,比如圣杰罗姆(St Jerome,约347—420)和奥罗修斯(Orosius,约375—418)的时代划分,于其间世界史被分为了四个帝国:拜占庭、马其顿、非洲(迦太基[Carthaginian])和罗马。世界末日将发生在罗马帝国期间。虽然基督教历史编纂学依然正式地基于成文史料、目击者叙述和/或个人经验等古代原则,但史料的可靠性或者准确性几乎是不能验证的。重要的是史料的权威性,尤其是史料在何等程度上吻合于与圣经融贯的历史。更为狂热的基督徒中甚至发展出了一种信念,即所有其他古代史料和文献都应被排斥。让圣奥古斯丁声誉卓著的是他让激进的基督徒心服口服,异教徒的观点不是应当被怀疑,而其实是应当被挪用。"被发现的每一真理都源自主。"因为圣奥古斯丁的权威,中世纪期间的古典研究可能曾被一次又一次地合法化。

通过使用我们所谓的**与圣经融贯原则**(the biblical coherence principle),世界史得到了重新阐释。根据殉道者游斯丁(Justin Martyr,又译殉道者犹

---

① 参见 Karla Pollman, *Saint Augustine the Algerian*, Edition Ruprecht, 2003。

斯定),摩西对荷马产生了决定性影响。根据撒狄的墨利托(Melito of Sardis),罗马帝国的建立是为了促进基督教传播。根据亚历山大的克莱门(Clement of Alexandria),柏拉图和亚里士多德并不是全然错误的,而是没有被充分了解。对所有基督教历史学家而言,阐释最后一个时代——从基督诞生到世界末日——都是一大难题。虽然在基督之前的历史中(至少在圣奥古斯丁的时代划分中),似乎已然存在一种清晰的模式,但在直到世界末日的后基督时期,似乎几乎找不到天定的结构。因此,奇迹与预言书被认为是非常重要的,因为它们证明上帝无处不在。

存在着对循环模式的一种偏离。虽然古罗马历史学家已然将这一模式替换为他们的线性历史编纂法,但正是基督教历史学家赋予了非循环性一种神学基础。全球通史遵循从**独特**起点(创世记)到**最终**目标(上帝对人类的最后审判)的**线性模式**。只需一点点善意,这种线性也能够见诸罗马本身的历史。尽管罗马城遭受了袭击与劫掠,但罗马继续存在。罗马帝国并未到达世界末日,这对圣奥古斯丁而言是不可思议的。之前他已然论及老罗马与新罗马。后者将实现前者没有达成的完美。即使是在西罗马帝国"瓦解"以后,这个新罗马依然是教皇权力的中心。

欧洲的基督教历史编纂学:奇迹与预言书 虽然直到5世纪,北非都是早期基督教人文学的中心——塞克斯图斯·阿非利加努斯、德尔图良(Tertullian)、奥利金(Origen,又译俄利根)、奥罗修斯和圣奥古斯丁等人全都在非洲任职——但它很快便转移到了欧洲。毋庸置疑,原因之一是北非在5世纪遭到了汪达尔人的入侵,其间圣奥古斯丁逝世。7世纪末,阿拉伯人对北非的征服构成了对这个地区的基督教人文学的最后一击。

在阿尔卑斯山以北,图尔的格里高利(Gregory of Tours,约539—594)是第一位重要的历史学家。① 格里高利任职于法兰克人的高卢(Frankish Gaul),高卢在大约500年的时候效仿他们的领袖克洛维(Clovis),整体皈依了基督教。格里高利进一步融合了罗马编年史传统与基督教编年史。在其《历史十书》(Decem libri historiae)中,他以提供一种从创世纪到他的前任图

---

① Martin Heinzelmann, *Gregory of Tours: History and Society in the Sixth Century*, Cambridge University Press, 2001.

尔的马丁（Martin of Tours）之死的历史概览开篇，之后他聚焦高卢的历史。为了一些信息，格里高利能够借鉴之前的著述，因此利用了成文史料原则。然而，格里高利能够直接记录法兰克人的当代史。作为图尔主教，他享有近距离观察政治的资格，要么基于个人经验，要么基于源自目击者的亲身描述。格里高利详尽地述评了6世纪法兰克人的诸领域——王室婚姻、地方政治、与政府的关系，以及帝国其他地区的诸多难解之事。然而，在没有史料的地方，格里高利则参照奇迹、预兆与其他事件，它们并非要么基于史料要么基于目击者叙述。此外，格里高利希望基于预言书和充满寓意的圣经诠释历史事件，而且如此做了。比如，他描述了一位法兰克公主的掠夺成性的随从，认为《圣经》之《约珥书》第一章第四节预言了该事件。此外，格里哥利还使用了特别预言书（以期解释比如某位国王之死或者一次政治冲突），并未区隔《圣经》时代和后《圣经》时代预言书，更不用说讨论把预言书用作对历史事实的解释的问题。倘若我们希望用某一原则来描绘他的工作的特点，那么它在最坏的情况下是一个寓言性原则，在最好的情况下是上文所提及的与圣经融贯原则。历史编纂必须吻合宗教教义，或者吻合对作为成文史料的《圣经》的寓言性阐释。但事实上，任何谣言、奇迹、预兆或者预言都是可以接受的，只要它不与基督教教义相冲突。这就意味着格里高利可以自由地解释历史事实。尽管存在这些认识论缺陷，但关于克洛维去世之后的法兰克帝国，格里高利的历史编纂是唯一可资利用的史料。

可敬的比德与历史时间计算　　可敬的比德（Venerable Bede，约673—735）任职于盎格鲁—撒克逊的诺森布里亚（Northumbria）王国，启动了深具影响的公元（Anno Domino, AD）纪年法的传播。除这项创新之外，比德的历史编纂中找不到新的原则。当然，这无损于这一事实——他编纂的盎格鲁—撒克逊民族从恺撒征服到731年的历史《英吉利教会史》（Historia ecclesiastica gentis Anglorum）凭借其独特性，具有难以估量的价值。像格里高利一样，他首先基于传闻描述了他所在时代的奇迹。[1] 虽然他的描述在我们听来是不可信的，但根据中世纪历史学家，它们指向了一个神圣计划，并

---

[1] 参见 N. J. Higham, (Re-)Reading Bede: The Historia Ecclesiastica in Context, Routledge, 2006。

且以此构成了通史的一个主要部分。

对历史编纂学而言,比德的两部手稿《新时代之书》(*Liber de temporibus*)和《论时间的计算法》(*De temporum ratione*)是极为重要的。这些著述为众所周知的时间计算或者编年学这一学科奠定了基础,并且决定性地推动了公元纪年体系。这一系统不是由比德本人而是由塞西亚(Scythian)僧侣狄奥尼休斯·伊希格斯(Dionysius Exiguus, 小丹尼斯[Dennis the Small], 约470—约544)发明的。丹尼斯希望延迟由亚历山大教会基于公历中的戴克里先纪元(Anno Diocletiani)纪年体系所计算的复活节日期。戴克里先纪年(Annus Diocletiani)肇始于戴克里先统治期间在公元284年8月29日对基督徒的最后一次大迫害。但现在丹尼斯并不希望把对暴君戴克里先的记忆延续在他的复活节日期计算之中,因此,他引入了——依然是按公历——一种新的时间计算方法,于其间他偏离了以执政官的名字命名历年的传统。丹尼斯简单地声明,弗拉维乌斯·普罗布斯(Flavius Probus)的执政发生"在主耶稣基督道成肉身525年之后",这意味着他实际上引入了公元纪年体系。① 丹尼斯何以得出了525这个数字,这是不为人准确所知的。然而,并不是丹尼斯,而是比德在其《英吉利教会史》中首次使用了公元纪年来确定历史事件的年代。比德也第一个使用了**基督之前**的拉丁对等词,以及历史学家不表示"0"年的习惯(数字"0"在基督教欧洲不为人知)。在欧洲大陆,在卡洛林文艺复兴期间,公元纪年被约克的阿尔昆作为首选的纪年体系接受了下来,其结果是它在西欧的决定性传播。很多世纪之后,这一纪年体系才在东欧也流行了起来,并且后来随着欧洲的延伸,甚至流行到了更远的地方。

在计算复活节周期的日期的时候,比德也使用了公元纪年体系,为之他计算到了遥远的1595年。② 复活节礼拜日被计算为春天第一轮满月之后的第一个礼拜日。因此,复活节周期同时包括太阴周(19年)和太阳周(28年),因而有一个532年的周期。通过他的复活节周期,比德证明他已然掌

---

① 参见 Bonnie Blackburn and Leofranc Holford-Strevens, "Calendars and Chronology", *The Oxford Companion to the Year: An Exploration of Calendar Customs and Time-Reckoning*, Oxford University Press, 1999, pp. 659—937。

② John Heilbron, *The Sun in the Church*, Harvard University Press, 1999, p. 35。

握他所在时代可资利用的所有知识,从天文和数学到历史和神学。因为比德,时间计算,因此还有天文学成为历史编纂尤其是通史的辅助学科。

我们是否应该把比德的公元时间计算法定义为一种系统原则,这是可以讨论的。首先,因为比德的测年体系出现在现行公历时间计算之内,而且仅有起始年份不同于之前的年份测定;其次,新的时间计算法并非是一种可以借以发现历史材料中的模式的工作原则——它不过是一个新的起始年份的确定而已。然而,毋庸置疑,新的时间计算法的传播是非常重要的。虽然很多其他历法体系依然被使用(甚至时至今日,戴克里先纪元测年体系依旧在非洲被采用,比如在科普特和埃塞俄比亚历法中),但公元年代体系——目前也被叫做公历纪元(Common Era)——是唯一的世界性时间计算法。

我们将看到,数世纪之后,比德的时间计算法何以导致了一场序时历史编纂的危机。让大量复活的历史事实同时匹配与圣经融贯的年代和比德的时间计算法变得日益成问题。简直没有足够时间把从最早的埃及国王到耶稣诞生的世界史塞进《圣经》的纪年法。然而,直到17世纪,这个问题才引发一场革命。目前暂时风平浪静,事事遂意。

民族史 在卡洛林文艺复兴和韦塞克斯国王阿尔弗雷德大帝(Alfred the Great)统治期间,出现了年代记、编年史和圣徒传记的繁荣。虽然这股力量并未产生出任何新的原则,但引人注目的是,多数年代记,比如皇家法兰克年代记、卡洛林编年史及富尔达(Fulda)年代记,都是全部或者部分地由佚名历史学家所编纂。然而,可以推断出这些作者经常是在著名历史学家的监督之下工作,比如艾因哈德(Einhard,查理曼大帝的传记作者)、富尔达的鲁道夫(Rudolf)或者迈因哈德(Meinhard)。一如我们已然在欧洲语言学中所看到的,在历史编纂中似乎存在着一个学术的高等阶层和一个更加实际的低等阶层。高等阶层编纂重要的编年史和关于时间计算的理论著作,而低等阶层则负责传统的史料编纂,比如佚名的年代记。

也出现了新类型——丰功伟业志(gesta)和民族史(national history)。丰功伟业志是主教或者统治者事迹的记载,比如弗莱辛的奥托(Otto of Freising,约1113—1158)的《腓特烈大帝传》(《国王腓特烈的事迹》)(*Gesta Fri-*

derici imperatoris/Deeds of Emperor Frederick》；弗莱辛的奥托还编纂了《编年记》(Chronica)，它是最全面的中世纪编年史之一。最早的民族史起源于7世纪——执事保罗(Paul the Deacon)的《伦巴第人史》(History of the Lombards)。它为他人所效仿，比如包括全部亚瑟王史诗的《不列颠史》(History of the Britons，又译《布利顿史》)；该书主要是由凯尔特修道士奈纽斯(Nennius，又译内尼厄斯)在9世纪编纂的。卡洛林文艺复兴之后，欧洲每一个民族的历史编纂差不多都出现了——维杜金德(Widukind)在10世纪编纂了《撒克逊人史》(Saxon History)，赫尔莫尔德(Helmold)在12世纪撰写了《斯拉夫人编年史》(Chronicle of the Slavs)，关于拉脱维亚、爱沙尼亚、波西米亚、波兰、丹麦和西法兰克的编年史也同样被编写了出来。关于英格兰和诺曼底的一部新历史(黑斯廷斯战役[the Battle of Hastings]之后)被撰写了出来。这些编年史与通史几乎没有或者完全没有联系。它们主要是通过一种往往被人为强加的集体系谱学，使新国家或者朝代合法化。历史学家接受全权委托处理史料与解释，他们并未使用清晰的系统原则。

城市编年史与百科全书式历史：雷纳夫·黑格登　在中世纪基督教历史编纂中，有其他方法或者经验模式可以被发现吗？首先，我们应当指出，很多中世纪晚期的编年史尚在仓库中等待着被人阅读。[①]但是源自已然被研究过的编年史的概貌表明，修道院在大约1300年的时候失去了影响，而大学和城市则变得更具影响了。这方面的证据包括很多城市的编年史，比如伦敦、科隆、佛罗伦萨及其他地方。

14世纪的人们目睹了百科全书式世界史的出现，它们勉力总结来自过去的知识，包括所有已知的宗教。这些"总结"(summae)或者"摘要"(breviaria)中，四十余部流传了下来。14世纪的《史综》(Polychronicon)是最系统的，其作者是盎格鲁—撒克逊本笃会修道士雷纳夫·黑格登(Ranulf Higden,1280—1363)。在其绪论中，黑格登系统地概述了在他看来完整地理解世界史所必需的八种知识来源[②]：

[①]　Ernst Breisach, *Historiography*: *Ancient*, *Medieval and Modern*, The University of Chicago Press, 2007, p.144.

[②]　参见 Runulf Higden, *Polychronicon*, translated by John Trevisa, Longman, 1876。

（1）历史事件的地形标绘
（2）两种事物状态
（3）三个阶段（前律法阶段、律法阶段和恩典阶段）
（4）四个世界帝国（亚述、波斯、希腊、罗马）
（5）五种世界宗教（自然崇拜、偶像崇拜、犹太教、基督教、伊斯兰教）
（6）六个世界时代
（7）七类历史创造者：统治者、士兵、法官、教士、政客、商人和僧侣
（8）八种纪年系统：三种犹太系统（始于一月、三月或者五月）、三种希腊系统（特洛伊、奥林匹亚、亚历山大）、一种罗马系统（罗马建城）、一种基督教系统（上帝道成肉身）

这种准科学框架并没有阻止黑格登从基督教卫道士的视野记录他的世界编年史。此外，他首先从之前的编年史中汲取他所需的信息。因此，《史综》并没有超过基于成文史料原则的一种折中性概论太多。然而，黑格登的方法令人印象深刻。他的著作是最早论述不同的世界宗教、历史创造者和历法计算的中世纪基督教概述之一。引人注目的是，虽然伊斯兰教在世界宗教项下得到了讨论（自然崇拜的形式也于其间得到了论述），但在历法系统项下却没有被提及。黑格登的《史综》获得了史无前例的知名度。早在 1387 年，其英文译本就面世了；不到一个世纪，该书成为欧洲最早的印刷书籍之一。在 15 世纪的基督教世界，《史综》是关于世界史的标准著作。倘若有某种模式从黑格登的著作中显影出来，它就是多元性（pluriformity）原则。无论他的概述可能多么具有说教意味，没有先入为主的计划的多元世界图景似乎是不可避免的。

拜占庭历史编纂学：希腊传统的延续　在欧洲历史编纂学中，与圣经融贯原则代表了与之前实践的一种断裂。另一方面，拜占庭历史编纂学保留了古典历史书写的很多特征。这并不令人吃惊。330 年，康斯坦丁（Constantine）把罗马帝国的首都迁往了拜占庭；拜占庭后来被以他的名字命名为君士坦丁堡（Constantinople）。西罗马帝国于 476 年崩溃之后，东罗马帝国继续存在。拜占庭人将自己视为罗马帝国的居民，把他们的统治者视为罗马皇帝的未曾被中断的延续。然而，拉丁文知识急剧衰退，帝国的语言和

文化变得显著地具有希腊特征。拜占庭历史编纂学家延续了他们的希腊前辈的系统原则。

比如，在其《战争史》(History of the Wars)中，普罗科匹厄斯(Procopius，约 500—约 565)运用了波利比奥斯的个人经验原则(参见第二章第二节)。527 年，普罗科匹厄斯成了查士丁尼大帝统治时期的贝利撒留将军(General Belisarius)的私人秘书，并且在将军抗击波斯人、汪达尔人和东哥特人(Ostrogoth)的战役期间陪伴着将军。他把个人经验用作了他的第一部杰作的基础，该书给人的印象是非常客观，不偏不倚。他后来的著作《秘史》(Anékdota)——该书直到 10 世纪才面世——的性质则完全不同。依然是利用他的个人经验，他把贝利撒留描绘成了其专横跋扈的妻子安东妮娜(Antonina)的傀儡，相当随意地说查士丁尼的堕落皇后狄奥多拉(Theodora)的闲话。

阿吉提阿斯(Agathias，约 536—582/594)遵循修昔底德的传统，基于目击者叙述原则收集他的历史信息，他也模仿修昔底德的风格。他的《历史》(Histories)是查士丁尼在 529 年关闭柏拉图的学园，随后哲学家们逃至波斯这一故事的唯一源头。

并非完全令人吃惊的是，书写历史的军人，比如布里延涅斯(Bryennius，11 世纪)和金纳莫斯(Cinnamus，12 世纪)选择了色诺芬作为他们的榜样(参见第二章第二节)。受神学思想鼓舞的历史学家们，比如乔安妮斯·拉拉斯(Joannes Malalas，6 世纪)、忏悔者塞奥菲尼斯(Theophanes Confessor，又译忏悔者塞奥法尼斯，7 世纪和 8 世纪)和乔安妮斯·佐纳拉斯(Joannes Zonaras，12 世纪)，根据塞克斯图斯·阿非利加努斯和尤西比乌斯的传统撰写编年史和通史，主要是采用成文史料原则。

也有圣徒言行录和传记，比如安娜·科穆宁娜(Anna Komnene，1083—1153)的《亚历克希亚德》(Alexiade)。她是皇帝亚历克塞·科穆宁(Alexios Komnenos)的长女；在修道院的隐居生活中，她撰写了她父亲的一部极具偏见的传记，于其间她也揭穿了拜占庭宫廷的很多阴谋。她对十字军战士——他们感兴趣的与其说是"解放"耶路撒冷，毋宁说是君士坦丁堡的财富——的蔑视，迷人地融合了个人经验原则和目击者叙述原则。

即使是 1453 年君士坦丁堡陷落以后，拜占庭历史学家们——比如劳尼库斯·哈利科空迪拉斯(Laonicus Chalcondyles,1423—1490)和克利托布洛(Critobulus,约1410—约1470)——继续采用现有传统,虽然是以土耳其人的视角。拜占庭历史编纂学中没有新原则或者模式,但这似乎并不贬损这些著作的历史重要性和吸引力。

伊斯兰历史编纂学:传述理论与伊斯纳德原则 通史也被建构于伊斯兰文明之中。然而,伊斯兰历史编纂学始于穆罕默德生平的重构,作者们设法让它基于尽可能准确的根据。一切历史信息都必须被尽可能精确地、准确地追溯到先知本人那里。这种"传述理论"以**穆罕默德言行录**(hadith)(那些被讲述的)研究而众所周知。有很多关于穆罕默德的故事在流传,因此重要的是确定哪些史料比其他史料更为可靠。不同的方法被设计出来,其中伊斯纳德或者"传述链"最为普及。穆罕默德的每一条言行都有其伊斯纳德:"甲从乙那里听说了它,乙从丙那里听说了它,丙从穆罕默德的一个同伴那里听说了它。"人们全面考察伊斯纳德,以期证实传述链是可行的,比如保证所有联系人确实存在,并且在传述的时候生活在同一地区。在穆罕默德632年去世之后的3个世纪期间,伊斯兰学者和神学家们就流传下来的传统中哪些是真实的、哪些是基于事实虚构的等问题,展开了辩论。

然而,传统的伊斯兰早期历史重构依然有问题。首先,几乎没有第一手史料追溯到这个时代。最早的穆罕默德生平出自伊本·伊斯哈格(Ibn Ishaq,704—约767)之手,面世于先知去世一个世纪之后。那个时候,被传述信息的重构是由伊斯兰学者在阿巴斯(Abbasid)王朝刚刚推翻倭马亚(Umayyad)王朝这一高度政治化的语境下进行的,而逊尼派教徒(Sunni)和什叶派教徒(Shiite)从中脱胎而出的团体则出版了不同版本的伊斯兰历史。一些人认为,这些因素使得重构穆罕默德生平的问题非常重要,以致尽管有严格制定的传述理论,但没有任何一种穆罕默德言行录可以被视为是可信的。然而,必须指出的是,就此而言,在(信教的)穆斯林学者和(世俗的)伊斯兰研究学者之间,存在重大意见分歧。[1]

---

[1] 参见 Fred Donner, *Narratives of Islamic Origins: The Beginnings of Islamic Historical Writing*, Darwin Press, 1998。

最可信史料原则与目击者叙述原则的统一　虽然伊斯纳德原则导致了穆罕默德生平重构的争议,但它被用于编撰并不是那么政治化的个人传记和历史事件,并取得了一些成功。① 除被用于决定传述链是否可能之外,伊斯纳德法也可被用于确定它在何等程度上可靠。传述链中的信息提供者或者传述者(transmitter)被基于下述特点进行评价:

- 鉴于他们所处的地点和时代,传述者可能彼此见过面吗?
- 有他们的见面或者合作或者共同兴趣的任何记录吗?
- 传述者有健全的道德品质,不是被政治驱使吗?
- 被传述的信息逻辑一致吗?是理性的吗?
- 传述链没有隐蔽性缺陷吗?

取决于这些问题的答案,每一条被传述的信息被归入以下四个范畴之一:

- 非常可靠(sahieh)
- "好,不那么可靠"(hasan)
- "可疑"(da'ief)
- "虚构的"(mawdoe)

这些范畴确定每一条史料的可能性程度,因此能被视为希罗多德的最可信史料原则的形式化。与此同时,倘若传述能被证明是可行的、一致的、没有缺陷,伊斯纳德法也就为修昔底德的二手或三手目击者叙述问题提供了一种解决办法。伊斯纳德方法论形式化和统一了希罗多德的最可信史料原则和修昔底德的目击者叙述原则。希罗多德似乎是随意使用他的原则,并无任何方法可言,而伊斯纳德基础的历史编纂则是基于充分界定的规则系统。虽然修昔底德预见到了二手或三手目击者叙述的问题,但基于伊斯纳德的历史编纂提供一种将这些目击者报告一体化的方法。对阿拉伯历史编纂中通常极高的历史准确性而言,先前的这两种原则的形式整合具有非常重要的意义。在法律和文学的准确传播中,伊斯纳德法同样重要。②

---

① 参见 Franz Rosenthal, *A History of Muslim Historiography*, Brill, 1968。
② 参见比如 George Makdisi, *The Rise of Humanism in Classical Islam and the Christian West*, Edinburgh University Press, 1990。

批评性的伊斯纳德传述理论的特性是它产生于宗教努力。这与欧洲基督教历史编纂实践非常不同；在欧洲基督教历史编纂中，奇迹、预兆和预言经常是作为上帝无处不在的证据，被图尔的格里高利和比德不加批评地记录下来。一种解释可能在于这一事实——中世纪基督教传统有四部可以充当耶稣传记的福音书可资利用，而伊斯兰传统不得不几乎全然基于口述信息重构穆罕默德的生平，并且希望尽可能批评性地、准确地完成这一任务。

在一些人看来，伊斯纳德的经验驱动、逻辑精确的传统预示了伊斯兰文明黄金时代的科技繁荣。然而，基于伊斯纳德的历史究竟在何等程度上刺激了伊斯兰数学和科学的发展还不为人知。但是，考虑到这一事实——从迪奈瓦里（al-Dinawari）到比鲁尼的很多伊斯兰学者实际上同时潜心于历史与物理（甚至医学），绝非巧合的是，伊斯兰历史与科学**双双**遵循一种高度经验性的模式。

基于伊斯纳德的通史：塔巴里　　波斯人塔巴里（838—923）提供了使用新历史原则的通史的最早范例之一。在其《先知与国王书》（*Tarikh ar-rusul wal-muluk*）中，他撰写了一部从创世纪到 915 年的救赎史。这部巨著包括 40 册，其中的前四册大致吻合于希伯来《圣经》。对这些分册而言，伊斯纳德是不必要的，甚至是不可能的；成文史料原则得到了采用。在讨论前伊斯兰帝国的一册之后，他引证了拜占庭历史学家阿吉提阿斯。塔巴里把余下的 36 册专门用于非常详细地叙述伊斯兰历史的 3 个世纪。他描述了很多王朝的征服、危机、衰败、中兴时期、起义，当然也描述了阿拔斯王朝在巴格达的建立。在很多人看来，他的著作是关于早期伊斯兰的最准确的史书之一。为了加强其历史编纂的合法性，塔巴里按照最好的伊斯纳德传统，参照了一个"有保证的信息提供者"链。这在 9 世纪历史学家叶耳古比（al-Ya'qubi）和迪奈瓦里的不那么有抱负的著作中，已然被实施过；叶耳古比和迪奈瓦里也撰写了库尔德人的第一部历史。除阿拉伯历史以外，塔巴里的著作也叙述了中东其他民族的历史，包括他的祖国波斯的那些民族。因为他使用了伊斯纳德惯例，塔巴里的历史表面上看似乎是中立的，但他是阿拔斯意识形态的信徒这一点很快便一目了然；在这种意识形态中，万物总是通向一个人:阿拔斯王朝哈里发。① 尽管如此,他的通史包含了有关早期伊斯兰文明的极有价值的信息。

通史之巅:麦斯欧迪 在阿拉伯人麦斯欧迪(al-Masudi,896—956)的《黄金草原与珠玑宝藏》(*Muruj adh-dhahab wa ma'adin al-jawahir*)中,历史编纂学的新风格达到了巅峰。② 一如希罗多德在他之前所做的那样,麦斯欧迪融合了历史编纂与地理描述。另外,他的知识并不仅仅局限于伊斯兰世界。他收录了欧洲(他概述了始自克洛维的所有国王)甚至中国的历史。751年,在撒马尔罕附近的怛罗斯之战(the Battle of Talas)之后,伊斯兰文明开始接触中国文化和技术,阿拉伯世界——后来还有欧洲——因此获得了造纸知识。在广度和深度方面,每一位中世纪基督教历史学家都处于麦斯欧迪的阴影之下。阿拔斯王朝统治下的学术文化带来的关于世界历史的知识远远胜过了比德或者黑格登。因为中国造纸术的引入,书籍相对便宜;除图书馆以外,私人收藏毫无例外达数千册,而比德的著名的修道院图书馆仅仅拥有几百册手稿。

同样像希罗多德那样,麦斯欧迪将其大部分知识归功于他在各地的旅行,包括波斯各省、阿美尼亚、印度、东非、斯里兰卡、中国,以及或许俄罗斯。他关于中国唐朝、哈扎尔人、俄罗斯人的著述别具一格,他的方法尽管是混杂的,但具有显而易见的原创性。一方面,《黄金草原与珠玑宝藏》使用了以史料为证的史实,这些史实是借助伊斯纳德法,得自于可以证实的史料和故事链。另一方面,麦斯欧迪让这些史实与不那么可靠的轶事、诗歌,甚至笑话相间杂陈,对它们的被传述之道没有任何考察。在这样做的过程中,麦斯欧迪实际上在一定程度上放弃了伊斯纳德原则,使用了(一手)目击者叙述或者个人经验原则。文学宝藏是主要之点,其间麦斯欧迪给予社会、经济和文化细节的注意力,一如他给予政治史的注意力那么多。它是源自伊斯兰文明的最引人注目的历史编纂之一,为他赢得了"阿拉伯人的希罗多

---

① 关于塔巴里著作的叙事学分析,参见 Johan Weststeijn, *A Handful of Red Earth*, *Dreams of Rulers in Tabari's History of Prophets and Kings*, PhD Thesis, Universiteit van Amsterdam。

② 参见 Tarif Khalidi, *Islamic Historiography*: *Histories of Mas'udi*, State University of New York Press, 1975。

德"(Herodotus of the Arabs)这一称号。

比鲁尼与"人类学"方法 波斯人比鲁尼(973—1048)与其说是一位历史学家,不如说是一位万能科学家——从天文学家到数学家,虽然他26岁时已然编写了一份年表——该年表没有流传下来。乔治·萨顿把比鲁尼称为"最伟大的伊斯兰学者之一;总的来看,一切时代最伟大的学者之一"①。比鲁尼首先是作为一位印度学家(Indologist)引起了人文学的兴趣。他对印度详尽无遗的描述见于《印度地理》(*Kitab al-Hind*),属于关于印度的历史编纂的悠久传统(它始于亚历山大大帝时代的历史学家麦加斯梯尼——参见第二章第二节),经常被称作《印度志》。在这部著作中,比鲁尼以依然诉诸想象力的关于历史学方法论的前言开篇。"没有人能够否认,论及历史真实性的时候,口述传统不敌目击者。"②他然后分析了目击者叙述的利弊和被传述的信息,接着建构了一种微妙的伊斯纳德批评。"被传述、不违背或者逻辑法则或者自然法则的信息的真实性,总是取决于传述者的诚实。"③换言之,谎言哪怕是被尽可能准确和没有瑕疵地传述,依然是谎言。伊斯纳德法的这一固有的但之前没有被明确的问题,引导比鲁尼让印度人为自己代言——主要是依靠源自梵文文献的引文,但同时也记录印度人必须表达的东西——而不是一种基于传述的原则。因此,有时候比鲁尼被称作第一位人类学家,虽然必须强调的是,并没有独立的,更不用说参与性的观察。因为在他对印度的描述中,比鲁尼也详细论述了印度的天文学(及其超常的太阳中心说理论),人们很可能认为这部著作在12世纪欧洲的翻译大爆炸期间引发了基督教学者的一些兴趣。然而,他们似乎对他一无所知。直到18世纪和19世纪,这部著作才有几章被译为法语。④《印度志》的完整译本出现得甚至更晚——20世纪。

比鲁尼是面世于1000年的另一部历史著作的作者,它有一个充满优美

---

① George Sarton, *Introduction to the History of Science*, Volume I, Baltimore: Williams and Wilkins, 1931/1947, p.707.
② Al Biruni, *Indica*, Vol. I, S. Chand & Co., 1964, p.3.
③ Ibid.
④ 参见 B. Boncompagni, *Intorno all'opera d'Albiruni sull'India*, Tipografie delle Scienze Matematiche e Fisiche, 1869。

诗意的书名——《古代遗迹》(Kitab al-athar al-baqiyyah'an al-qurun al-khaliyyah)。该书包含对不同文明的历法体系的比较研究,不时伴有历史和天文信息,以及不同民族的习俗与宗教描述(从摩尼教、佛教到基督教)。这部著作也避免了伊斯纳德的所有痕迹。因此,伊斯纳德甚至并不适合于《古代遗迹》,因为比鲁尼使用了既有历史著述,因此利用了成文史料原则。他写作此书目的并不完全清楚。他批评一切事物,批评所有人,从现存译本中的誊写错误到人们的无知。"很多人把他们所不知道的有关知识和科学的一切归因于上帝的智慧。"①比鲁尼的目的很可能是基于某种总体描述,证明学问与科学可以充当人类迷信与轻信的替代物。我们已然看到在14世纪的欧洲,雷纳夫·黑格登也撰写了一部关于他所知道的一切历法体系、宗教和民族的概述作品。我们可以感觉到就这样的缺乏明确统一性的文化多元性而言,比鲁尼的怀疑主义和相对主义甚至胜过了黑格登。

伊本·赫勒敦:历史批评与"社会学"方法 在伊斯兰文明中,伊本·赫勒敦(Ibn Khaldun,1332—1406)很可能是最重要的历史阐述者。他出生于突尼斯,因此,我们可以轻易地在非洲历史的论题下讨论伊本·赫勒敦。② 伊本·赫勒敦的主要著作是追溯至1377年的《历史绪论》(Muqaddimah)。该书也以《绪论》(Prolegomenon,他的通史的第一部分)闻名于世。在书中他叙述了北非的历史,但是他以详尽、精确的历史批评作为《历史绪论》的开篇,批评同辈历史学家所犯的错误、普通历史编纂学的问题。伊本·赫勒敦警告说,一切历史汇编就其性质而言,都容易因下列原因而出错:

(1) 对某一信条或者意见的派系偏见
(2) 对某人史料的过分信任
(3) 理解意指之物的失败
(4) 对真相的错误信念

---

① Bill Scheppler, *Al-biruni*: *Master Astronomer and Muslim Scholar of the Eleventh Century*, The Rosen Publishing Group, 2006, p.28.
② 参见 Joseph Ki-Zerbo (ed.), *General History of Africa I*: *Methodology and African Prehistory*, Heinemann, 1981, pp.26—27。

（5）置某一事件于其真实语境之中的无能

（6）通过赞扬他们或者传播他们的名声而赢得权高位重者支持的普遍愿望

（7）对支配人类社会的法则的无知

关于其中的最后一点，伊本·赫勒敦已然被称作社会学的先驱甚至奠基人。引人注目的是，他对自己的学科是多么挑剔和怀疑。他也苛评"毫无根据的迷信和对历史资料的不加批评的接受"。正是据此，伊本·赫勒敦引入了一种历史编纂的科学方法，以之意指"新科学"。然后他提出了一些重要定义和方法论：①

- 历史由关于时代、国家和历史的信息组成。它是关于创造物及其原则的一种理论、分析和辩护，是关于事件如何发生及其原因的一门科学。
- 神话无关乎历史，应当被推翻。
- 为了建立令人信服的历史记载，历史学家应当依靠必要的真相比较规则。

伊本·赫勒敦并未详细解释最后一条中所提及的必要的规则究竟是什么，但是很显然，他的历史方法被包括在社会如何运作及其法则的知识之中。虽然很难提出一种涵盖其方法的原则，但切实可行的是把伊本·赫勒敦的"新科学"方法称作**社会学分析的史料原则**（the sociologically-analyzed source principle），意思是每一种史料都必须被基于社会语境的支配社会的法则而批评性地加以比较。伊本·赫勒敦的方法不像伊斯纳德法那样，是一种充分形式化的原则。

关于伊本·赫勒敦的方法，令人印象最为深刻的是他对崛起、鼎盛与衰落循环模式的历史和社会学阐释。根据伊本·赫勒敦，即使一个社会的文明或者文化成为某个地区的主要文明或者甚至支配文化，这一文明或文化也总是从鼎盛走向衰落。这就意味着相比较而言，征服这种文明或文化的下一个具有凝聚力的团体是一伙野蛮人。一旦他们确立对被征服文明的控制，这些野蛮人就会被被征服文明的更为高雅的面向吸引，比如文学、艺

---

① 英译本参见 Franz Rosenthal, *The Muqaddimah: An Introduction to History*, Princeton University Press, 1989。

和科学,这些面向随后被其压迫者吸收或者据为己有。关键是下一伙野蛮人会重复这一过程,其结果是鼎盛、衰落模式实际上导致了知识和文化的积累。确实,我们可以在征服希腊人的罗马人中、在战胜罗马帝国的阿拉伯人中,找到这样的模式。

虽然我们之前在希罗多德、修昔底德和司马迁等人的著作中,发现了伊本·赫勒敦的模式,但他的分析、他为这种模式提供的解释远远超过了修昔底德对人类的巅峰状态与衰老的简单类比,或者司马迁著作中的授权被神灵批准与撤销。伊本·赫勒敦设计了一种历史—社会学**机制**,使得我们能够更加深入地理解循环模式的运作,于其间新团体被之前的支配团体的知识吸引,其结果是知识得到积累。就我们所知道的而言,伊本·赫勒敦是唯一一位描述循环历史模式而不是纯粹线性模式的伊斯兰历史学家。然而,他活跃在伟大伊斯兰文明的末期,对当时的其他历史学家的影响似乎很少或者没有。作为伊本·赫勒敦的同时代基督徒,雷纳夫·黑格登代表了一个并不真正等量齐观的全然不同的世界。通过批评,伊本·赫勒敦凌驾于他的历史资料之上而设计了一种新的世界史观,而黑格登除提供概述之外,无力他顾或者仅此而已;我们并不清楚,他在接受资料之前如何批评性地评价资料。

其他伊斯兰历史学家 一如我在整本书中那样,在我对伊斯兰历史学家的选择中,我的指导思想是他们对探寻方法原则和借助方法原则发现的模式的重要性。因此,我并未公平对待很多其他让人着迷的伊斯兰历史书写者。① 比如,我没有讨论萨哈尼(al-Saghani),他工作在 10 世纪,或许是第一位科学史家。他也以奥斯特拉比(al-Asturlabi)或者星盘制造者众所周知。类似地,我没有描述 12 世纪的伊本·卡拉尼西(Ibn al-Qalanisi)从伊斯兰视角撰写的第一部十字军史,或者拉希德·丁(Rashid al-Din)撰写于 14 世纪初年的全史(total history)(全然基于成文史料),以及苏尤蒂(al-Suyuti,他也是一位语言学家)的近 500 卷、追溯至 15 世纪的全史。我在此间没有

---

① 参见 Franz Rosenthal, *The Muqaddimah: An Introduction to History*, Princeton University Press, 1989。

讨论他们的著作,是因为我没有发现任何新原则或者模式。然而,我不以任何方式伪称,在数量庞大的阿拉伯文献中,除我已然发现的那些之外,没有其他系统性的原则。但我确实敢断言,伊斯兰历史学家即使有也很少让其著述完全基于严格的伊斯纳德。这种方法总是被利用在与更为随意的个人经验、(一手)目击者叙述或者成文史料原则的组合之中。这似乎是表明,过度形式化的历史原则是不可能持久的,或许是因为这样一种原则损毁了历史记载。我们将回头讨论这个问题,尤其是关于拥有声名狼藉的新实证主义历史编纂原则的 20 世纪(参见第五章第一节)。

情势并不适合伊斯兰历史编纂学,或者任何其他伊斯兰人文学和科学。伊斯兰学问和科学的衰落实际上始于 11 世纪,虽然大多数历史学家撰文说,1258 年的巴格达洗劫标志着黄金时代的结束。然而,部分伊斯兰世界继续繁荣。但是,如果我们考察十字军、内部冲突与安达卢斯的西班牙"收复失地运动"(Reconquista),那么我们就会看到,13 世纪与 14 世纪以降,伊斯兰文明越来越关注于自己的内部事务,仅仅偶尔产生出重要学者或者科学家,伊本·赫勒敦是一个了不起的例外。我们知道伊斯兰历史学家在 17 世纪印度莫卧儿王朝期间的另一次复兴(参见第四章第二节)。随后似乎是一个历史编纂沉默期。然而,这种表面的沉默很可能是误导性的,因为在 1400 年之后的大量阿拉伯人文资料中,迄今已被研究的仅仅是其中的一小部分。

中国:作为国家事务的历史 司马迁的《史记》代表了中国最重要的史学传统(参见第二章第二节)。慢慢启动之后,他的本纪、表、书、世家、列传的历史编纂分类跨越了数世纪甚至上千年,充当了唐朝(618—907)以降被撰写的朝代编年史的典范。一般而言,唐朝被视为中国文明的高峰,印刷术是这段时间最重要的发现。世界上已知最早的印刷书籍是《金刚经》(*Diamond Sutra*),其历史追溯至 868 年,比古登堡圣经(the Gutenberg Bible,又译四十二行圣经)早 687 年;早在 932 年,儒家经典便以印刷体面世。编写官方宫廷历史是文官的工作,他们使用源自宫廷档案馆的文献。最重要的目标往往是将权力的夺取合法化。这些宫廷编年史也被统称为二十四史,同时在内容和形式方面仿效《史记》(它们也是其中的一部分)。① 二十四史覆盖了一个不短于 1832 年的时期,它们共分 3212 卷,字数约四千万。近两千年历史的描述是基于同一种方法和相同的循环模式。宫廷史让中国的历史编纂成了国家事务,被给予了它自己的"修史机构"(史馆)。最终朝代史显影为一种源出版物,非常全面但索然无趣。最重要的例外是司马迁本人的《史记》和《新五代史》(*New History of the Five Dynasties*),后者多亏了宫廷史官欧阳修(1007—1072)的反常但极其生动的风格。

唐朝期间,地方史、权高位尊者和社会贤达的传记也有被撰写,但它们似乎并未产生任何新的原则和模式。

刘知几的历史批评:穷尽史料原则 尽管——或者也许因为——中国修史官僚机构沉闷乏味,但不乏历史批评,尤其是刘知几(661—721)的批评,他反对朝代史的缺乏创造性。710 年,他撰写了《史通》(*Generality of Historiography*),中国第一部专事史学理论和方法的著作②。批评性地分析唐朝之前的历史著述之后,刘知几论述了不同的史学研究方法,比如:(1)被使用的风格,(2)文献问题,(3)语言研究与写作技巧,(4)批评在考察中的使用。根据刘知几,历史学家必须首先保持尽可能客观。他不必让评价基于道德立场或者其他价值判断。另外,他应当对每一种理论都持怀疑态度。证据是唯一重要的东西;描述事件时,历史学家必须提供获取自**一切可能的史料**的全景图。按照刘知几的意见,所有因素——文化、社会和经济——都必须被纳入考虑之中;它们的表征必须不偏不倚、没有成见。

刘知几的批评在一定程度上与伊本·赫勒敦相类似,但他的方法却不同。它不是像伊本·赫勒敦所宣传的那样,以社会学分析为基础。刘知几认为,修史应该利用尽可能多的史料和要素。因此,我们把他的方法称作**穷尽史料原则**(the all possible sources principle)。虽然将近 7 个世纪之后,我们在伊本·赫勒敦的著作中找到了刘知几对客观性和社会—经济因素的强

---

① 参见 Denis Twitchett, *The Writing of Official History under the T'ang*, Cambridge University Press, 1992。

② Ibid.

调,但后者对前者的著作有所了解似乎是不可能的。

朱熹和基本美德原则的回归　宋代期间(960—1279),共有大约1300部历史著作出版,这一数字仅次于清代期间让人惊愕的5487部——参见第四章第二节和第五章第一节。在本书的语境下,考察所有这些著作的方法原则是不可能的。然而,基于那个时代以降的一些重要史学家的著作勾勒出以下图景则是可能的,比如薛居正(912—981)、欧阳修(1007—1072)和司马光(1019—1086)。首先,这些史学家全都强调历史的实际用途。修史应当展示与自然环境和社会变迁相关的人类行为的所有面向。因此,历史可以被用作公众的指南。对每一个把为国家效劳作为其最高目标的知识分子而言,修史是一种基本美德。在班固的修史中(参见第二章第二节),我们也发现了这种基本美德原则,尽管是以一种更具批评性的形式。

最权威的是朱熹(1130—1200)的著作《资治通鉴纲目》(*The Comprehensive Mirror for Aid in Government*)。它是基于新儒家思想的历史著作的典型代表;新儒家思想在宋代开始流行,整合了儒家学说、佛教思想和道家学说。刘知几的历史批评让位于对文献记载事件和人物的道德化评价。尤其重要的是,历史在教育中的重要性被强调为施加影响的一种手段。朱熹的著作对中国文化产生了巨大影响。明代和清代,他对儒家思想的解释成了正统学说,他的书成了权威著作。

印度和克什米尔编年史　就我们所知,印度的第一部历史著作是卡尔诃那在12世纪中叶撰写的《诸王流派》(*Rajatarangini*)。该书提供了开天辟地以来的克什米尔国王的历史概述。12世纪之前,在印度没有一部著作可以被描述为历史著作(不像中国、拜占庭、阿拉伯世界、欧洲和埃塞俄比亚的丰富),而且《诸王流派》甚至似乎是唯一一部使用梵文的历史著作。[①]在第二章第二节,我们已然讨论过印度人文学中这一引人注目的缺席。卡尔诃那著作中的帝王列表追溯到了公元前1900年,虽然其中的一些帝王可以被基于考古发现中的铭文进行辨识,但卡尔诃那的貌似准确的年表很成

---

① 参见 Aurel Stein, *Kalhana's Rajatarangini: A Chronicle of the Kings of Kashmir*, Saujanya Books, 2007。

问题。因为先前史料的几乎全部缺乏,《诸王流派》被认为是"准确的"叙述,主要在于同时代人借以理解其过去的知识的方式。

埃塞俄比亚与通史 或许,埃塞俄比亚是世界上最古老的人类居所。在最早的记载中,这个国家被称作"蓬特"(Punt),但希腊人称它为"埃塞俄比亚"(Aithiopia),希罗多德在其《历史》中对它有描述。根据传统,最早的埃塞俄比亚统治者是《圣经》所说的所罗门国王的后裔,所罗门国王曾与来自也门的示巴女王(Queen of Sheba)通奸。儿子梅内利克(Menelik)的诞生是这一暧昧关系的产物,;他后来成了阿克苏姆帝国(Aksumite Empire)的统治者。公元4世纪,埃塞俄比亚被希腊—叙利亚修道士弗鲁门修斯(Frumentius)基督教化;5世纪以降,圣徒传记用埃塞俄比亚语撰写。

然而,直到14世纪,(现存)最早的埃塞俄比亚编年史——被撰写于埃塞俄比亚文学黄金时代的《国王的光荣》(Kebra Nagast)——才受到人们关注。这部佚名作品整合了历史编纂与寓言和象征。《国王的光荣》始于亚当和夏娃,继续到大约公元4世纪埃塞俄比亚人的基督教化:埃塞俄比亚人从对日、月和星辰的异教徒崇拜转向了对"以色列的神耶和华"(Lord God of Israel)的基督教崇拜。它以溢美之词描述了"约柜"(the Ark of Covenant)到达埃塞俄比亚、示巴女王为支持梅内利克而退位,以及阿克苏姆帝国的基督教化。

虽然从原著中提炼不出清晰的方法原则,但至少与圣经融贯似乎是适合的。所有"大事"都是用契合《圣经》宗旨的术语解释,被转译为一种尽可能一致于《圣经》(Holy Scripture)的形式。《国王的光荣》的结构(从亚当到当时)与北非和欧洲基督教通史的结构之间的一致令人印象深刻。或许,基督教化埃塞俄比亚的希腊—叙利亚的修道士曾在《国王的光荣》撰写期间产生过影响。之前关于这部著作的科普特人源头的假设无法被证实。

中世纪历史编纂学的元模式 编年史撰写见诸所有历史编纂文化——非洲、欧洲、拜占庭、阿拉伯世界、中国和印度。虽然系统性原则差别巨大(比如,主观性的与圣经融贯原则、形式性的伊斯纳德原则或者折中性的穷尽史料原则),然而我们可以识别出中世纪历史编纂学中的一种元模式:**在历史编纂文化中,历史叙事的时间结构与圣书(Holy Book)的时间结构相**

一致。因此,基督教和伊斯兰教历史编纂学遵循《圣经》和《古兰经》的线性模式,而中国历史编纂学采取道家的循环模式。① 也有在一定程度上可以解释的例外。与神圣的印度史诗的循环周期相反,克什米尔的印度史拥有线性模式,但实际上,印度史诗所涵盖的数十亿年对任何人类周期而言,都太长了。在阿拉伯帝国土崩瓦解期间,伊本·赫勒敦基于他的文化积累循环模式,提供了一些希望,但他的声音在伊斯兰文明的后期,纯属荒野之声。

现有原则:目击者叙述原则、个人经验原则、成文史料原则、基本美德原则

新原则:与圣经融贯原则、伊斯纳德原则(穷尽史料原则与目击者叙述原则基于形式传述链的统一与形式化)、社会学分析的史料原则、穷尽史料原则

现有模式:历史发展的线性模式、循环模式

新模式:随意的多元历史模式、伴以知识积累的循环模式、历史与神学时间结构之间的一致的元模式

第三节 语文学·缮写员、百科全书编纂者与译者

与古代世界的语文学相比,中世纪语文学似乎主要是由复制和翻译活动组成。无论是在基督教欧洲还是在伊斯兰文明中,都存在一些文本修复工作,但其间被使用的程序和方法原则究竟是哪些,我们唯有猜测。在中国和印度,语文学的作用似乎与我们在上一章之所见并没有太大区别。然而,文学编纂被大量生产,这些将在诗学主题之下进行讨论(第三章第七节)。

基督教与犹太教:**圣经编纂、复本与百科全书** 基督教和犹太教传统中的第一次语文学行动是《圣经》文本的编纂。现存的泽诺多托斯的审美——因此世俗——原则(参见第二章第三节)并不能满足这一目的。犹太《圣经》(基督教《旧约》)译本是由"马所拉学生"(Masorete)——"传统保

---

① 我决不希望将这些著作的叙事资源还原为一种线性或者循环模式。历史编纂与神学时间结构之间的显著共性仅仅证明:尽管有很多差异性,但也有某种同一性。

持者"——承担的,他们在7世纪到11世纪期间,作为圣经学者任职于阿拉伯世界,尤其是提比利亚(Tiberias)、耶路撒冷和巴比伦。他们为《圣经》提供了元音和读音符号以及其他符号:元音标记(nikud)和唱读标记(teamim)。马所拉学生制作了非常权威的《圣经》文本,统称为"标准本"(textus receptus),但这次编撰是以牺牲实际的文本历史为代价的。

然而,基督教语文学家在《新约》方面遇到的问题甚至更大。源自中世纪早期的很多拉丁语、叙利亚语和希腊语版本使得每一次文本修复都是不无风险的活动。我们最初看到的是既有文本的新译,没有基于既有复本修复原文的任何尝试。公元3世纪以降,奥利金的六种译文并列的《旧约全书》(The Hexapla),或者圣杰罗姆(约347—420)的极具影响的拉丁文通俗译本《圣经》(Vulgate)便是例证。圣杰罗姆让其《旧约》的编纂基于原初的希伯来文本,而不仅仅是希腊版本(《旧约圣经》的希腊文译本)(The Septuagint),引发了圣奥古斯丁的猛烈批评。然而,拉丁文通俗译本《圣经》的8000余册印数证明了圣杰罗姆在使其编纂物成为被认可的《圣经》版本方面的成功。但是,拉丁文通俗译本《圣经》并未基于任何可以证明的方法原则。

语文学家也致力于按照晚期罗马语文学的传统书写百科全书式综述,比如教会圣师塞维利亚的圣伊西多(St Isidore of Seville,约560—636)的《词源》(Etymologiae,又译《词源学》)。伊西多的经典编排在很大程度上是按照异教传统进行的。直到博雅教育的概述之后,上帝才出现。在此期间,拉丁文知识迅速增加。图尔的格里高利甚至为自己糟糕的拉丁文而致歉;8世纪,圣博尼法斯(St Boniface)听说一次洗礼是在这样的语词中被进行的:"以祖国圣女和圣灵的名义。"(In nomine patria et filia et spiritus sancti)①这里并没有组织化的教育计划,直到查理曼大帝把学者约克的阿尔昆请进宫。拉丁文和古典著作的知识在一定程度上得到了恢复,修道院和天主教学校的广泛网络发展了起来。

卡洛林文艺复兴期间,复制的要求十分旺盛;尚存的拉丁文学大部分得到了保护。与此同时,拉丁文通俗译本《圣经》经多次复制,无数错误悄悄

---

① L. D. Reynolds and N. G. Wilson, *Scribes and Scholars: A Guide through the Transmission of Greek and Latin Literature*, third edition, 1991, p.92.

溜了进来。几乎每一座教堂和修道院都有它自己认可的版本。查理曼大帝的统一目的催生了通过收集和比较各地手稿而修复最初的拉丁文通俗译本《圣经》的努力。801年，阿尔昆交出了拉丁文通俗译本《圣经》的第一个修复版，但已然失传。奥尔良的狄奥多尔夫(Theodulf of Orleans，约750—821)也制作了一个修订本，幸存于《梅米亚抄本》(*Codex Memmianus*)之中。遗憾的是，我们并不了解支撑这些语文学活动的系统原则。类似的是，在拉丁文通俗译本《圣经》的新近修复中，也几乎没有显在的方法。罗杰·培根是为拉丁文通俗译本《圣经》修复设计过原则的少数学者之一，他也是一位语言学家(参见第三章第一节)。根据培根，教会神父们的旧拉丁文手稿最具权威性。只有在这些旧拉丁文手稿彼此不一致的情况下，参照原始文本才是必需的。在这样做的过程中，就权威之作而言，培根与这种思路完全一致；因为权威之作，中世纪及其与圣经融贯原则众所周知。

在拜占庭帝国，拉丁文知识同样以惊人的速度减少，并且在7世纪之后全然消逝于公众生活。另一方面，希腊语知识通过用希腊语撰写的很多文学、历史和科学著作的形式，完好无损地保留了下来。在拜占庭，最重要的"语文学"活动发生在9世纪。因为造纸术(它也是通过阿拉伯世界从中国传入拜占庭的——参见第三章第二节)，有了更易于利用的文本保存媒介。因此，我们必须因为流传下来的大多数希腊文献而感谢那个时代的拜占庭缮写员，尤其是著名的君士坦丁堡斯图迪乌修道院(Stoudios Monastery)的那些缮写员。

迄今为止，最杰出的拜占庭语文学家是福提乌斯(Photius，又译佛提乌、阜丢斯，约810—约893)；作为拜占庭帝国的主教和外交官，他在事业上的青云直上是史无前例的。[①] 在他前往阿拉伯政府执行一项危险使命前不久，作为对兄长的安慰，他写下了已读过的280部著作(他忽视了兄长已经知道的典范之作)的概要。这部作品以《福提乌斯文库》的题目众所周知(*Bibliotheca*)，是拜占庭文明中最令人着迷的作品之一。它确立了福提乌斯作为历史上第一位书评人的名声。倘若没有其他原因，这部著作的价值是

---

① 参见 Andrew Louth, *Greek East and Latin West*: *The Church AD 681—1071*, St Vladimir Seminary Press, 2007。

难以估计的,因为福提乌斯讨论过的书籍大多已经不复存在。比如,在福提乌斯评论过的33位历史学家中,有20位一部作品也没有流传下来。

令人痛心的是,我们对那个时期的文本修复知之甚少。一如可以从福提乌斯的几封家信中推断出来的那样,它们肯定存在过,但并没有学术文本修复的痕迹。虽然福提乌斯之后也有对古典文学的持续研究,但方法原则少之又少。同样值得一提的还有令人钦佩的拜占庭百科全书,它被启动于皇帝约翰一世(Emperor John I Tzimiskes)统治时期的10世纪。《苏达辞书》(Suda)有三万个词条,远远超过了之前的编撰物。另外,《苏达辞书》是第一部像字典那样编排的百科全书式概述。虽然其词条并非总是同等可靠,但它是一部相当重要的史料。

费里耶尔的琉珀斯复兴科学语文学的努力　在卡洛林文艺复兴晚期,我们发现了"世俗的"语文学文本修复,或者语文学文本修复之残余。费里耶尔的琉珀斯(Lupus of Ferrières,约805—862)任职于拉班·马罗(Rabanus Maurus,"德国的老师")管辖的富尔达,于其间发挥了显著作用。通过使用他在全欧洲的社会关系,他获得了从图尔、约克、罗马和其他地方传送过来的手稿。琉帕斯并非是9世纪欧洲唯一的手稿猎人,但让他独一无二的是,他让人送给他的是他的图书馆已经有收藏的手稿。就像他之前的亚历山大时代的规则派论者一样,琉帕斯希望根据现存复本修复出推定的原始文本(参见第二章第三节)。因此,他设法尽可能准确地标识出手稿中的讹误和异体。他使用间隔来注解文字遗漏(而不是冒险去使用含有谬误的修订)。琉帕斯的最大兴趣在于西塞罗、李维、马克罗比乌斯和盖利乌斯(Gellius)的原著。然而,他自己的批评性贡献非常有节制,以致一些人认为,用语文学这一术语来描述琉帕斯的活动是不恰当的。① 但是,与大多数其他"古典"语文学家的随随便便相比,与阿达尔(Hadoard)在其《文选》(Collectaneum)中把全部古代作者的名字基督教化作为最不幸时刻相比,琉帕斯的文本分析则是一丝不苟的典范。

倘若我们仅仅基于校勘的是非曲直对其进行评判,我们就会对卡洛林

---

① Robert Graipey, *Lupus of Ferrieres and the Classics*, The Monographic Press, 1967.

文艺复兴做出不公正的评价。很多手稿的持续存在处于非常巨大的风险之中,以致出现了保护复本的极大紧迫性。我们必须因为大多数现存拉丁文本而感谢卡洛林时代的这些缮写员的勤勉。比如,卢克莱修(Lucretius)和维特鲁威的现存最佳手稿是在 800 年于查理曼大帝的宫廷缮写室之中被撰写的。它们作为《沃西阿拉丁抄本》(Codices Vossiani latini)的一部分,现存于莱顿(Leiden)。我们也必须因为书法改革而感谢这些缮写员。一如我们现在正阅读的这本书的字体所证明的(指本书的荷兰语版——译注),卡洛林体小写体(Caroline minuscule)直到今天依然享有史无前例的知名度。

在查理曼大帝之后的数个动荡不安的世纪,书籍的生产继续见诸修道院,比如班贝克(Bamberg)、帕德伯恩(Paderborn),尤其是蒙特·卡西诺(Monte Cassino)。一如前文所言(参见,第三章第一节),很多阿拉伯和希腊哲学、数学和科学著作在托莱多的翻译大爆炸是在 12 世纪的全盛时期。然而,直到人文主义在 14 世纪和 15 世纪的出现,批评性文本修复的复兴才出现。

伊斯兰文明:《古兰经》编纂　在伊斯兰文明早期,最重要的语文学活动是编纂《古兰经》经文。根据传统,在穆罕默德去世两年之后的 634 年,哈里发阿布·伯克尔(Abu Bakr)下令收集曾向先知展示过的所有《古兰经》诗节。因为穆罕默德的言辞是被不同作者记录下来的,版本不尽相同。也有很多仅仅以口述形式存在的《古兰经》诗节。阿布·伯克尔为宰德·伊本·萨比特(Zaid ibn Thabit)布置了系统编纂《古兰经》的任务。众所周知,宰德是为数不多的几乎熟记所有诗节的人之一,并且抄录了记载穆罕默德言语的文本的大部分段落。基于变音和元音符号正式整理所收集的版本始于第三任哈里发奥斯曼·伊本·阿凡(Uthman ibn Affan,644—656)时代。根据传统,6 本复本被送往了麦加、大马士革、巴士拉和库法(Kufa),奥斯曼自己保留了一本。在这些最早的《古兰经》中,两本流传了下来,现存于塔什干(Tashkent)和伊斯坦布尔。几乎所有通用印刷版《古兰经》都是以奥斯曼的编纂为基础。然而,《古兰经》的这一演变史也受到了很多学者的非议。就如穆罕默德言行录存在分歧一样(参见第三章第二节),在穆斯林学者和从事伊斯兰研究的学者之间存在着巨大的意见分歧。① 无论如何也不清楚的是,被用于修复《古兰经》的原则有哪些,虽然传统看法主要是目击者叙述原则。宰德尽可能照实地记录了穆罕默德的启示。

伊本·伊斯哈格的智渊阁翻译学校 如果我们可以相信比鲁尼,伊斯兰文明中的讹误版本问题就如在基督教欧洲那样重大。但是,关于校勘及后来的文本修复,我们几乎一无所知。叙利亚人聂斯脱教派信徒(Nestorian)侯赛因·伊本·伊斯哈格(808—873)是巴格达的一位哲学家、物理学家和翻译家,最接近科学语文学的实践。伊本·伊斯哈格精通阿拉伯语、波斯语、希腊语和叙利亚语,主要因为建立了卓越的智渊阁翻译学校而众所周知。② 他是一位手稿猎人,(最初是)为了搜寻加伦、亚里士多德、希波克拉底(Hippocrates)和狄奥斯科里迪斯(Dioscorides)等人的医学手稿,足迹遍及全世界;他在希腊修道院社群中找到了它们。在现存的一封写给一位向他咨询希腊医学著作内容的朋友的信中,伊本·伊斯哈格抱怨他之前的译者不称职,说他们基于被毁损的或者字迹不清的手稿开展工作,没有勉力去寻找一个完整的或者毁损程度更轻的版本。然后伊本·伊斯哈格解释了自己的工作方法:他比较了现存译本和尽可能多的希腊手稿,以期生成一个更好的译本。虽然他没有描述他以之作为比较之基础的方法,但他很可能是从加伦那里选定了它们;他频频引述作为医生的加伦,而加伦在汇编希波克拉底全集的时候面临着类似问题。伊本·伊斯哈格的系统原则依然是猜想而已,但结果是不言而喻的。在我们得到的很多失传的希腊著作的手稿中,由伊本·伊斯哈格的翻译学校所提供的阿拉伯语译本属最佳之列。

现有原则:类比原则、目击者叙述原则

新原则:与圣经融贯原则

现有模式:类比相似性系统

新模式:一个也没有(复本、译本和编纂的激增除外)

---

① 参见 John Esposito, *What Everyone Needs to Know about Islam*, Oxford University Press, 2002。

② 参见 De Lacy O'Leary, *How Greek Science Passed to the Arabs*, Routledge, 1948, chapter 12。

第四节 音乐学:音乐实践的形式化

古代的两部著作界定了早期中世纪欧洲的音乐学知识:马尔提亚努斯·卡佩拉的《墨丘利与语文学的联姻》和波伊提乌的《音乐原理》;在前者中,和声理论被从亚里士多塞诺斯的视角进行了论述(参见第二章第四节),后者主要是毕达哥拉斯视野下的和声理论。① 直到9世纪,欧洲音乐研究中似乎没有任何发展的痕迹。然而,这并不意味着一点都没有。在被记录下来之前,音乐理论认知大多被证明是通过口耳相传传承的。这一点可能是从几部9世纪的手稿中推断出来的,它们涉及被认为是众所周知的实践(参见下文)。9世纪之后,新的洞见与发现突然你追我赶。为了很好地理解这一趋势,重要的是要意识到中世纪音乐**生产**代表了与古代音乐的一种断裂。罗马异教徒音乐联系着在竞技场对基督徒的迫害;一种新音乐风格——大约始自4世纪——被创造了出来,众所周知为礼拜仪式的格里高利圣咏(Gregorian chant)。9世纪,格里高利圣咏的和声间奏引发了对复调的科学研究,它在复调歌唱的规则系统中达到了高潮。新音乐(格里高利)风格的出现也可以解释,为什么音乐在博雅教育中是唯一在中世纪早期经历了巨大变化的学科,这一点不同于欧洲的长期基于古典传统而发展的其他学科——语法、逻辑和修辞。

持续的记谱法问题:从胡克巴尔特到圭多 弗兰德修道士胡克巴尔特(Hucbald,又译于克巴尔,约840—930)享有撰写了第一部欧洲音乐理论著作——《谐音原理》(*De harmonica institutione*)——的殊誉。② 在其专著中,胡克巴尔特通过基于众所周知的赞美诗的音乐理论引导演唱者,以期让他们明白不同乐音之间的音程和乐音体系借以有序的和声方法。除作为最早

---

① 除这两部著作之外,马克罗比乌斯(Macrobius)的《〈斯基皮欧之梦〉评注》(*Commentarius Somnium Scipionis*)(参见第二章第三节)和卡西奥多罗斯(Cassiodorus)的《论宗教文学与世俗文学》(*Institutiones divinarum et humanarum litterarum*)(参见第三章第一节)也包含有音乐知识的资料。

② 参见 Yves Chartier, *L'Oeuvre musicale d'Hucbald de Saint-Amand: les compositions et le Traité de Musique*, Éditions Bellarmin, 1995。

的音乐选集之一以外,胡克巴尔特著作的最重要贡献是建议改进和拓展被称为纽姆(neume)记谱法的现行格列高利圣咏记谱法,以便包括准确音高的指示。纽姆是具体标示被演唱音节的旋律的形态,或者旋律轮廓的一种元素。纽姆并不表示音高或者音程。在音乐主要以口耳相传流传的时代,它们被视为一种提示。胡克巴尔特也是最为出色的中世纪诗歌之一的作者,那是一首致西法兰克国王秃头查理(Charles the Bald)的秃头的颂诗。

长期以来人们一直推测,10世纪初面世的题为《音乐文集》(*De alia musica*)的文献也出自胡克巴尔特之手,但它现在却被认为是一个伪胡克巴尔特(Pseudo-Hucbald)所为。这部著作推荐了一种有18个不同音高的新记谱法,被演唱经文的音节被置于视平线上。它首次为演唱者提供了一种全音和半音之中的音高升降的清晰表示。伪胡克巴尔特的创新是走向圭多·达雷佐(Guido d'Arezzo, 991—1033)的著名"**阶名唱法**"(solmization)的第一步。① 在其《辨及微芒》(*Micrologus*, 又译《微言》)中, 圭多推荐了一种每一个二度音都能被准确地表示于其间的乐谱系统(参见第二章第四节)。通过使用当时非常著名的赞美诗《圣约翰赞美诗》(*Ut queant laxis*), 圭多让每一行起始于一个更高的二度音;他用第一个符号"ut-re-mi-fa-sol-la"定调六度音阶。该序列中的唯一半音是在 mi 和 fa 之间。直到19世纪,圣约翰(Sancte Ioannes)的首字母也被添加用于界定第七个音 ti, 位列圭多六度音阶的最后。ut 不容易发音,所以被代替以 do——源自 Domine, 于是创造了众所周知的 Do Re Mi Fa Sol La Ti 序列。

音乐手册:复调音乐的规则系统 前文所讨论的音乐学文献主要关涉记谱法。但那时,即9世纪末,出现了所有中世纪音乐研究中最值得关注的著作之一《音乐手册》(*The Musica enchiriadis*)(多声部音乐),其作者要么是伪胡克巴尔特,要么是克吕尼的奥德(Ode of Cluny)。② 该著作被继以评注性著作《注释手册》(*The Scolica enchiriadis*), 是现存的建立复调音乐奥尔加农(organum, 又译二重唱)规则系统的第一次尝试。在中世纪乐曲(sym-

---

① 参见 Angelo Rusconi (ed.), *Guido d'Arezzo, monaco pomposiano*, Olschki, 2000。
② 参见 Raymond Erikson, "Musica enchiriadis, Scholia enchiriadis", *The New Grove Dictionary of Music and Musicians*, Macmillan, 2001。

phoniae)这一论题下,《音乐手册》界定了描述复调的两种不同方法,它们被称作"平行奥尔加农"(parallel organum)和"变体的平行奥尔加农"(modified parallel organum),它们的规则可以被概述如下:

平行奥尔加农:

(1)选择一种格列高利旋律作为主声部(vox principalis)。

(2)以四度音或者五度音重复主声部形成第二声部——奥尔加农声部(vox organalis,又译副声部)。

(3)如果人们希望,主声部和奥尔加农声部可以在更高或者更低的八度音阶中被进一步重复,创造出一个三声部或者四声部的平行奥尔加农。

变体的平行奥尔加农:

(1)选择一种格列高利旋律作为主声部。

(2)第二声部奥尔加农声部继续上声部的最初基音。

(3)唯有在主声部与奥尔加农声部达到四度音或者五度音音程的时候,二者才平行地继续四度音或者五度音。

(4)奥尔加农结束时(终止式),主声部和奥尔加农声部通过逆序达到同音,再次融合在一起。

(5)如果人们希望的话,主声部和奥尔加农声部可以在更高或者更低的八度音阶中被进一步重复,创造出一个三声部或者四声部的变体的平行奥尔加农。

这些规则使得平行奥尔加农和变体的平行奥尔加农的结构完全形式化了。重要的是要指出,《音乐手册》的主题涉及一种虚构的著名音乐实践。因此,《音乐手册》似乎并非是创造普通奥尔加农的操作方法,而是平行奥尔加农和变体的平行奥尔加农的**现行**音乐实践的描述性规则系统。①

此间所讨论的规则系统何以能够被放置在我们已然考察过的规则系统之中?奥尔加农的规则代表一种仅仅说明潜在篇章的限度的陈述性规则系统(一如亚里士多塞诺斯所发展的那样)呢,还是一种生成林林总总可能性的程序性规则系统(一如帕尼尼所界定的那样)?非常令人吃惊的是,实情

---

① 参见 Thomas Christensen (ed.), *The Cambridge History of Western Music Theory*, Cambridge University Press, 2002, p.480。

似乎是后者。始于某一特定格列高利旋律，《音乐手册》的规则以某种特定方式生成该旋律的一切可能的平行奥尔加农和变体的平行奥尔加农（早期**古艺术**[Ars Antiqua]）。因此，《音乐手册》就像帕尼尼的语言描述那样，提供一种程序性规则系统（然而，正如读者会记得的那样，亚里士多塞诺斯的旋律语法规则仅仅提供"限制"）。很显然，《音乐手册》根本不从规则数量的角度与帕尼尼进行比较，但它确乎提供一个准确的程序性系统；如果该系统是借助某种特定方式编制的，它就以某种特定方式创造奥尔加农。自希腊逻辑学以降，这样的一种方法尚未见诸人文学。

当初，这一规则系统被确定是描述性的；随着时间的流逝，它被视为是规定性的吗？就像我们经常在古代人文学中所见到的那样（参见第二章概要）。对此我们无法肯定，但倘若该规则系统曾被认为是规定性的，它延续的时间无论如何也不会长。很快便有并不遵循《音乐手册》规则系统的奥尔加农被人创作。现存的从9世纪到11世纪的乐曲可以证明，两个声部何以变得在旋律上日益独立：除平行运动（parallel movement）之外，供替代的斜向（sideways）与反向（contrary）运动现在也被创造了出来，它们被称作花腔式（melismatic）或者华丽（florid）奥尔加农与自由（free）奥尔加农。乍一看，复调旋律谱线似乎并不遵循规则，和音规则除外（甚至这一点也没有始终被坚持）。然而，进一步的考察发现，这些奥尔加农似乎是基于非常严格的规则，没有术语"自由奥尔加农"所暗示的那么"自由"。然而，规则比在《音乐手册》中更加复杂；11世纪末，它们甚至变得更加复杂了，当时复调发展到了作曲家显然基于一切潜在斜向运动汇合两条旋律独立的谱线的程度。然而，在约翰内斯·科托（Johannes Cotto）/约翰·科顿（John Cotton）的专著《论音乐》（*De musica*）和佚名的《奥尔加农的形成》（*Ad organum faciendum*）中，这种新奥尔加农风格被再次利用规则进行了描述。大约1100年以降，这些话语是对奥尔加农建构传统的简要描述，因为在针对这种更复杂的奥尔加农类型的规则系统之后，出现了其他新的甚至更复杂的奥尔加农，于其间节奏也被释放。在一定程度上，这些专著似乎是对活生生语言的描述，没有考虑语言一代接一代地变化这一事实。

因此，欧洲中世纪音乐并没有以任何方式受到基于规则的描述的限制（这正是发生在语言学中的语言描述的情况，其目标是挑选出"古典语言"，比如梵文和阿拉伯语)。源自莱奥尼纳斯(Leoninus,约1150—约1200)和佩罗蒂纳斯(Perotinus,约1160—约1230)指导下的12世纪圣母院乐派(Notre Dame School)的音乐形式,几乎多到了无法通过规则来保持的程度,因为规则在很大程度上变成了发展。有待发展的理论著作被应用于特定的子风格或者时期。另外,被设计出来的规则经常都是非常具体的,以致似乎出现了一种基于具体的奥尔加农的**基于范例的描述**,一如我们在中世纪语言学中所发现的那样(参见第三章第一节)。显然,复调变得非常复杂,以致存在着从规则到范例的转移。但是,这一转移并未继续。我们将看到,奥尔加农的音乐理论(思辨音乐[musica speculative])缓慢但稳当地与音乐生产(演出实践[musica activa])融合在一起。但直到13世纪,几乎所有音乐学者都是作曲家,反之亦然。一如我们在欧洲语言学和历史编纂学中所见到的(参见第三章第一节和第二节),这是我们之前的理论的高等阶层和更为实际的低等阶层这一观察的一种例外。

节奏记谱法与音乐风格意识 复调的发展因记谱法的改进而加速,反之亦然。复调奥尔加农可以借助胡克巴尔特或者圭多的音符系统被记录和传承,但前提是音符长度并不重要。在奥尔加农是为**有节奏的**独立旋律而创作的时候,就像莱奥尼纳斯和佩罗蒂纳斯的情况那样,这一情势发生了变化。在古艺术时期的奥尔加农中,音符长度现在成了一种主要元素。科隆的弗朗科(Franco of Cologne,13世纪)提出了一种把乐谱扩展至包括音符长度的办法,它似乎是基于约翰内斯·德·加兰迪亚(Johannes de Garlandia,同样是13世纪)的早期作品。弗朗科的著作《有量歌曲艺术》(*Ars cantus mensurabilis*)的核心元素是让音符**本身**代表它们的长度这一建议。之前,节奏是基于音乐的语境,以相似方法被描述的音符被给予相应的音符长度。弗朗科的方法使得有可能借助音符本身的新形式(可以与我们今天使用的记谱法媲美)准确地说明音符长度。

1318年前后面世的专著《新艺术》(*Ars Nova*)出自菲利普·德·维特里(Philippe de Vitry,1291—1361)之手,似乎预示了奥尔加农作曲中的基于规则趋势的结束。菲利普是"更自由的"作曲方式的热心支持者,反对他所谓的古艺术的僵化风格形式。① 无数革新被包含在《新艺术》之中，14世纪作曲家纪尧姆·德·马肖（Guillaume de Machaut）是最重要的阐述者。比如，从一个六度音阶跳到另一个六度音阶被变得更容易了；在古艺术中，这是基于圭多的声调系统，于其间唯有在半音处改变六度音阶才有可能。关于维特里的著作《新艺术》，其令人着迷的特征是有一个清晰可辨的关于"音乐风格"这一概念的**认知成熟过程**。在约翰内斯·德·缪里斯（Johannes de Muris, 1290—1351）以极大热情宣传新艺术的专著《新音乐艺术》（Ars novae musicae）中，我们也可以看到这一点。直接与此相对的是雅克·德·列日（Jacques de Liège，约1260—1330）撰写的一部著作，《音乐宝鉴》（Speculum musicae），在书中他捍卫老式的13世纪音乐艺术，反对"主张分裂的"新艺术。因此，在中世纪鼎盛时期（High Middle Ages）的欧洲音乐研究中，而不是像经常被认为的那样在文艺复兴时期的艺术理论中（参见第四章第五节），我们第一次见到了作为一套被分享的审美价值观或者规则的风格这一概念，以及对早期风格的辩证回应。

尼克尔·奥里斯姆与泛音的发现　欧洲中世纪末期，最伟大的音乐学者是尼克尔·奥利斯姆（Nicole Oresme, 1323—1382），他也是最博学多识的中世纪思想家之一。他不但为音乐学，而且为数学、哲学和心理学做出了重要贡献。② 奥里斯姆几乎活跃在各个音乐研究领域。他的著作的论述范围包括声学、音乐美学、听力生理学、形式和声理论、音乐实践和音乐哲学。

奥里斯姆的最大成就是发现了一种新的音乐现象：泛音（overtone）。那是一种其频率高于耳朵所感受到的声音基音的频率的声音要素。奥里斯姆主张，泛音在音质或者音色概念中起着重要作用。两种不同的乐器，比如琵琶和管风琴，可以演奏完全一样的基音，但它们听起来是不一样的。一些泛音是和声的，这意味着它们的频率是基音的频率的整数倍。然而，用不那么"典型的"乐器，比如钟琴，泛音则不是和声的。泛音也是可以演唱的，比如通过喉音唱法（顺便指出，这一点不为奥里斯姆所知）。奥里斯姆的发现代

---

① 参见 Richard Hoppin, *Medieval Music*, Norton and Co., 1978。

② 参见 Ulrich Taschow, *Nicole Oresme und der Frühling der Moderne*, two volumes, Halle, 2003。

表了毕达哥拉斯以降的和声理论之中的第一次真正突破,他也尝试用它来解释和音与不谐和音之间的关系。直到17世纪,他的发现才被马林·梅森(Marin Mersenne)进一步超越(参见第四章第四节)。

金迪、法拉比和丁的希腊音乐理论改造　　基督教欧洲的古典音乐学遗产是由拉丁文文本所界定的,但在伊斯兰世界,希腊作品居于支配地位。伊斯兰文明开始以降,阿拉伯学者将他们的音乐实践与他们接触到的音乐理论进行了比较。托勒密同时在理论与实践层面对毕达哥拉斯音乐理论的发展给人留下了最深刻的印象(参见第二章第四节)。①

在早期伊斯兰音乐学中,最大挑战之一是要为阿拉伯24段乐音体系之中的经验音程提供科学基础。金迪(al-Kindi,约801—873)很可能是将数学的希腊音乐理论运用于阿拉伯风格的第一人。除音程和音阶模式之外,金迪还编纂了一部确乎代表阿拉伯音乐的不同节奏周期(rhythmic cycle)的概述。

最重要的伊斯兰音乐学家是法拉比(al-Farabi,约872—约950),他同时也活跃在很多其他学术领域(参见第三章第六节)。在其三卷本《音乐志》(Kitab al-musiqa)中,法拉比讨论了阿拉伯音乐的音乐理论、乐器理论、旋律与节奏类型学。② 在探讨音乐的起源和音乐才能的性质的引言之后,法拉比在第一卷中按照四音序列或者四度音阶概述了毕达哥拉斯和声理论(参见第二章第四节)。因为这些四度音阶很多都不再被使用,这部著作暗示,人们重新燃起了研究作为一门纯粹数学科学的音乐的兴趣。他对节奏的讨论也在很大程度上是理论的。法拉比设计了一个数学架构,一切可能的节奏周期都被界定于其间。在第二卷中,法拉比使用其理论方法去解决诸多具体问题,尤其是乐器的技术独特性,比如品在琵琶上的正确放置,以便获得听觉上的协和音程,以及坦布尔(tunbur)或者长颈带品琵琶的两弦或者三弦的各种不同和音。第三卷的标题《音乐作曲》(Musical composition)虽然给人以期待,但在这里法拉比远不是那么毫无保留。他描述了人类声音何

---

① 参见 Jean-Claude Chabrier, "Musical Science", in Roshdi Rashed (ed.), *Encyclopedia of the History of Arabic Science*, Volume 2, Routledge, p. 581。

② 参见 Tourma Habib, *The Music of the Arabs*, Amadeus Press, 2003, pp. 17ff。

以能够表达文学与诗歌形式,以及这些何以能够激发感情和刺激灵魂。法拉比认为声乐胜于器乐。在他总结类型组合中的各种不同旋律的时候,他是最具体的。然而,该组合主要包括**抽象的**乐音序列,而不是**具体的**乐曲(源自乐曲的旋律)。因此,就像他对可能的节奏周期的分析那样,法拉比的旋律理论主要是理论性的。它描述的与其说是**实际的**音乐,毋宁说是**可能的**音乐。但即使是在这样一种可能的音乐中,法拉比在描述哪些音乐风格也是不清楚的。尤其是,法拉比的描述似乎是依照某种音乐风格对阿拉伯音乐的一种概括,他大概认为这种风格能够让他涵盖所有音乐,但实际上依然是彻彻底底的阿拉伯风格。他的体系不是具体说明边界条件的一种基于规则的语法(我们称之为陈述性规则系统),而是对韵律和旋律的一种组合归类。在一定程度上,法拉比的归类依据的是我们之前命名为**基于范例的描述原则**这一方法,但其范例不得不在很大程度上被建构。然而,同样必须强调的是,他对毕达哥拉斯和声理论的讨论——一如既往地——符合**数学比例原则**。

除给人以深刻印象的音乐理论研究之外,百科全书式的阿拉伯音乐采集也被开展,其中最重要的是伊斯法哈尼(al-Isfahani,897—967)不朽的《阿拉伯古典诗歌汇集》(*Kitab al-aghani*,又译《乐府诗集》)。在包含10000页的20多卷里,伊斯法哈尼概述了丰富多彩的8世纪和9世纪阿拉伯歌曲和诗歌。根据作者,这部著作的撰写费时达五十年。歌曲都附有对相关节拍周期的描述,有时候也附有对旋律模式的描述。但我们在他的作品中没有发现音乐学定义,更不用说对潜在旋律或者和声规则的探求。

法拉比和伊斯法哈尼之后,并没有出现真正重要的音乐学家,虽然大部分学者都以音乐为副业,包括阿维森纳(Avicenna)(伊本·西那[Ibn Sina])。1284年去世的萨非·丁(Safi al-Din)是著名的例外。1258年,巴格达沦陷之后,得到蒙古人宽大处理的他把毕达哥拉斯和声理论恢复到了一个高点。丁同时完善了五度音的循环和小音程(comma)的计算(参见第二章第四节)。这似乎是来自中世纪伊斯兰音乐学的最后贡献。

在基督教欧洲,阿拉伯音乐学似乎基本不为人所知,反之亦然。虽然存在乐器方面的交流(琵琶和三弦琴都是源自阿拉伯的乐器),但12世纪文艺复兴期间,似乎没有任何一部音乐专著被译为拉丁文;不过,法拉比的

《科学分类》(Kitab ihsa' al-'ulum/Enumeration of the Sciences)简略论述了音乐,被克雷莫纳的杰勒德翻译过。然而,我们已同时在基督教和伊斯兰音乐学和语言学中发现了基于范例的描述,它们表明了一种**从规则到范例的共同趋向**。

《戏剧学》和塔拉的延续　　直到13世纪,婆罗多牟尼的《戏剧学》代表印度梵文文化中的支配性音乐学传统(参见第二章第四节)。也有一些文献出现,比如那烂陀(Narada)在1100年前后出版的《乐蜜》(*Sangita Makarandha*),但规则依旧主要基于婆罗多牟尼的方案。

中世纪晚期最重要的印度音乐学著作是萨尔嘎德瓦(Sharngadeva)13世纪撰写的《乐海》(*Sangita-Ratnakara*,又译《歌舞的海洋》)。这部专著渐渐被视为印度斯坦和卡那提克(Carnatic)音乐的"权威"著作。① 《乐海》的基本元素是斯兽提(scruti,关糸乐音)、斯瓦拉(swara,单音的音乐"声音")、拉格(模式或者旋律准则)——我们已经讨论过——和塔拉(节奏周期)。这些元素得到了根据非常精确地制定的规则系统的进一步发展。共有七个塔拉系,其中的每一个系又细分为具体的节奏比例(类似于图像表征中的塔拉比例——参见第二章第五节)。从某种程度上讲,这部著作似乎是描述性的,但长达数世纪之久——直到现在——它一直被用作即兴创作和作曲的基础读物。《乐海》的形式是基于规则的、陈述性的。边界条件已然被确定,但并没有创作新乐曲的行为。

音乐作为国家事务与驳斥音乐循环性　　唐朝期间(618—907),音乐在中国有重要发展。玄宗皇帝统治时期,中国戏曲的创造和第一所音乐学校的建立意义深远。音乐史将成为司马迁修史风格的宫廷编年史的一部分(参见第二章第二节),音乐作品官方报告被撰写出来。然而,几乎没有探寻基本音乐原则和模式的证据,虽然对此的历史研究依然在全面开展之中。② 主要的音乐史著作,比如包括所有古典文献的第一部音乐百科全书(1104年面世的《陈旸乐书》)也是显影于宋朝(960—1279)。我们也将在

---

① 参见 Daniel Bertrand, *La musique carnatique*, Édition du Makar, 2001。
② 参见 Joseph Lam, "China: Qin to Tang dynasties", *Grove Music Online*, Oxford University Press, 2006。

中国艺术史编纂中发现对百科全书式概述和批评的这样一种兴趣（参见第三章第五节）。

宋朝最重要的音乐学研究是蔡元定（1135—1198）的作品。在其《律吕新书》（New Treatise of Music Theory）中，他描述了传统的五度音周期中的乐音何以与广为流传的十二标准音宇宙论阐释相矛盾。根据这一阐释，十二音是等距的、循环的，构成完整的八度音阶。然而，蔡元定论证指出，倘若音阶被变调，即它们是被产生在另一个更高或更低的乐音，这一阐释便是不正确的。因此，蔡元定基于纯粹的音乐学理由，否认了中国人世界观中无所不在的宇宙论概念**循环性**（cyclicity）（它在历史编纂学中也发挥着同等重要的作用）。他建议使用六个附加音符，但它们没有被中国音乐采用。然而，蔡元定的著述确乎证明了宋朝的数学和声理论研究光彩夺目。

没有新原则，但有得自整合旧原则的新模式　总而言之，在中世纪音乐研究中，没有新原则被设计出来，但新模式却有被发现。数学比例原则（它确定了协和音程）被广泛用于阿拉伯和欧洲音乐研究之中，比如在对音阶和复调的分析之中。我们也可以在印度音乐研究中看到陈述性规则系统。中世纪基督教音乐学家大大落后于他们在数学—理论领域的伊斯兰、中国和印度同时代人。在毕达哥拉斯和声理论的延续——它在伊斯兰和中国的音乐研究中被推向了新高度——中，这一点尤其引人注目。但在具体乐曲的研究中，基督教音乐学家确乎做出了创新之举。非常令人吃惊的是，它的完成并不是基于某种新的方法原则，而是基于整合现有原则——数学比例原则（从毕达哥拉斯音乐理论可以知道）和程序性规则系统（从语言学可以知道，比如多纳图斯的语法）。这一融合导致了两种出人预料的模式。第一种是用于乐曲的已知历史最悠久的程序性规则系统——《音乐手册》，第二种是音乐风格乃一组被分享的规则这一概念。我们也无意中发现了一种从基于规则到基于范例的音乐结构描述趋势，但仅仅是在似乎不再有任何稳定规则的时候。就更具个性的音乐学"发现"而言，奥利斯姆的泛音与蔡元定的变调的非循环性同等重要。

现有原则：程序性规则系统原则；数学比例原则；陈述性规则系统原则
新原则：无（或者，基于范例的描述原则）

现有模式:基于限定的音乐语法

新模式:复调音乐的程序性规则系统;音乐风格概念;从基于规则到基于范例的音乐描述趋势;泛音;变调的非循环性

第五节 艺术理论·遵循与打破规则

在基督教中世纪,要找到见诸普林尼的《博物志》的那样一种艺术史编纂是很难的。长达千余年之久,在欧洲没有任何一部艺术史著作面世。这在一定程度上可以用视觉艺术地位低下进行解释。不同于毕达哥拉斯以降已然被视为具有宇宙学意义的音乐,绘画与雕塑从来不属于每一个自由人被期望掌握的博雅教育。古代之后很久,博雅教育依然是基督教教育的基础;中世纪,艺术家被视为地位低下的能工巧匠。即使到了14世纪的但丁(Dante)时代,这依然是普遍的观点。比如,但丁的《神曲》(*Divine Comedy*)的最早的评论家之一,博洛尼亚(Bologna)的一位大学教授本维努托·达·伊莫拉(Benvenuto da Imola)撰文指出,很多人非常吃惊但丁让"名不见经传、从事平凡工作的人"名垂青史,比如奇马布埃(Cimabue)和乔托(Giotto)。[①]然而,除关于这些画家的一些轶事之外,但丁并未像普林尼那样,为活跃于他所在时代的艺术家提供更加宽泛的概述。

教诲与寓意诠释:从普罗科匹厄斯和格里高利一世到苏格 普罗科匹厄斯的《论建筑》(*Peri ktismaton*)面世于公元560年,很可能是中世纪艺术史编纂缺位的一个例外。在其著作中,普罗科匹厄斯描述了被建造于查士丁尼大帝时代的教堂、城堡、渡槽和其他公共建筑,其中,索菲亚大教堂(Aya Sofia)为巅峰之作。古罗马早期以来,建筑享有的地位高于绘画和雕塑。公元前1世纪,瓦罗甚至曾建议将建筑列入博雅教育之中(参见第二章第三节)。然而,普罗科匹厄斯对拜占庭建筑的概述纯属列举,而不是艺术史编纂。

包括应用艺术的技术描述的一些手册也流传了下来,比如西奥菲勒

---

① Rudolf and Margot Wittkower, *Born under Saturn*, Norton and Co., 1969, p.8.

斯·普雷斯拜特(Theophilus Presbyter)的《诸艺术论》(De diversibus artibus),该书一定是被撰写于 1100—1120 年之间。① 18 世纪,在巨大的沃尔芬比特尔(Wolfenbüttel)奥古斯特公爵图书馆(Herzog August Bibliothek),戈特霍尔德·莱辛(Gotthold Lessing)偶然发现了这部手稿,在那里它依然可以供人参阅。这部著作描述了绘画和素描材料的生产、彩色玻璃窗技术和贵重金属的制作。它也是最早提及油画的著述之一,甚至包含了风琴制作入门。著名的 13 世纪维拉尔·德·奥内库尔(Villard de Honnecourt)写生簿具有类似重要性,起到了建筑和雕塑范本的作用。

虽然普通的中世纪艺术史编纂的缺位显而易见,但并不乏关于艺术理论或者我们可以视为艺术理论的著述。圣经第二条戒律对基督教艺术而言是问题之一,因为它不仅禁止上帝的形象,而且禁止其他天上、地下百物的形象。"不可为自己雕刻偶像,也不可作什么形像仿佛上天、下地,和地底下、水中的百物。不可跪拜那些像,也不可侍奉它。"②这些话有些含糊不清。它是像第一句话暗示的那样对普遍形象的禁止呢,还是像第二句话具体说明的那样,禁止为了崇拜它们而制作形象? 教皇格里高利一世相信第二种解释(另外有一种观点认为,每一个圣经文本都应以寓言的方式进行解释——参见第三章第七节),这对欧洲艺术是非常重要的。比如,他在 600 年致主教马赛的塞里纳斯(Serenus of Marseilles)的信——这封信变得很出名——中写道,训导不能阅读的人的时候,图画可以显身手。过度奉献的说法出现之后,塞里纳斯让人毁掉了圣人画像。格里高利一世在信中谴责他说,"图画之于文盲就像书写文字之于受过良好教育者。……因此,你万不该破坏挂放在教堂之物,它们不是为了被人崇拜,而是为了教诲文盲的心智。传统允许描绘圣地之圣行,这并非没有缘由。"③

格里高利一世的"艺术作为教诲"理论为视觉再生产提供了合法性和具体目标——教诲文盲。这一目标暗示了什么可以、什么不可以被描绘。用格里高利一世的话来讲,画像仅仅有助于"教诲文盲的心智"。倘若描绘

---

① Erhard Brepohl, *Theophilus Presbyter und das mittelalterliche Kunsthandwerk*, Böhlau, 1999.
② *The Bible*, Exodus 20:1—5.
③ Helmut Feld, *Der Ikonoklasmus des Westens*, Brill, 1990, pp. 11ff.

无助于教诲，它因此便是不必要的，甚至是应受谴责的。重要的不是古典的幻觉主义和调和比例，而是圣经启示的本质与传递。画像的水准必须符合文盲的水准。来自最高教会权威的这一艺术观使得圣经故事的视觉再现合法化了，但不过如此而已。

可被用于将有关《圣经》的著述转换为适合文盲的图画作品的手段有很多吗？格里高利的话太过模糊，不含任何一种适合图画描绘的规则系统。艺术家依然自由选择**如何**描绘，但在实践中他们很快便失去了对古典比例、解剖学和唯实论描绘的兴趣。俨然就像在历史编纂学中那样，唯一重要的东西是画像与教会训导、圣徒言行录、《圣经》的融贯。因此，我们可以轻而易举地将之前的与圣经融贯原则推广至中世纪艺术理论。即使是在偶像崇拜与皇帝利奥三世（Leo III）统治下的拜占庭帝国全面禁止画像相较量的时候（大致730—843年期间），某种融贯原则也曾被使用，但它总关涉对圣经第二条戒律的**自由**阐释。

除格里高利的"艺术作为教诲"之外，字面意思与寓意之间的奥古斯丁式区隔也对中世纪艺术理论产生了重要影响。① 在其《论基督教教义》（*De doctrina christiana*，397/426）中，圣奥古斯丁解释说每一个符号——从《圣经》章节到视觉描绘——都可能同时有字面和抽象含义。就字面含义而言，描述涉及历史事件；在抽象或者精神意义中，时空消失，画像代表万物直到世界末日的真实、神圣状态。在其《天阶体系》（*De hierarchia coelesti*）中，15世纪拜占庭神秘主义者伪狄俄尼索斯（Pseudo-Dionysius the Areopagite）进一步发展了这一点。根据狄俄尼索斯，整部《圣经》都应以隐喻的方法阅读，以及所有符号都意指万物在天国的方式，这是一种他称为寓意诠释（道德提升）的模式。一如我们将看到的，13世纪的托马斯·阿奎那（Thomas Aquinas）同样借助其经文阐释理论，坚持这一传统（参见第三章第七节）。

另外，在修道院院长苏格（Abbot Suger）的著作中，我们也发现了这种隐喻式、寓意诠释的世界观，当时他以华丽的辞藻描述了哥特风格；1144年，他扩建圣丹尼斯（St Denis）教堂的时候，这种风格得到了实施。根据院长，

---

① Robert Williams, *Art Theory: A Historical Introduction*, Blackwell, 2004, pp. 47ff.

大量彩色玻璃窗,尤其是黄金和宝石做成的贵重物品应当被视为具有寓意诠释性,意指神圣之美。苏格使用了价格昂贵的材料,这激起了与克勒窝的伯尔纳(Bernard of Clairvaux,又译圣伯尔纳铎)的激烈论战;伯尔纳拒绝苏格的奢华风格,寻求庄重的、本质主义的风格,一如格里高利一世时代的早期基督教艺术那样。①

大致地讲,有两种基督教"艺术理论":格里高利的本质主义的"艺术作为教诲"理论、狄俄尼索斯的寓意阐释的"艺术作为寓意阐释"理论。源自第一种理论的艺术是庄重的,源自第二种理论的艺术是豪华的。对自然和经典比例的忠实并不重要。重要的东西是抽象的、神圣的形式。两种艺术理论都是基于与圣经融贯原则,但主张中世纪艺术是由这两种理论所决定则太过夸张。例如,既有很多地域风格,也有古典风格的兴盛,比如在卡洛林和12世纪文艺复兴期间(参见第三章第一节)。事实上,古典风格从未从中世纪特色中彻底消失。但正如艺术史家欧文·帕诺夫斯基(Erwin Panofsky,1892—1968)已然证明的,它总是联系着由模仿组成的暂时性复兴,而不是像15世纪文艺复兴那样,联系着系统性复活(同时参见第五章第五节)。②

除他的寓意阐释、道德提升关联这一概念之外,狄俄尼索斯的天地万物层级也对中世纪世界观产生了重大影响。狄俄尼索斯以一种基督教观点重新阐释了亚里士多德的天体理论。因此,每一个亚里士多德天体(包括恒星、行星、月亮或者太阳)都是被一群天使推动的。唯一的例外是最外面的天球宗动天(Primum Mobile),它不需要原动力。狄俄尼索斯分别将天与地分为九层和八层。天上的存在者包括从六翼天使和小天使到大天使和天使,而地上的居民不但有主教和牧师,而且有罪人和那些被恶魔控制的人。因为拜占庭皇帝迈克尔(Michael),他的著作闻名于西欧;827年,迈克尔送了一本给虔诚者路易(Louis the Pious)(前者让爱尔兰哲学家约翰内斯·斯科特斯·爱留根纳【Johannes Scotus Eriugena】将该书从希腊语翻译了过

---

① 参见 Lindy Grant, *Abbot Suger of St. Denis: Church and State in Early Twelfth-Century France*, Longman, 1998。

② Erwin Panofsky, *Renaissance and Renascences in Western Art*, Harper and Row, 1969.

来)。狄俄尼索斯整合了亚里士多德和基督教世界观,深受托马斯·阿奎那等神学家的欢迎;狄俄尼索斯所建议的层级制在所有艺术中浮现了出来——从绘画到文学(包括但丁的《神曲》)。亚里士多德的天体理论变得与基督教—欧洲世界观密不可分地联系了起来。

谢赫分类法与"随心所欲的"艺术 与欧洲艺术史编纂的断裂相对照的是,我们在中国发现了高度的连续性。① 谢赫在其画家分类中描述的六法和等第制(参见第二章第五节)是后来的艺术史范本,比如姚最在550年前后撰写的《续画品录》(*Continuation of the Classification of Painters*)。鉴于谢赫使用了等第制,姚最没有使用,因此他可以毫不犹豫地将他自己的王室资助人列举为最佳画家。

唐朝期间(618—907),当时历史编纂变为了国家事务,批评性的画家分类变得越来越像一种"标准的"艺术史。每位画家的生平简介、其绘画风格描述都按照司马迁的历史编纂方式进行了书写。源自唐朝的最重要著作是张彦远的《历代名画记》(*Record of Famous Painters of Successive Dynasties*),它概述了一直到847年的所有画家。他的著作模仿中国宫廷编年史,包含了对绘画艺术起源的介绍,之后他列举了不同的风格传统,并且就艺术鉴赏提出了建议。相比之下,他的同时代人朱景玄(约840)通过引入三品——神、妙、能——的办法追溯了画家分类。他将三品进一步分为三等,最后是代表非传统艺术家的单独一品,逸。唐朝灭亡以后,这一分类系统延续了下来。黄休复的问世于1066年的著作非常有趣。在艺术史编纂中,画格不拘常法的逸品第一次被称作了最高成就——它适合于在一切现有规则的范畴之外进行创作的天才。

宋朝(960—1279)期间,传统分类系统被弃用,评价艺术家的基础是他们对有形主题的描绘,比如人物、风景和动物。甚至描绘岩石的每一笔都有被讨论(比如郭若虚在1075年的作品)。历史概述继续出现,现在通常是按主题组织;谢赫六法和司马迁图表史纂多么有影响这一话题再次浮现。然而,1365年,长期未曾被中断的谢赫传统系列艺术批评著作以夏文彦的著

---

① Osvald Sirén, *The Chinese on the Art of Painting: Texts by the Painter-Critics, from the Han through the Ch'ing Dynasties*, Dover Publications, 2005[1936].

作宣告结束;夏文彦在书中呈现了一种关于所有著名艺术家的百科全书式概述、他们的生平、他自己的见解,他将自己的见解与早期艺术史家的评价进行过比较。

我们可以把谢赫六法的延续命名为陈述性规则系统原则,但事实上,六法及其相关联的分类系统太过模糊、太过主观,并不与该原则相配。然而,一如我们在元典里所发现的,六法是一种指导方针。中国艺术理论中也有异常原则,比如黄休复的适合艺术天才的不拘常法、随心所欲的品(逸)。除数学比例原则之外,普林尼也使用了异常原则。另外,我们在古典诗学里发现了它(参见第二章第八节)。因此,在"东方"与(古典)"西方"之间存在着引人注目的趋同,即是说**名副其实的艺术遵守规则,但天才的艺术则随心所欲或者打破规则。**

六支的延续与透视缩短法的规则　在印度,六支理论和塔拉比例(参见第二章第五节)依然是中世纪传统艺术理论文本。这些文本被百科全书式手册予以拓展与阐明,比如 11 世纪的《古印度建筑》(*Samarangana Sutradhara*)和 12 世纪的《心乐之道》(*Manasollasa*)。① 视觉艺术仅仅是在这些著作中被讨论的艺术形式之一,其间它与各种艺术的密切关系得到了强调,从建筑、文学、音乐和戏剧到修辞艺术和诗歌。这些手册详细描述了绘画实践和技巧,从壁画和木器绘画到油画。一如在塔拉理论中那样,不同元素在被描绘主题中的比例被赋予了巨大的重要性。我们还发现了表达透视缩短的已知历史最悠久的手段之一。它涉及视角对身体的一部分,或者指向或者偏离画家的另一物体的影响——它明显地变得更短。透视缩短不应与使用一个或者多个消失点(vanishing point,又译灭点)的线性视角混为一谈(参见第四章第五节)。虽然透视缩短技术早在古希腊时代便为人所知,但在欧洲,现存最早的描述始于 15 世纪。11 世纪和 12 世纪印度手册中的透视缩短讨论包含有一种艺术家指导方针,没有探究图示现象的数学面向。

---

① Pushpendra Kumar, *Bhoja's Samarangana-Sutradhara*: *Vastushastra*, two volumes, New Bharatiya Book Corporation, 2004.

伊斯兰艺术史中的历史编纂裂隙　在伊斯兰艺术理论和艺术史编纂中,同时代史料的空白(或者不可获得性)是人文学历史上的谜题之一——就像印度历史编纂的数世纪空白那样(参见第二章第二节)。伊斯兰艺术在各方面都很兴盛。比如,著名的几何装饰艺术、波斯和奥斯曼传统的象征性微型画。我们必须记住伊斯兰世界各地的令人难忘的建筑。尽管如此,直到20世纪,关于伊斯兰视觉艺术的著作一本也找不到。[①] 就像人们对基督教中世纪艺术史编纂所做的那样,人们可能认为视觉艺术并不是官方课程的一部分,其结果是这些艺术没有得到学术视野下的实践。但是,正如我们在本节开始的时候所主张的,这一解释是不能令人满意的。比鲁尼等多面手记述了令他感兴趣的一切(参见第三章第二节),他绝不允许他的选择受制于学术课程。但是,他并没有就视觉艺术写下片言只语,即使是在他对印度的详尽描述中也没有。也有人说在伊斯兰世界存在着对现实描述的非常强大的禁忌,以致不可能有艺术理论或者艺术史。但这一解释也站不住脚,因为对象征性表达的"禁止"在伊斯兰世界大部分地区并不存在,而且在《古兰经》里也没有被提及。

然而,确有少量技术手册流传了下来,比如14世纪陶艺家阿布尔·卡西姆(Abu'l-Qasim)的专论,又如数学家卡西(al-Kashi)1427年撰写的有视觉艺术暗示的几何学手册。另外,也有对建筑的描述,比如在伊本·巴图塔(Ibn Battuta,1304—约1368)的游记中。然而,虽然并没有发现论述视觉艺术历史的文本,但这并不让伊斯兰艺术逊色半分。

现有原则:异常原则、陈述性规则系统原则

新原则:与圣经融贯原则

现有模式:名副其实的艺术遵守规则

新模式:艺术作为教诲、艺术作为寓言诠释(道德提升)、天才的艺术违背规则、透视缩短规则

[①] 参见 Oleg Grabar, "Islamic Art", in *Grove's Dictionary of Art*, Oxford University Press, 1996。

第六节　逻辑学·真实三段论的法则

一如在音乐学中那样,在紧接古代之后的数个世纪里,(基督教)欧洲逻辑学似乎没有任何新发展。但与在音乐学中不一样的是,在关涉逻辑学的地方,这一印象就是现实。按照传统,中世纪逻辑学分为 500—1200 年间的旧逻辑学(Logica vetus)和从 1200 年到文艺复兴的新逻辑学(Logica nova)。① 在这两个时期,亚里士多德是绝对的权威,分期反映了他的著作的可获得性。直到 12 世纪的彼得·阿伯拉尔(Peter Abelard),欧洲人仅仅熟悉源自亚里士多德《工具论》(《范畴篇》[*Categoriae*]和《解释篇》[*De interpretatione*])等两本书的波伊提乌译本,以及泰尔的薄斐略(Porphyry of Tyre,又译泰尔的波菲利)的《亚里士多德导论》(*Isagoge*),它起到了亚里士多德入门的作用。波伊提乌计划将柏拉图和亚里士多德的全部著作译为拉丁文,但他的早逝中断了这一计划。作为执政官为东哥特人国王狄奥多里克大帝(Theodoric the Great)服务期间,波伊提乌被怀疑串通拜占庭帝国,于是被关了起来,最终遭到了处决——此前他于狱中完成了杰作《哲学的慰藉》(*Consolation of Philosophy*)。

彼得·阿伯拉尔与后承　阿伯拉尔(1079—1142)并不熟悉亚里士多德三段论的微妙之处,他创作了一部极具原创性和独立见解的逻辑学著作《辩证法》(*The Dialectica*)。他在书中设计了逻辑结论或者逻辑后承(consequentiae)的基本原则。阿伯拉尔建议的标准(criteria)中有两条是:**倘若一个肯定句是真的,其否定就是不真的;倘若一个否定句是真的,其肯定就是不真的**。他也为逻辑蕴涵(logical implication)甲→乙提供了标准,其间的甲被称作**前提**,乙被称作**结论:倘若前提是真的,结论也就是真的;倘若结论是不真的,前提也就是不真的。**(请注意这些标准并非无足轻重,因为如下标准无效:"**倘若结论是真的,前提也就是真的。**")若干年以来,逻辑蕴涵的这两个标准分别以肯定前件推理(modus ponens,又译假言推理)和否定后件

---

① 参见 Henrik Lagerlund, "Medieval Theories of the Syllogism", in *Stanford Encyclopedia of Philosophy*, 2004。

推理(modus tollens,又译否定后件的假言推理)。在古代命题逻辑中,这些"规则"已然以真值表的形式内隐地为人所知(参见第二章第六节),但它们被阿伯拉尔给予了基本原则的地位。阿伯拉尔最重要的贡献是其利用标准或者原则为有效结论设计程序性规则系统的努力。虽然这个系统并不完美(为了产生有效结论,标准应以什么顺序、在什么地方被运用,这是不清楚的),但阿伯拉尔的系统将对后来的中世纪逻辑学家产生重要影响。

新逻辑学 当亚里士多德讨论逻辑学的其他著作,尤其是重要的《前分析篇》(*Analytica priora*,又译《分析前篇》)在12世纪翻译爆炸期间在欧洲可获得的时候(参见第三章第一节),关于三段论的大量评论开始出现。同时论及新旧逻辑学的教材被编写了出来,比如西班牙的彼得(Peter of Spain)编写的13世纪《逻辑论》(*Tractatus*)。伊斯兰逻辑学家,比如法拉比、阿维森纳(伊本·西那)和阿威罗伊(Averroes)(伊本·鲁世德[Ibn Rushd])等人的著作也从阿拉伯语翻译了过来。虽然阿维森纳对基督教逻辑学家产生了重要影响,但中世纪晚期的支配性亚里士多德传统主要是因为阿威罗伊的评注。

在西班牙,伊斯兰的影响被感觉到非常强大,以致偶尔有人希望为了穆斯林的皈依而利用逻辑学。比如,加泰罗尼亚人拉蒙·卢尔(Ramon Lull,1235—1315)设计了一个适合概念机械组合的系统,以便所有选项都可以被考察。① 通过使用上有表示概念的符号的可旋转圆环组,不同的组合被制造了出来。然而,卢尔的系统并未证实重大逻辑见解,并未产生任何结果。不过,他的系统确实影响了17世纪哲学语言的发展,尤其是莱布尼茨的《论组合术》(*ars combinatoria*)(参见第四章第三节)。卢尔似乎已然笃信,通过对所有概念的系统计算,他的发明可以驳斥伊斯兰信徒,传播基督教真理。他去世于一次非洲劝服任务期间。

因为奥卡姆的威廉和让·布里丹(Jean Buridan),欧洲逻辑学在14世纪达到了巅峰。这个时期属于经院时代,长期以来声誉可疑。除钻牛角尖和评注亚里士多德著作的评注之外,经院逻辑学家们几乎没有建树。尽管

---

① 参见 Erhard-Wolfram Platzeck, *Raimund Lull: Sein Leben-seine Werke-die Grundlagen seines Denkens*, 2 delen, Schwann, 1962—1964。

如此，这些逻辑学家做出了一些令人难忘的发现。

奥卡姆的威廉：唯名论逻辑学 对我们的原则和模式探求而言，奥卡姆的威廉(约1287—1347)尤其重要。他发现了命题逻辑的两大法则，即众所周知的德·摩根定律(the De Morgan law)，它们是以在19世纪重新发现它们的逻辑学家命名的。① 被表达成文字，逻辑学的这两大法则描述如下等价式：(1) 两个命题的合取的否定等值于两个否定的析取；与此相类似的是，(2) 两个命题的析取的否定等值于两个否定的合取。以一种在某种程度上更加抽象的形式，通过使用第二章第六节中的命题逻辑的**连接词**，我们也可以把这两个法则表达如下：

(1) 非(甲和乙)↔(非甲)或者(非乙)

(2) 非(甲或者乙)↔(非甲)和(非乙)

我们可以用第二章第六节的例子来说明这些，在那里甲代表命题"约翰聪明"，而乙代表命题"彼得愚蠢"。然后我们可以把第一个法则表达如下。复合命题"约翰聪明和彼得愚蠢是不真的"等于复合命题"约翰不聪明或者彼得不愚蠢"。第二个法则可以同理证明。这些法则是普遍正确的。人们选择哪些命题作为甲和乙并不重要，这个法则总是表达逻辑等价。虽然亚里士多德已然对这些法则有所观察，但首次完整描述它们的却是奥卡姆(但是是用文字而不是作为一个公式)。

就奥卡姆而言，亚里士多德三段论构成了最重要的逻辑参照。在其《逻辑大全》中，奥卡姆设计了被称作**唯名论**的一种亚里士多德逻辑学，因为他在命题中使用了单独的术语或者词语作为起点。词语可以意指现实中的事物或者其他词语。如果词语被使用在一个句子之中，它们就代替了实际的事物，这被称作指代(suppositio)。奥卡姆在不同指代之间进行了区隔，比如：

- 人称指代(personal supposition)：该术语被用于指示对象(比如"rose"[玫瑰]用来指示某一特定玫瑰)。
- 简单指代(simple supposition)：该术语被单独考虑(比如倘若有人在

---

① 参见 William Kneale and Martha Kneale, *The Development of Logic*, Clarendon Press Oxford, 1978。

讨论词或者概念:"玫瑰(rose)是一个名词"。

- 实质指代(material supposition):该术语被视为一个词(比如"玫瑰[rose]"有四个字母)。

奥卡姆指代理论很快便得到了经院逻辑学家的广泛接受。他的理论可以被成功地用于确立三段论推理的有效性。如果有人希望知道论证是否有效,他/她必须准确地界定词语的意指何为。奥卡姆指代理论的普遍接受导致了**唯名论**在中世纪晚期居于支配地位(参见第三章第一节),导致了更加**实在论**的趋势在某些人文学科中的衰落,比如模式派语言学。

奥卡姆也致力于发展三值逻辑(trivalent logic)。因此,他采取了革命性的一步偏离亚里士多德排中律(参见第二章第五节)。在还有命题无法被判定为真还是不为真的时候,比如因为它们是未界定的,三值逻辑是有价值的。直到现代,奥卡姆的三值逻辑思想才被接受。

让·布里丹:总体逻辑学　布里丹(约1295—1358)或许是中世纪晚期最重要的逻辑学家。经过他的手,三段论被转换成了之前从未被展示之物。在《推理论》(*Tractatus de consequentiis*)中,布里丹把三段论视为推理或者后承的总体理论的一个特例。他基于阿伯拉尔确立的传统设计了一个推理规则系统;借助这个系统,基于完全性的证据,他证明了它包括三段论的全部。①

布里丹也致力于悖论。除他的说谎者悖论(the liar paradox,又译谎言者悖论)(有人自称他在撒谎。他所言之物为真还是不为真?)破解方案之外,布里丹的名字联系着著名的布里丹之驴(Buridan's ass,又译布里丹毛驴、布里丹的驴子)。驴因为无法在完全相同的两捆干草之间做出选择,饥饿而亡,因而证明了理性的悖论。然而,在布里丹的著作中,这一悖论无迹可寻,而我们在亚里士多德的《论天》(*De caelo*)中,确乎发现了它的一个变体。

布里丹的最高声望基于他的《论辩术纲要》(*Summulae de dialectica*)。在这本教科书里,布里丹解释了继续在所有新大学——从海德堡、布拉格到

---

① 参见 Catarina Dutilh Novaes, *Formalisations après la lettre: Studies in Medieval Logic and Semantics*, PhD Thesis, Leiden University, 2006。

维也纳——被讲授的现代逻辑学的基础,以致新逻辑学替代了通过波伊提乌流传下来的旧逻辑学。直到文艺复兴开始良久,布里丹之道(the via Buridani)指出了从语言学三艺到数学四艺的方向,数学四艺被继以神学研究。用现在的术语来讲,很多中世纪学者始于人文学,继而转向科学,最终抵达上帝。

伊斯兰文明的逻辑学遗产　早在 8 世纪,希腊逻辑学著作便通过叙利亚人被译为了阿拉伯语。但阿拉伯翻译运动在 9 世纪加速了,当时启动了对亚里士多德《工具论》各篇著作的整合翻译,惯常地借助始于阿拉伯人征服之前的叙利亚语翻译。

法拉比(约 872—约 950)是亚里士多德传统的第一位重要逻辑学家。一如我们已看到的那样,他也是伊斯兰文明中最伟大的音乐学家(参见第三章第四节),他的《科学分类》(*Classification of Sciences*)同时在伊斯兰和基督教世界成了最受欢迎的著作之一。可悲的是,法拉比对亚里士多德的《工具论》的评注大多已然失传,但因为阿维森纳(伊本·西那),我们知道法拉比的影响是巨大的。阿维森纳在描述他自己的三段论版本的时候,确定了他与法拉比有分歧的所有观点。

阿维森纳的归纳与时序模态三段论　当《工具论》的翻译依旧在全力推进之中的时候,阿维森纳(980—1037)设法从东部——波斯的呼罗珊(Khorasan)——让它成了多余。阿维森纳是第一位有他自己的独立逻辑(阿拉伯语"mantiq"[逻辑,又译满提克])的伊斯兰学者。[①] 他完成了两大创新。第一,阿维森纳发展了一种**时态模态三段论**(temporal modal syllogism),于其间前提也包括"always"(总是)、"usually"(通常)或者"sometimes"(有时)等谓项;第二大创新更加彻底。作为亚里士多德演绎逻辑的一种替代品,阿维森纳构建了他认为主要可以应用于医学的归纳逻辑。就像印度的正理派逻辑学家那样(参见第二章第六节),阿维森纳制定了归纳推理图表,这些图表可以被用于进行——基于症候的——虽然不是绝对的

---

① 参见"Logic in Islamic philosophy", *Routledge Encyclopedia of Philosophy*, Routledge, 1988。同时参见 Lenn Goodman, *Avicenna*, Routledge, 1992。

但"可能的"医学诊断。阿维森纳的归纳逻辑将他置于了古老的伊斯兰传统之中。17世纪,类比推理和归纳推理被应用到了法律体系(费格赫[fiqh],又译法律)之中。在这里,《古兰经》经文与穆罕默德言行录进行了比较和对照,以便进行与司法判决的类比。虽然阿维森纳及其追随者认为他们已然设计了一种全新的逻辑学,但他们的模态和归纳逻辑主要是被实践于三段论之中。

安萨里、阿威罗伊与伊本·纳菲斯 虽然安萨里(al-Ghazali,1058—1111)已然在历史上被接受为最了不起的怀疑论者之一,他认为逻辑学是唯一没有形而上学预设的非规范性学科。在其晚年,他坚持逻辑学甚至是获取真正知识所不可或缺的。他成功地把逻辑学提升为伊斯兰学校和大学系统(madrasa)的一门基础学科。然而,安萨里的逻辑学意味太过淡化,依然不能像法拉比或者阿维森纳逻辑学那样,容易辨认。①

阿威罗伊(1126—1198)任职于西班牙的安达卢斯(al-Andalus),是另一位引人注目的亚里士多德传统评注家。通过其大量著述,他热诚地捍卫希腊大师的著作免遭阿维森纳的攻击。另外,阿威罗伊通过提供模态三段论的一种新解释,完善了法拉比对亚里士多德逻辑学的分析。然而,在阿威罗伊的著作中,我们没有发现新的程序、原则或者"法则"。但是,他的解释与评注对欧洲中世纪逻辑学产生了史无前例的影响。

阿威罗伊之后,阿拉伯逻辑学家似乎分裂成了两大阵营:阿维森纳派或亚里士多德—阿威罗伊派。然而,新原则或者模式依然非常罕见,或者无论如何都难以发现。因为对史料传述的伊斯纳德法中的"可靠性"概念的形式化,伊本·纳菲斯(Ibn al-Nafis,1213—1288)的著述最值得被提及。他使用亚里士多德的范畴,构建了他那极具影响的确定历史传述链的可靠性或者不可靠性的分类系统(参见第三章第二节)。

14世纪之后,伊斯兰逻辑学并未止步。在大约1350到1800年间,阿拉伯逻辑学家就逻辑学科撰写了成千上万的记录,但令人遗憾的是,仅有其中的很少一部分可资利用。到目前为止,伊斯兰逻辑学的历史编纂主要集中

---

① 参见Tony Street, "Arabic and Islamic Philosophy of Language and Logic", *Stanford Encyclopedia of Philosophy*, 2008。

于黄金时代,我们将不得不期待某种权威的历史编纂。①

印度与中国的佛教逻辑学与正理派的复兴　公元前 5 世纪以来,佛教逻辑学已经存在,但直到 6 世纪逻辑学家陈那(Dignaga)的梵文著作《因轮》(*Hetucakra*),它才变为我们探求的兴趣对象。陈那构建了一个非常类似于亚里士多德三段论的系统,包含前提被继以结论的顺序;主要差异是陈那主要对可以充当辩论工具的三段论感兴趣。在其《因轮》中,陈那为这样的推理计划设计了总共九种可能的推理模式。虽然他的"轮"可以全部用亚里士多德术语予以界定,但他似乎并不知道希腊三段论,他的发现是独立于亚里士多德而完成的。② 7 世纪和 8 世纪,佛教逻辑学也被引入到了中国,比如通过玄奘(600—664)的翻译。很久以来,给人以深刻印象的墨家逻辑学已然从视线中消失(参见第二章第六节)。

与陈那的形式推理模式相反,正理派逻辑学的延续依然是归纳逻辑(参见第二章第六节)。这一延续——或者实际上复兴——发生在新正理派(Navya-Nyaya)当中。它是由逻辑学家甘给沙(Gangesa)在 13 世纪建立的,甘给沙为自己定下的最重要任务是保护正理派免遭其他逻辑学家的攻击。甘给沙并没有发展任何新逻辑学。他的重要性在于他如何将所有正理派概念系统化为四个基本范畴:观察、推理、比较和证据(同时参见第二章第六节)。

此间的简要概述并未对丰富的印度逻辑学的很多其他形式一视同仁,比如耆那教(Jain)和四句(Catuskoti)逻辑。这些类型的逻辑学属于更加包罗万象的哲学,并不涉及此间的我们。然而,令人着迷的是看到耆那教和四句逻辑学显示出与希腊命题逻辑的相似性,但并不清楚的是,被建议的计划又可以在何等程度上被用作新推理的规则。

欧洲、伊斯兰文明与印度之间的比较　中世纪逻辑学差不多在全世界都是基于规则的、程序性的,其中三段论是最重要的推理模式。倘若人文学

---

① 关于一个有希望的起点,参见 Khaled El-Rouayheb, "Sunni Muslim Scholars on the Status of Logic, 1500—1800", *Islamic Law and Society*, 11, 2004, pp. 213—232。

② R. S. Y. Chi, *Buddhist Formal Logic*: *A Study of Dignaga's Hetucakra and K'Uei-Chi's Great Commentary on the Nyayapravesa*, Motilal Banarsidass Publications, 1990.

和科学的学者们相信他们可以在某处发现一种形式化的规则系统,它很显然是在人类思维的结构之中。基于严格标准的有效推理的重要性处处被感受到。在逻辑学中,我们实际上找不到从规则到范例的转换,一如我们在语言学和音乐学中所做的那样。

现有原则:程序性规则系统原则
新原则:无
现有模式:从前提得出结论的规则系统(三段论)
新模式:基于标准的结论(后承)(阿伯拉尔)、德·摩根的命题逻辑定律(奥卡姆)、亚里士多德三段论的通过后承概括(布里丹)、模态和归纳三段论(阿维森纳)

第七节 修辞学与诗学·形形色色的规则

在大部分地区,中世纪修辞学与诗学都是非常广泛地相互交织,所以把它们放在一起讨论是有道理的。

基督教修辞学:圣奥古斯丁与西塞罗的延续 我们已然邂逅具有历史学家和艺术理论家身份的教父圣奥古斯丁(354—430),但他作为修辞学家产生的影响很可能甚至更大。圣奥古斯丁接受了罗马修辞传统的良好教育;在皈依基督教之前,他作为大学修辞学教授在米兰生活过一段时间。在他的《基督教教义》之四中,他解释了修辞学何以能够被用于基督教的传播。在早期基督徒中间,古典修辞学长期以来是非常有争论的,因为它可以被用于捍卫几乎任何立场。然而,圣奥古斯丁认为,口才与演讲术对基督教而言并不陌生,并且利用《圣经》本身证明了这一点。他鼓励他的读者模仿大卫王(King David)和圣保罗(St Paul)的说服力。遵循西塞罗的传统,圣奥古斯丁清楚地说明了基督教牧师的职责:指导、培养热情与采取行动,但现在是根据"圣言"(Holy Word)。他借助圣保罗、圣安布罗斯(St Ambrose)和其他基督教作家的篇章,证明了他的观点。通过《基督教教义》,修辞学成了讲道术(homiletics)的基础。在圣奥古斯丁的著作中,我们没有发现任何新的修辞学概念,更不用说基于经验获得的模式。

圣奥古斯丁之所为大大偏离了作为一门经验性学科的修辞学,修辞学让言语和论证接受批评性分析,并设法推断出潜在规则系统。为圣奥古斯丁重新校准修辞学命名的最佳方式是与圣经融贯原则。古典修辞学被按照基督教教义重新解释,就像已经在历史编纂和后来将在艺术理论中所发生的那样。我们发现圣奥古斯丁之后的修辞学思想或者原则为数甚少。鉴于波伊提乌建议回归更具亚里士多德意义的方法——但仅仅是在形式上而不是在方法上——阿尔昆的修辞学是一种西塞罗式拼贴。西塞罗也是卡洛林文艺复兴之后的基准,所有修辞学活动几乎都是模仿他而为,从书信写作艺术(ars dictaminis)、布道艺术(ars praedicandi)到散文和韵文作文艺术(ars prosandi/poetriae),其中的最后部分属于古代世界的诗学。① 我们没有发现这些艺术的经验性规则系统。修辞学论述完全由规范程序构成。都是些什么程序呀!比如,在其《新诗学》(Poetria nova)中,温绍弗的杰弗里(Geoffrey of Vinsauf)(13世纪初)建议把"延迟"(morae)用作拓展主题的一种方法。好像文学艺术不过就是学习人们怎样"能够在无话可说时滔滔不绝"。②

基督教诗学:寓言与寓意诠释　诗学像修辞学一样,也被按照基督教术语重新校准。在上述《基督教教义》中圣奥古斯丁提出,每一文本都可以同时被字面地、寓言地解释。就《圣经》而言,寓言性解释必须参照字面解释(同时参见第三章第五节)。圣经诠释者的工作非常不易,即达成希伯来《旧约》和基督教《新约》之间的一致。寓言性解释似乎通常是唯一的解决办法。然而,隐喻性文句分析远非新近之物。已知最早的例子见诸利吉姆的忒阿根尼斯(Theagenes of Rhegium)的著作,他在公元前6世纪能够维护荷马神话学,借助的就是为之提供非字面的解释。帕加马的异常派论者也熟知内情,但因为新柏拉图主义者,尤其是马克罗比乌斯的颇具影响的隐喻版《斯基皮欧之梦》,寓言性方法普及开来(参见第二章第三节)。世界必须被视为一个文本,即《圣经》;它充满了必须被象征性地而不是字面地解释

---

① 参见 Rita Copeland and Ineke Sluiter (eds.), *Medieval Grammar and Rhetoric: Language Arts and Literary Theory, 300—1475*, Oxford University Press, 2009。

② C. S. Lewis, *The Discarded Image. An Introduction to Medieval and Renaissance Literature*, Cambridge University Press, 1967, p. 192.

的寓言性符号。难道不是耶稣本人使用了寓言来表达故事的更深层次和普遍意义吗？缓慢但坚定地，一个系统被组织起来，借助它《圣经》可以在多个层面上被解读。比如，意大利神学家托马斯·阿奎那界定了《圣经》诠释的四个层面：(1) 字面层面，(2) 寓言层面，(3) 道德层面，(4) 寓意诠释层面(道德提升层面)。除《圣经》段落的字面意义之外，不同的寓意可能全部同时为真。限定潜在阐释的唯一标准是"博爱原则"，根据它，所有解释都必须一致于、连贯于基督教教义。在本书中，我们已然将这一原则命名为与圣经融贯原则。①

除强制性的与圣经融贯原则之外，在非字面解释之中是存在任何规则系统有待发现呢，还是它不过是一个怎么都行的范例？一如在帕加马的异常派论者的例证之中那样，基督教诠释者的解释严重失控。在这里，他们受到了《圣经》中段落本身的鼓励。比如，在《加拉太书》第四章第21—31节中，圣保罗对《旧约》故事的解释——于其间亚伯拉罕之妾夏甲(Hagar)在撒拉(Sarah)的坚持下被忽略了——是"夏甲"乃表示西奈山的阿拉伯语，因此代表《旧约》和摩西，而撒拉是基督徒的象征性母亲，因此代表《新约》和基督。换言之，保罗并未回避牵强附会的词源说明和类推，条件是所希冀的结果被达成——从《旧约》到《新约》的超前叙述。在这一语境下，回忆弥曼差派对印度吠陀经的严格的、基于规则的诠释颇具说明性(参见第二章第七节)。其中的诠释与显然武断的与圣经融贯诠释之间，差异之大几乎无以复加。倘若每种解释都必须一致于教会教义这一情况并不属实，我们几乎可以把保罗的方法，以及他之后出现的中世纪圣经诠释者，与异常原则等同起来。

除宗教著作之外，寓言性解释方法也被用于世俗著作。虽然圣奥古斯丁和托马斯·阿奎那认为，非字面解释仅仅对为上帝所启示的著作有效，比如《圣经》，但其他人大体上依照基督教模式重新阐释了古典作家。比如，奥利金(Origenes)认为，诗人维吉尔的《牧歌》之四可以被理解为耶稣基督的诞生的弥赛亚预言。公元6世纪，傅箴修(Fulgentius)甚至写了一篇关于《埃涅阿斯纪》(*Aeneas*)全集的寓言式分析：从第一句到最后一句，每一个词

---

① 同时参见 Richard Harland, *Literary Theory from Plato to Barthes*, Palgrave, 1999, p. 25。

都被给予了基督教的参照。在一些范例中,这一方法催生了极富想象力的文学作品,但批评性方法或者潜在系统却难见踪影。

在其《飨宴》(Convivio)中,但丁·阿利盖利(Dante Alighieri,又译但丁·阿利吉耶里,1265—1321)同样认为,托马斯·阿奎那的四层面圣经诠释用于世俗故事是理想的。但丁基于奥维德的著述指出,四种形式的阐释(字面的、寓言的、道德的和寓意诠释的)悉数有效,无须彼此排斥。但丁之后,乔万尼·薄伽丘(Giovanni Boccaccio,1313—1375)再次将四层面诠释应用于希腊神话(同时参见第四章第一节)。然而,我们也在但丁的著作中发现了新颖之物。在其未完成的《论俗语》(De vulgari eloquentia,约1302)中,虽然使用的是拉丁语,但丁主张方言在诗歌中的运用;在其迷人的十四行诗和《神曲》中,但丁本人进行了这样的实践。关于使用方言为艺术语言,《论俗语》是已知的历史最悠久的文献。

简言之,一种基于四层面阐释的分析方法同时在圣经释义和世俗文学批评中发展了起来。但除与圣经融贯原则之外,它并未产生可以被用于创造阐释的支撑性系统。它似乎已然足够了,条件是寓言性的、道德主义的或者寓意诠释的解读带来所希冀的结果。

世俗诗学:《爱的法则》中的规则 在14世纪的居延·莫利尼耶(Guilhem Molinier)的《爱的法则》中,我们发现了一种全然不同的诗学方法。我们已然简要地把这种话语称作对奥克语的历史最悠久的描述(参见第三章第一节),但除了是一种语法之外,它还包含对普罗旺斯行吟诗人的经验性研究,尤其是发展一种程序性规则系统的努力。在反经验、寓言式阐释实践的海洋中,这部著作该如何解释?解释是它既是不幸的又是令人着迷的。14世纪初,作为一种行动,普罗旺斯行吟诗人的艺术渐渐停息。这在一定程度上是因为欧西坦尼亚(Occitania)独立王国的可怕血洗;在那里,法国国王迫害信奉异教的纯洁派(Cathars)或者阿尔比派(Albigenses)。屠城行动大受鼓励:"杀光他们。上帝承认他自己。"①四次令人震惊的阿尔比东征之后,欧西坦尼亚绝妙的诗歌文化几乎荡然无存。1332—1356年期间,为了

---

① Caedite eos. Novit enim Dominus qui sunt eius,或许是伪作,作者是西多会修士阿诺·阿马尔里克(Arnaud Amalric)。

拯救可以被拯救的,居延·莫利尼耶领导编纂了一部鸿篇巨制,其间收集了尽可能多的行吟诗人诗歌,而且他们的诗歌系统得到了尽可能清晰的描述。这就是《爱的法则》。它是为子孙后代保存垂死艺术的最后努力。除作为一种语法构成了日后的一切奥克语法的基础以外,该著作详细讨论了韵律学的规则、诗行的结构、对句和诗歌类型。另外,它提供了针对诗歌体系的一些精确程序,比如针对——相对简单的——寻找韵脚的过程。假设有人想找一个与"—ori"押韵的词。他必须按字母顺序从"a_ori"开始,然后将每一个字母置于空位:abori、acori、adori、afori,等等。紧接着,他从这个表中选择实际存在于奥克语的词汇。他就这样继续。它几乎可能是最符合算法的,虽然它相当耗时和费人精力,但一如我们可以在《爱的法则》的美妙诗节中看到的:mays dura anta que sofracha(耻辱持续的时间比痛苦长)。

阿拉伯修辞学:亚里士多德的延续　相较于基督教欧洲,亚里士多德修辞学和诗学在伊斯兰文明中的延续几乎是即刻的。关于亚里士多德的《修辞学》,法拉比在10世纪撰写了一篇影响深远的评论,它在11世纪和12世纪被继以阿维森纳(伊本·西那)和阿威罗伊(伊本·鲁世德)的评论。按照毋庸置疑的亚里士多德传统,修辞学被定义为三段论艺术,其目标是基于三段论省略式的说服。然而,在三位杰出的伊斯兰学者之间,被使用的三段论差别巨大,其中阿维森纳尤其建议更加丰富的、时间模态的归纳三段论(参见第三章第六节)。但亚里士多德的使用三段论省略式——于其间三段论的前提未必是"真的",而仅仅是"貌似真的"(参见第二章第七节)——却被三位哲学家悉数接纳。这也适用于亚里士多德的启发式规则系统的使用。[①]

一如在亚里士多德那里,但与基督教传统相反,阿拉伯修辞学与逻辑学结成了一个非常牢固的合体。虽然这并不意味着在伊斯兰文明中不存在布道的艺术(讲道术),但它主要属于自成一格的神学,对它的历史考察依然处于非常初级的阶段。一部新近可资利用的手稿《布道者礼仪书》(*Kitab adab al-khatib*)是叙利亚地理学家大马士革(al-Dimashqi)在1324年前后撰写的,揭示了伊斯兰布道实践中也存在与希腊修辞学的延续性。一些人甚

[①] 参见 James Murphy, *Medieval Rhetoric: A Select Bibliography*, University of Toronty Press, 1971。

至认为,也有辨识出赫莫杰尼斯的影响的可能(参见第二章第七节)。①

阿拉伯诗学:幻想与文学批评——从法拉比到贾希兹 法拉比、阿维森纳和阿威罗伊也评论过亚里士多德的《诗学》。在其《诗学正典》(*Canon of Poetics*)中,法拉比提供了亚里士多德诗学的一种透彻解释,还有模仿概念的一种精细分类。另一方面,阿维森纳拥有一种与众不同的方法。他的诗学从模仿转向了他以术语"幻想"(Takhyil)为之命名的"演说术的召唤"(oratorical evocation)。② 这种与众不同的方法主要涉及诗学在伊斯兰文明中的作用。不同于希腊世界,戏剧作为一种艺术形式在阿拉伯世界几乎不为人知,诗歌朗诵是最重要的诗歌活动。诗歌被视为知识的主要源头之一。毕竟,《古兰经》是以韵文撰写的。阿维森纳的幻想概念意指**唤起大众记忆(心灵)中的意象的诗歌能力**。想象与记忆在此间彼此密切相连,因为被唤起的意象不必仅仅包含被储存的描述。它也可以被设计为记忆、想象与情感之间复杂互动的产物。阿维森纳对照了唤起意象的这一能力,即幻想与逻辑。根据阿维森纳,逻辑证明并不让人心动如潮,而幻想则确乎让人心动如潮,因此,普通人更容易为幻想而不是为逻辑所激动。但是,在模仿阿拉伯语言的特性设计这些诗法之后,阿维森纳并未采取行动考察规则系统是否是好诗的基础,就像亚里士多德为戏剧概念之所为那样。因此,虽然阿维森纳在很多本质之处革新并拓展了亚里士多德诗学,但他并未探寻基于规则的模式。三位大师的最后一位,阿威罗伊同样如此。他把诗学视为一种发现适用于所有人或者至少大部分人的普世正典的路径。他在寻找诗学的基本特质的时候,似乎最终对维护逻辑和理性更感兴趣,而不是理解诗学的功能。

除法拉比、阿维森纳和阿威罗伊的评论之外,在阿拉伯世界的文学批评领域也有一种内容丰富的传统。9 世纪的特拉(Tha'lab)或库法(al-Kufah)的讲稿《诗歌规则》(*Qawa'id al-shi'r*)尤其值得一提。在这部著作中,特拉

---

① Philip Halldén, "What is Arab Islamic Rhetoric? Rethinking the History of Muslim Oratory Art and Homiletics", *International Journal of Middle East Studies*, 37, 2005, pp. 19—38.

② Ismail Dahiyat, *Avicenna's Commentary on the Poetics of Aristotle: A Critical Study with an Annotated Translation of the Text*, Brill, Leiden, 1974.

全然以语言学为基础处理了诗歌艺术,然后主要根据字词的分析而不是更加诗性的特征,比如韵律或者节奏。① 尽管题目让人满怀期待,但是我们没有发现要么陈述性要么程序性的规则系统。一种在一定程度上更广阔的诗学视野是在 11 世纪为伊本·拉希奇(Ibn Rashiq)所采取的,一如我们可以从他对措辞、韵律、意义和节奏的观点中所看到的,但我们再次发现,方法论原则即使有也很少。据说其他否则非常有趣的文学批评家同样如此,比如非洲阿拉伯学者贾希兹(al-Jahiz,781—868),他让**诗歌各元素之间的连贯**成了他的文学批评的基础。② 贾希兹来自东非,或许是埃塞俄比亚人后裔,也是中世纪最杰出著作之一《**论黑人之优越于白人**》(*Risalat mufakharat al-sudan' ala al-bidan*)的作者。他在书中坚持,黑人征服和统治过白人国家(从阿拉伯半岛到也门),而白人从未战胜过任何一个黑人国家。

从伊斯兰文明的形式化音乐学传统开始,我们似乎已然取得很大进展,于其间法拉比揭示了各种模式,比如,阿拉伯人的节拍周期的形式化(参见第三章第四节)。虽然法拉比的方法本来可以同样容易地应用于阿拉伯诗歌的韵律,以及其他很多东西,但并没有迹象表明,像这样的任何东西曾经在阿拉伯诗歌中被尝试过。

最后是百科全书的编纂,比如伊本·纳迪姆(Ibn al-Nadim)的阿拉伯文学注释目录《**索引书**》(*Kitab al-fihrist*),其词条涵盖了 9 世纪末行销于巴格达的所有著作。该著作令人印象深刻地概述了黄金时代的阿拉伯著述,以及中世纪巴格达的巨大财富。在一定程度上,它可以与同一时期被创作于拜占庭的福提乌斯的《福提乌斯文库》相提并论。但与福提乌斯在其《文库》中总结希腊**古典**著作相反(因此,我们在第三章第三节论述语文学时讨论了它),伊本·纳迪姆提供了一种带有注释的阿拉伯**当代**文学概述。

印度修辞学与诗学 在印度,修辞学与逻辑学几乎无法区分。我们在第三章第六节看到,新正理派与陈那的佛教逻辑学是整合于辩论这一概念

---

① Wen-chin Ouyang. *Literary Criticism in Medieval Arabic-Islamic Culture*: *The Making of a Tradition*, Edinburgh University Press, 1997, p.181.

② G. J. H. van Gelder, *Beyond the Line*: *Classical Arabic Literary Critics on the Coherence and Unity of the Poem*, Brill, 1982, pp37—42.

之中的。另一方面,在印度诗学中,我们看到了弥曼差派和《戏剧学》派的延续。一如我们能够在第二章第七节中所证明的,两个学派都是描述性的。弥曼差派提出了旨在使用严格的形式主义规则对吠陀经进行仪式性解释的规则系统,而《戏剧学》派提供了非常详细的基于"味"的戏剧表演的程序系统。中世纪期间,鲜有新思想见诸这些学派,没有新原则或者模式。最值得注意的发展是鸠摩利罗·巴达(Kumarila Bhatta)在公元700年前后撰写的一篇极有影响的评述,使得印度的吠陀传统延续了数世纪。因为11世纪的鞠多(Abhinava)的著作,《戏剧学》传统被推崇为一种在20世纪诗学中依旧被使用的形式。

中国修辞学与诗学的旷世之才:陈骙　在中国,陈骙(1128—1203)撰写了一部特别有趣的著作《文则》(*The Rules of Writing*)。虽然这部著作在中国和汉学家圈子之外几乎不为人知,但它被视为对中国修辞学的第一次系统分析。毫无疑问,我们在前一章讨论的墨家著作被撰写于数世纪之前(公元前5世纪),但它们讨论的是论证和辩论,而不是写作艺术本身(参见第二章第七节)。刘勰的《文心雕龙》也要早得多,但它在范畴上主要属于文学批评,并未试图演绎出一种得体写作的规则系统(参见第二章第八节)。

出生于宋朝期间,陈骙年纪轻轻便成了秘书省少监。他似乎拥有颇具批评性、独立性的思想。比如,他引起了朝廷对浪费的注意,他坚持官吏职数大大超过了所需。因此,陈骙被贬到了地方,但这并未妨碍他撰写其修辞学代表作。为了修正对陈骙论述的理解,我们将简要地概述历史语境作为帮助。在907年唐朝灭亡和960年宋朝出现之后(在居于中间的五代十国时期之后),统治阶级对政府官员的态度发生了变化。现在,官员选拔是基于一种竞争考试,而不是唐朝期间的那种典型的主要基于出身的选拔制度。这种考试的最重要部分是写一篇文章,应试者必须于其间证明其论证的原创性和技巧。① 考试是踏上大受欢迎的仕途的第一步。陈骙的《文则》当时是第一部令人满意的中国修辞学手册,也可以充当备考资料。中国印刷技

---

① 参见 E. A. Kracke, *Civil Service in Early Song China*, Harvard University Press, 1953。

术解决了余下问题。

使得《文则》非常特别的(而且就我们的探求而言非常有趣的),是陈骙显然是从现有著作中获得了为文之法。比如,陈骙从儒家经典之一《礼记》提取了"语言表达清晰"的规则,而"丰富多彩的语言"的规则是推断自《宋书》。陈骙并未"规定"规则。它们首先被经验地获取,然后在新著上被验证,之后如果有必要,被修正。陈骙也详细研究了著名的《檀弓》的句子长度,于其间他认为发现了规律性,并得出结论说"《檀弓》文简而理周"。在文学理论中,它是已知的历史最悠久的**文体定量分析**。然后陈骙勉力从《檀弓》中挑选出"精致漂亮的"句子,描述它们的很多固有属性。他用《春秋》和《檀弓》中的句子检验了他发现的规律性。当他发现他的规则无法推广到这些新著的时候,他并未即刻抛弃他的方法(就像哈利卡那索斯的狄俄尼索斯对待他的自然词序规则那样——参见第二章第八节)。相反,他设法调整规则。虽然这一努力并未产生正面结果,但它确乎指明了可以进一步探索的方向。陈骙还分析了以文献材料解释事物的不同方法(我们将其与希腊—罗马修辞学中的注释进行比较)。他发现了三种文体形式:"从细节到结论""从要点到细节"或者"从要点经细节到要点的重塑"。

比较陈骙的论述与昆体良创作于公元1世纪末的颇具影响的《雄辩术原理》不无启示性(参见第二章第七节)。《雄辩术原理》存在于欧洲中世纪的碎片之中——完整手稿的发现之后,它支配了文艺复兴时期的修辞学(参见第四章)。像陈骙那样,昆体良多次提及著名前辈的著作,从西塞罗到亚里士多德和柏拉图。但他似乎无意去揭示这些著作中的规律性,更不用说为语言的妙用或者雅用设计可以验证的假说,就像他的同时代人哈利卡那索斯的狄俄尼索斯——他已然在一定程度上遭人遗忘——所曾勉力而为的那样(参见第二章第八节)。另一方面,陈骙整合了两个目标:经验修辞学与引导有抱负的年轻人,他将二者统一至一本手册之中。陈骙证明了文体分析何以能够与"妙"文规则密切相关,但要找到"美"文的普遍规则则是极为困难的。虽然这一结果也被狄俄尼索斯报告过,但陈骙给出了进一步研究"美"的规则的建议。虽然陈骙的著作因此可以与狄俄尼索斯的经验诗学相提并论,但它与我们在本节开始处所讨论的写作艺术或者布道艺术等欧洲规定性手册有着天壤之别。

毋庸置疑,陈骙的《文则》是中世纪最具原创性的修辞学著作,是修辞学历史上最重要的著作之一。除少数被译介的只言片语之外,这部著作在中国之外几乎寂寂无闻——令人尴尬地证明了西方对欧洲之外的人文学活动漠不关心。①

现有原则:程序性规则系统原则

新原则:与圣经融贯原则

现有模式:修辞与逻辑论证之间的一致;语言"正确"但不"漂亮"规则

新模式:从希伯来到基督教《圣经》的超前叙述;经典的基督教超前叙述;诗律的规则系统;模态和归纳修辞论证;定量文体概念

概要:中世纪人文学的创新

碎片化　古代的人文学是相对容易俯瞰的——希腊人几乎在所有学科都远远胜过了其他人。中世纪的常态全然不同。最重要的创新来自伊斯兰文明,于其间作为一门学科的历史编纂学因为伊斯纳德形式化传述理论、比鲁尼人类学方法和伊本·赫勒敦社会学方法,达到了超乎寻常的高度。虽然伊斯兰学者也为逻辑学(阿维森纳的归纳、时序三段论)、语言学(西拜韦的基于范例的语法)和音乐学(法拉比的节拍周期)做出了重要贡献,这些领域的欧洲学者至少是平起平坐的——逻辑学方面有奥卡姆和布里丹、语言学方面有模式派、音乐学方面有奥尔加农定型者(formalizer)。语文学太边缘了,无法作为一门学科而存在。至于其他人文学科——艺术理论、修辞学和诗学——引力的中心似乎是在中国和(在略低的程度上)印度,比如中国人对打破规则的艺术的描述、印度的艺术透视缩短规则,以及陈骙绝妙的修辞学与诗学。在伊斯兰文明中,这些学科中的活动主要是经典的延续,而在非洲和欧洲则有基督教再阐释。虽然这种再阐释非常有影响,但它对探寻人文素材中的经验模式的影响相对较少。

这种地理意义上的碎片化是与所发现原则与模式的碎片本质相匹配

---

① Andy Kirkpatrick,"China's First Systematic Account of Rhetoric:An Introduction to Chen Kui's *Wen Ze*",*Rhetorica*,23(2),2005,pp.103—152.

的。诚然,规则系统是存在的,比如关于历史编纂学的史料可靠性、音乐学的二重唱、修辞学的语言的清楚使用、诗学的押韵和逻辑学的推理,但并不存在对可以运用于所有学科、更加深入和更加普遍的原则的探寻。我们也在古代人文学中发现了这样的碎片化。并不存在人文学内部不同学科的相干方法。我们将在下一章讨论早期近代,当时的人文学者发展了实际上可以运用于人文学所有分支的语文学方法。

古风的延续　尽管有这样的碎片化,也有我们在古代世界的人文学中发现的模式和元模式的延续(参见第二章第九节)。

对规则系统的追求见诸多条战线,这是我们已然看到的。与圣经融贯原则是一个例外,它即使有也很少导致规则系统。始于西拜韦的基于范例的传统同样并非是对规则系统的探求,虽然类比替换这一概念可以被称作通过例证发挥作用的规则。

类似发现再次被做出,但它们不如在古代时期那样有说服力:基于范例的语法的发现(西拜韦和欧洲语法学家)、艺术中的缩短透视法(印度和古希腊早期)、历史和神学时间结构之间的一致(罗马非洲、伊斯兰文明、欧洲、埃塞俄比亚和印度),以及五度音周期(中国、古希腊早期)。

从描述到规定　这一趋势我们也在大多数中世纪人文学科中见到了,比如语言学(比如阿拉伯和拉丁语法从描述性变为规定性)、艺术理论(分析艺术的中国六法变成了规范)、修辞学与诗学(基督教文学、诗歌与布道)。音乐学是一个引人注目的例外:描述性的奥尔加农形式化恰好产生了相反的规定行为,于其间规则一次次为奥尔加农的新形式所破坏。

少有演绎　除亚里士多德逻辑学的延续与拓展之外,规则系统即使有也很少被基于基本原则进行解释。

旨在"妙"而不是"美"的经验性规则　这一模式在中世纪不断被证实,这是我们在音乐学、中国艺术理论和中国诗学(陈骙)中业已看到的。

从规则到范例　中世纪人文学可能看起来像一条拼布床单,但也有普遍趋势可以被发现。虽然建立规则系统的努力见诸几乎所有学科,但也有显而易见的转入基于范例的系统的趋势。我们首先在西拜韦的著作中发现了它们,西拜韦为阿拉伯经典编辑了一部近乎完美的基于范例的语法。仅仅挪用一个规则——语词的类比替换,新句子便可脱胎自之前的句子。在其他语言学传统中,这一趋势导致了更多混合系统。在规则可以被找到的地方,它们即被阐明。倘若并非如此,一种现象则被不论好坏地辅以例证。在伊斯兰,尤其是在欧洲音乐学(于其间早期的奥尔加农可以,但后期的奥尔加农却不可以借助规则系统准确说明)中,以及在艺术理论、修辞学和诗学中,我们也见到了这种从规则到范例的趋势。然而,规则系统不时地被发现,比如被陈骙,但很多文学研究诉诸简单的罗列。

"软性"人文学中的形式化与统一　　从规则到范例的过渡与"更软的"学科之一——历史编纂学——中的形式化和统一追求形成了对照;与更加形式主义的逻辑性、修辞学、语言学和音乐学相比,历史编纂学长期以来是"软性的"。通过揭示史料(伊斯纳德法)的传述链,两种之前的历史原则被形式化和统一于阿拉伯历史编纂学之中。它们分别是希罗多德和修昔底德的最可信史料原则和目击者叙述原则。两位历史编纂家都名扬伊斯兰文明。在中世纪人文学中,同时追求形式化与统一是罕见的,虽然我们也曾转瞬即逝地见到过它,比如在致力于奥尔加农形式化的欧洲音乐学中,以及毫无疑问,在亚里士多德的三段论与阿伯拉尔的推论被布里丹统一于其间的逻辑学中。

一场宗教革命?　　倘若人文学曾经有一场革命,它就是中世纪初期的宗教尤其是基督教的剧变。虽然希腊传统在大部分阿拉伯人文学科中、在欧洲文学中依然在一定程度上完好无损,语文学和艺术则根据基督教模式和与圣经融贯原则进行了重新界定。历史编纂学变成了救赎史,语言学变成了在巴别塔前对通用语的寻求,音乐学变成了复调式格列高利圣咏的形式化,艺术理论变成了道德提升,修辞学变成了布道的艺术,诗学变成了对圣经—寓言阐释的研究。在人文学的任何其他地方,我们都没有在如此短的时间内见到这般彻底的变化。它们中的大多数都是发生在圣奥古斯丁的有生之年。基督教革命源自罗马非洲——基督教国家的智识中心,迅速传遍了改变信仰的欧洲。

　　人文学的主题与方法双双被改变。这一方法反映了一种不加批评的、反对经验主义的态度。基督教人文学者似乎先验地知道他们会发现什么。无论它是文学、历史、语言学、图像、音乐还是诗学材料，它似乎一致于或者被变得一致于《圣经》与教会教义。只要所希冀的结果被达到，再不合常理的阐释都是可以接受的。虽然我们没有在同等程度上在其他学科中发现这样的反经验主义——音乐学与逻辑学在一定程度上依然处于考察范围之外——艺术理论、修辞学、诗学与历史编纂学遵循了一种几乎寓言式的模式。

"抹除"基督教革命需要一场二次的、更加漫长的人文主义反抗。但是，与这些人文学者所打算的，或者他们说他们所打算的相反，他们的活动并未导致古典的回归。有两种在一定程度上都源自伊斯兰文明的动因，它们继续存在，将闯入近代——对形式化与统一的追求。这就意味着人文主义将首先显著改变人文学，然后是自然科学。

第四章　早期近代：人文学的统一

在此间的历史编纂学所属的思想史上,欧洲中世纪结束于 14 世纪人文主义者彼特拉克(Petrarch)。勉力复兴古典时代的人文主义传播范围极广,最初是在意大利,然后是在欧洲其他地方。一条线直接从人文主义延伸到了众所周知为科学革命的世界观剧变。大致地讲,早期近代始于 14 世纪末,结束于 18 世纪末,通常分为文艺复兴和启蒙运动两个阶段,但对人文学的历史而言,把这个时期视为一个整体则是言之有理的。欧洲的令人印象深刻的创新似乎有中国作为匹敌者,人文学在中国同样繁荣。伊斯兰和印度学界的活动似乎放慢了节奏,虽然二者都曾在莫卧儿帝国有过短暂的巅峰时刻。非洲人文学在桑海帝国(the Songhai Empire)达到了其最高发展阶段,那里的数以万计的手稿正静候着被人使用。

第一节　语文学·早期近代的学问女皇

在关于早期近代的本章中,我们首先讨论语文学是不无道理的。鲜有人文学科像语文学曾经在欧洲那样,引发过如此重大的社会变化。但中世纪末,这一学科处于令人恐怖的状态之中。除费里耶尔的琥珀斯等卡洛林文艺复兴时期语文学家的著作之外(参见第三章第三节),关于文本修复的大量知识业已失传,以致伪作大行其道。然而,一如我们在自然科学和人文学历史上的其他地方所见到的,发展最为滞后的学科被证明能够赶上发展最快的学科。

早期近代语文学的肇始:准人文主义者彼特拉克与薄伽丘　语文学的崛起以任职于 14 世纪帕多瓦(Padua)的一组准人文主义者(prehumanist)为

先导。在意大利,收集经典名著的实践从未彻底绝迹。远在卡图卢斯(Catullus)、普罗佩提乌斯(Propertius)和卢克莱修被彼特拉克"发现"之前,洛瓦托·洛瓦蒂(Lovato Lovati,1241—1309)便熟知了他们的著作。乔万尼·德·马托西斯(Giovanni de Matociis)或乔万尼·芒雄阿里奥(Giovanni Mansionario)(活跃于1306—1320)出版了欧洲第一部文学批评著作。基于对普林尼著作煞费苦心的研究,他意识到它实际上是由两位作家撰写的,即老普林尼(Pliny the Elder)和小普林尼(Pliny the Younger)。虽然芒雄阿里奥的发现看起来是以作品细读为基础,而不是以分析原则为基础,但历史地看,他的结论是正确的。

同样如此的是首位杰出人文主义者,弗朗西斯科·彼特拉克(Francesco Petrarca)或者彼特拉克(1304—1374),其语文学著作即使有也很少基于方法论原则。[①] 然而,彼特拉克的影响非常深远,以致他可以被无可非议地推举为人文主义的奠基人。彼特拉克的最高声誉是作为诗人,但他却首先视自己为学者。实质上,为了"在基督教共同体中复兴古罗马理想"这一他所牢记的目标,他的努力无人能及。一如我们在卡洛林文艺复兴和12世纪文艺复兴中所看到的(参见第三章第一节),复兴的理想从未在欧洲消失,但彼特拉克赋予了它一种新的、非常个人的形式,这种形式将成为后来的人文主义者的榜样。为了搜寻隐藏于修道院和教堂的手稿,彼特拉克遍游了西欧。他在阿维尼翁(Avignon)逗留了相当长一段时间;在作为教皇居所期间(1309—1377),阿维尼翁起到了北部与南部之间的文化交流点作用。这座城市成了欧洲顶级智识中心之一,修道院和教堂图书馆四处可见。教皇敕令刺激了对古罗马经典的评注,比如李维和塞内加(Seneca)的著作,对语文学具有立竿见影的重要性。彼特拉克来到阿维尼翁恰逢其时。他找到了一个对数世纪以来几乎不为人阅读的文本感兴趣的共同体。[②]

对古罗马文学、艺术和历史编纂遗物的大规模修复始于彼特拉克,最初

---

① 有关彼特拉克著作的概述,参见 V. Kirkham and A. Maggie, *Petrarch*: *A Critical Guide to the Complete Works*, University of Chicago Press, 2009。一部经典之作是 A. Petrucci, *La scrittura di Francesco Petrarca*, Studi e Testi 248, Vaticano, 1967。

② 比较 L. D. Reynolds and N. G. Wilson, *Scribes and Scholars*: *A Guide through the Transmission of Greek and Latin Literature*, Clarendon Press Oxford, third edition, 1991, p.129。

尚无明确的方法,但渐渐(数代人之后)基于日益严格的原则。彼特拉克在语文学方面的最大名声建立在他修复了李维著作的基础之上。他汇集了源自欧洲图书馆的不同残片,得以整理出前后一贯的一整套书,第1—10册和第21—40册(41—45册直到16世纪才被发现,其余各册依然下落不明,无影无踪)。彼特拉克大规模地校正、注解和补编了李维作品的各册。虽然他不是尝试此道的第一人,但他显然是千余年来做得最出色的。参观图书馆的时候,彼特拉克亲手抄写了部分李维文本。这一行为旋即强调了标识人文主义语文学的最重要特征之一。人文主义者是手稿猎人,深信他们在自己周遭的世界里做出了真正的发现,周遭世界在他们眼中就是文本之一,无论经典与否。然而,他们的发现经常不过是分散的甚至不一致的观察,尚需大量创造性才可以被整合为一个连贯的整体。这一人文主义态度生成了一种新模式——语文学家的任务是通过修复静候在尚未被揭开的中世纪地下室的文本,让古代历史复活。

  彼特拉克把这种态度传给了他的仰慕者乔万尼·薄伽丘(1313—1375)。虽然薄伽丘作为人文主义学者一直处于彼特拉克的阴影之中,但他作为《十日谈》(*The Decameron*)的作者,却收获了前所未有的知名度。不久之后,薄伽丘便为这本肤浅的早期著作感到羞愧了,尤其希望模仿彼特拉克,但他似乎缺少从事可靠的文本修复的耐心。然而,我们必须向薄伽丘表示崇高敬意——至少为他从意大利修道院手中夺取最具价值的手稿的无限能量。比如,他在1355年参观蒙特卡西诺修道院(Montecassino)之后,阿普列乌斯(Apuleius)和塔西坨的卡西内(Cassinese)手稿出现在了佛罗伦萨。在向佛罗伦萨人普及人文主义方面,他的贡献也让其他任何人望尘莫及;他倡导支持学习希腊语,其成就超出了人们通常之想象。

  坚实基础上的人文主义:科卢乔·萨卢塔蒂与人文研究 倘若没有科卢乔·萨卢塔蒂(Coluccio Salutati, 1331—1406),人文主义很可能已然渐失。科卢乔将彼特拉克和薄伽丘点燃的火焰传递给了15世纪那拨人文主义者,比如波焦·布拉乔利尼和列奥纳多·布鲁尼(Leonardo Bruni)。1369年,他引入了一种他称为人文研究(studia humanitatis)或者古代经典文献研究(studia humaniora)的别样教学课程。该课程置人性于核心。它是科卢乔承继自其伟大榜样西塞罗的一个术语。根据西塞罗,区分人与动物的是语言,因此,语言学习应是教养和教育的核心。科卢乔的人性研究包括语法、修辞学、诗学、历史和道德哲学。该课程中,语言的博雅教育摆脱了数世纪以来充当神学入门训练的预备教育约束。在诸多 15 世纪意大利大学,人文研究开始被讲授,其支持者被学生称为人性主义者(umanisti)——"humanist"(人文主义者)一词和后生的 19 世纪术语"humanism"(人文主义)源起之处。①

尽管他的教学大纲颇具影响,科卢乔·萨卢塔蒂依然一只脚踏入了中世纪。他对经典的寓言式阐释与圣奥古斯丁和托马斯·阿奎那的阐释不相上下。然而,科卢乔是一位非常有鉴别力的语文学家——他对见诸文本之讹误的规律性的发现证明了实实在在的洞察力。作为手稿猎人,他把古希腊文本和希腊学者带回了佛罗伦萨,佛罗伦萨因此成了欧洲希腊研究的中心——薄伽丘的梦想成真。

发现的世纪:波焦 "发现的世纪"始于波焦·布拉乔利尼(1380—1459)。洛瓦蒂、彼特拉克、薄伽丘和克鲁尼已然重组了古典文学的形象,但波焦对发现的渴望胜过了其他一切。他赋予了人文主义者冷酷甚至肆无忌惮的手稿猎人的名声。② 波焦利用他的教皇秘书身份把种类繁多的古代文本公之于众——从辩论术到色情文学。1415 年,波焦远征勃艮第(Burgundy)克吕尼修道院(Cluny Abbey),因为六个多世纪以来一直在那里没被动过的一份手稿,他获得了之前未曾曝光的西塞罗演讲底稿作为回报。波焦的第二次出击发生在 1416 年夏,把他带到了圣霍尔修道院(Abbey of Saint Hall)。其结果是很多具有空前影响的发现——一套昆体良全集、阿斯科尼乌斯(Asconius)的西塞罗演讲评注,以及瓦莱里乌斯·弗拉库斯(Valerius Flaccus)的《阿尔戈英雄纪》(*Argonautica*)。1417 年初,再次远征圣霍尔,但这一次是因为官方的教皇令。在此之后,1417 年夏,波焦在法国、英国和德

---

① 关于"humanist"一词的历史,参见 P. O. Kristeller, "Humanism and Scholasticism in the Italian Renaissance", *Byzantion* 17, 1944—45, pp. 346—374。

② 比如参见 William Shepherd, *Life of Poggio Bracciolini*, Longman, Rees, Orme, Brown, Green & Longman, 1837。

国进行了范围甚至更大的旅行。直到那时全然不为人所知的很多文本被发掘了出来,从西利乌斯·伊塔利库斯(Silius Italicus)和马尼利乌斯(Manilius)到佩特洛尼乌斯(Petronius)的著名的《萨蒂利孔》(*Satyricon*,又译《萨蒂利卡》)残篇。到波焦去世的时候,我们现在所知道的拉丁文献大多已然得到追溯。波焦之后,发现依然不断,但精华部分业已被找到。然而,"发现的世纪"并没有结束。波焦及其同时代人的唯一成就是发现了数世纪以来一直在修道院和教堂图书馆里不为人所动用的手稿。真正的研究尚未开始——对这些文本的批评性研究、整理和分析。

语文学成为显学:瓦拉对《君士坦丁的捐赠》的反驳　　第四代意大利人文主义者时期(彼特拉克、克鲁尼和波焦之后),古典研究播散到了新领域。由于文本数量巨大,比较多种变体的拉丁文有了可能,比如西塞罗的古典拉丁文、塞内加的白银时代拉丁文(Silver Latin)、马塞林的后期拉丁文,以及被人文主义者憎恶的中世纪拉丁文。印刷术传入欧洲导致了无与伦比的经典著作接触途径。图书馆把书籍投放到公共空间,讨论文本修复和校勘的国际论坛也被建立了起来。

　　古典拉丁语法也被编写了出来,其中有关于用法、词形和文体的严格规定。最具影响的是罗伦佐·瓦拉(Lorenzo Valla,1406—1457)所著的《典雅》(*Elegantiae*)。这部著作兼具描述性与规定性。瓦拉从他所研究的古典文本中提取规则,然后他希望借助这些规则把古典拉丁文复兴为唯一正确的变体。数十年时间内,《典雅》共有不少于59个版本问世,因而加速了依旧作为口语而存在的中世纪拉丁文的终结。古典拉丁文比中世纪拉丁文难得多,因此很多作者在本土语言中寻求庇护,比如托斯卡纳语(Tuscan)或者奥克语。连同瓦拉的人文主义拉丁文,一种新的文学语言发展了起来,这种语言我们现在称为新拉丁文(Neo-Latin,又译近代拉丁文),为人文主义精英们所使用。

　　瓦拉的古典拉丁文知识十分出众,令他得以做出人文学历史上最重要的发现之一。1440年,他通过论文《君士坦丁伪赠礼考证》("De falso credita donatione")证明,公文《君士坦丁的捐赠》("Donatio Constantini",又译

《君士坦丁御赐文》)乃伪作。① 在这份公文中,据说罗马皇帝君士坦丁大帝(280—337)为了对自己的麻风病的神奇痊愈表示感谢,将西罗马赠予了教皇西尔维斯特一世(Sylvester I)。公文《君士坦丁的捐赠》因此代表了教会世俗权力的最为重要的证明。1433 年,库萨的尼古拉斯(Nicholas of Cusa)业已得出结论,这份公文毫无疑问是伪造的,②但正是瓦拉让该公文接受了严格的批评方法的检验,确定它是伪作。库萨的著作是为瓦拉所熟知的,而且两位作者之间存在一些引人注目的相似之处,这一情势暗示了北部人文主义对南部变体的早期影响(根据传统,库萨像伊拉斯谟[Erasmus]那样,是在代芬特尔[Deventer]的拉丁文学校接受教育的——参加下文)。③ 然而,正是瓦拉率先制订并运用了严格的语文学—语言学原则于文本,因此揭示了文本。

虽然瓦拉并没有在任何地方一清二楚地道出他的工作方法,但从他的论文中提炼出它们其实并不难。瓦拉似乎使用了三种"一致性原则",即(1)序时一致性,(2)逻辑一致性,(3)语言一致性。④

序时一致性原则:瓦拉注意到了公文的报告日期(一如在《君士坦丁的捐赠》中被说明的那样)与公文本身的内容并不一致,因为它同时涉及了君士坦丁堡第四执政官(315)和执政官加利卡努斯(Gallicanus,317)。这一时间或者史实的不一致表明了《君士坦丁的捐赠》的讹误或者伪造。

逻辑一致性原则:为了合理地解释捐赠并未发生,瓦拉使用了一种间接的、反事实的推理方法。他坚信,倘若君士坦丁大帝确曾把西罗马帝国赠予了西尔维斯特一世,这在《西尔维斯特一世法令》(Acts of Sylvester)中一定会有报告。一如瓦拉所确定的,这并非事实,因此捐赠的发生是非常不可

---

① 参见 F. Zinkeisen, "The Donation of Constantine as Applied by the Roman Church", *The English Historical Review* 9 (36), 1984, pp. 625—632。
② Nicholas of Cusa, *De concordantia catholica*, 1433.
③ 关于卡萨努斯(Cusanus)的《论天主教的协和》(*De concordantia catholica*)与瓦拉的《君士坦丁伪赠礼考证》的比较,参见 Riccado Fubini, "Humanism and Truth: Villa Writes Against the Donation of Constantine", *Journal of the History of Ideas* 57, 1996, pp. 79—86。
④ 笔者已对这三个原则进行过深度讨论,见拙文"Formalization in the Humanities: From Valla to Scaliger", *First International Conference on the History of Humanities*, University of Amsterdam, 2008, pp. 23—25。

能的。

语言一致性原则:瓦拉最令人信服的证据是语言。他注意到了公文包含有君士坦丁大帝时代不可能为人所知的术语,比如关乎直到西罗马帝国灭亡之后才被建立的封建制度的词汇。瓦拉直言不讳地叫伪造者来解释诸多的语言不一致,比如在他这样断言的时候,"你用的不是'milites',而是'militia',这个词是我们从犹太人那里借用过来的,而犹太人的书籍无论是君士坦丁大帝还是他的秘书,都是不精通的"①。

瓦拉利用这三个原则发展了一种校勘(textual criticism),它遵守严格的标准。这样的东西之前从未有人见识过,它为人文主义者提供了一种非常强大的武器。公元前3世纪,亚历山大语文学家也曾深入研究过经典文本的历史,但他们的原则主要是美学的(泽诺多托斯)或者语言学的(规则派论者)。在瓦拉的方法中,三个标准同时全部关乎历史——编年学、逻辑学和语言学被置于历史语境之中。不到一代人的时间之前,与圣经融贯原则已然被很多人不加批评地使用,当瓦拉接触到它的时候它似乎行将消失。当然,倘若没有前辈人文主义者收集文献的激情,或许倘若没有库萨的预备性工作,瓦拉就不可能发展出他的校勘,但他那基于校勘的新方法似乎出自一个大不一样的世界,以致到1440年,中世纪似乎就已经落后十万八千里了。

瓦拉的反驳几乎马上就被接受了,不久之后被收进了教皇庇护二世(Pope Pius II)、人文主义者埃尼亚·皮科洛米尼(Enea Piccolomini)的宣传手册(参见第四章第二节)。但关于教皇国的合法性,什么也没有发生变化。它甚至以一种享有盛名的方式从神圣罗马帝国幸存了下来,直到意大利1861年统一之后还继续存在。然而,庇护二世去世之后,瓦拉的著作基本上就没人理睬了。宗教改革期间,当马丁·路德(Martin Luther)把瓦拉的反驳用作改革教会的论据的时候,《君士坦丁伪赠礼考证》被列为禁书。但数十年之后,教会史学家和红衣主教切萨雷·巴罗尼奥(Cesare Baronio)

---

① 关于《君士坦丁伪赠礼考证》(*De falso credita donatione*)的英译本,参见 Christopher Coleman, *Lorenzo Valla, Discourse on the Forgery of the Alleged Donation of Constantine*, Yale University Press, 1922。

在其《教会年鉴》(*Annales Ecclesiastici*)中承认了《君士坦丁的捐赠》是伪作，争议终于尘埃落定。瓦拉的反驳设计巧妙，无懈可击。

因此，我们已然看到，在人文主义的第一个百年期间(约1350—1450)，对待文本的态度彻底改变了。与彼特拉克对带有古代意味的一切显示出不加批评的尊重相反，到瓦拉的时候，这一尊重业已演变一种批评性、怀疑性的方法。① 在他眼中，没有文本是神圣不可侵犯的。史料可能有讹误或捏造，去伪存真是人文主义者的职责。《君士坦丁的捐赠》仅仅是瓦拉的净化工作的肇始。若干年后，他证明了塞内加与圣保罗之间的现存信件同样是伪作，属于5世纪初的圣杰罗姆时代。然而，在他把他的历史校勘术应用于《圣经》(拉丁文版)——他把它看作无异于所有其他文本的文本，甚至胆敢修订它——的时候，他却无法完成。直到1505年，瓦拉去世差不多50年后，伊拉斯谟才成功地让瓦拉版《圣经》付印。 直令人惊叹的是，这位人们所谓的"持铁锤的人文学家"(humanist with the hammer)②(通过与"持铁锤的哲学家"[philosopher with the hammar]尼采的类比)被葬于最负盛名的一间罗马教堂——拉特朗圣若望大殿(the Papal Archbasilica of St John Lateran)，在那里他有自己的小教堂。

作为系谱学的文本修复：波利齐亚诺的剔除/最老史料原则 尽管非常出色，瓦拉的校勘术对利用现有版本修复史料这一问题作用甚微。诚然，修复技巧在人文主义者中间被广泛使用，但理论支撑却难以找寻。直到1480年，这种实践更有可能是一个主观臆测问题，而不是合情合理的校正。倘若校正已然被证实，那么参照主要关乎大量版本的彼此一致，而没有考察这些版本之间的**系谱**关系。对手稿的精确参照全然缺席。因为安吉洛·波利齐亚诺(Angelo Poliziano, 1454—1494)的著作，所有这一切彻彻底底发生了变化。在1489年出版的《杂集》(*Miscellanea*)中，他介绍了一种使得准确的史料比较和评价成为可能的方法。波利齐亚诺意识到了一组完全一致的史料

---

① Lodi Nauta, "Lorenzo Valla and Quattrocento Scepticism", *Vivarium* 44, 2006, pp. 375—395.

② Lodi Nauta, "Loranzo Valla. Italian Humanist", in A. Grafton, G. Most and S. Settis (eds.), *The Classical Tradition: A Guide*, Harvard University Press, 2010.

依然可能有问题。假设我们拥有在某一问题上意见一致的甲、乙、丙、丁四份史料,以及乙、丙、丁全然仰仗甲获得它们的信息。然而,它们应当被列入甲的权威性的额外证据吗?波利齐亚诺坚持它们不应被列入。据他所言,倘若**析出**史料彼此不矛盾,它们应当被辨识和排除。① 相反,史料应按照系谱排列,以便就更老旧的史料而言,它们的相依性变得清晰起来。纯粹基于其在系谱排列中的位置,一份异常的抄本可以驳倒数十份一致的抄本。

远在波利齐亚诺之前,对老史料的几乎不言自明的偏好业已存在。更老的抄本比新抄本更可靠,因为老史料和作者之间的传述阶段更少。然而,波利齐亚诺的方法包括不只是确定最老的潜在史料,也关涉决定史料的完整系谱。一旦系谱被确立,排除析出史料的工作即可开始。因此,波利齐亚诺的原则众所周知为"剔除过录本"(the eliminatio codicum descriptorum),我们称之为"剔除原则"(the eliminatio principle),或者简单地称之为"最老史料原则"(the oldest source principle)。19世纪,这一原则经过卡尔·拉赫曼(Karl Lachmann,参见第五章第二节)的发展,成了现代语文学的基石。

波利齐亚诺借助西塞罗的《书信集》(*Epistolae ad familiares*)阐明了他的系谱学方法,他从韦尔切利(Vercelli)那里获得了《书信集》的一个9世纪抄本,以及原本是为科卢乔·萨卢塔蒂制作的一个14世纪译本。波利齐亚诺也参考了该书的数目不详的近期抄本。然后他证明了其间有一篇原文因装帧错误被置换的14世纪抄本是所有近期文献之源,因为它们虽然有相同的置换但并无可以解释置换的任何装帧错误。他还证明了14世纪抄本本身是9世纪文献的复本,因此对修复原始文本而言,所有这些更迟的文献都是没有价值的,唯有9世纪文献当被用作起点。

因此,波利齐亚诺成了为文本修复提供详细的、有理论支撑的方法的第一人。根据他的系谱学方法,史料必须**被权衡**(weighted)而不是被计算(counted)。然而,波利齐亚诺的方法并未即刻被热情接纳。为什么一个旧抄本比成百上千的新文献更有价值?直到16世纪上半叶,语文学实践的转移才发生;1550年以降,波利齐亚诺的方法几乎在欧洲的每一个地方都被

---

① Angelo Poliziano, *Miscellanea*, 1489;同时参见 Anthony Grafton, *Defenders of the Text*, Harvard University Press, 1991, p.56。

应用。波利齐亚诺本人以典型的准确与激情应用了他的原则。他对现存最老史料的追求带来了特伦斯(Terence)、维吉尔、塞内加、普罗佩提乌斯和弗拉库斯等人作品的最准确、最出彩的修订。①

无论波利齐亚诺的方法在今天看来可能多么平淡无奇,但基于历史的方法之前从未在欧洲语文学中被提出过。虽然历史编纂学中有方法论原则——比如最可信史料原则、目击者叙述原则、个人经验原则、成文史料原则——但它们无一达到剔除程序的准确。或许波利齐亚诺的原则与阿拉伯传述理论即伊斯纳德法最为类似(参见第三章第二节);在伊斯纳德法中,系谱传述链也被修复至原始史料本身(通常是先知之言)。然而,不同于伊斯纳德着手修复口述资料链,波利齐亚诺的原则关注修复成文资料链。尽管如此,二者的相似引人注目;有可能的是,波利齐亚诺曾受到流传于基督教欧洲,尤其是意大利的诸多阿拉伯著作译本的影响,虽然并没有这方面的任何暗示。

无论真相可能如何,波利齐亚诺的抄本同源关系理论不只是语文学实践的一种理论动机。他的系谱链可以被用于做出预测,这些预测可以基于新发现被充分检验。一种新发现,比如甚至更老的抄本,可以支持或者反驳之前关于修订的假设,甚至要求废弃或者修正理论。在伊拉斯谟发现更晚但**没有被翻译**的抄本比更早但已被翻译的文献更可靠的时候,后者确实如此——参见下文。这是理论与经验主义的互动,于其间理论提供经验主义的支撑,以及形成关于该经验主义的可以检验的预言;这种互动是早期近代语文学最迷人的面向之一。② 我们将在几乎所有其他人文学科中发现这种互动,从历史编纂学和语言学到音乐学。15 世纪的人文主义传统将对后来的自然科学产生深远影响(参见第四章第四节)。

藏书家与印刷商:从贝萨里翁到马努齐奥　印刷术在欧洲的发现与图

---

① Cynthia Pyle, "Historical and Philological Method in Angelo Poliziano and Method in Science: Practice and Theory", in: *Poliziano nel suo Tempo. Atti del VI Convegno Internazionale* (Chianciano-Montepulciano 18—21 luglio 1994), Firenze, 1996, pp. 371—386.

② Dirk van Miert, "Philology and the Roots of Empiricism: Textual Criticism and the Observation of the World", *Eruditio and Empiricism: The Intertwining of the Humanities and the Sciences in Early Modern Europe*, Panel for the Three Societies 2008, Oxford, 4—6 July, 2008.

书馆的爆炸性增长在很大程度上解释了语文学在波利齐亚诺时代的繁荣。现存拉丁文经典大多印刷出版于 1465 年到 1475 年之间。拜占庭帝国在 1453 年的瓦解为意大利带来了又一批希腊抄本。特拉比松红衣主教贝萨里翁(Cardinal Bessarion of Trebizond,1403—1472)让其代表在前帝国各地搜寻文献。他也为希腊语教学在欧洲的传播做出了重要贡献;希腊语教学早已为赫里索洛拉斯(Chrysoloras)和普莱桑(Plethon,又译卜列东)等希腊人文主义者,以及瓜里诺(Guarino)和费勒夫(Filelfo)等热心的意大利人文主义者所启动。① 逃到意大利之后,贝萨里翁在罗马居住的房子变成了一个人文主义活动的学园,因为其文艺复兴时期的壁画和别致的布置,迄今依然是罗马保存最为完好的"私家会所"之一。

然而,希腊文印刷文本的传播大大滞后于拉丁文文本的传播。原因有印刷方面的困难,但另一原因是希腊文知识的有限。拉丁文译本销量巨大,有利可图,而希腊文著作的情况却并非如此。比如,1484 年,马尔西利奥·费奇诺(Marsilio Ficino,1433—1499)著名的柏拉图拉丁文译本面世,印数达 1015 册,但直到 1513 年,柏拉图的希腊文版才面世,而且印数仅有 250 册。② 尽管如此,基调已定。除翻译之外,文本也必须可以通过**原始**语言获得。在威尼斯,奥尔多·马努齐奥(Aldo Manuzio,又称奥尔多·马努休斯[Aldo Manutius],1499—1515)与希腊学者和排字工人合作,专事印刷希腊文本。他完善了印刷质量和古版书。马努齐奥设计了一个标准化的标点符号系统,享有分号和斜体的发明之功。

伊拉斯谟与原始语言原则 德西德里乌斯·伊拉斯谟(Desiderius Erasmus,1466—1536)是第一位伟大的北欧语文学家,但他不是第一位重要的北欧人文主义者。北欧人文主义的种子是由共同生活弟兄会(Brethren of the Common Life)的宗教运动在荷兰播下的;14 世纪,共同生活弟兄会以海尔特·格罗特(Geert Grote,1340—1384)为中心创建于代芬特尔。这一运动

---

① 参见 Anthony Grafton and Lisa Jardine, *From Humanism to the Humanities*, Harvard University Press, 1987。

② L. D. Reynolds and N. G. Wilson, *Scribes and Scholars*: *A Guide through the Transmission of Greek and Latin Literature*, third edition, 1991, p.129.

也以现代虔诚运动(Modern Devotion)众所周知,它在代芬特尔建立了一个完备的拉丁文学校,其著名门徒包括托马斯·肯皮斯(Thomas à Kempis,1380—1472)、库萨的尼古拉斯和韦塞尔·甘斯福特(Wessel Gansfort)——他是他所在时代的"世界之光"(lux mundi),在意大利获得了非凡的希腊文知识。在其学生中,甘斯福特可以列出鲁道夫·阿格里科拉(Rudolf Agricola)、约翰·罗伊希林(Johann Reuchlin)等人文主义者,他们的改革主义思想影响了马丁·路德。在校长亚历山大·赫吉亚斯·冯·黑克(Alexander Hegius von Heek,约1439—1498)的领导下,拉丁文学校的课程甚至包括希腊文,这在当时是非常罕见的。15世纪,这所学校发展成为北欧人文主义的摇篮;1487年,伊拉斯谟被招进了学校。虽然伊拉斯谟迅速成了多才多艺的人文主义者,出版了才华横溢的神学、教育学、修辞学和辩论术著作,比如《论自由意志》(De libero arbitrio)、《语录》(Adagia,又译《箴言录》)、《手稿》(Copia,又译《论丰富多彩》)和《愚人颂》(In Praise of Folly),他也为语文学做出了重要贡献。

伊拉斯谟将波利齐亚诺的最老史料原则和瓦拉的校勘原则运用在了他那一版极具影响的《新约》。这部著作是基于对希腊文《新约》的最古老史料——它们是伊拉斯谟从欧洲各地带回来的——的多年研究,根据其最古老的史料他开始构思最可行的希腊文《新约》翻译。这就导致相较于现有的拉丁文版本,很多重要变化见诸《新约》。① 这尤其关涉省去被称作"约翰一书"(comma Johanneum)的段落,其中包含了对三位一体的说明。这引发了一场非常重要的论争,以致伊拉斯谟许诺如果这些话可以在《新约》的另一个希腊文抄本中找到,他就把它们放回原处。这样的一个抄本适时出现了,但伊拉斯谟以充分的理由宣告了它是伪作。即是说,伊拉斯谟自己的编辑方法也并非总是完全符合犹太教教规。比如,他有时修订《圣经》的希腊文译本——他把它与拉丁文译本并行印刷——以期与圣杰罗姆的拉丁文版本一致,而圣杰罗姆的拉丁文版本正是他所宣称要改进的东西。

然而,除这一编辑逾规之外,伊拉斯谟忠实地坚持了瓦拉的观点,即

---

① H. J. de Jonge, "The Character of Erasmus' Translation of the New Testament", *Journal of Medieval and Renaissance Studies* 14, 1984, pp.81—88.

《圣经》应当像任何其他著作一样被视为一种文本,坚持了波利齐亚诺的应当使用最古老史料这一原则。但因为伊拉斯谟忠于《新约》的原始(希腊文)译本,他似乎在此间偏离了波利齐亚诺的原则。毕竟,能找到的最古老史料可能是原始文本的译本,在这种情况下可能并不古旧却是以原始语言撰写的史料必须受到偏爱。这实际上是由伊拉斯谟基于《新约》的希腊文抄本所确立的;《新约》的希腊文抄本虽然不及拉丁文译本老,但因为它采用了原始语言,它最终证明比更古老的拉丁文版本更加可靠。应当指出的是,伊拉斯谟认为他的希腊文抄本实际上要比拉丁文版本老得多。我们将把伊拉斯谟的方法命名为"**原始语言原则**"(the original language principle),并且主张这一方法可以胜过最古老史料原则,但仅仅是在不同语言的史料已然留存下来的情况下。虽然对文本的研究应该通过其原始语言而不是译本这一观点最初遭遇了极大的抵制,但正是因为伊拉斯谟,它得到了缓慢但坚定的接受。伊拉斯谟的方法意味着波利齐亚诺的理论与其说是遭到了拒绝,不如说是被改造成了一种新理论。

虽然伊拉斯谟是最杰出的人文主义者之一,但他并不能被视为早期近代主要语文学家之一。在他作为文本批评家的角色中,他更为人知是因为他的序文而不是他的实际修复。他通过这些序文呼吁将《圣经》译为各种语言;他拥护《圣经》应当被视为如所有其他文本一样的文本这一立场。半个世纪以前,瓦拉曾提倡过后面一点,但直到伊拉斯谟,校勘才大放异彩地作用于《圣经》。虽然他对古文字学和文本系谱关系的认知很可能处处有不足,但对圣经校勘而言,他的使用语文学而不是神学原则这一观点却是极为重要的。伊拉斯谟不断主张游历和前往既有机构,这对人文主义在北欧的恒久确立起到了决定性的作用。他为一潭死水的剑桥大学注入了新的活力;他在鲁汶(Louvain)建立了著名的"三语委员会"(Collegium Trilingue),于其间拉丁文、希腊文和希伯来语被同等教授。

语文学的全盛期:斯卡利格派 16世纪和17世纪,人文主义的语文学成就被两位斯卡利格推向了新高度。尤利乌斯·恺撒·斯卡利格(Julius Caesar Scaliger,1484—1558)比伊拉斯谟年幼一代,积极参与到了人文学的很多领域,比如语言学、修辞学、诗学和语文学。他对拉丁语法的分析成了早期近代语言学的基石(参见第四章第三节),他的诗学为人文主义文学理论奠定了基础(参见第四章第七节)。除了他对经典的评注之外,J. C. 斯卡利格的名气主要归于他对伊拉斯谟异常猛烈的攻击,因为伊拉斯谟曾经在《西塞罗主义》(Ciceronianus)中断言,西塞罗不应被视为标准拉丁文的最佳和唯一榜样。然而,J. C. 斯卡利格的第十子约瑟夫·贾斯丁·斯卡利格(Joseph Justin Scaliger,1540—1609)却可以被视为早期近代最杰出的语文学家之一。① 在一定程度上托他父亲的福,他的拉丁文知识胜过了他的前辈若干倍。这一点早先就显现了出来,当时他就能用残存文本,即马尼利乌斯(公元 1 世纪)的《天文志》(Astronomica)创作出通俗易懂的东西;《天文志》已然讹误遍布,以致大部分内容都十分晦涩难懂。斯卡利格在其他人已然失败的地方把马尼利乌斯变为了可读的作者(第一版面世于 1579)。斯卡利格是把作者视为一个有机整体的第一人,在注意文本本身的同时注意作者的智识背景。很快他就名声大噪了,被邀请到莱顿大学接替尤斯图斯·利普修斯(Justus Lipsius)。1575 年建校后不出数年,莱顿业已成为欧洲最知名的大学;作为胡格诺派教徒(Huguenot),斯卡利格似乎是这一空缺的理想人选。在最初的犹豫和几轮协商之后,情势在法国变得非常棘手;他接受了莱顿大学教授的职位,但并不承担任何教学任务。他负责管理杰出教授,其中包括天才雨果·德·格鲁特(Hugo de Groot)或者赫罗齐厄斯(Grotius,1583—1645)。在欧洲被淹没在令人恐怖的宗教战争时期,在斯卡利格时代,莱顿是一片和平、宁静和学问的绿洲。

然而,斯卡利格的很多修订只不过是在为其更高的目标做准备,为之他收集了叙利亚语、阿拉姆语、阿拉伯语、埃塞俄比亚语和其他语言的抄本。它是基于精确的科学年表对古代通史的修订(参见第四章第二节),而且为了达此目的仅仅使用了一种语文学—历史原则——最老史料原则,其间斯卡利格也考虑到了作者的背景。语文学家的工作就是通过揭露伪作的过程修订这些最老的史料,比如曼涅托、伯诺索斯的著作,它们是被维泰博的安尼乌斯(Annius of Viterbo)伪造的。一旦它们被尽可能准确地修复,有根有

---

① 关于 J. J. 斯卡利格的深度传记及他的著作,参见 Anthony Grafton, *Joseph Scaliger: A Study in the History of Classical Scholarship*, 2 delen, Oxford University Press, 1983, 1993。

据的历史资料便可以被用于记录从古至今的全部历史,避免成为与圣经融贯原则的牺牲品。一如我们将在下一节详细讨论的那样,斯卡利格的语文学—历史方法是相当成功的。

令人遗憾的是,斯卡利格从未详细描述其多元、总括性的方法。很显然,他利用了波利齐亚诺的最老史料原则,但他对多门学科(从编年学到天文学)的整合、他的语境主义方法从未在任何地方被系统解释过。或许我们可以把斯卡利格的文献整合描述为"基于范例的",但甚至这都是对所发生之事的一种太过肯定的表征。系统描述的缺失几乎是所有早期近代语文学的通病。系统的原则通常只得从书籍和书信中被提取。弗朗西斯科·罗伯特罗(Francesco Robortello)是一个罕见的例外;1557 年,他率先尝试了总结语文学方法,见诸手册《关于古代作家作品修订艺术与方法的讲稿》(*De arte critica sive ratione corrigendi antiquorum libros disputatio*)。然而,这部著作有非常多的不明分类和省略(作为系谱学的文本修复并未被讨论),以致它在语文学历史上的地位十分不起眼。

反拨《秘义集成》:从卡索邦到本特利　　在斯卡利格之后的早期近代语文学中,几乎没有新原则可待发现。然而,这并不意味着没有语文学家做出了杰出的发现。斯卡利格之后,艾萨克·卡索邦(Isaac Casaubon)被视为他所在时代的最博学者。他是胡格诺派教徒、斯卡利格的忠实朋友;1601 年,法国亨利四世被暗杀之后,他逃到了英国。除希腊和罗马作者的多个版本的著作之外,卡索邦也深入研究年代推定,并以之反拨《秘义集成》(*Corpus Hermeticum*,又译《赫姆提卡文集》)中的很多文本。《秘义集成》归功于一位叫赫尔墨斯·特利斯墨吉斯忒斯(Hermes Trismegistus)的人,它是文艺复兴时期被研究得最多的著作之一,被断言与《圣经》有渊源。它因为马尔西利奥·费奇诺的 1471 年拉丁文译本,变得众所周知起来。费奇诺注意到了《秘义集成》中的哲学体系与柏拉图的对话之间的一致,认为他可以从中得出结论:赫尔墨斯·特利斯墨吉斯忒斯生活在柏拉图之前,甚至是摩西的同时代人。这在文艺复兴时期引发了对所谓的赫尔墨斯哲学的巨大兴趣。然而,1614 年,卡索邦借助纯粹的语言学基础,得以推定《秘义集成》的哲学文本的年代介于公元 200 年到 300 年之间。因此,其结果是《秘义集成》并不含有哲学原创性,它在很大程度上是折中性的。基于校勘对赫尔墨斯思想的这般揭示极大地刺激了想象力,以致语文学获得了史无前例的重要地位。新科学的很多拥护者——从伽利略和开普勒到斯内利厄斯(Snellius)和牛顿——将既研究大自然也研究文本。

在新教的荷兰,斯卡利格开启了一种欣欣向荣的语文学传统。在荷兰,赫罗诺维厄斯(Gronovius)、海因修斯(Heinsius)父子等语文学家出版了拉丁文作者的大量版本(同时参见第四章第七节)。赫拉尔杜斯·福修斯(Gerardus Vossius,1577—1649)被任命为莱顿大学历史学家,后来被任命为阿姆斯特丹雅典学院(Atheneum Illustre,又译伊路斯垂学会)的第一位教授,但他也是诗人和修辞学家。福修斯编辑了一部广为使用的教学用拉丁语法,以及文学史概述(参见第四章第七节)。我们将在讨论历史编纂学的下节遇见他以及他的儿子艾萨克·福修斯(Isaac Vossius)。后来的语文学家无一达到了斯卡利格的博学多才。一个很有可能的例外是英国人理查德·本特利(Richard Bentley,1662—1742),他是剑桥大学三一学院院长,主要基于斯卡利格所使用的原则进行出类拔萃的高质量文本修复。比如,本特利重新进行了斯卡利格的马尼利乌斯修订,但完成得更好。本特利的校正是以颇具吸引力的拉丁文解释的,所以他的著作变得广为人知。他发现自己有约翰·洛克(John Locke)和艾萨克·牛顿为伴,对后者的历史研究产生了巨大影响(参见第四章第二节)。

新旧人文主义:从盖斯纳到赫姆斯特赫斯 1700年,普鲁士科学院(Preßische Akademie der Wissenschaften)成立,德国的语文学受到巨大刺激。勃兰登堡选帝侯腓特烈三世(Elector Frederick III)设立科学院是因为戈特弗里德·威廉·莱布尼茨(Gottfried Wilhelm Leibniz,1646—1716)的建议,而莱布尼茨也成了科学院首任院长。我们将围绕他论述人工语言的著作与他给予形式逻辑的刺激,全面讨论莱布尼茨,但在建立德国18世纪语文学传统的过程中,他同样重要。普鲁士科学院是第一个毫不含糊地同时注重自然科学与人文学的机构,其中的每一门学科自1710年以降都有自己的研究室。

在语文学领域,最重要代表之一是约翰·马提亚斯·盖斯纳(Johann

Matthias Gesner,1691—1761),这与其说是因为新的方法原则或者经验模式,毋宁说是因为他对经典的不同观点——有时候被称作"新人文主义"(new humanism)——在哥廷根大学,后来在其他地方,新人文主义被人以极大的活力讲授。① 根据盖斯纳,旧人文主义勉力创造了对经典的言语模仿和古代拉丁文学的延续。1650 年前后,这一目标被认为难以实施,于是渐遭放弃。盖斯纳想到的新目标不再是模仿希腊和拉丁风格的问题,而是要把握其实质。经典的作用在于形塑思维和培养品味,以及借此创造一种新文学,而不是修订和模仿旧文学。盖斯纳的观点引起了极大关注。它成了温克尔曼(Winckelmann)(参见第四章第五节)、莱辛(Lessing)(参见第四章第七节)和其他很多人的指导原则;约翰·塞巴斯蒂安·巴赫(Johann Sebastian Bach)因此将其《无终卡农》(Canon a 2 perpetuus,又译《无限卡农》)(选自《音乐的奉献》[The Musicla Offering])献给了盖斯纳。

18 世纪后期,德国语文学家,比如埃内斯蒂(Ernesti)和海恩(Heyne),继续沿着盖斯纳确定的路线前行。文本修复不再是关键;它被代替以一般意义上的古代研究——从艺术到文学。在德国之外,18 世纪语文学续存了很长一段时间,要么是作为经典校勘,要么是作为经典语言研究。后者的一个例证是蒂贝里乌斯·赫姆斯特赫斯(Tiberius Hemsterhuis,1685—1766)的**规则派**学派。赫姆斯特赫斯希望找到潜在的类比,以便证明希腊文词形结构原本是规则的,没有变则。② 然而,除他的直接继承者以外,比如瓦尔克内尔(Valckenaer)和范·伦内普(Van Lennep),赫姆斯特赫斯学派(Schola Hemsterhusiana)最初一直没有产生显而易见的影响。收到理查德·本特利寄来的一封让人难受的信之后,赫姆斯特赫斯的思想变得言人人殊,因此赫姆斯特赫斯长达数月都拒绝翻看希腊文书籍。不过,我们将看到赫姆斯特赫斯的规则派通过格林(Grimm)和葆朴(Bopp)对印欧语言起源的探寻,在 19 世纪复兴(参见第五章第三节)。

---

① John Sandys, *A History of Classical Scholarship*, Vol III, Hafner Publishing Co, 1964, p. 7.
② Pieter Verburg, "The School of Hemsterhuis", in Peter Verburg, *Language and Its Functions: A Historic-Critical Study of Views Concerning the Functions of Language from the Pre-Humanistic Philology of Orleans to the Rationlistic Philology of Bopp*, John Benjamins, 1998, pp. 445—452.

对人文主义语文学的评价:基于规则还是基于范例? 瓦拉、波利齐亚诺、伊拉斯谟和斯卡利格的语文学方法催生了可以被用于研究所有人文学科的一种新实践。但这位新的"学问女皇"(Queen of Learning)如何与之前那些我们已于其间找到程序性和陈述性规则系统的"严谨"学科相关(参见第二章和第三章)——比如语言学、逻辑学和音乐学?细加思忖,校勘很可能并不像被预料的那样严格。比如,瓦拉的语文学方法并没有程序性规则系统。瓦拉并未给定一个毫不含糊的可以揭示伪作或者导出原始史料修复的系统。原则也不构成如见诸亚里士多塞诺斯旋律语法那样的**陈述性**规则系统(参见第二章第四节)。前文所描述的语言学、历史和逻辑一致的原则甚至没有被人文主义者界定。它们必须从文本中析取。人文主义方法因此是**基于范例**而不是**基于规则**。借助前辈语文学家的校勘和文本修复范例,他们的工作方法可以通过**模仿**该方法并将其运用于新文本而掌握。这似乎符合大多数人文主义者旨在利用他们所欣赏的抄本的方法。通过模拟(模仿)经典模型,他们希望同时在语法和文体方面复制西塞罗和昆体良的拉丁文。① 这一方法的唯一例外是波利齐亚诺的关于抄本传述的系谱理论。虽然该理论或许是基于范例被传述和学习的,但它被界定得非常准确,可以基于规则而传播。

中国与经验学派:陈第、顾炎武与耶稣会 欧洲并非唯一资助建立语文学传统的地方。在中国晚明时期,古文献分析研究也被发展了起来,陈第(1541—1617)是最早的阐述者之一。他是一位旅行家,撰写了对台湾岛及其原住民的描述。然而,他的声望主要是作为文献学家。陈第第一个成功证明了上古汉语有它自己的音韵体系(语音系统),其发音规则从根本上有别于同时代的汉语。因此,他反驳了当时通行的古诗阅读惯例,即随音改读以求韵脚谐合。在其典范之作中,陈第基于对《诗经》和《易经》等诸多其他经典中的格律的深度分析,推断出了古代汉语的读音。在其世人皆知的序文中,他这样写道:"时有古今,地有南北,字有变革,音有转移。"即是说,语言变化是永恒的。在陈第所在的中国,这是一种革命性的观点。

---

① 参见 Charles Schmitt and Quentin Skinner (eds.), *The Cambridge History of Renaissance Philosophy*, Cambridge University Press, 1988, p.719。

陈第既是语言学家也是文献学家,而顾炎武(1613—1682)主要是文献学家。他完善了陈第的著作,将其用作研究中国经典著作的基础。根据顾炎武,这样的研究必须以文献学、语言学和历史学研究为前提。他因此被视为考据学即校勘学派(the School of Textual Criticism)的创始人,该学派也众所周知为经验学派(the Empirical School)。① 顾炎武认为文献学家和历史学家必须同时采用内部和外部证据,以便确定文献的真实性。文献学家应当使用归纳法——判断的给定应当基于尽可能大的可能性,通过比较可以发掘到的尽可能多的史料。知识必须得自于事实和独立观察。在这样做的过程中,人们无需将自己限定于抄本——文献也可以与碑刻残片进行比较,比如石刻和金文。

校勘经验学派做出了很多名副其实的重要文献发现。比如,阎若璩(1636—1704)基于对汉字及相关联的发音的分析,证明了《尚书》的26个假定章节是发生在公元前4世纪的伪造之物。崔东壁(1740—1816)分析了孔子究竟在多大程度上是归功于他的著作的编者,比如《春秋》和《尚书》。其结果并不确定;目前,对孔子的归因判断被视为是不足凭信的。旧文献也得到了江永(1681—1762)及他人的积极修订。

中华帝国(the Late Chinese Empire)晚期,文献学派相当突然地建立了起来,对此的解释已被归结为16世纪末长江三角洲地区的繁荣。商人和文人搜寻古代艺术作品、早年的抄本和绝版书籍。他们愿意为了一个抄本花大价钱。这就为模仿和伪作铺平了道路,这反过来又刺激了对文献真实性的研究。同时出现了重印经典著作兴趣的复兴,它们大量传播到了越南、高丽和日本等地。

很有可能的是,作为耶稣会到来的结果,经验性的中国文献学获得了额外刺激;16世纪,耶稣会士开始把西方学问介绍到中国。② 耶稣会着迷于建立一种可以与罗马—基督教文明比肩的中国—基督教文明这一梦想。虽然他们在宣传天主教信仰方面并不成功,但耶稣会士确曾推动了中国和欧洲

---

① Willard Peterson, "The Life of Ku Yen-wu (1613—1682)", *Harvard Journal of Asiatic Studies*, Vol. 28, 1968, pp. 114—156.

② Benjamin Elman, "Philology and Its Enemies: Changing Views of the Late Imperial Chinese Classicism", *Colloquium "Images of Philology"*, 2006.

之间的学术和文化交流。会士利玛窦(Matteo Ricci,1552—1610)甚至深信,孔子学说包含了一神论的上帝(Supreme Being)概念。在他看来,基督教教义业已被具体化于经典之中。虽然仅仅有为数不多的中国文人皈依了基督教,但耶稣会对中国学术工作的影响在很多人看来是巨大的。

无论耶稣会的准确贡献究竟是什么,中国的文献学传统令人吃惊地与欧洲传统一致——同时见诸两地的不但有经典著作的重新发现及其修订,而且有伪作及其反驳。归功于瓦拉的序时、语言和逻辑一致性原则同时被运用于中国和欧洲。虽然我们在中国没有找到对应于波利齐亚诺系谱学理论的抄本传述形式理论,但铭文和碑文等实物史料在两个地区都有被使用。除这一引人注目的相似性之外,也存在一种重要差异。中华帝国晚期,校勘似乎并没有像它在早期近代欧洲那样,引发激烈的社会变迁;在早期近代欧洲,语文学历史编纂导致了一种新的世俗世界观(参见第四章第二节)。这是非常惊人的,因为语文学方法可能对孔子是"毁灭性的",一如对《圣经》那样。然而,我们应当记住,中国的经验学派是在同一个"超级国家"内行事,而欧洲语文学家是在不同的国家工作。当情势在法国变得非常危险的时候,斯卡利格可以逃到荷兰,卡索邦可以逃到英国。相反,当因为是抗议者而在荷兰共和国受到迫害的时候,赫罗齐厄斯可以在法国避难。但像顾炎武那样的人能去哪里呢?18世纪满族人统治时期(清朝),当思想镇压在中国采取可笑的形式的时候,中国的文献学家和历史学家清除了一切哪怕有丝毫道德或者政治含义的主题。经验学派开始致力于注解和评论,这很快就导致了学术的吹毛求疵。在中华帝国晚期,见诸近代欧洲的那种重大社会变迁是不可想象的,不得不等到20世纪。

原则:序时一致性原则;逻辑一致性原则;语言一致性原则;剔除/最老史料原则;原始语言原则;类比推理原则

模式:抄本之间的系谱关系;所有文本受支配于基于历史的校勘;经验性文本修复的形式化;语言变化是永恒的

第二节 历史编纂学·语文学传播:世界观的世俗化

在欧洲,对史料的语文学反驳导致了早期近代最为剧烈的动荡之一——世界观的世俗化。语文学也传播于中国,虽然传统的宫廷编年史也在继续。奥斯曼帝国和莫卧儿帝国的历史编纂学迅速进入了全盛时期,但并未产生任何新的方法原则。非洲出现了一种新式的历史编纂学,个人经验与口头传述整合于其间。

新的历史模式:彼特拉克与(再论)伊本·赫勒敦 一如我们对待早期近代语文学那样,我们可以让早期近代历史编纂学以彼特拉克为起点。虽然彼特拉克的著作只有少部分能被视为属于历史编纂学,比如他论述第二次布匿战争(the Second Punic War)的《阿非利加》(Africa),但他代表了该学科中的一个转折点。这是因为彼特拉克借助其"黑暗时代"(the Dark Ages)概念——他将其置于古罗马和他自己所在时代之间——消除了救赎史的时间结构。① 彼特拉克并不赞成从创世纪到世界末日的线性历史模式,认为自己可以辨识出一种新模式:"古代—黑暗时代—新时代",对应于后来众所周知的时代划分"古代—中世纪—新时代"。现在,黑暗时代主要意指西罗马帝国灭亡之后的最初几个世纪,但彼特拉克利用了这一术语来覆盖古罗马的灭亡和他自己所在时代之间的诸世纪。黑暗这一隐喻并不新奇。中世纪历史编纂学家把黑暗与异教徒时代联系在一起,把光明与耶稣基督的时代联系在一起。彼特拉克把黑暗和古典文化的缺席相联系,把光明与这种文化的复兴相联系。他深信他自己所在的时代仅仅是这个新时代在世界历史上的开端。因为人文主义,这个新时代将变得璀璨耀眼,让古代全方位复兴。

虽然彼特拉克把必然从耶稣延伸至世界末日的线性历史模式抛在了脑后,但他的新模式并不是要回归我们在希罗多德、修昔底德和司马迁等古典历史编纂学家的著作中所发现的循环结构。与这些古典历史学家的循环模式相反,新时代无须从头开始。相反,它继续依靠对黑暗时代之前时代的认知。就此而言,彼特拉克的观点看起来更像伊本·赫勒敦的知识积累理论(参见第三章第二节),虽然伊本·赫勒敦的模式首先是对相辅相成的连续文明的一种彻底经验研究,而彼特拉克的模式则是对古典文明的一种有计

---

① Theodor Mommsen, "Petrarch's Conception of the 'Dark Ages'", *Speculum* 17 (2), 1942, pp. 226—242.

划**复兴**,带有古典时代和彼特拉克时代之间的"裂缝"。

伊本·赫勒敦与彼特拉克是同时代人,但他们不可能彼此认识或者相互影响。彼特拉克集中全部精力于罗马的再生,他的视野局限于西欧。虽然他或许读过阿威罗伊著作的拉丁文译本,但他并不懂阿拉伯语,不同于克雷莫纳的杰勒德等前辈(参见第三章第一节)。另一方面,伊本·赫勒敦的领域由巨大的伊斯兰世界组成,从西非一直延伸到中华帝国。他对基督教欧洲几乎没有发言权;就他而言,古代是希腊而不是罗马。[1] 此外,在这两位学者之间进行比较是困难的。伊本·赫勒敦首先是历史学家和历史编纂学家,而彼特拉克首先是语文学家和诗人。然而,他们的彼此无视是引人注目的,代表了思想方法的分离。这两位重要学者彼此间的地理距离并不十分遥远——突尼斯和意大利——但对彼此的存在一无所知。直到1629年,莱顿大学阿拉伯语学者侯利俄斯(Golius)才把伊本·赫勒敦的一本著作从伊斯坦布尔带至欧洲。很显然,我们仅仅在早期近代讨论伊本·赫勒敦同样是有道理的。我们在关于中世纪的上一章刚论及了他的著作,因为他活跃于伟大的伊斯兰文明的末期。本小节也被冠以他的名字,以期强调他的现代思想,以及他与彼特拉克的有趣对比。

彼特拉克模式的运用:作为模范历史学家的布鲁尼 1410年,列奥纳多·布鲁尼(约1369—1444)通过其《佛罗伦萨人民史》(*Historiae of Florentini populi*),成了首位使用彼特拉克的古代—黑暗时代—新时代分期的历史学家。布鲁尼是科卢乔·萨卢塔蒂的门生,被很多人视为第一位现代历史学家。作为佛罗伦萨大法官,他拥有该市档案的直接使用权。他的批评性方法导致了与之前的欧洲历史编纂学的突然断裂;他像伊本·赫勒敦那样,借助批评性方法反拨了倘若没有可靠史料的支持这座城市如何被建立的神话。布鲁尼核对了一本又一本的史料,而不是不加批评地把它们拼装在一起。最后,他以一种古典的样式提出了他的观点,这部著作被分成了若干激动人心的夸张言论交替出现的"卷",全部是用非常意味深长的拉丁文撰写的,其结果是布鲁尼的著作被视为人文主义历史编纂学的典范。

---

[1] 参见 Richard Fletcher, *The Cross and the Crescent: Christianity and Islam from Muhammad to the Reformation*, Viking, 2004。

比翁多与彼特拉克模式:"考古学"与实物史料原则　在弗拉维奥·比翁多(Flavio Biondo,又译弗拉维奥·比昂多,1392—1463)的著作中,我们首先看到的是术语"中世纪"(Medium Aevum)而不是黑暗时代的使用。这位人文主义者被认为是"考古学"(archaeology)奠基人之一——虽然术语"古文物研究"(antiquarianism)将会更加合适。最早的"考古"活动已然发生在古代期间。比如,修昔底德证实了提落岛上的墓穴必然属于基克拉迪群岛(Cyclades)的居民,因为它们内藏的武器看起来非常像他所在时代的社群的武器。① 类似地,司马迁广泛描述了他能够断定属于夏朝的古代遗迹。鲍桑尼亚(Pausanias)是一个生活在公元2世纪的希腊人,他或许是或多或少地系统描述古希腊纪念碑的第一人。至于伊斯兰文明,因为其关于埃及纪念碑的专著,阿布德·拉蒂夫·巴格达迪(Abd al-Latif al-Baghdadi,1161—1231)被称作第一位埃及学家。② 弗拉维奥·比翁多无缝地融入了这一古文物描述的传统。比翁多所补充的,是复兴古罗马于当下的人文主义理想。

比翁多的《重建的罗马》(*De Roma instaurata*,1444)旨在确立古罗马的一种地形学。然而,首先,它是一种借助研究其遗迹而"重建"罗马的人文主义视野。在比翁多的时代,这些遗迹多半尚未被发掘。数年前,当波焦登上卡匹托尔山(Capitol)之巅的时候,他看到的不过是被废弃的田地而已。古罗马广场(the Forum Romanum)隐身在牧牛的草场之下。与莱昂·巴蒂斯塔·阿尔伯蒂(1404—1472)等其他人文主义者联手,比翁多开始探索和记录古罗马的建筑、地势和历史。他的第二部著作《狂欢的罗马》(*De Roma triumphante*,1459)把异教徒的罗马说成是当代政治和军事改革的模型。在罗马爱国主义的复兴和对古罗马的尊重方面,该书尤其有影响。另外,通过把罗马教皇职位描述为罗马帝国的延续,比翁多能够始终站在罗马教皇的正确一边。比翁多最杰出的著作之一是《意大利图志》(*Italia illustrata*,1474),于其间他试图基于对(在很大程度上,意大利的)每一个地方、地名

---

① Bruce Trigger, *A History of Archaeological Thought*, Cambridge University Press, 1989, p.30.

② Okasha El Daly, *Egyptology*: *The Missing Millennium. Ancient Egypt in Medieval Arabic Writings*, UCL Press, 2005.

的词形变化与时代变迁的描述,把古代与现代联系起来。最后,在直到 1483 年——他去世一年之后——才面世的著作《罗马帝国衰亡以来的历史》(*Historiarum ab Inclinatione Romanorum Imperii*)中,比翁多借助古代、中世纪和新时代的三个基本时代划分,给出了一种欧洲历史概述。这部著作决定性地确立了中世纪这一序时概念;根据界定,中世纪乃罗马帝国的灭亡到比翁多所在时代之间的那个时期。

除文献之外,比翁多也将实物史料运用于他的历史地形学,比如硬币、碑文,当然还有他研究的纪念碑。这就催生出了钱币学、铭文学等新学科。然而,首先,比翁多的"考古学"是古文物研究。它是勉力恢复古罗马之伟大的人文主义议程的一部分。虽然迄今尚不存在成文史料和实物史料之间的平等问题,但比翁多是意识到非文献资料的重要性的第一人,我们因此把**实物史料原则**(the material source principle)归功于他。

古典追随者:皮科洛米尼与萨基 很多人文主义历史学家都是古典历史学家的追随者,比如埃尼亚·西尔维奥·皮科洛米尼(Ennea Silvio Piccolomini,1405—1464),他后来作为教皇庇护二世接受了罗伦佐·瓦拉对《君士坦丁的捐赠》的反驳(参见第四章第一节)。在其自传《回忆录》(*Commentarii*)中,皮科洛米尼采用了恺撒自传《高卢战记》(*Commentarii de bello gallico*)的风格。它是历史上为数不多的由教皇撰写的自传之一。

巴尔托洛梅奥·普拉蒂纳(Bartolomeo Platina)原名萨基(Sacchi,1421—1481),其方法主要追随普鲁塔克(参见第二章第二节)。他为比如德·维斯孔蒂(De Visconti)和德·斯福尔扎(De Sforza)等人立传,撰写了一系列以基督一生作为引子的教皇生平。但是,萨基最受欢迎的著作是其《论正确的快乐与良好的健康》(*De honesta voluptate et valetudine*),它是 1474 年出版的一本美食专著,详细描述了最负盛名的 15 世纪几位主厨之一的烹饪艺术。这位主厨,科摩的马埃斯特罗·马蒂诺(Maestro Martino of Como),是很多新食谱和发现的提供者,包括从肉丸子(polpette)和意式细面(vermicelli)到烹饪时间的改进。基于数量不定的主祷文(Pater Noster)或者祷告曲(Miserere),他比过去更加准确地列举了每一道菜的烹饪时间。另外,马蒂诺关于色泽和味道的适当组合的理论奠定了科学美食的基础。无论它在多大程度上同样是人类思维的产物,烹饪研究都外在于我们对人文学的实用主义定义。

探寻对历史的阐释:马基雅维利与圭恰迪尼　尼可罗·马基雅维利(Niccolò Machiavelli,1469—1527)与弗朗西斯科·圭恰迪尼(Francesco Guicciardini,1483—1540)都是用方言写作。正因如此,他们在意大利经常不被视为"人文主义者"。他们的主题选择和他们的方法也有影响。这两位历史学家不是复兴古典,而是阐释让意大利半岛苦不堪言的同时代重大灾害,比如1494年的法国入侵、1527年的德军罗马之劫(Sacco di Roma)。虽然古罗马依然是楷模,但二位都希望意大利再次成为伟大威武的帝国,就像它在罗马共和国时期曾经的那样。

马基雅维利撰写于1513年的《君主论》(Il Principe)旨在讨好美第奇家族(the Medici),是文艺复兴以降最有影响的专著之一。这部著作内含的历史知识被直接运用于当代政治。① 马基雅维利认为他已然注意到历史上的一种新模式——为保住君主地位,采取一切手段都是允许的。君主最重要的任务就是巩固和维持其权力。马基雅维利的分析依然有争议,这并不是因为他发现了这一模式,而是因为他显然不加批评地接受了这样的功利主义思想。在马基雅维利的著作中,目的证明手段的合法性,而对这些手段的伦理可接受性则不予置评。

比《君主论》更重要的是1519年面世的《李维史论》(Discorsi)——全名《论蒂托·李维前十本罗马史书》(Discorsi sopra la prima deca di Tito Livio),于其间马基雅维利从古罗马的早期历史中吸取了教训,尤其是关于共和国的结构方面。② 他描述了一种通过三分的政治结构的权力混合,解释了共和国之优越于君主国。全书尽是经验性规律。马基雅维利似乎是在寻找关于国家和人性的普遍法则——并且自认为找到了它们。他为此使用了成文史料原则,从容自在地利用了前辈历史学家的著述,尤其是李维,以及希罗多德、修昔底德、西塞罗、撒路斯提乌斯、塔西佗,甚至但丁。因此,马基雅维利直接把之前的历史著作用作了经验现实,于其间轻而易举地发现了一个

---

① 英译本参见 Niccolò Machiavelli, *The Prince*, University of Chicago Press, 1985。
② 参见 Niccolò Machiavelli, *Discourses*, Penguin Classics, 1984。

又一个规律。比如,他觉得已然在罗马历史中发现了如下模式。"无论他们生活在谁的统治之下,在罗马发挥作用的东西唯有能力……顺便说一句,年龄在罗马从不起作用:人们总是选择最好的候选人,无论他是年幼还是年长。"而且,"倘若执政官的任命是依照宪政而不是基于他自己的权威,他对国家的影响始终是有益的。没有执政官曾经为共和国带来过利益之外的东西。"

显然,马基雅维利是在求新的轨道上。他希望找到他认为可以从关于罗马的历史著作中提炼出的历史法则。在这样做的过程中,他并没有规避描述罗马帝国相当好战。"罗马人的全部精力集中在发动战争上,总是勉力从经济及其他角度为自己赢得好处。罗马人的战争总是攻击性的,不是防御性的。"尤其是,"共和国的总体策略是从不为土地付出代价,从不为和平付出代价"。最初马基雅维利描述他的观察并不带价值判断,但他的动机很快就变得清晰起来。他希望证明最好的制度是一种在执政官、元老院和护民官(其中的最后一项是公元前494年公民造反之后在罗马设置的)之间实行权力混合的共和政体,因而拥有最大的生存可能性。在马基雅维利那里,"自由"概念仅仅在没有一个国家从属于另一个国家的情况下存在。他试图在自己的归纳中尽可能地保持客观,比如,在他阐明"公民似乎不得不要么实施侵略要么臣服于侵略"的时候。最终,他得出结论:"共和政体比君主制延续时间更长,享有更为持久的繁荣。"

有人可能认为马基雅维利的结论是有选择地做出的。比如,借助众所周知的埃及国王列表中的描述,他很有可能也注意到了相反的情况,即君主制比共和政体存在的时间更长。然而,马基雅维利感兴趣于人们如何建立和维持帝国,将自己局限在对罗马帝国的分析中。他对发现潜在模式的激情是无与伦比的。马基雅维利的《李维史论》并不是旨在成为一部历史著作,而是以陈述性规则系统的形式描述见诸罗马帝国的人性。他设法具体说明古罗马人在共和国时代所进行的一切的边界条件。我们可以发现他所发现的模式有例外,但马基雅维利的典范仅仅显影于他对他所发现的法则的阐释之中,这些法则可以被概括为"必要性"(necessità)和"美德"(virtù)概念。借助必要性,他意指人类服从无法控制的力量和状况。世界末日到来时,作为强于他的必要状况和力量的结果,拥有美德的领袖也会失败。这些状况和力量对应于马基雅维利导出的法则,随时随地发挥作用。

弗朗西斯科·圭恰迪尼也潜心于一部历史著作,它可以充当讲究实效的政治家的手册。圭恰迪尼头脑相当清醒,揭穿了一切虚假和想象的动机。圭恰迪尼的《意大利历史》(*Storia d'Italia*,1537)被视为早期近代历史编纂学的代表作之一。他考察了1494年至1532年之间的意大利人的创痛,其中以1527年的罗马之劫为分水岭。有时候。圭恰迪尼的细节近乎是完美的,主要是因为他详尽无遗地把政府资料用作了历史资料。在圭恰迪尼那里,我们看到了在马基雅维利那里并不在场的一种现实主义。与马基雅维利充满高涨的爱国主义相反,圭恰迪尼仅仅能够把意大利的道德败坏提升为一种不可或缺的基本原则。①

欧洲别处的追随者与让·博丹的历史批评　16世纪的欧洲历史学家大多受到了意大利历史学家的影响。他们通过模仿意大利人模仿古典而模仿古典。对当地的历史编纂学而言,这些二级和三级追随者是非常重要的,但他们几乎没有说出帮助我们探寻原则与模式的新内容。②

法国人让·博丹(Jean Bodin,又译让·博丁,1529—1596)是人文主义追随者的一个例外。他是律师、哲学家和历史学家,并且像卡索邦和斯卡利格那样,是法国宗教战争之子。1556年,他撰写了一本怀疑论的历史批评著作《轻松理解历史的方法》(*Methodus ad facilem historiarum cognitionem*)。这部著作是居支配地位的人文主义议程之后的一丝新鲜空气。与其前辈不同,博丹深刻怀疑人文主义者所相信的通过修史创造出一个更好的今天的可能性。他在宗教战争期间的经历似乎已然激起他的怀疑主义。他主张历

---

① 参见 Francesco Guicciardini, *The History of Italy*, Princeton University Press, 1984。

② 虽然这些二级和三级追随者并不能为我们探寻原则与模式提供新阐释,但他们的著作非常令人着迷。比如,1586年,威廉·卡姆登(William Camden,1551—1623)撰写了第一部不列颠和爱尔兰地形学和历史概况《大不列颠》(*Britannia*),但是就方法而言,这部著作并未超出比翁多。卡姆登将他自己完全置于人文主义计划之内,当时他宣称"要把古代归还不列颠,把不列颠归还其古代。"对很多其他(荷兰和德国)历史编纂学家而言,比如科尼利厄斯·奥里利乌斯(Cornelius Aurelius)、哈德利安·朱厄尼斯(Hadrianus Junius)或者康拉德·策尔蒂斯(Conrad Celtis),情况同样如此。

史著作总是能够以不同的方法被阐释、利用和误用。① 历史学家的任务就是记录,以便不正确的使用成为不可能。这或许是不可企及的,但它至少是值得为之奋斗的一个理想。

世界观大改变:从斯卡利格到斯宾诺莎　语文学方法在历史编纂学中的运用对盛行于中世纪的通史或者编年史写作产生了有益的,但富于戏剧性的影响(参见第三章第二节)。因为人文主义者的校勘,可疑的史料,比如维泰博的安尼乌斯的伪造伯诺索斯著述,可能遭到令人信服的反驳。最终,人们认为他们既能破解所有其他人的历史,也能解决创世纪、亚当和亚伯拉罕的准确年代这一历史问题。约瑟夫·斯卡利格(参见第四章第一节)处于最有可能做到这一点的位置。他掌握的语言比其他任何人都要多,他的工作热情惊人,他对叙利亚语、阿拉姆语、埃塞俄比亚语、阿拉伯语、希伯来语和希腊语史料的知识无与伦比。他已编写过最好版本的古典名著;因此,倘若有人能够从老史料中提炼出正确的年代,那就是斯卡利格。本着**准确**、**一致**和**文献资料**的语文学—人文主义精神,他在《论时间的校正》(*De emendatione temporum*,1583)中,界定了传统古代的一种新时间表;借助历书比较,他能够将希腊—罗马史置于巴比伦、埃及、波斯和犹太史的语境之中。为此,斯卡利格制定了一种新的时间单位——儒略周期(Julian Period)——以便他能够统一月亮历和太阳历。儒略周期与源自它的儒略日(Julian day)至今依然作为一个时间参照点被使用于天文学。一如比德在他之前数个世纪所做的那样(参见第三章第二节),斯卡利格证明了天文学对历史年代有多么重要,相应地,历史成见对天文学有多么重要。

或许斯卡利格最重要的创新是他能够调和不同民族的彼此相异的纪年系统。为此,他使用了一种基于波利齐亚诺提出的最老史料原则的历史原则。**时间上尽可能接近所描述事件的史料最可靠。倘若唯有析出史料存在,那么原始史料必须尽可能地修复**。② 这一原则并不是没有问题,但它为

---

① 参见 Marie-Dominique Couzinet, *Histoire et méthode à la Renaissance, une lecture de la Methodus de Jean Bodin*, Coll. Philologie et Mercure, 1996。

② Anthony Grafton, "Joseph Scaliger and Historical Chronology: The Rise and Fall of a Discipline", *History and Theory*, 14 (2), 1975, pp.156—185.

斯卡利格提供了一种区分优劣的工具。在他生命的最后 24 年,他以一种值得效仿的方式运用了这一原则,主要见诸他在 1606 年完成的《时间词典》(*Thesaurus temporum*)。在这部著作中,他差不多收集、修复和排列了所有现存历史残篇。斯卡利格修复了一些非常重要的历史文本,其中包括曼涅托编写的关于古埃及王朝的历史(参见第二章第二节)。借助源自这些史料的信息,尤其是关于不同王朝的存在时间,斯卡利格得以确定第一个埃及王朝的年代为公元前 5285 年。让他沮丧的是,这个年代比人们通常接受的创世纪之日——根据与圣经融贯的年表,它势必是在公元前 4000 年前后——早将近 1300 年。然而,斯卡利格没有从他的发现中得出最后结论,这意味着要么《圣经》要么斯卡利格的方法是不正确的。为了"拯救奇迹",斯卡利格引入了一个新的时间概念——tempus prolepticon——时间之前的时间。他把发生在创世纪之前的每一个事件,比如古埃及国王,放入这一早发时间之中。斯卡利格的解决办法可能看上去似乎是虚伪的,但对 1600 年前后的一个新教徒而言,对《圣经》产生怀疑是不可想象的。但与此同时,斯卡利格始终如一,不愿就此放弃他的语文学方法。他偏向于引入一个想象的时代,而不是放弃最老史料原则。

今天看来,斯卡利格对古代埃及王朝的序时年代推定是基本正确的,但在他所在时代却几乎不被人接受。甚至斯卡利格的直接追随者乌波·埃米尤斯(Ubbo Emmius)和尼古劳斯·穆莱里乌斯(Nicolaus Mulerius)也都在年代推定上不赞成他,仅仅因为它直截了当地反驳《圣经》。严谨的赫拉尔杜斯·福修斯(1577—1649)认为,自己可以通过假定埃及朝代不是连续的而是同步的(曾在不同地方发生过)这一办法,解决这一难题。然而,除与巴比伦历史的类比之外,他并没有任何证据来支持他的立场。福修斯的建议看起来几乎就是回归与圣经融贯原则(参见第三章第二节),根据该原则,每一历史事实都必须符合基督教圣经教义。其他人,比如神学家雅各·李维乌斯(Jacob Revius),认为大家参照普通的圣经断简残篇是错误的,相反,1654 年,爱尔兰大主教詹姆斯·乌雪(James Ussher)在其《年鉴下》(*Annalium pars posterior*)中再次认定,万物的创造发生在公元前 4004 年 10 月 23 日,礼拜日。

然而,不出一年,"恶魔四散蔓延"。1655 年,法国神学家艾萨克·拉·

佩雷尔(Isaac La Peyrère,1596—1676)声称,人出现在亚当和夏娃的创造之前——所谓的"**亚当以前的人**"(pre-Adamite)。他的断言暂时看起来是凭空捏造的。比如,拉·佩雷尔主张埃及国王统治长达数百万年。然而,赫拉尔杜斯之子艾萨克·福修斯(1618—1689)提供了语文学和历史支持。他并不是主张人生活在创世纪之前,而是通过《世界的正确年龄》(*De vera aetate mundi*,1659)证明,地球势必要比人们迄今所假定的年代至少早1440年。艾萨克借助来自地理研究、中国和埃塞俄比亚文献的证据证明了他的论点。他的著作在欧洲学术圈变得广为人知,对17世纪后半叶的激进圣经批评产生了深刻影响。

巴鲁赫·斯宾诺莎(Baruch Spinoza,1632—1677)把圣经批评提升到了世俗政治哲学的地位。在其1670年匿名出版的《神学政治论》(*Tractatus theologico-politicus*)中,他以一种之前从未展示过的激情坚持,关于《圣经》的书籍都是由历史地成长的人所撰写的著作,并且是在特定时代被传述。斯宾诺莎为达到其目的而采用的圣经批评的基础,是他杰出的语文学前辈的为史实所支撑的校勘。① 经过斯宾诺莎之手,语文学的破坏力大爆发——没有文本是绝对的。他接受了语文学家和历史学家的结果,将它们推至终极含义,然后要求自由使用理性的权力,没有来自神学家的干扰,而民主作为政府的优先形式显影。斯宾诺莎能够把历史—语文学范式用于一种新的、世俗的世界观,这种世界观实际上代表了启蒙运动的肇始。②

在这一语境下,斯卡利格的世界历史与圣经纪年法相冲突这一发现产生了深远影响。他所发现的东西处于一系列大变化的发端点,它们催生了一种世界观,于其间《圣经》不再被作为严肃的历史资料接受,以及思想自由对公民和国家的福利是必需的。③ 这些是18世纪"理性主义"启蒙思想家将用以制造轰动的思想。然而,正处于这一悠长链条起点的是15世纪和16世纪人文主义者,其中瓦拉是第一位相关学者,而斯卡利格是最杰

---

① 参见 Piet Steenbakkers, "Spinoza in the History of Biblical Scholarship", in Rens Bod, Jaap Maat and Thijs Weststeijn (eds.), *The Making of Humanities*, Volume I: *Early Modern Europe*, Amsterdam University Press, 2010, pp. 313—326。

② Jonathan Israel, *Radical Enlightenment*, Oxford University Press, 2002。

③ 参见 Eric Jorink, *Het Boeck der Natuere*, Primavera pers, 2007, p. 429。

出的学者——对一切都持**怀疑态度**,包括《圣经》,**精确性**、**一致性**和**实证方法**,以及可靠的**理论支撑**,这一方法影响了所有学术活动,而不仅仅是圣经批评。① 虽然我们不必忘记很多人文主义者存有让古代复活的唯一目的,但它也导致了对现存资料的一次批评性选择,当时最具批评性的拥护者,比如瓦拉、波利齐亚诺、伊拉斯谟和斯卡利格,对每份文献都产生了怀疑。

然而,直到 18 世纪,斯卡利格对埃及王朝的年代推定都是遭人质疑的。甚至科学革命的代表人物艾萨克·牛顿也都让历史事实从属于圣经故事,当时他主张法老们生活在同一时代。"当初埃及的王国就像希腊的王国一样,数量众多。"②然而,这些意见缓慢但肯定地销声匿迹了,之后启蒙运动进入了全盛阶段。这也是语文学与新的自然科学逐渐分离的时代。学科变得非常专业化,以致它们几乎不可能被某一个人整合起来。无论是在牛顿的语文学—历史著作中,还是在斯卡利格早期的"人文主义数学"中,我们都看到了这一点。虽然斯卡利格在语文学历史编纂和历书比较方面才华出众,但涉及数学的时候,他实际上无从下手。比如,他在任何情况下都坚持他解决了圆的求积问题——但他使用的是语文学而不是数学方法。③

然而,作为一个编年学家,斯卡利格无可匹敌。他第一个没有让其编年学从属于神学。一个半世纪之前,罗伦佐·瓦拉已然将异教徒的抄本置于教会文献之上。现在,斯卡利格把现实世界的历史置于《圣经》的历史之上,以及这一点所暗示的一切。

专题论文作者派与新世界 在以专题论文作者派(trattatisti)为世人所知的意大利历史学家中,比如斯佩罗内·斯佩罗尼(Sperone Speroni)、弗朗西斯科·罗伯特罗(同时参见第四章第一节)和弗朗西斯科·帕特里奇(Francesco Patrizi,1529—1597),我们发现了崛起、鼎盛与衰落模式的一种新阐释。在他们的《历史艺术》(*ars historica*)中,专题论文作者派延续了马

---

① 同时参见 Cynthia Pyle, "Text as Body/Body as Text: Humanists' Approach to the World around Them and the Rise of Science", *Intellectual News*, 8, 2000, pp.7—14。

② 转引自 Anthony Grafton, "Joseph Scaliger and Historical Chronology: The Rise and Fall of a Discipline", *History and Theory*, 14 (2), 1975, p.180。

③ 参见 Rienk Vermij, *The Calvinist Copernicans*, Edita KNAW, 2003, p.20。

基雅维利的工作,当时他们认为,有一种秩序在支撑着人类活动。他们主张,关于这一秩序的知识抑或"人类的动机"使得阐释历史成为可能。为此,弗朗西斯科·帕特里奇在其《历史的对话》(Dialoghi della Historia)中,尽可能完整地拟列了所有人类活动。最终他不得不承认,他的列表无法用于解释具体的人类活动,但他的确发现了一种让人回想起希罗多德、司马迁和伊本·赫勒敦等人所描述的循环——一种**毁灭与重生**(destruction and rebirth)模式。帕特里奇认为,在埃及和希腊历史和神话中找到这种模式是有可能的。他的循环似乎是现有的众所周知的崛起、鼎盛模式的反转,帕特里奇以衰落(毁灭)为起点,之后是重生,等等。

新世界与未知民族的发现已然导致关于全球史的可能性的怀疑主义。但也有历史学家把新民族的发现视为基督教救赎史的实践,比如巴托洛梅·德·拉斯·卡萨斯(Bartolomé de Las Casas)。新灵魂可以被改造,基督教将成为全球宗教这一预言即将诞生。1552年,拉斯·卡萨斯也是最早撰文抗议残酷对待印第安人的学者之一。然而,最后,对历史的世俗阐释大行其道。斯卡利格为把与圣经融贯的历史融入一种更具影响的世界史的历史编纂学铺平了道路。虽然1700年以降,很多人依旧冒险从事未遂的救赎史——从乔治乌斯·霍尼乌斯(Georgius Hornius)到沃尔特·雷利(Walter Raleigh),前者把新发现的民族吸收进了他的全球史,后者吸收了哥白尼和伽利略的深刻见解,但后来的历史学家仅仅把基督教历史看作了通史的一部分。

最后的人文主义者抑或最早的历史主义者?维柯与"真理即成事"原则 那不勒斯历史学家、哲学家贾姆巴蒂斯塔·维柯(Giambattista Vico, 1668—1744)有时候被称作最后一位人文主义历史学家,但他也一只脚跨入了新时代。作为一个"系统整体"的文化概念已然被归功于维柯。他提出了一种强有力的反笛卡尔人类观:维柯驳斥了理性可以解释复杂的人类现象这一观点。1725年,在《新科学》(Scienza Nuova)中,他引入了一门新的学术性学科,它旨在阐明关乎一切人类存在的发展(不能与伽利略意指新的自然科学的《新科学》[Nuove Scienze]混为一谈)。维柯的新科学以生命周期的形式考察了人类历史。这些周期遵循同一种模式,即"**理想的永恒**

历史"(storia eterna ideale),它包括三个时代——**神**的时代、**英雄**的时代和**人**的时代。① **神**的时代由神话和口头叙事组成,接着是叙述**英雄**事迹的吟游诗人和诗人的时代,最后是关于普通**人**的故事的时代。不同于之前的循环模式的追随者,我们在维柯的著作中没有发现对这三个时代之一的偏爱。每个时代同等重要。在第三个时代,存在一种始自人类成就达到巅峰那一刻的不可避免的衰落。文明然后回到野蛮状态,或者被另一种文化征服和吸收。

根据维柯,自然比人类活动更容易理解这一笛卡尔式假设是根本错误的。维柯认为,因为上帝创造了自然,所以唯有上帝能够真正了解自然;然而人类可以了解**他们**已然创造之物,即他们自己的文明。事实(人类创造的事实)即真理。换言之,人们更好地认识的是他们自己之所为(事实),而不是遭遇他们之物(上帝创造的自然)。人类历史天生就是可以理解的,因为所有人都经历希望、恐惧、欲望等,而涉及自然的时候,他们总是局外人。② 在这里,维柯奠定了将被威廉·狄尔泰(Wilhelm Dilthey)和其他人建立的作为一个完整知识领域的人文学的基础(参见第五章第一节)。

差不多要过一个世纪之后,维柯的历史观的影响才会全面受人关注,首先是见诸约翰·戈特弗里德·赫尔德(Johann Gottfried Herder,1744—1803)的著作(参见下文),然后是 19 世纪的历史学家。他们在维柯的思想中看到了一种新的阐释方法,根据这种方法,历史必然依照设定法则而发展。然而,这种新的历史方法并未得到维柯的全面运用。他自己的著作主要关涉循环模式,即"理想的永恒历史",在维柯看来,它是无法摆脱的。

螺旋进步模式:伏尔泰、杜尔哥、孔多塞 不同于维柯把历史看作一种永恒的循环记载,法国启蒙思想家把历史过程阐释为一种**进步**(progress)模式。鲜有历史阐释像这一模式那样,已然产生如此巨大的影响。根据法国政治家杜尔哥(Turgot,1727—1781),在不断交错的和平与混乱时期,整个人

---

① 参见 Ernst Breisach, *Historiography: Ancient, Medieval and Modern*, The University of Chicago Press, 2007, p. 211.

② Gino Bedani, *Vico Revisited: Orthodoxy, Naturalism and Science in the Scienza Nuova*, Berg Publishers, 1989.

类朝着日臻完美前进。

进步思想成了启蒙运动的准则。然而,何为这一模式的证据? 18 世纪"启蒙运动者"中有一种日益强烈的信念,即人类能够控制自己的命运。世界被证明是根据由摆脱了迷信的理性头脑所发现的科学原理安排的。当然有其他民族和文化的问题,它们显示出不那么令人信服的进步模式,但避开问题的办法也是可以找到的。比如,在其《风俗论》(*Essai sur les mœurs et l'esprit des nations*,1754 年,全名为《论各民族的精神与风俗以及自查理曼至路易十三的历史》——译者)中,伏尔泰(Voltaire,1694—1778)广泛讨论了中国、印度、波斯和伊斯兰文明,但他支持进步模式,强调了他自己所在时代的欧洲的优势。伏尔泰通过引入"不平等发展"概念回避了多元性问题。欧洲人并非本质地不同于其他民族——他们不过是在"理性"范畴领先而已。其他民族滞后这一事实完全是由非理性力量所致,比如宗教、法律和习俗。然而,所有民族迟早会分享理性的最大功绩——幸福。

与这种新的进步秩序相随的是在民族和历史时期多元化方面的全面缄默。基督教中世纪因此被视为不过是理性的解放的暂时中断,而理性的解放是在古代被启动的。不同于查理·德·孟德斯鸠(Charles de Montesquieu,1689—1755)对基督教知识依旧持容忍态度,尼古拉斯·德·孔多塞(Nicolas de Condorcet,1743—1794)认为,中世纪就是一个迷信和盲从的幽灵。① 另一方面,孔多塞看到了他自己所在时代的很多进步模式——交通的改善、更大的自由、更多的平等和受启蒙的政府。孔多塞承认,虽然历史步伐有时候伴随着延迟,比如短暂的中世纪衰落,但终久只有一条向前的路。②

因此,并不属实的是,启蒙思想家否定鼎盛和衰落的循环模式,但他们把它与进步模式相结合,让它从属于进步模式。杜尔哥甚至认为他发现了一种新的历史模式,它公平对待永恒循环和线性进步思想。他把历史过程

---

① Nicolas de Condorcet, *Esquisse d'un tableau historique des progrès de l'esprit humain*, posthumously published in 1795.

② Ernst Breisach, *Historiography*: *Ancient*, *Medieval and Modern*, The University of Chicago Press, 2007, p. 207.

描述为一条螺旋式道路,通往所希冀的目标。① 就杜尔哥而言,知识和理性的进步并不为文明的去来所阻挡。艺术和科学确实被延迟了,然后它们的发展被加快了,但这一过程的有效效应(net effect)是前进。作为我们已见过的描述"历史的轮廓"的第三种形式模式,螺旋模式与循环和线性模式(一如在救赎史中)相会合。

但是,这种模式仅仅见诸一种文明——欧洲文明,甚至在这里它也势必是微妙的。启蒙思想家在其他文明中没有观察到任何进步模式,但它注定适用。因此,在"启蒙运动者"中,进步概念与其说是**后验的**被观察到的规律性,毋宁说是**先验的**被强加的规律性。因此,它与其说是联系着历史编纂学,毋宁说是联系着哲学(抑或说正如一次又一次被主张的那样,哲学是"事前的智慧"而历史是"事后的智慧")。然而,若干世纪之前,希罗多德已然基于**多种**文明证明了这一循环模式(参见第二章第二节)。虽然这并不意味着希罗多德的归纳未曾受到他的希腊世界观的影响,但确乎意味着它可以显示出更多历史证据。

进步模式也受到了启蒙思想家自己的批评。让-雅克·卢梭(Jean-Jacques Rousseau,1712—1778)主要表示了道德异议,而孟德斯鸠则声称普遍进步的思想不为历史证据所支持。最终,唯有循环模式赢得了普遍认同,而进步模式虽然有很多启蒙思想家支持,充其量获得了令人怀疑的地位。

对法国启蒙历史学家的反应:休谟、吉本、赫尔德 与相当理论性的意大利和法国历史编纂学形成对照的是,在18世纪的英格兰和苏格兰存在着对更加经验主义的历史书写方式的偏爱。在其《英国史》(*History of England*,1763)中,大卫·休谟(David Hume,1711—1776)并不认可历史进程中的纯理论阐释。与其激进—经验主义哲学完全一致,休谟在很多单独事件中看到了无限的变化。

在爱德华·吉本(Edward Gibbon,1737—1794)的著作中,我们也看到了对经验主义的强调和对理论的不那么关注。在其备受好评的六卷本《罗马帝国衰亡史》(*Decline and Fall of the Roman Empire*)中,吉本希望知道什

---

① Ernst Breisach, *Historiography: Ancient, Medieval and Modern*, The University of Chicago Press, 2007, p. 208.

么最终导致了罗马帝国衰亡,尤其是它为何能够延续如此之久。他并没有基于崛起、鼎盛与衰落这一简单公式给出他的答案,而是汇编了非常详细的循序渐进的证据。吉本的劳动成果获得了即刻的成功。他在智识男女的世界里变得大受欢迎,他的著作也驳斥了过分简单化的进步模式。但吉本也在很大程度上是他所在时代的产物,不相信任何进步模式,无论如何,它从未被描述为一种普遍模式,而是仅仅被描述为一种独特现象。

在德国启蒙历史学家中,比如约翰·埃内斯蒂(Johann Ernesti)和约翰·塞姆勒(Johann Semler),越来越多的人认识到了一切时代同等重要(正如我们在维柯那里所见到的)。约翰·戈特弗里德·赫尔德的著作,尤其是他的"民族"(Volk)概念是非常重要的,代表了欧洲18世纪的壮丽谢幕,实际上19世纪的开端(参见第五章)。对赫尔德而言,民族是历史的核心概念,是个人可以通过共同的语言、艺术和文学团结起来的有机体。根据赫尔德,地球之上的所有民族都有一种独特的、不可复制的本质。这种多样性也被称作"民族精神"(Volksgeist)。作为一个有机体,一个民族可以生长、发育和死亡。这种观点与维柯的观点是一致的;赫尔德强调说,民族的生命周期中的每一个时期同样有意义。他拒绝了法国人的进步概念(以及相联系的螺旋模式),因为它否定生命过程。这一过程既包括生长,也包括衰老和死亡。赫尔德本人是"通俗文学"(popular literature)的伟大奉献者,他收集了大量民间歌曲。他不但经常被视为19世纪和20世纪民族主义的精神之父之一,而且也被视为多元文化主义的灵感源泉。①

中国:从李贽的相对主义到章学诚的历史批评　一如在之前的时代,朝代年谱代表了明朝(1368—1644)最重要的修史活动。史馆借以开展这种宫廷修史的方法味同嚼蜡。然而,明朝期间,一位历史学家清晰地浮现了出来——李贽(1527—1602)。除很多被嫁接到朝代史的传记之外,李贽撰文尖锐地批评了之前的历史著作。在他看来,这些著作都受制于当时编者的标准和价值观。因此,来自过去的判断必须被修正。他证明了在之前的著

---

① 参见 Tilman Borsche (ed.), *Herder im Spiegel der Zeiten: Verwerfungen der Rezeptionsgeschichte und Chancen einer Relektüre*, Fink, 2006;同时参见 Joep Leerssen, *National Thought in Europe: A Cultural History*, Amsterdam University Press, 2006。

作中被描述为卑鄙者的人何以能够相当简单地、彻底令人信服地在他的传记中被描述为英雄。基于他的方法,我们可以把李贽描绘为历史相对主义者。李贽甚至敢于对孔子的地位产生怀疑,这为他带来了牢狱之灾,以及1602年的自杀。直到民国时代,李贽才被平反昭雪。

清朝期间(1644—1912),共有5478部历史著作面世。从明朝到清朝的过渡(大约1640—1700)是一个充满巨大社会动荡和战事连连的时期。同时,它是中国历史编纂学最富成效的阶段之一。很多历史学家,包括民间历史学家,勉力了解谁对谁错,为什么明朝灭亡、为什么农民起义军在1644年打败明朝之后没有建立一个新王朝。在不到60年的时间里,1100部著作被撰写了出来。① 一般而言,运用于它们之中的方法充满了官方宫廷年谱的传统**编年史模式**(年—月—日)。然而,最大创新见诸中国思想史的创造。② 比如,在其《明儒学案》(*Records of Ming Period Confucian Scholars*)中,黄宗羲(1610—1695)提供了最早的中国哲学概述之一。在这部著作中,黄宗羲讨论了200多位明朝思想家,将他们归入了19个不同的学派。然而,这部著作主要包括传记和典型段落的引语,并不为我们的探寻贡献任何新见解。

校勘经验学派的语文学实践(参见第四章第一节)也对中国历史编纂学产生了影响。尤其是顾炎武,以及在较次要程度上的王夫之(1619—1692),将校勘方法应用于证实或者推翻历史文献。但是,这些语文学—历史活动在中国就像它们在欧洲那样,并未产生重大社会影响。另一方面,这是因为道家/儒家思想实质不那么容易被推翻。循环性的道家模式与历史现实非常契合,创世记的年代(一如就圣经已然被尝试的那样)无法从中被推断出来。另一方面,满人统治时期的残酷的文字狱使得把语文学用于任何类型的批评性历史编纂学完全不可能。唯有久远的过去可以被批评,而且仅仅是在很低的程度上。由人文主义者在近代欧洲所引发的重要变化在晚清中国是不可能的,必须等到1900年之后的知识分子革命,当时中国的

---

① Kelly Boyd (ed.), *Encyclopedia of Historians and Historical Writing*, Vol. 1, Routledge, 1999, p.226.

② 关于早期近代欧洲思想史,参见 Johann Jakob Brucker, *Historia critica philosophiae*, 1742。

古典著作遭到了亵渎。

在其《文史通义》(General Principles of Literary and Historical Criticism)中,章学诚(1738—1801)批评了经验学派通过校勘对历史资料的验证本身。根据章学诚,对历史资料的语文学和历史批评过于缺失变化。相反,历史的最重要特征就是变化。毋庸置疑,这种变化在每一个时代都有其自身特征,但在章学诚看来,发现变化的普遍原理是可能的。它们是普遍适用的,可以作为当下的指导纲要。章学诚还提出了一个历史编纂法方案,让人回想起司马迁的系统结构(参见第二章第二节):(1)序时概述,(2)传记和关于机构的专著,(3)补充前两者的地图、表格、图表和统计数字。这三部分内容必须完全客观,基于作者自己对所发现真实资料的考察。在章学诚自己所在时代,几乎没有人对他的历史编纂感兴趣。经验学派的文献史料批评迄今引起了最多关注。直到20世纪,当其被中国和日本学者重新发现的时候,章学诚关于历史"变迁"的重要性的思想才再次被人论及。

非洲:卡蒂与个人经验和口述传统的融合　伊本·赫勒敦是彼特拉克的同时代人,或许是大致1400—1800年这一时期的第一位非洲历史学家。然而,他的《历史绪论》(参见第三章第二节)并非唯一出自非洲的阿拉伯语历史著作。在过去的五十年间,源自尼日尔山谷(Niger Valley)的大量抄本浮现了出来。它们是用阿拉伯语撰写的,但也用了图阿雷格语(Tuareg,塔玛沙克语[Tamasheq])、桑海语(Songhai)和富拉尼语(Fulani)。[①] 最重要的两部编年史是源自杰内(Djenné)、含有桑海帝国历史的《探索者史》(Tarikh al-fattash)及其续集,源自廷巴克图(Timbuktu)的《苏丹史》(Tarikh al-Sudan)。杰内和廷巴克图属于非洲主要智识中心之列。杰内众所周知是因为它的大量建筑(包括其世界闻名的土坯清真寺),而廷巴克图拥有撒哈拉沙漠以南最大的清真寺学校和图书馆。1550年,安达卢西亚旅行家和商人利奥·阿非利加努斯(Leo Africanus)在其《非洲图志》(Descrittione dell'Africa)中,记述了廷巴克图令人难以置信的财富。这座城市保持着与摩洛哥和西班牙书市的联系,伊本·赫勒敦的著作及其他很多著述都有存货。

---

① 参见 Kevin Shillington (ed.), *Encyclopedia of African History*, Routledge, 2004, Vol. I, p.640。

编年史《探索者史》是由杰内的卡蒂（Kati）家族三代人所撰写的，其家族图书馆最近被重新发现。大约在 1519 年，马哈茂德·卡蒂（Mahmud Kati）启动了编年史；1591 年，他的孙子完成了编年史。它提供了桑海帝国直到 1591 年被摩洛哥征服的一种简史。就像波利比奥斯的著作一样（参见第二章第二节），编年史的同时代部分是基于个人经验原则，而对之前历史时期的描述则是基于悠久的口头传述；口头传述在该地区是很寻常的，由家族本身不断传承。廷巴克图的阿卜杜拉赫曼·萨迪（Abderrahman al-Sadi）的《苏丹史》也以类似方式论及了桑海帝国直到 1655 年的后期历史。①

这种基于个人经验与口头传述的组合编写编年史的形式从杰内和廷巴克图播散到了南部和西部。在那里，18 世纪期间，长期存在的口头传述的君主列表、传记、部落宗谱与地方编年史被用阿拉伯语或者方言之一记录了下来。比如，《贡贾史》（*Kitab al-Ghunja*），黄金海岸（现在的加纳）北部的贡贾（Gonja）王国的一部编年史，是这一传统最引人注目的例子之一。现在，该抄本可以在达卡的法国非洲事务机构（IFAN）图书馆被见到。

在东非的编年史写作领域，有一种类似的传统。被使用的语言是阿拉伯语，或者是使用阿拉伯字母的斯瓦西里语。多数编年史都是关于个别海滨小镇和城市的历史，比如《帕泰岛编年史》（*Chronicle of Pate*）和《基尔瓦城编年史》（*Kitab al-Sulwa fi akhbar Kulwa*）。帕泰岛位于现在的肯尼亚境内，过去是非洲东部的一个主要商栈。直到 18 世纪末，它一直在与葡萄牙竞争。基尔瓦城位处坦桑尼亚海岸，从 9 世纪到 19 世纪一直是印度洋上最大港口之一。现在，这座城市因其中世纪遗迹而闻名遐迩，比如大宫殿（Husuni Kubwa），内有公共集市、住宅区、清真寺、城墙和墓地。《帕泰岛编年史》仅仅以口传形式流传了下来（原本失传于英国征服时期），但《基尔瓦编年史》被作为抄本保持了下来。《基尔瓦编年史》被编写于 1520—1530 年间，早在 1552 年就被译为了葡萄牙语，这或许是因为该城的战略重要性。约翰·弥尔顿（John Milton）著名的 17 世纪诗歌《失乐园》（*Paradise Lost*）便是意指基尔瓦。从方法原则来看，帕泰岛和基尔瓦城二者的编年史与非洲

---

① 参见 John Hunwick, *Timbuktu and the Songhay Empire: Al-Sadi's Tarikh al-Sudan down to 1613 and Other Contemporary Documents*, Brill, 1999。

第四章 早期近代：人文学的统一

西部地区的那些编年史非常相似。它们把历史悠久的君主列表和宗谱的口头传述与作者的个人经验相结合。① 它们证明了无论是在过去还是现在，口传文化——除书写文化以外——在非洲是多么丰富和久负盛名（参见第五章第一节）。

一如我们在第三章第二节所看到的，在埃塞俄比亚也有非常悠久的编年史编写传统。从所罗门王朝1270年执政开始，王室编年史构成了一个未曾中断的知识领域，它最初是用吉兹语（Ge'ez）编写的，后来是用阿姆哈拉语（Amharic）。根据传统，所罗门王朝的系谱追溯到了所罗门国王和示巴女王的儿子曼涅里克一世（Menelik I），一如在《国王的光荣》中被描述的那样（参见第三章第二节）。我们在这里没有发现任何新的原则或者模式。

上文所讨论的编年史仅仅是冰山一角。源自塞内加尔、加纳、喀麦隆和其他地区的很多抄本尚未被盘存，抄本通常由家族保存，仅仅在廷巴克图周围地区，其数量据估计就达70万册。数千部文献已然被艾哈迈德·巴巴学院（Ahmed Baba Institute）归类。② 大部分抄本仍然在等待被人使用，当务之急是抢救和保护那些人们业已知道其存在的文献。③ 正缓慢但肯定地变得清楚的是，非洲书写文化已然被低估长达数世纪。其中一个并非最次要的原因，可以归结于欧洲殖民偏见。④ 虽然仅有一小部分历史著作目前可以使用，但可以从已然被研究的非洲编年史中确定的是，无论相关地区在多大程度上处于伊斯兰影响之下，非洲编年史几乎没有采用形式化的伊斯纳德资料传述法（参见第三章第二节）。相反，我们在这些编年史中发现了个

---

① 参见 Marina Tolmacheva, *The Pate Chronicle: Edited and Translated from MSS 177, 321, 344, and 358 of the Library of the University of Dar es Salaam*, Michigan State University Press, 1993。

② Sidi Amar Ould Ely and Julian Johansen (eds.), *Handlist of Manuscripts in the Centre de Documentation et de Recherches Historiques Ahmed Baba, Timbuktu* (Handlist of Islamic Manuscripts Series V: African Collections Mali, Vol. I. Publication no. 14), Al-Furqan Islamic Heritage Foundation, 1995。

③ 关于事情的当下状态，参见 Mary Minicka, "Towards a Conceptualization of the Study of Africa's Indigenous Manuscript Heritage and Tradition", *Tydskrif vir Letterkunde*, 2008, 45 (1), pp. 143—163。

④ 关于殖民偏见的讨论，参见 Joseph Ki-Zerbo (ed.), *General History of Africa I: Methodology and African Prehistory*, Heinemann, 1981, pp. 1—6。

人经验原则(适合于同时代的历史编纂)与更深入细致的口头传述原则(适合于之前的历史编纂)的组合。尚不完全清楚的是,口述史料在何等程度上被验证具有可靠性。

奥斯曼帝国和阿拉伯世界的历史编纂学 长达四个世纪,阿拉伯语世界属于奥斯曼帝国,伊斯坦布尔是其文化中心。虽然奥斯曼帝国时期经常被视为学术衰落时期,但在此期间的历史编纂学和其他人文学科依然在很大程度上没有得到研究。可使用的文献证明了衰落的逆转。存在一种快速发展的历史编纂文化。

虽然最早的"奥斯曼帝国"历史学家依然是拜占庭历史编纂学家(比如劳尼库斯·哈利科空迪拉斯和迈克尔·克利托布洛[Michael Critobulus]——参见第三章第二节),土耳其人在16世纪让人把欧洲历史著作翻译了过来,以便获得对欧洲更加深入的了解。因此,奥斯曼帝国的历史编纂学几乎不得不从头开始。以易卜拉欣·珀塞维(Ibrahim Pecevi,1572—1650)为例;当他希望编写奥斯曼帝国历史的时候,他不得不求助于某些时段的"敌人"历史学家,比如匈牙利历史学家,因为并非所有战役都业已被以土耳其语如实描述。① 历史学家侯赛因·赫扎分(Huseyn Hezarfen,卒于1691)甚至基于欧洲史料撰写了一部近乎完美的世界史。相反,其他历史学家返回到阿拉伯语史料。其中的一位是卢特富拉(Lutfulla,卒于1702),他主要是基于拉希德·丁的编年史进行他的编年史写作(参见第三章第二节)。

18世纪期间,奥斯曼历史编纂学因为在欧洲的军事失利发生了变化。比如,编写于1718年的一份文献历史地分析了相较于奥地利军队,奥斯曼帝国军队更为质朴的能力。土耳其历史编纂学非常令人着迷,尤其是在它与欧洲及阿拉伯世界的关系方面,但就我们的探寻而言,我们暂时不能发现任何新的方法或者模式。

印度、莫卧儿帝国:作为过去的变体的现在 在伊斯兰莫卧儿帝国,编年史也是同时以通史(由卡汪达米尔[Khvandamir]编写于1528年前后)和

---

① Bernard Lewis, *Islam in History*, Open Court, 1993, p.121.

宫廷编年史(由阿布勒-法兹勒[Abu'l-Fazl]编写于1600年前后)的形式编写。第三位莫卧儿皇帝阿克巴(Akbar,1556—1605)统治时期,一种新的历史方法被建构了出来,它在一定程度上类似于中国的宫廷编年史写作及其循环模式。① 莫卧儿方法主要是规定性的。之前的文献总是"被包括"在对现在的描述中——通常是以概要的形式,其目的在于呈现**作为过去的变体的现在**(the present as a variation on the past)。过去充当可以被用于阐释现在的原始模型。遗憾的是,这种方法,还有源自它的循环变体和模式,几乎或者完全没有具体化的机会。皇帝奥朗则布(Aurangzeb)1707年去世之后,莫卧儿帝国,连同印度宫廷编年史写作,轰然坍塌。

早期近代历史编纂学概述 早期近代结束时,历史编纂学的地位如何?在欧洲,彼特拉克的古代——中世纪——新时代分期被普遍接纳。过去作为经验概括之源同样被广泛接受,从马基雅维利到孔多塞。在全球层面上,从创世纪到世界末日的线性模式似乎已经在大多数地方让位于"古老的"循环模式。这已经被伊本·赫勒敦重新发现,他之后是莫卧儿历史学家,它在专题论文作者派、维柯和赫尔德的努力之下,再次实现了辉煌。这一模式也被"启蒙运动者"采用于他们的螺旋进步模式之中,说明它与伊本·赫勒敦的文化扩张循环模式不无相似性。然而,进步思想受到了批评,首先是在法国(孟德斯鸠),后来是英格兰/苏格兰(休谟)和德国(赫尔德)。也有很多"独特的"发展,比如李贽的极端历史相对主义、非洲历史学家(卡蒂)的个人经验与口头传述的融合。

然而,在早期近代的历史编纂学中,还有一个引人注目的相似之处。**在中国和印度,语文学—历史方法导致了历史实践的一个转折点**。一份文献可以被彻底否定,虽然数世纪以来它一直被视为是真实的。现在,历史学家凭一己之力就能制造或者毁掉一份史料,条件是他使用严格的语文学方法。在欧洲,这一方法导致了承认世界史比与圣经融贯的历史更古老,它突破了之前建立的元模式,即历史的时间结构与圣经的时间结构一致(参见第三章第二节)。

---

① John Dowson (ed.), *The History of India, as Told by Its Own Historians: The Muhammadan Period*, The Posthumous Papers of the Late Sir. H. M. Elliot, Calcutta, 1959.

原则:实物史料原则、最老史料原则、成文史料原则、真理即成事原则、个人经验原则、口头传述原则

模式:"古代——黑暗/中世纪——新时代""必要性"的历史总结、世界史长于与圣经融贯的历史、毁灭与重生模式、循环模式"神—英雄—人"、作为过去的变体的现在、任何历史编纂都能够以不同方法阐释、使用和误用(博丹和李贽)

第三节 语言学与逻辑学:在人文主义的束缚下

不同于它在语文学和历史编纂学中非常富于创造力,人文主义对在基督教中世纪期间达到了无上高度的学科,比如语言学和逻辑学,并不是那么有帮助。没有人文主义者希望联系上模式派语言学(参见第三章第一节)或者经院派逻辑学(参见第三章第六节)。对古代世界的信奉不过是口惠而已。其结果是语言学和逻辑学思想开始贫乏。很多早期近代语言学家和逻辑学家不得不重新发现他们的学科,而不是带着中世纪学者的创造性见解向前发展。语言学也支配着中国的语文学。曾一度兴盛的中国逻辑学看起来几乎彻底失败了。

人文主义方言语法:阿尔伯蒂 15世纪,欧洲语言学在很大程度上是与语文学叠合的。罗伦佐·瓦拉的拉丁语语法《典雅》(参见第四章第一节)实际上是一种语文学操练,托马斯·利纳克尔(Thomas Linacre,1460—1524)和尤利乌斯·恺撒·斯卡利格的拉丁语语法处于旨在复兴古代人文主义议程之中。与此同时,人文主义无疑希望借助其人文研究,把语言学的博雅教育从大学课程中解放出来。但是,中世纪的成就遭到抑制的频率依然引人注目。比如,利纳克尔和斯卡利格让他们的语法充满了模式派术语,虽然他们说自己的著作是基于瓦罗和普利西安。无人提及埃尔富特的托马斯或罗杰·培根等思辨语法学家(参见第三章第一节)。

在人文主义影响下,方言语法也发生了剧变。通常,最重要的目标是证明这些语法与拉丁文的一致程度,因为拉丁文的规则被认为是"普遍的"。莱昂·巴蒂斯塔·阿尔伯蒂的《托斯卡纳语文法》(*Grammatica della lingua toscana*)面世于1437至1441年间,是最早的人文主义日常生活语言语法范例之一。这部语法中存在典型的人文主义背景:波焦、瓦拉、瓜里诺和费勒夫围绕古拉丁文是否在古代为大家所使用展开了论争。换言之,古拉丁文在古代仅仅是男性精英的语言呢,还是也被妇女、儿童和奴隶使用?鉴于人文主义者自己也发现掌握拉丁文规则并非易事,所有人都说这门语言在他们看来似乎是不可能的。大多数人很可能说的是使用任意性规则的某种更为简单的方言,而更高级的古拉丁文有着学问所要求的复杂规则系统。

没有教科书能够解决这一问题,因此,阿尔伯蒂另辟蹊径攻克了它。他解释说,托斯卡纳口语中的动词变位规则恰好与拉丁文变位规则一致,基本上包括了相同的时间指示范畴,比如现在时(praesens)、未完成时(imperfectum)、完成时(perfectum)、过去完成时(plusquamperfectum)和将来时(futurum)。因此,虽然日常用语的基础看似随意,但经过更加仔细的考察发现,它和古拉丁文一样"准确"。人们没有任何理由假定拉丁文知识很可能仅仅局限于一小群饱学之士的使用者。按照古罗马语法学家的传统,阿尔伯蒂使用了程序性规则系统原则作为他的证据,他也像前辈那样,将该规则限定于单词词尾变化。

希伯来语的词形结构:罗伊希林 虽然让当地日常生活用语基于拉丁语依然有可能,但结果证明这对希伯来语而言却是不可能的。人文主义者渴求学习希伯来语,因为它是三门神圣语言(tres linguae sacrae)之一。[①] 然而,很多人都在这门语言高深莫测的词形结构中陷入了泥潭,直到德国希伯来语学者约翰内斯·罗伊希林(Johannes Reuchlin,1455—1522)能够确定,在希伯来语中,所有动词形式从中衍生出来的动词词干并不与陈述语气的**第一人称**一致(就像在大多数欧洲语言中那样),而是与过去时**第三人**称单数一致。这是一种令人诧异、出乎预料的见解。罗伊希林还发现,不同于拉丁语,希伯来语的词汇可以在词首(前缀)、词尾(后缀)和词中(中缀)发生变形。希伯来语研究导致了对"词"这 概念的一种新的形式阐释。词现在被视为是由一系列基本单位——词干、前缀、中缀和后缀——组成。结果

---

① Vivien Law, *The History of Linguistics in Europe*, Cambridge University Press, 2003, p. 246.

证明,这些术语对于描述方言和欧洲人接触到的很多非欧洲语言,非常有帮助。

一种基于四种作用词的新句法理论:桑克蒂乌斯　回首过去,弗朗西斯科·桑切斯·德·拉斯·布罗萨斯(Francisco Sánchez de las Brozas,1523—1600)是最具影响的语言学家之一,他以拉丁语名字弗朗西斯库斯·桑克蒂乌斯(Franciscus Sanctius)为人所知。他任职于萨拉曼卡(Salamanca)。在他的著作中,数世纪以来我们第一次见到了对句法的浓厚兴趣,主要是从一种逻辑学的视角。在1587年出版的《密涅瓦或者关于拉丁语言起源》(Minerva seu de Causis Linguae Latinae)中,他主张"语法的目的是句子或者句法"。因此,桑克蒂乌斯融合了利纳克尔和斯卡利格的语法以形成一种新的抽象概念,而西拜韦描述语法的影响(参见第三章第一节)似乎也存在——在16世纪的西班牙,阿拉伯遗产依然是实实在在的。但是,桑克蒂乌斯语法不只是之前语法碎片的简单总和。在《密涅瓦》中,桑克蒂乌斯提出了一种基于四种作用词(包括西拜韦的"**替换**")的新句法理论,借助这些作用词,所有句子都可以被构成。① 桑克蒂乌斯的作用词如下:

(1)**替换**　桑克蒂乌斯借助《圣经》的《诗篇》第八篇说明了这种作用词。在"lunam et stellas quae Tu fundasti"(你所陈设的月亮星宿)这个句子中,中性复数的"quae"需要一个中性复数的名词,比如"negotia"(对象),于是我们可以说"quae"可以被替换为"quae negotia"(你所陈设的)。

(2)**删除**　这种作用词使得删除词或者词组(省略)成为可能,就像在可能是衍生自"Fire when you are ready"(你准备好了就开火)的"Fire when ready"这一被缩短的句子中那样。删除作用词也可以被用于推断我们在第二章第一节里讨论的那个句子,即"John ate an apple and Peter a pear"(约翰吃了一个苹果,彼得吃了一个梨)衍生自"John ate an apple and Peter ate a pear"。

(3)**添加**　就它们关乎前缀和后缀而言,这种作用词可以被用于曲折词缀(比如形容词)和词形变化(动词)。在关乎中缀的地方,替换运作是必

---

① 参见 Manuel Breva-Claramonte, *Sanctius' Theory of Language. A Contribution to the History of Renaissance Linguistics*, John Benjamins, 1983。

需的(参见上文的罗伊希林的论述)。

(4) **置换** 借助这种作用词,词或者词组能够以不同顺序被排放,这出现在比如意思是"cum me"(与我一起)的拉丁语"mecum"等复合词中,而且合成词于其间导致顺序的颠倒,继而是词与词之间空格的删除。

这四种作用词受制于规则。并非一切都可以被替换、省略、添加或者置换。规则在语言与语言之间有所不同,但规则所利用的四种作用词对所有语言都一样。桑克蒂乌斯给定了很多拉丁文句法现象的规则。虽然他并未力争完美无缺,然而,问题是桑克蒂乌斯的系统在何等程度上是准确的,尤其是他的四作用词系统是否足够丰富,或者也许太过丰富。西拜韦的系统只有一种作用词(替换),桑克蒂乌斯的四作用词系统更为复杂,它们不能产生相同的效果吗?这个问题不仅是经验的,而且是"审美的",关乎人们无论如何希望允许多少基本操作和规则,人们希望把多少不规则性和结构置入通常所谓的"词汇"(lexicon)。人们使用桑克蒂乌斯的四种作用词得到的词汇,会少于借助西拜韦的单一作用词得到的词汇。比如,在桑克蒂乌斯的系统中,省略结构可能如在帕尼尼那里一样(参见第二章第一节),由于**删除**作用词而衍生自非省略结构。另一方面,在西拜韦式语法中,省略和非省略结构双双都必须归类为"范例"。在这些范例中,词可以被替换为其他词,但没有可以将动词整体删去——这是省略可以做到的——的删除作用词。因此,问题是何为规则与范例之间的正确平衡。帕尼尼几乎彻底基于规则,而西拜韦则在本质上完全基于范例。桑克蒂乌斯处于这两种极端之间。基于简单性的思考,人们可能主张一切无法衍生自规则的语言结构都应该包括在外部词汇之中,而一切有规则结构都应该借助基本作用词得到辩护。然而,这给我们带来了关涉所谓的例外规则的问题。帕尼尼将这些纳入了他的语法,而例外也可能被包括在词汇之中。但是,倘若几个例外彼此"相似",借助一种新规则为其辩护可能会更好。原则上,每一种语言现象都可以借助一种"规则"得到辩护,包括最为臭名昭著的例外。规则与范例之间的平衡将成为一个反复出现于语言学之中的主题(参见第五章第三节)。

桑克蒂乌斯的理论流行起来：波尔·罗亚尔语法学派　　长期以来，桑克蒂乌斯的《密涅瓦》一直无人问津，直到它在 1650 年被波尔·罗亚尔（Port Royal，又译波尔·罗雅尔）语法学家克劳德·兰斯洛（Claude Lancelot）重新发现。波尔·罗亚尔是巴黎附近的一座 13 世纪修道院，它在 17 世纪中叶吸引了很多詹森派（Jansenist）知识分子。其中最重要的是克劳德·兰斯洛和安托万·阿尔诺（Antoine Arnauld，1612—1694）。桑克蒂乌斯对波尔·罗亚尔团体的影响主要见诸兰斯洛的教学语法《拉丁语速成新方法》（*Nouvelle méthode pour facilement et en peu de temps comprendre la langue latine*），甚至路易十四在六岁的时候曾用它来学习拉丁语。语法规则是用韵律体编写的，一切旨在让学习尽可能轻松愉快。第二版之后，当时兰斯洛无意中发现了桑克蒂乌斯的《密涅瓦》，他决定全部重写他的语法，结果其篇幅变为了原来的四倍。让他大为吃惊的是，他在很大程度上忽视了拉丁语句法——可能同样如此的是大多数罗马帝国语法学家，而不是中世纪语法学家。在其篇幅更长的《新方法》第三版的前言中，兰斯洛写道："桑克蒂乌斯实际上主要关注语言的结构和搭配，即希腊人所谓的'句法'，对此他以最为清晰的语言进行了解释，归纳为基本原理。"

　　正是因为兰斯洛，波尔·罗亚尔语法学派知道了"基本原则"同时是语言的词形和句子的基础这一理念。因此，值得注意的是，桑克蒂乌斯的影响在波尔·罗亚尔语法学派后期著作中再次急剧下降。比如，1660 年，兰斯洛和阿尔诺合著的后来享有盛名的《普遍唯理语法》（*Grammaire générale et raisonnée*）便是一部中规中矩的著作（阿尔诺和尼古拉[Nicole]在 1662 年合著的《逻辑学》[*La Logique*]同样如此——参见下文）。这部语法主要聚焦口语和书面文字、词类及其词形变化、日常生活语言中的助动词。直到最后一章，句法才被粗略讨论，其中"一致原则"是主要议题，比如主语和动词之间。省略桑克蒂乌斯句法模式的原因并不清楚。有人暗示，路易十四的专制主义政策难辞其咎。① 事实是 1653 年，詹森派信徒因为耶稣会士被作为一个"教派"革出教会，没有人希望借助关于语法、逻辑学或者任何其他学科的非常规思想来引起注意。参照拉米斯主义（Ramism，参见下文）已然是

---

① Pieter Seuren, *Western Linguistics: A Historical Introduction*, Routledge, 1998, p.48.

百分之百的禁忌。然而,这是无济于事的。1709年,路易十四下令关闭了波尔·罗亚尔修道院;1712年,修道院被拆毁。然而,与此同时,波尔·罗亚尔语法学家变得蜚声法兰西内外。因为兰斯洛、桑克蒂乌斯的方法——无论它被冲淡了多少——传遍了整个欧洲;因此,语言学家熟悉了词法和句子结构双双可以被规则系统涵盖这一理念。不久,桑克蒂乌斯的名字即被遗忘。

在波尔·罗亚尔,人文主义的束缚(在其束缚之下,一切都受制于复兴古典)似乎在很大程度上被摆脱了。然而,中世纪语言学家也被波尔·罗亚尔的语法学家弃之不理。比如,阿尔诺和兰斯洛认为,他们已然发现对动词作为助动词加形容词的分析,以及系动词的核心功能,但是,二者都是模式派的成就(参见第三章第一节)。波尔·罗亚尔的语法学家们不知道模式派的著作是完全不可能的。1605年,埃尔富特的扎马斯的《思辨语法》(*Grammatica speculativa*)仍在埃及重印。① 因此,唯有古代拥有经世致用的知识这一人文主义偏见依然在被宣传。借鉴中世纪完全是无法接受的,必须等待到18世纪后期。

比较语言学的肇始:从萨塞蒂、德·莱特到琼斯 在波尔·罗亚尔学派之后的那个时期,继续以兰斯洛和阿尔诺的著作为基础的描述语法出现了大幅增加。倘若存在一个源自这些著作的起点,它就是停止基于拉丁语形塑法语的尝试。早在1647年,克劳德·德·沃热斯基(Claude de Vaugelas)便坚持,语法并不是以拉丁语或者逻辑学为基础;1704年,耶稣会士克劳德·比菲埃(Claude Buffier)断言每一门语言都是自主的,以及对一门语言的分析不能被移植到另一门语言。因此,他再次点燃了关于普遍语法的讨论,对之他表示出严重怀疑,因为所有语言在一个很深的层次上彼此相异。

到那时,最早的比较语言研究已然发生。它们始于佛罗伦萨商人菲利波·萨塞蒂(Filippo Sassetti);1585年他在印度的时候,注意到了梵语和意大利语之间的很多相似之处,比如表示"上帝"的 deva/dio、表示"七"的 sapta/sette、表示"九"的 nava/nove。然而,数代人之后,比较语言的方法原则才

---

① 参见 Esa Itkonen, *Universal History of Linguistics*, Benjamins, 1991, p.264。

被通晓多国语言的荷兰人约翰内斯·德·莱特(Johannes de Laet, 1581—1649)引入。德·莱特是荷兰西印度公司创始人之一,但他把时间花在了人种学和语言学兴趣之上,而不是经营公司。以前,雨果·德·格鲁特(赫罗齐厄斯)认为美洲印第安语言势必显示出希伯来语的影响,因为所有人都是亚当和夏娃的后代。在其《雨果·格鲁特论文笔记》(*Notae ad dissertationem Hugonis Grotii*, 1643)中,德·莱特反驳了格鲁特的观点,指出美洲印第安语言和希伯来语、希腊语、拉丁语或者任何近代欧洲语言之间没有任何关系。① 在德·莱特时代,语言比较并非是不寻常的,但它仅仅是以联想的方式,基于少量词汇而进行。就像格鲁特一样,德·莱特是约瑟夫·斯卡利格(参见第四章第一节)的门生;在其去世后出版的《小品杂录》(*Opuscula varia*, 1610)中,斯卡利格把欧洲语言分为十一个语族——四个大语族和七个小语族。事实上,他的四个大语族对应于今天的罗曼语族、希腊语族、日耳曼语族和斯拉夫语族。然而,斯卡利格的语言比较仅仅基于每一个语族的几个单词,然后主要基于"上帝"这个词。因此,他分别讨论了 Deus、Theos、Godt 和 Boge 等词。现在,德·莱特提倡更为严格的词汇比较方法原则,它们也必须被延伸至其他语言层面。为此,他准确地阐释了现有的允许源自不同语言的词汇相互等同起来的"字母交换"(permutatio litterarum)概念。德·莱特制定了两个原则:

(1)定量原则:假如有数量足够多的词汇涉及比较,语言同源关系才可以被确立;

(2)定性原则:语言同源关系的任何断言都必须不但在语音和词汇层面,而且也在句法层面得到支持。

借助这两个原则,他得以推翻格鲁特的所有语言都是源自希伯来语这一观点。现在,美洲人的起源成了全欧洲热议的主题,德·莱特的"证据"被人急不可耐地引用。比如,拉·佩雷尔在为其"人必定出现在亚当与夏娃创造之前"这一著名论点辩护的时候(参见第四章第二节),参考了德·莱特的著作。艾萨克·福修斯同样很高兴使用德·莱特的见解来支撑他的

---

① 关于广泛的讨论,参见 Eric Jorink, *Het Boeck der Natuere*, Primavera pers, 2007, pp. 307ff.

观点——地球的历史势必比可以从希伯来语《圣经》中推断出的历史更悠久。因此,除斯卡利格的语文学—历史著作、拉·佩雷尔的思辨著作、福修斯的地理著作之外,德·莱特的语言学著作构成了错综复杂的一系列17世纪变革的一部分,这些变革带来了一种新的世俗世界观,神学家于其间不再享有最后决定权——参见第四章第二节。

18世纪,德·莱特的方法被成功承继。虽然莱布尼茨依然主要宣传语言之间的词汇比较,但尼古拉斯·博泽(Nicolas Beauzée,1717—1789)在考察语言同源关系的时候,同时使用了词汇和句法比较。除拉丁语、希腊语、巴斯克语、日语、汉语和秘鲁语(Peruvian,盖丘亚语[Quechua])之外,他研究了闪族语、罗曼语、日耳曼语和凯尔特语。博泽是哲学家兼语法学家,他在寻找普遍语法的原理,然而,这样的原理在他那里归结起来是思想的原理。除这部描述性著作之外,也有关于语言起源的非经验主义的讨论。比如,贾姆巴蒂斯塔·维柯基于他的循环世界观认为,语言被创造自诗歌(神话和口头叙事时代)。不久便有了进一步的思索;在其发表于1772年的获奖论文中,约翰·戈特弗里德·赫尔德坚持语言是被创造自原始人的原生态民歌。让-雅克·卢梭认为,东方语言是最古老的语言,它们属于诗歌的世界,所有语言都是衍生自此。

关于语言起源的这种早期浪漫遐想,加之经验主义的比较语言研究,播下了比较语文学(comparative philology)的种子。它在18世纪末源起于非专业语言学家威廉·琼斯(William Jones)的著名演讲。琼斯假定梵语、拉丁语、希腊语、哥特语、凯尔特语和波斯语根植于相同的源语言,它就是现在众所周知的(原始)印欧语,但直到语音演变定律在19世纪的发现(参见第五章第三节),它才得到令人信服的解释。

符号语言与语音学的创立:从博内到霍尔德 17世纪,经验主义传统也催生了符号语言的研究。1620年,西班牙牧师胡安·巴勃罗·博内(Juan Pablo Bonet)出版了一部关于言语治疗的早期著作;凭借言语治疗,失聪者能够被教授以符号语言。虽然符号语言的存在和失聪一样历史悠久,但博内的著作旨在改善与失聪者的交流。在《聋哑人的家庭教师》(*The Deaf and Dumb Man's Tutor*,1680)中,苏格兰人乔治·达尔加诺(George

Dalgarno)设计了一种手语,于其间字母可以通过使用手指和手掌进行表达。这就使得词汇或者尚无任何符号的名字的表达有了可能。① 达尔加诺还发展了人工语言,对此我们将在下文讨论。研究失聪的兴趣走得如此之远,以致英格兰人威廉·霍尔德(William Holder, 1616—1698)成功地让聋哑人说话"明白清楚,音调动听优雅"。② 然而,这一成就的所有权也被数学家约翰·沃利斯(John Wallis)宣示过,因而在皇家学会内部引发了一场激烈辩论。尽管出现了争论,新型语音学活动催生了一所语音学学校(School of Phonetics),在那里语音学不但从语言学的角度,而且在**生理学**和**发音**视野下被研究(这是阿维森纳在11世纪之所为)。1669年,霍尔德出版的《言语的元素》(*Elements of Speech*)是最重要的著作,在书中我们发现了关于浊音和轻音辅音之别的最详细发音判断之一。然而,长达一个多世纪,霍尔德的关节语音学一直无人问津;在那之后,它遭到了印度语音学的发展的遮蔽。霍尔德的行动在和声理论中引起了更多同情之声(参见第四章第四节)。

形式逻辑与自然逻辑:瓦拉、拉米斯与波尔·罗亚尔 一如他们对待语言学那样,人文主义者忽视中世纪逻辑学——不是因为它不正确,而是因为被用以记录它的所谓的野蛮拉丁文。倘若人们能够阅读新近发现的卢克莱修的《物性论》(*De rerum natura*),谁还想读布里丹?经典权威不再是亚里士多德,而是西塞罗和昆体良,他们依然在他们的修辞学手册中把逻辑学用作辅助学科。罗伦佐·瓦拉和鲁道夫·阿格里科拉坚持逻辑学没有独立的存在权力,应当处于修辞学的范围之内。

在其《君士坦丁伪赠礼考证》中,瓦拉展示了实实在在的辩证能力(参见第四章第一节),但它完全从属于修辞论证。在其《辩证法与哲学论争》(*Repastinatio dialectice et philosophie*,约1431)中,瓦拉坚持真正重要的是论证是否"有效",换言之,它是否让听众信服。他批评了亚里士多德和其他经院逻辑学家的三段论的不自然。推理的三段论模式并不与**自然**的论证方

---

① 参见 David Cram and Jaap Maat (eds.), *George Dalgarno on Universal Language: The Art of Signs (1661), The Deaf and Dumb Man's Tutor (1680), and the Unpublished Papers*, Oxford University Press, 2001。

② 参见 Jonathan Rée, *I See a Voice*, Flamingo, 1999, pp. 107—108。

法相一致。倘若有人已经假定所有人终有一死,而苏格拉底是人,于是推断出苏格拉底终有一死(参见第二章第六节),这样的三段论有什么用途呢?根据瓦拉,这样的推理是一种迂腐的运用,不配有艺术资格。① 这一批评表明,瓦拉是多么强有力地基于修辞学框架进行论证。假若逻辑规则在推理过程中无用,那么它就是冗余的。瓦拉也是从语言学的角度分析大量悖论和二难推理的第一人,他陈述了它们的常识性解决办法的存在。瓦拉的批评揭示了他是一位**反形式主义者**(anti-formalist)——他怀疑**形式**论证的效用,提倡**自然**推理路径。瓦拉自己的著作,比如对《君士坦丁堡的捐赠》的反驳,被关涉逻辑一致性的原则强调,但它们依然是隐晦的、屈从于修辞学。虽然瓦拉对逻辑学的贡献并不太多,但他令人鼓舞的批评让他成了人文学历史上最令人感兴趣的怀疑论者之一——无论如何,最杰出的语文学家之一。

在彼得·拉米斯(Peter Ramus,1515—1572)的著作中,也有一种强烈的反亚里士多德态度。1543 年,在其《亚里士多德论辩术批判》(*Aristotelicae animadversiones*)中,拉米斯似乎已然为教学目的所激励——他希望带给哲学教学以秩序与简明,为此他采用了辩证法作为学科的方法基础。在其《分析辩证法》(*Dialecticae partitiones*,1543)中,拉米斯预见了一切人类知识的一种新结构,为之他提出了综述、标题、引用和范例。虽然拉米斯的陈述和归类技巧确实具有创新性,但就内容而言,他的著作不过是知识渊博的教学手册而已,并非是关于逻辑的专著。② 拉米斯不能够证实他的已然以一种新的独立系统替代亚里士多德的断言,他所做的一切就是在实际上与亚里士多德原始方案一致的三段论中进行边际修改。在其三段论批评中,他也与瓦拉相伴而行。现在拉米斯已然几乎被人遗忘,但在他所在时代,他非常有影响,建立了拉米斯主义,一场几乎与笛卡尔主义(Cartesianism)等量齐观的运动。它在天主教的欧洲是被严格禁止的,但被新教徒广泛接受。这可能是因为他惨死于圣巴托罗缪之夜(St Bartholomew,1572 年 8 月 23/24

---

① 参见 Lodi Nauta, *In defense of Common Sense*:*Lorenzo Valla's Critique of Scholastic Philosophy*, Harvard University Press, 2009。

② 参见 Walter Ong, *Ramus*, *Method*, *and the Decay of Dialogue*:*From the Art of Discourse to the Art of Reason*, Harvard University Press, 1958。

日)。作为一个被处死的胡格诺派教徒,他是新教徒眼中的烈士。

就像人文主义者一样,新科学的拥护者也猛烈抨击逻辑学。在人文主义者主要就经院逻辑提出质疑的时候,勒内·笛卡尔(René Descartes)在1637年用其《方法论》(*Discours de la méthode*)完败了一切逻辑学。他提倡新数学和逻辑学,尤其是他自己的分析几何学,它并不像欧几里得的《几何原本》那样是虚构的、演绎的,而是探试的、解决问题的。然而,1662年人们目睹了"传统逻辑学"——波尔·罗亚尔逻辑学——阿尔诺和尼古拉合著的《逻辑或思维的艺术》(*La logique ou l'art de penser*,又译《波尔·罗亚尔逻辑》)——的又一完整综述的出现。几乎没有新的逻辑理念见诸其间。直到进入19世纪很久之后,这部著作才被用作逻辑学入门教材。现在,如果我们把波尔·罗亚尔逻辑学和之前讨论过的波尔·罗亚尔语法放在一起,便可以清楚地看到一个以语言和思想的总体逻辑理论为形式的议程。在这个议程中,句子通过使用词汇来表达思想,于其间词汇不过是思想的符号而已。随后,写作由词汇符号构成,而这些符号的句法类型等同于像主词和谓词一样的逻辑单位。使用这些逻辑基本单位,句子就像在帕尼尼语法中那样,借助句法规则被构成。在当代语言学中,这一过程被称作"**语言生成**"(language production)。语言生成理论采取某种逻辑形式("意义"),生成相应的句法形式("句子")。相反的过程被称作"**语言感知**"(language perception)。在这里,观测到的句法形式被依据逻辑单位转换为它的意义。像这样把波尔·罗亚尔语法阐释为"生成语法"(generative grammar)——虽然这个术语当时并不存在——在20世纪变得流行起来主要是因为诺姆·乔姆斯基(Noam Chomsky)(参见第五章第三节)。[①] 然而,我们业已在桑克蒂乌斯的著作中,当然还有在早得多的希腊和印度语言学家的著作中,接触过逻辑语言理论。

拉丁语的声望下降与人工语言的地位提升:培根、达尔加诺与威尔金斯 对早期近代逻辑学的最重要贡献在于通用语(universal language)的发展。对通用语的渴望最早可以追溯到模式派,但它在17世纪成了一个严肃的话

[①] Noam Chomsky, *Cartesian Linguistics: A Chapter in the History of Rationalist Thought*, Harper & Row, 1966.

题,当时拉丁语的无懈可击正处于热议之中。已然被编纂出来的日常语言语法表明,这些语言就准确性而言与拉丁语势均力敌(一如阿尔伯蒂为托斯卡纳语所证明的)。拉丁语,还有人文主义,影响持续下降,著作越来越多地以地方语言写作。来自新世界的很多外来语亦被发现,因此,人们越来越清楚地意识到**理想语言**不是拉丁语,而是一种新的人工语言,必须被建构自现有语言的精华和固有属性——就像我们也将在艺术理论中发现的某种新柏拉图式"崇高选择"(noble selection)那样(参见第四章第五节)。

弗朗西斯·培根(Francis Bacon,1561—1626)是借助实验研究的新自然观的杰出拥护者,提倡意在知识分享的通用语发展;它准确地表达人之所想,以便误解被一劳永逸地消除。① 他最激进的建议是为整个文明世界建构一种全新语言。这种语言通过符号,以一种直接和通用的方式交流知识、思想和理念。有人认为中国象形文字系统可以作为例子。这是因为自汉语知识在16世纪末传播到欧洲以来,人们便想当然地认为,汉字是理念的直接表达。虽然这一臆断并不正确——像所有其他语言一样,汉语首先是基于复杂的语法——象形文字的建构似乎在语义学方面很容易理解。因此,绝非偶然的是,最早的人工语言是为汉字所激发的,比如乔治·达尔加诺的《符号艺术》(Ars signorum)(1661)、约翰·威尔金斯(John Wilkins)——1660年,他联袂他人创办了皇家学会——的《论一种真实的文字与一种哲学语言》(Essay towards a Real Character and a Philosophical Language)(1668)。

从几种观点来看,达尔加诺和威尔金斯的著作是相似的。两位学者甚至共事过一段时间,但他们的观点分歧很大,以致二人很快便分头单独行动了。② 达尔加诺是"极简主义者"(minimalist),他认为通用语应该使用最少量的表示基本概念的词汇来建构。一切其他词汇须借助准确的规则或者操作衍生自这些基本概念。另一方面,威尔金斯是一位"百科全书编纂者",他希望通过一个分类方案来以符号表示一切人类知识,包括除人与人之间

---

① 参见 R. H. Robins, *A Short History of Linguistics*, Longman, 1989, p.126。
② 参见 Jaap Maat, *Philosophical Languages in the Seventeenth Century*:*Dalgarno*, *Wilkins*, *Leibniz*, PhD thesis, ILLC, Universiteit van Amsterdam, 1999。

的家庭及社会关系以外的抽象的关系、行动、过程、逻辑概念、自然物种,或者各种各样的生命体与尸体。然而,除这些分歧之外,二人都志在一种科学的通用语,它能够基于有限的词汇生成无限数量的表达方式。

比如,威尔金斯的词汇以彻底的语义透明为特征,每一个符号都可以被转换为自然语言中的一个词。表示"父亲"的符号是由表示"人际关系"的基本符号组成,从中可以通过添加包括"父亲",以及母亲、姐妹、兄弟等的次符号(sub-symbol),具体地衍生出"人际关系"的具体化。① 此外,威尔金斯建议了一种通用语音学,它被建构自世界上的已知语言。他的通用语的句法规则被简化至最小量,词类和词汇之间的语法关系也是通过使用次符号形象地描述。威尔金斯把他的"哲学语言"与拉丁语、汉语进行了比较;他把拉丁语称为第二通用语,称赞了汉语的文字系统。然而,有鉴于拉丁语充满了冗余的词汇和不规则性,他的人工语言在他看来堪称秩序与简单性的绿洲。汉字的语义分析经常都是不可能的,相反,他的语言的文字体系非常容易理解。

在这部精彩的著作中,并未出现任何具有实用价值的内容。人们几乎可以把 17 世纪的通用语建构描述为一次无用的试验。不过后来,18 世纪科学家确乎利用了达尔加诺和威尔金斯的分类方案,其中最重要的部分出现于 1735 年,即林奈(Linnaeus)在其《自然体系》(*Systema naturae*)中对植物世界的分类。日后在形式语言学和符号逻辑学中,以符号系统表达人类知识的思想也将被成功实施。

符号逻辑学的肇始:莱布尼茨及其以后 如果说近代仅仅产生过一位真正杰出的逻辑学家——戈特弗里德·威廉·莱布尼茨,这绝非夸张。在关于知识和科学的各门学科中,莱布尼茨全都处于领先地位;他在很多领域都有重要发现。像达尔加诺和威尔金斯一样,他着迷于人工语言,并且亲自设计了这样的一种语言,即他所谓的"普适语言"(lingua characteristica universalis)。然而,他最重要的贡献是在逻辑学领域。1680 年代,他设计了一种符号逻辑学,几乎与 1847 年面世的著名的布林逻辑(Boolean logic)如出

---

① 参见 R. H. Robins, *A Short History of Linguistics*, Longman, 1989, p.128。

一辙。不过,莱布尼茨将其发现几乎全部保存在画板上,直到符号逻辑学已然全面发展的 1903 年也都没有发表(参见第五章第三节),其结果是莱布尼茨在本领域的见解几乎没有产生任何影响。

1666 年,莱布尼茨撰写了《论组合术》(De arte combinatoria),它被认为是卢尔(Lull)借助概念的全面组合发现"真"这一计划的延续(参见第三章第六节)。莱布尼茨的普适语言计划也是基于这一组合观点,即复杂概念被建构自人人都能以"自然的"方式理解的简单概念。莱布尼茨最重要的逻辑学行动是他对"理性计算"(Calculus ratiocinator)的设计。他希望通过操控符号让推理过程机械化,以便新的"真"可以被发现。[①] 为了达此目的,推理过程必须通过运算法则和机器来执行,以便它不再受到人为错误与不足的影响。为实现这一目标,莱布尼茨设计了一种逻辑运算(logical calculus),借助它三段论前提(参见第二章第八节)可以被改写为公式。比如,"所有甲都是乙"被改写为"甲 = 甲乙"。这个等式表示被包括在概念甲和乙之中的概念与被包括在甲之中的概念相同。三段论甲"所有甲都是乙,所有乙都是丙,所以,所有甲都是丙"变为如下等式序列:"甲 = 甲乙,乙 = 乙丙,所以甲 = 甲丙"。这一结论(甲 = 甲丙)可以通过简单**替换**而从两个前提(甲 = 甲乙和乙 = 乙丙)推断出来,即用乙丙(源自第二个前提)替换第一个前提甲 = 甲乙中的乙,我们得出甲 = 甲乙丙,它根据定义等于甲 = 甲丙。莱布尼茨的伟大洞见在于:他认识到在 256 种不同类型的亚里士多德三段论下面,存在一种更深层次的模式,这种模式在他看来可以借助准确的运算形式化为一种逻辑运算。这些运算既相似于 17 世纪的数学,也相似于 16 世纪的桑克蒂乌斯语言学。

莱布尼茨在其逻辑运算中利用了程序性规则系统原则,正如亚里士多德在他之前所做的那样(以及像帕尼尼和桑克蒂乌斯在语言学中那样)。但是,在亚里士多德必须假设不同类型的三段论是基本单位(primitive)的地方,莱布尼茨勉力将这些三段论还原为一个更为基本的系统。但莱布尼茨仅仅在一定程度上取得了成功。他是认识到他的运算不能处理任何

[①] 参见 Maria Rosa Antognazza,*Leibniz: An Intellectual Biography*, Cambridge University Press, 2008。

含有**否定**句的三段论的第一人。直到数世纪之后,解释这类三段论的问题才得以解决(参见第五章第五节)。事实依然不变:莱布尼茨的努力在早期近代无人能及。两个多世纪之后,欧洲逻辑学才会跨出与之相提并论的一步。

就我们的了解而言,莱布尼茨并未对其他逻辑学家产生直接影响。这是将其"涂鸦"遗留在书桌过久者的悲剧。莱布尼茨之后的最重要贡献出自耶稣会士乔万尼·萨凯里(Giovanni Saccheri,1667—1733)和莱昂哈德·欧拉(Leonhard Euler,1707—1783)之手,前者消除了欧几里得的很多歧义,后者能够借助其著名的欧拉圆(Euler circle)以图表形式表示三段论。

中国的语言学与逻辑学 一如在欧洲,在中华帝国晚期,语言学受支配于语文学。① 陈第的语音研究是为他对《诗经》中诗歌的语文学兴趣所鼓舞(参见第四章第一节)。也有对语言变异的研究。为了记录不同方言的语音属性,潘耒(1646—1708)遍游中国。但这些考察从未促成一种编制总体性汉语语法的尝试。然而,大家公认,汉字的语音元素,即是说其基音和语调,决定汉字的意义。有鉴于此,人们会认为存在着探求语音形式与意义之间潜在规则的兴趣,但我们丝毫没有发现诸如此类的东西。耶稣会士利玛窦的汉语研究不过是催生了一部带音标的字典而已。汉语中内部词形结构的缺乏不时被人从欧洲语言学的视角出发,作为开始探寻汉语词汇和句法分类的一种潜在障碍而提出。

早期近代期间,中国的逻辑学似乎同样基本上没有经历新发展。长期以来,它以公元7世纪传入中国的佛教推理术为基础(参见第三章第六节)。数世纪之后,因为墨守成规的清政府的压迫(参见第二章第六节),模式派及其归纳逻辑学已然消失,遭人遗忘。1607年,当利玛窦和徐光启将欧几里得的《几何原本》译为汉语的时候,中国第一次接触到了演绎逻辑。然而,这部著作除对译者徐光启之外,几乎没有产生任何影响。直到70年

---

① 参见 Benjamin Elman, *From Philosophy to Philology: Intellectual and Social Aspects of Change in Late Imperial China*, Harvard University Press, 1984。

之后,方中通才撰写了关于欧几里得的第一篇汉语数学评论。① 这篇评论中唯一关涉逻辑学的东西是无关紧要的题外话。后来的评论家同样对欧几里得的推理和证明方法兴趣索然。

1623年,耶稣会会士艾儒略(Giulio Alenio)——"西方孔子"(the Confucius of the West)——引入了作为一门独立学科的逻辑学,但它在中国留下了印象的可能性即使有也微乎其微。1631年,傅泛际(Francisco Furtado)基于亚里士多德和薄斐略(Porphyry)撰写的第一本逻辑学手册遭遇了同样的命运。两个多世纪以来,欧洲逻辑学在中国被视为一种古怪的智识活动。20世纪,儒家经典的去经典化引发了人们关于直到那时依然陌生的"中国逻辑学"学科的公开讨论。② 模式派被重新发现了出来,最早的比较研究也开展了起来,其间三种主要的逻辑学传统——欧洲、印度和中国——成了关注的焦点。

对早期近代语言学和逻辑学的评价　　在早期近代语言学和逻辑学中,程序性规则系统原则华丽回归——从桑克蒂乌斯到莱布尼茨。在比较语言学中,方法原则也得到了界定(德·莱特),但它们不是程序性的,仅仅具体说明了语言比较必须遵守的边界条件(陈述性规则系统原则)。除这样的形式语言学和逻辑学之外,不乏怀疑论的存在——瓦拉和拉米斯等人文主义者甚至怀疑过逻辑学的独立地位。然而,明显存在一种朝向秩序和简单化的总体趋势。人文主义者和17世纪科学家同样希望整理经常难以理解的经院逻辑,让其恢复清楚的论述。经验和理论方法的组合已然为人文主义语文学家所使用,并且在17世纪享有盛名,最终似乎非常成功。这就催生了在15世纪不可想象的新研究领域——符号语言、手语、语言同源关系研究和人工语言建构。

---

① Peter Engelfriet, *Euclid in China: A Survey of the Historical Background of the First Chinese Translation of Euclid's Elements* (*Jihe Yuanli*; Beijing, 1607), *an Analysis of the Translation, and a Study of Its Influence up to 1723*, PhD Thesis, University of Leiden, 1996, p.296(该论文也作为专著由布里尔[Brill]出版社于1998年出版)。

② Joachim Kurtz, "Coming to Terms with Logic: the Naturalization of an Occidental Notion in China", in Michael Lackner, Iwo Amelung and Joachim Kurtz (eds.), *New Terms for New Ideas: Western Knowledge and Lexical Change in Late Imperial China*, Brill, 2001, pp.147—176.

要在欧洲之外的语言学和逻辑学中找到新模式是很难的,陈第和潘耒的汉语音韵学除外。无论是在印度还是在伊斯兰文明中,语言学和逻辑学中似乎没有新转向发生。然而,必须记住的是,很多新史料尚无法使用。①

原则:程序性规则系统原则;志在语言同源关系的语词置换原则

模式:方言中的规则和拉丁语中的规则一样准确;手语;并非所有语言都与希伯来语有关;形式与自然推理之间的对立;人工语言;分类方案;逻辑运算

第四节 音乐学·人文主义与自然科学之间的缺失一环

很多"新"经典名著被语文学和历史编纂学发掘了出来,而音乐学领域中却没有可以相提并论的发现。古代的音乐什么都没有幸存下来;中世纪早期以降,音乐理论方面的经典名著因为波伊提乌已然众所周知。但是,波伊提乌的《音乐原理》似乎很难被人正确地领会。② 因此,他的专著是将被人文主义者研究的主要音乐学著作之一。不久之后,其他希腊音乐论述(从亚里士多塞诺斯到托勒密)接踵而至。于是,两个传统在欧洲发展了起来——一个探寻和音法则,一个考察音乐分析和作曲的规则系统(音乐诗学)。奥斯曼帝国的音乐学继续以阿拉伯的旋律和节拍周期规则为基础,而印度音乐理论则在拉格规则系统方面,达到了近乎完美的程度。非洲的音乐学依然在很大程度上被遏制在尚待评价的史料之中,而中国则聚焦对明清两代的历史概述。

和音之战:从拉米斯到文森佐·伽利莱 因为希腊音乐理论研究,出现了"和声"或者协和音程兴趣的复兴。根据毕达哥拉斯派音乐学家,协和音程对应于前四位整数的简单比率,比如表示八度音的 1/2、表示五度音的

---

① 参见比如 Khaled El-Rouayheb,"Sunni Muslim Scholars on the Status of Logic,1500—1800",*Islamic Law and Society*,11,2004,pp. 213—232。

② 这可能是源自 13 和 14 世纪音乐专题论文的内容,参见 Claude Palisca,"Theory, Theorists",*Grove Music Online*,Oxford University Press,2006;同时参见 Claude Palisca,*Humanism in Italian Renaissance Musical Thought*,Yale University Press,1985。

2/3、表示四度音的3/4——但这不过是在某种程度上大致如此而已(参见第二章第二节)。然而,这一法则引发了关于音程的争议,比如三度音和六度音,它们听起来"或多或少"是和音的,但被毕达哥拉斯派音乐学家归类为不谐和音。① 亚里士多塞诺斯宣称,拥有决定权的应该不是理论,而是经验(人的听觉)。争议在波伊提乌的典范之作中有所体现,但话题并未在中世纪为人所关注。然而,我们确乎看到大量音乐规则系统,比如奥尔加农规则系统(参见第三章第四节),但它们全然基于毕达哥拉斯协和音程。对所谓的和声法则并没有更为深入的考察。

然而,15世纪,当音乐学经典著作再次成为万众瞩目的焦点的时候,出现了和声法则兴趣的复兴。与此同时,三度音和六度音已被引入到音乐作曲之中,尤其是作曲家约翰·邓斯塔布(John Dunstaple,约1390—1453)的作品之中,他用三度音和六度音创作了典雅的和声。说得委婉点,不加思考地接纳毕达哥拉斯音乐理论已然变得可疑;从15世纪后半叶开始,人文主义者重振了他们对和声的理论和经验基础的探究。差不多在托勒密之后1500年(参见第二章第四节),人们赋予了最古老的知识和科学问题之一以生机——**和声是基于某个深层系统吗?** 托勒密的观点可以被追溯至亚里士多塞诺斯,现在成了关注的焦点。根据托勒密,音乐是一种人类经验,因此,关于和音的见解必须**唯有**借助人类理性,基于听觉而形成。另一方面,按照毕达哥拉斯派的观点,最终的见解应该是**单单**基于理性而被提出,因为感官很可能被误入歧途。

拉米斯·德·帕雷阿(Ramis de Pareia,约1440—1491),最早的人文主义音乐学者之一,进行了单弦琴实验。最初,拉米斯是在萨拉曼卡工作(就像语言家桑克蒂乌斯那样),后来是在博洛尼亚和罗马,在那里他邂逅了意大利人文主义者。在其《实践音乐》(Musica practica,1482)中,他描述了他在波伊提乌——他显然没有阅读过托勒密——那里所发现的问题,然后论述了与毕达哥拉斯音程之外的音程相符的"不完全协和和音"。毕达哥拉斯让协和音程仅仅基于前四个整数之间的简单比率,而拉米斯一直使用到了八个整数。这让他遭遇了十足的毕达哥拉斯论者弗朗基诺·加弗里奥

---

① 参见http://en.wikipedia.org/wiki/list_of_musical_intervals。

(Franchino Gaffurio,1451—1522)的猛烈批评,后者认为这些音程是非理性的。然而,与此同时,根据现有音乐实践,加弗里奥无法否认毕达哥拉斯系统中有一个现实问题,因为——关乎协和音程问题——存在调谐乐器的问题。调谐同样可能要么基于听觉要么基于数学运算。然而,实践操作是非常难对付的,以致加弗里奥在其《音乐实践》(*Practica musicae*,1496)中承认,唯有让五度音稍稍偏离纯粹的数学比率,乐器才有被合意地调谐的可能。另一方面,乔塞福·扎利诺(Gioseffo Zarlino,1517—1590),威尼斯圣马可大教堂(St. Mark's)乐长,似乎帮助托勒密的观点获得了支配地位,直到1585 年,乔万尼·巴蒂斯塔·贝内代蒂(Giovanni Battista Benedetti)证明将其用于复调唱法是不可能的。这就意味着这种调谐方法对当代音乐并无实用价值。争议进一步升级,当时文森佐·伽利莱(Vincenzo Galilei,1520—1591)主张,一个八度音于其间被分为 12 个均等半音的平均律调谐是器乐的唯一解决办法。文森佐将其理论建基于亚里士多塞诺斯的理论之上,后者的部分残存著述已然在 1562 年被译介过来。

然而,现在存在一个巨大的理论问题——八度音可以借以被分为 12 个均等半音的整数无处可寻(诚然有 12 音,但它们之间的比率对应于 2 的第 12 根音,而它是无法被表示为两个整数的比率的)。任何人,但凡不仅希望对纯粹的实用基础产生影响,而且希望借助使用整数的比率让经验主义建基于理论之上,都深知这个问题。人们只不过是无法接受没有理论原则在支撑实际解决办法而已。虽然音乐理论依然在一定程度上处于数字命理学的毕达哥拉斯支配之下,但结果证明,**经验主义的理论支撑**这一要求成效非凡。或许,对理论与经验论之间一致性的这一欲求是早期近代音乐研究最为突出的特征,似乎已然对后来的学者产生巨大影响——尤其是文森佐·伽利莱的儿子伽利略·伽利莱。① 我们已在其他领域遇到过这种朝向理论基础的趋势,比如 15 世纪语文学,于其间波利齐亚诺提出了一种适合于手稿选择和修订的基础(参见第四章第一节)。波利齐亚诺的系谱理论的突

---

① 关于音乐研究与科学革命之间的关系,参见 H. Floris Cohen, *Quantifying Music: The Science of Music at the First Stage of the Scientifical Revolution*, *1580—1650*, Reidel Publishing Company, 1984。

出特征在于它并不仅仅证明了文本修复实践的合法性——它超越了文本修复实践。新发现的意外问题可以借助他的**剔除**原则得到解决。理论与经验论之间这一不可思议的协同作用同时代表了早期的人文学科与后期的自然科学(或者新科学),理论于其间被证明不但能够支持已经存在的事实,而且能够解释或者预测未知的新事实(事实反过来可以对理论产生影响)。

因此,人们也在经验性的亚里士多塞诺斯音乐方法内部,寻找协和音程之间的比率。在《和声法则》(*Le istitutioni harmoniche*,1558)中,扎利诺再次建议置理性于听觉之上。他引入了一种叫做"方案"(scenario)的协和音程限定,对应于可以涵盖所有"自然"音程的前六个整数——1到6。现在,三度音和六度音也可以分别基于合意的数率4/5和3/5被复制。他根据大量理论和实践论据,证明了数字6的合法性,但最重要的则是6是第一个"完全"数,因为这个数字等于其因子(1 + 2 + 3)之合。然而,正是难以控制的现实再次旋即否定了扎利诺的建议。结果证明,他的"方案"在实践中并不可行,很快便遭到了漠视。在其《论G.扎利诺先生的著述》(*Discorso intorno all'opere di Messer G. Zarlino*,1589)中,文森佐·伽利莱主张所有音程都是"自然的";他坚持无数协和音程的存在。一个可以把和音与不谐和音区别开来的音乐理论似乎比以前更加渺茫了。

17世纪实践助力理论:从梅森到惠更斯 17世纪,关乎表演的音乐实践急于助力音乐理论。可以看到,之前被视为完全不协和的音程正变得日益广泛地被接受于音乐创作之中。甚至(减)七度音都不再被克劳迪奥·蒙特威尔第(Claudio Monteverdi)等作曲家有意避开。这就带来了和声理论是否具有普世性的问题,或者它是否就像奥尔加农结构理论那样,取决于时间和地点。

虽然在协和音程和不协和音程之间并不存在绝对的区隔,但依然存在一种渐进式的相继进行。但是,"并发症"也残存于此。根据马林·梅森(Marin Mersenne,1588—1648),音乐学中的最大难题是关乎四度音是否比三度音更谐和的问题,因为理性与感官知觉似乎是彼此冲突的。梅森是复兴泛音研究的第一人。虽然亚里士多德已模糊地注意到每一种乐音总是内含其更高的八度音(这些八度音被奥里斯姆假定为一种真实现象——参见第三章第四节),但有能力区别同样对应于前四个整数的前四个泛音的,正是著有《宇宙和谐》(Harmonie universelle)的梅森。梅森并不清楚这些泛音来自何处,但他认为,随着声音所内含的泛音数量的增加,声源被感受到更加悦耳、更加愉快。梅森编制了表格,说明不同音程的"甜美"和"惬意"程度。然而,即使至此,理论支撑依然无法解释感官知觉。

17世纪新科学家几乎悉数参与了勉力解决和音"愉快"程度的理论或者经验解释问题——从伽利略、比克曼(Beeckman)、笛卡尔、沃利斯、霍尔德、惠更斯到欧拉。我们将他们的一些观点勾勒于此。其中最重要的新共识是**和音不再关乎抽象的数率,而是振动频率的物理范畴**(准确地讲,比率于其间保持不变)。① 比如,根据伽利略的"重合理论"(coincidence theory),和音出现在振动经常重合的时候,它以一种惬意的方式愉悦我们的听觉。但是,这一理论更为经常地提供错误的预测,而不是正确的预测。伊萨克·比克曼(Issac Beeckman)认为,不谐和音是由声音振动中的脉冲所导致。他的认识将在19世纪由赫尔曼·冯·赫姆赫兹(Hermann von Helmholtz)更为成功地理解(参见第五章第四节)。1677年,约翰·沃利斯提供了泛音的物理分析,但在解释和音之间的连续性方面,他并未比梅森走得远多少。威廉·霍尔德(他也是语音学家和语言学家——参见第四章第三节)与克里斯蒂安·惠更斯(Christiaan Huygens)设计了微音程,甚至全新的音阶,但二者都没有通向某种关于和音的声音理论。最终可以看到,正是音乐实践,以及相联系的对"新"和音的渐进式接受,在很大程度上宣布了一切理论工作的无效。

虽然它没有找到一种绝对定律,但15、16世纪和17世纪期间对和音理论的探寻并非一无所获。首先,变得日渐清晰的是,和音与不谐和音之间并无固定不变的区隔——这实际上推翻了延续数世纪之久的毕达哥拉斯宇宙

---

① 比率保持不变是因为一根长 n 倍的琴弦有一个小 n 倍的振动频率——同时参见 H. Floris Cohen, *Quantifying Music: The Science of Music at the First Stage of the Scientifical Revolution, 1580—1650*, Reidel Publishing Company, 1984。

和谐论(参见第二章第四节)。① 其次,这种探索预示了理论与经验主义之间的互动——无论基础理论是多么完美,经验主义仍将享有决定权。我们敢于主张,正是15——和16——世纪的人文主义音乐学家发掘了理论与经验主义之间的协同互动,并且将它传递给了17世纪的新科学家——他们再以他们自己的方式对它进行了阐释。② 伽利略、开普勒、比克曼和惠更斯全都接受了这种极富成效的协同作用,将其应用于音乐、声学和自然研究的其他面向。音乐学——甚至胜过了语文学——似乎是人文学和新科学之间的缺失一环,在一定程度上是因为它的数学—经验基础。③

拉莫的18世纪和声语法 尽管对音乐普遍法则的探究全面失败,但音乐学离死亡尚早。相反,和声理论变得日益聚焦音乐实践,杰出的法国作曲家和理论家让-菲利普·拉莫(Jean-Philippe Rameau,1683—1764)便是其中最重要的代表。现在轮到新科学影响音乐学了,而不是反过来。拉莫从笛卡尔、开普勒和牛顿等人那里获得了灵感。在其《还原为自然法则的和声理论》(*Traité de l'harmonie reduite à ses principes naturels*,1722)中,他把他的方法归因于笛卡尔的"显而易见原则"(the evident and clear principle)概念。所有音符与和弦必须源自一个源基音。就像他之前的扎利诺那样,拉莫借助琴弦的前六个加花变奏,成功地同时创作了和音和不谐和音音程。然而,他遭遇了生成基本和弦的问题,即所谓的三和音。在他听说泛音的时候,突破似乎出现了。因此,俨然以牛顿证明白色光由独立色彩的光谱所组成的方式,拉莫希望通过其《音乐理论的新体系》(*Nouvelle système de musique théorique*,1726)证明,单个基音是由一系列和声泛音组成。这为他提供了一个甚至比分配琴弦更为基本的"基本原则"。但是,他再次遭遇了关乎若干

---

① 参见 H. Floris Cohen, "Music as Science and as Art: The 16th/17th-Century Destruction of Cosmic Harmony", in Rens Bod, Jaap Maat and Thijs Weststeijn (eds.), *The Making of the Humanities*, Volume I: *Early Modern Europe*, Amsterdam University Press, 2010, pp.59—71。

② 同时参见 Claude Palisca, *Studies in the History of Italian Music and Music History*, Oxford University Press, 1994, pp.200—237。

③ Penelope Gouk, "The Role of Harmonics in the Scientific Revolution", in Thomas Christensen (ed.), *The Cambridge History of Western Music History*, Cambridge University Press, 2002, pp.223—245。

和弦的问题(小三和弦和减七度音和弦)。最初,拉莫试图通过假定存在不存在的"低音"(undertone)而控制这一现象,但在其《新思考》(*Nouvelles réflexions*,1760)中,他最终承认了唯有基本三和音(C-E-G 和弦)可以被直接生成,以及**所有**其他和弦只能基于类比衍生自泛音。

虽然拉莫发展一种笛卡尔式和音和和弦解释的努力是白费力气,但他确乎通过和声相继进行(和弦的模进)成功分析了和弦。他的著述的这一部分似乎首先旨在音乐实践。甚至在 18 世纪末之前,拉莫的和声理论在欧洲构成了支配性的教学范式。虽然他没有基于基本原理成功设计出一种总体音乐理论,但他的努力是有足够说服力的,引起了他所在时代最杰出学者的注意——从欧拉到狄德罗。他的众多和谐模进方案可以被解读为一个规则系统,一种复制乐曲的基本和弦系统的和声语法。然而,他的语法并不与帕尼尼的语言语法同级,后者借助一个反复循环的程序性规则系统,生成了一切可能的语言表达方式。拉莫的系统似乎更像一个陈述性规则系统,具有亚里士多塞诺斯的旋律语法的风格。它清楚地说明了可能性之类别的极限,于其间作曲家依然享有随心所欲地创作乐曲的巨大自由。拉莫的著作成为了之后两个世纪的标准,他的方法至今依然是研究和声的基础。①

音乐语法:从德雷斯勒到科赫　值得注意的是,虽然亚里士多塞诺斯是早期近代和声研究的主要灵感源泉之一,但他的旋律法则(我们曾在第二章第四节讨论过它)却丝毫没有受到关注。就我所知,早期近代无人尝试建构一种具有亚里士多塞诺斯的**演绎**风格的旋律语法。然而,从一种人文主义视野来看,对和声理论兴趣大得多是可以理解的。亚里士多塞诺斯并未意识到旋律理论依赖于时间和空间,而人文主义者或许意识到了。音乐的普遍性充其量见诸和声、见诸和音法则。与此同时,我们知道,对和音音程的感知也在很大程度上依赖于时间和空间。然而,和声理论中确实存在某种普遍性的东西。就我们的认知而言,八度音,或许还有五度音,在所有调性文化中被视为是和音的,当然,简单的素数(prime,又译质数)除外(参

---

① 参见 Graham Sadler, "Rameau, Jean-Philippe", *Grove Music Online*, Oxford University Press, 2006。

见第二章第四节和第三章第四节)。① 出现在五度音之后的是全开的。因此,和声似乎既在一定程度上是客观的(少数普遍和音的数率),也在一定程度上是主观的(关乎时间和地点的不谐和音感知——参见第五章第四节)。

所有这一切并不是说在早期近代(从文艺复兴到巴洛克风格和古典主义),人们没有制定音乐旋律创作的规则系统。中世纪以来,一种创作手册传统一直在延续——从我们在前一章讨论过的 10 世纪《音乐手册》和 12 世纪《奥尔加农的形成》,到 14 世纪《菲利普·德·维特里的复调艺术》(*Ars contrapunctus secundum Phillippum de Vitriaco*)。② 人文主义计划"音乐诗学"(musica poetica)——它寻求与修辞创作的统一(阿尔伯蒂之前曾为艺术分析建议过与修辞的这般统一——参见第四章第五节) 为创作规则的探寻注入了一针强心剂。在其《音乐诗学规范》(*Praeccpta musicac pocticac*,1563)中,加卢斯·德雷斯勒(Gallus Dressler,1533—1580/1589)非常详细地设定了音乐诗学。这部专著内含已知最古老的文艺复兴圣歌规则系统,圣歌具有低地国家作曲家的风格,比如若斯坎·德·普雷(Josquin des Prez)和奥兰多·德·拉素斯(Orlandus de Lassus)。虽然德雷斯勒生于图林根,但他似乎在荷兰接受过音乐训练。③ 他的手册运用了两个原则:

(1)旨在圣歌结构的开始(exordium)、中部(medio)和结尾(finis)修辞原则;

(2)乐段越来越小的诗句尾部(clausula)语法原则,其中有对乐句、乐节和基音的横向(复调)和纵向(旋律线)组合的详细说明。

因为与"句子"这一语言学概念的关系,德雷斯勒的规则系统也被称作**音乐句法**(musical syntax)或者**音乐语法**(musical grammar)。一如他的专著的标题所显示的,他主要感兴趣于音乐诗学的规则。虽然他的著作可以被视为一部规定性的创作手册,但德雷斯勒似乎希望为其语法提供一种主要

---

① Philip Ball, "Facing the Music", *Nature* 453, 2008, pp. 160—162.

② 另外,有人制定了关于音乐表演"伪音"(musica ficta)的"规则";"伪音"意指存在于阿雷佐的圭多(Guido of Arezzo)的六度音阶所界定的"正确音"(musica recta)系统之外的乐音。

③ Walter Blankenburg, "Dressler, Gallus", *Grove Music Online*, Oxford University Press, 2006.

是描述性的方法,服务于荷兰的现行圣歌实践。倘若该著作实际上是被设计为规范性的,那么德雷斯勒的规则并未延续良久。复调音乐变化如此之快,以致适合新音乐风格的新手册接二连三地出现。

比如,1606年,约阿希姆·布麦斯特(Joachim Burmeister)出版了他的《音乐诗学》(*Musica poetica*),该书也在很大程度上基于取自修辞学和语言学的概念。然而,现在,布麦斯特是在描述他自己时代的音乐格调——它依然主要关乎声乐和复调。比如,他记录了基音纵向组合的不同规则、纵向和声的序列,以及开始、发展和抑扬顿挫的总体计划。[①]

早期近代最具影响的音乐语法之一是约翰·富克斯(Johann Fux, 1660—1741)的《艺术津梁》(*Gradus ad Parnassum*,又译《名手之道》),于其间文艺复兴音乐——尤其是帕莱斯特里那(Palestrina, 1525—1594)——的复调被呈现为一大规则系统。从本质上讲,日后关于文艺复兴音乐的一切著述都受惠于富克斯的《艺术津梁》。但是,他的规则系统不是程序性的,而是陈述性的。他的规则并不表征一种程序,而是提供复调音乐可以于其间演奏完结的边界条件或者约束。比如,富克斯的规则看起来如下:

- 一首乐曲必须起始和终止于一个完全协和音程。
- (声音的)相向运动必须处于支配地位。
- 避免平行四度音、五度音或者八度音中的乐章。
- 避免平行三度音或者六度音中的繁长乐章。

这些规则与关于复调奥尔加农的《音乐手册》中的那些规则并不同级(参见第三章第五节),在那里程序是被一步一步具体说明的。《艺术津梁》中的规则是由约束或者偏好构成,而不是算法步骤。因此,很高的自由度留给了创作者。然而,富克斯证明了帕莱斯特里那的著名的对位风格受制于陈述性的规则系统。

赋格曲不得不紧随其后。在其《悦耳的手语》(*Der wohlklingende Fingersprache*)中,约翰·马特松(Johann Mattheson, 1681—1764)清楚地说明了繁简不同的赋格曲的基本规则系统。但是,当约翰·塞巴斯蒂安·巴赫发展

[①] Harold S. Powers, "Language Models and Musical Analysis", *Ethnomusicology*, 24 (1), 1980, pp. 1—60.

出新的赋格曲形式的时候,马特松的著作旋即遭到了悬置。在其三卷本的《作曲引论》(Versuch einer Anleitung zur Composition)(第一卷出版于1782年)中,海因里希·克里斯托夫·科赫(Heinrich Christoph Koch)在语言类比方面走得最远。科赫引入了旋律短语结构的概念,它将在19世纪音乐学中发挥重要作用,建立起语言和音乐句法之间的直接联系,于其间语言学术语被应用于旋律格调。在音乐分析中,前分句(Vordersatz/antecedent phrase)和后分句(Nachsatz/consequent phrase)依然在被人使用。

正如在和声理论中那样,我们因此也可以在创作手册中讨论理论与经验主义之间的互动。然而,与被认为至少在一定程度上具有普遍性(八度音和五度音)的和声理论不同,具有继时性风格的音乐实践依赖于时间和地点是显而易见的。在这里,理论与经验主义的相互影响也不如在和音研究中那样深远。创作手册中的规则系统与其说是被新风格**推翻**了,不如说是被**悬置**了。另一方面,和音规则遭到了反驳。类如重合理论和泛音理论的假说在实践中被证明是无效的,随后被改进或者拒绝。虽然对和音规律性的探寻确乎影响了新科学,甚至在一定程度上形塑了它们,但在对创作实践模式的寻求中,情况并非如此。然而,这并未贬损这些规则系统的重要价值,无论是对理解从圣歌到赋格曲等音乐形式的结构,还是在从伽玛卡(gamaka,即滑音)到拉格等其他文化中(参见下文)。

探究音乐史的原始动力　　早期近代也目睹了第一批欧洲音乐史著作的出现。最早的音乐史,意大利牧师乔万尼·巴蒂斯塔·马蒂尼(Giovanni Battista Martini,1706—1784)的三卷本《音乐史》(Storia della Musica),可以追溯到18世纪中叶。这部著作是以一种令人回想起中世纪救赎史的方式而结构的(参见第三章第二节)。马蒂尼的概述始于假想音乐,从亚当到大洪水,然后从大洪水到摩西的诞生,继而从摩西的诞生到他的死,等等。唯有在第三卷中,我们才读到有关古希腊音乐的内容,对之我们几乎一无所知,于是我们便读完了这部巨著。它是启蒙时代的一部奇书。

直到18世纪末,音乐史才得到更具描述性的处理,尤其是被德国神学家马丁·格伯特(Martin Gerbert)。在其1774年出版的《圣乐的旋律》(De cantu de musica sacra)中,他概述了从大约3世纪到印刷机的发明期间的教会音乐。1776年,约翰·霍金斯(John Hawkins)爵士撰写了英格兰第一部音乐史,但因为查尔斯·伯尼(Charles Burney)的令人印象深刻的《音乐通史》(General History of Music,1776—1789),爵士的著作被束之高阁而湮没了。① 伯尼非常系统地处理了他的任务——为了能够准确描述同时期的音乐,他踏遍了法国、意大利、德国和荷兰。他的音乐史的前两卷是基于马蒂尼的《音乐史》,但最后一卷则是由他自己的研究构成。虽然他对巴赫和韩德尔(Handel,又译汉德尔)的处理差强人意,但他的音乐史大受欢迎,不出数年就被译为了德语和荷兰语。虽然伯尼的著作很可能是第一部基于田野调查的音乐史,但他并未使用他旨在对音乐史上的规律或者模式进行经验性的研究而收集的材料。直到19世纪,我们才发现这样一种方法(参见第五章第四节)。

乐器的历史与技术面向——乐器学(organology)——也与音乐史一起得到了研究。这些活动业已存在于印度(婆罗多牟尼)和伊斯兰文明(法拉比)之中,但直到16世纪初,欧洲第一部著作才问世,即塞巴斯蒂安·维尔东(Sebastian Virdung)的《音乐津义》(Musica getutscht und ausgezogen)。然而,迈克尔·普雷托里乌斯(Michael Praetorius)与马林·梅森共同位列17世纪最重要的器乐学家之一。在其《音乐全书》(Syntagma musicum,1618)中,他概述了文艺复兴时期的所有已知乐器。耶稣会士阿塔纳斯·珂雪(Athanasius Kircher)的《世界上的音乐制作》(Musurgia Universalis,1650)也属于这个范畴。虽然后来事实证明,珂雪的一些结果是经过策划的,比如他对象形文字的臭名昭著的"译解"(参见第五章第二节),但他作为百科全书式收藏家的狂热是令人受益的。他是最早在乐谱中收集和记载鸟叫的人之一。

中国:音乐史依然为国家事务 不同于在欧洲围绕和音性质的辩论如火如荼、围绕音乐史采取的行动寥寥,在中国发生的情况恰恰相反。音乐史被广泛描述,而经验性的音乐学则几乎出现了完全的停滞不前。给人印象

---

① 参见 Maria Semi, "An Unnoticed Birth of 'Musicology' in Eighteenth-Century England", in R. Bod, J. Maat and T. Weststeijn (eds.), *The Making of Humanities*, Volume II: *From Early Modern to Modern*, Amsterdam University Press。

最为深刻的明代著作是朱载堉的《乐律全书》(Collected Works of Music Theory)。① 该书历史地描述了中国的各种音乐理论成就,包括宋朝蔡元定所调和的最著名的,或许是最古老的平均律理论(参见第三章第四节)。虽然朱载堉并没有畏缩不前,广泛批评了他同时代的音乐理论家,但他并没有提出任何新洞见。朱权的《神奇秘谱》是一个选注了 64 首宋朝乐曲的谱集,它是音乐史学的又一重要著作。它记录了演奏这些乐曲的详细说明,以及关于它们的历史与理论重要性的讨论。1644 年的向清朝过渡几乎没有改变中国的音乐学;唯有在 19 世纪期间,耶稣会士对中国音乐的影响才让人有所察觉。有很多对民间戏曲的描述;18 世纪中叶,一部鸿篇巨制的清朝之前乐曲选集问世——包含了至少 81 卷,2094 首乐曲及其数量众多的变体。然而,并没有发现对这些著名乐曲的和声或者风格分析。

印度:伽玛卡与拉格的陈述性规则系统 印度的音乐学传统依然是基于规则的、陈述性的(参见第三章第四节)。虽然可接受乐曲的边界条件被界定了,但并没有生成新创作的程序。这是可以从诸多 16 世纪——以及 17 世纪——专著中看到的,比如《桑吉塔–帕里加塔》(Sangita-Parijata),它订立了装饰音——伽玛卡——的规则。然而,这部著作相较于索马那他(Somanatha)的 1609 年论文《拉格—觉醒》(Raga-Vibodha)则相形见绌;《拉格—觉醒》借助一种新的,差不多有象形文字特征的记谱系统,具体说明了伽玛卡的无限变体。我们也在卡那提克音乐中发现了包含音乐创作完整程序的手册(参见第三章第四节)。比如,17 世纪的《和音甘露》(Sangita-Sudha)解释了主题何以被发展为旋律单位,它们何以能够被延长或者缩短、然后能够与上升或者下降的图谱相结合。它描述了拉格的复杂结构,包括主题的第一和第二呈示部,这些主题可以借以返回和拓展到更长和更宽系列(brikka 或者 phirukka)的方法,最后结束于讨论如是方法:艺术大师之作可以借助它被一步步恢复,以便借助一些乐句回到基音结束成为可能。②

---

① 参见 Joseph Lam, "Chinese Music: History and Theory", in Stanley Sadie (ed.), *The New Grove Dictionary of Music*, Macmillan, 2001。

② 参见 Harold S. Powers, *The Background of the South Indian Raga System*, PhD thesis, Princeton University, 1959. 同时参见 Harold S. Powers, "The Structure of Musical Meaning: A View from Banaras (A Metamodal Model for Milton)", *Perspectives of New Music*, 14 (2), 1976, pp. 308—334。

这些论述令人难以置信地错综复杂,让人着迷。它们貌似将定义几乎全部音乐语言。虽然这些专著有着毫不含糊的音乐教学意图,但这些规则系统应该被确定为描述性的还是规定性的,却并非令人含糊。

非洲:难以通达的音乐学　　在非洲,被创作的音乐是海量的,但传承下来的音乐研究却不多见。然而,与此同时已然众所周知的是,最近从廷巴克图(参见第四章第二节)抢救下来但非常需要小心处理的桑海帝国手稿也讨论它们所处时代的音乐。令人遗憾的是,桑海帝国手稿大多依然难以通达,容易理解的部分主要是由祈祷书和编年史组成。除在伊本·赫勒敦那里对音乐略有几次提及之外,现在可以获得的为数不多的同时期非洲音乐史都是源自外部史料。比如,1596 年,在前往印度的途中访问莫桑比克的时候,杨·胡伊根·范·林斯霍滕(Jan Huygen van Linschoten)对一种带有口弓琴(mouth bow,又译乐弓)图形的非洲乐器做出了最早的描述。17 世纪,活跃在非洲的刚果(Congo)和马塔姆巴(Matamba)等王国的意大利传教士描述了当地的音乐实践。1692 年,吉罗拉莫·梅罗拉(Girolamo Merolla)出版了《南部非洲刚果王国旅行简明报告》(*Breve e succinta relatione del viaggio nel Regno di Congo dell'Africa Meridionale*),它是关于非洲音乐史的最重要史料之一。从这一部和其他著作(包括彼得·科尔布[Peter Kolb]在1719 年对南非音乐的描述)我们可以清晰地看到,复调歌咏文化并非是欧洲独有。在非洲有历史悠久、内容丰富的复调音乐——从俾格米人(Pygmy)到科伊科伊人(Khoikhoi)。[1] 然而,在前文提及的著作中,我们尚未发现规则系统或者模式。

奥斯曼帝国:阿拉伯音乐学的继承人　　奥斯曼帝国的音乐学经常被认为适合教学和缺乏理论性而遭到忽视,但这是不对的。虽然我们没有发现对和声的任何音乐学考察,但存在对土耳其旋律语言的基本方案的研究。这些方案界定了潜在旋律的类别,可以——像在印度音乐中那样——被视为土耳其音乐的陈述性规则系统。比如,14 世纪的伊本·库尔(Ibn Kurr)和 15 世纪的拉塔基(al-Ladhiqi)定义了制造旋律轮廓所需要的不同音步。

---

[1]　John Gray, *African Music*: *A Bibliographical Guide to the Traditional, Popular, Art and Liturgical Musics of Sub-Saharan Africa*, Greenwood Press, 1991.

后来,一部 17 世纪佚名著作《沙迦拉》(Shajara)同时规定了土耳其音乐的旋律与节奏周期。这部著作与萨非·丁和法拉比在数世纪之前为阿拉伯音乐循环之所为相似(参见第三章第四节)。

最重要的奥斯曼传统音乐学著作是 1700 年前后的一部专著,它出自摩尔达维亚(Moldavia)王子迪米特里耶·坎特米尔(Dimitrie Cantemir,1673—1723)之手。1687—1710 年间他流放在伊斯坦布尔,其间他学习了土耳其语言,还有土耳其音乐,撰写了《使用乐谱的音乐学教材》(Kitâbu' Ilmi' l-Mûsikī alâ Vechi'l-Hurûfât)。① 在该著作中,他使用没有任何间隔指示的"简体"基音方案,讨论了不同类别的旋律。人们可以把这些简化的基音方案解释为乐谱限定,因为乐谱在土耳其人中并不人尽皆知。然而,就坎特米尔而言,更为可信的是,他意在复制支撑土耳其音乐格调的纲要系统。事实上,他很好地把握了音乐记谱法,甚至制订了一种表征土耳其器乐的特殊字体,即 **ebced** 记谱法。他使用这种记谱法为后代保存了成百上千首 17 世纪奥斯曼乐曲。

音乐学与新科学之间的关系 倘若我们勉力估量欧洲、中国、印度、非洲和奥斯曼帝国的音乐学,我们会看到,虽然音乐创作的规则系统在大部分地区都被制订,但唯有在欧洲,理论与经验主义之间的相互作用在和音研究领域是成熟的。这种相互作用的特点是理论支撑与经验证明的连续循环,这种循环似乎通过拒绝或者改进而加强彼此。在一种可供选择的方案被设计出来之前,理论是几乎不会被推翻的。它与亚里士多德的方法有着天壤之别,根据亚里士多德的方法,所有现象都可以被演绎地追溯至基本原则,而基本原则被认为是不证自明的、不可亵渎的(亚里士多塞诺斯的旋律理论同样如此——参见第二章第四节)。早期近代的欧洲传统将这些所谓的不证自明的基本原则置于了聚光灯下,并设法提出新原则,首先是在人文学中,后来是在自然科学中。

这就提出了为新生的自然科学留下了什么方法论成就的问题,自然科学同样显影于早期近代的欧洲。人们常说,对现实的数学描述是新科学家

---

① Owen Wright, *Demetrius Cantemir: The Collection of Notations. Volume 2: Commentary*, Ashgate, 2001.

最杰出的成就之一。但是,这已经见诸人文主义音乐学,从加弗里奥到扎利诺。甚至实验(experimentation)——于其间现象被置于受控状态下进行考察,这经常被归功于伽利略——这一新概念已然为拉米斯·德·帕雷阿和伽利略的父亲文森佐所实施。然而,直到伽利略,数学与实验二者的使用依然处于相当初级的层次。我们在音乐学中找不到在17世纪期间比如罗伯特·波义耳(Robert Boyle)所采取的实验形式,因为比如艾萨克·牛顿我们所见到的数学技巧。因此,正如一些历史学家已然提出的那样,对宇宙法则有着新理解的科学革命源自音乐研究这一主张太过偏激。① 不过,很显然,所有学者(人文学者和"自然科学家"不分伯仲)都处理过和音理论问题,其结果便是声学的发展。然而,因为15世纪的人文主义者,理论与经验主义之间的相互作用以新科学告终,这依然是一个令人吃惊的奇迹。不过,可以因为对自然研究的极尽巧妙的阐释和应用而获得殊誉的,正是自然科学家。②

原则:数率原则;陈述性规则系统原则;程序性规则系统原则;笛卡尔"显而易见原则"的使用

模式:理论——经验主义相互作用元模式;所有音程都可以借助前六个整数被生成(提纲);泛音的数字越大,和音越大;当振动经常重合的时候,和音被制造出来(重合理论);所有音程都可以借助单弦的泛音被制造出来;和声进程语法;音乐创作中的修辞结构

第五节 艺术理论·视觉世界表征的一个转折点

几乎不可能想象的是,有一种差异悬殊会像中世纪艺术研究和早期近代艺术研究之间的那样大。除为数不多的技术手册之外,千余年间,在欧洲艺术史领域什么也没有被生产出来。然而,一如我们已然在语文学中所见

---

① 参见 Stillman Drake, "Renaissance Music and Experimental Science", *Journal of the History of Ideas*, 31, 1970, pp. 483.—500。

② 参见 H. Floris Cohen, *How Modern Science Came into the World: Four Civilizations, One 17th-Century Breakthrough*, Amsterdam University Press, 2010。

到的,有着最大数量的"储备"的这门学科能够追上发展最快的学科。这里的一切关乎古典艺术在意大利无所不在。所需的一切就是点燃兴趣,因为材料就在那里,供人随意拿取。

华丽的开始:阿尔伯蒂与线性透视　结果,艺术理论得以在意大利开始快速起步。何等了不起的起步！第一部作品同时也是人文学历史上最为优秀的著述之一——莱昂·巴蒂斯塔·阿尔伯蒂(1404—1472)著于1435年的《论绘画》(De pictura)。该书中的每一种思想几乎都得到了之后若干世纪的关注与阐释。生为一位富有的佛罗伦萨银行家的私生子,阿尔伯特在加斯帕里诺·巴尔齐扎(Gasparino Barzizza)的名校接受了古典教育。① 在博洛尼亚学习法律之后,阿尔伯特被证明是样样精通——从田径运动到马术、从诗歌到音乐、从建筑到绘画、从教育学到语文学,以及从密码学到艺术理论。我们已然在语言学中见过阿尔伯蒂,因为其精妙绝伦的托斯卡纳语语法(参见第四章第三节)。在人文学历史上,他被视为"通才"(homo universalis)的杰出代表。阿尔伯蒂的《论绘画》是欧洲第一部关于视觉艺术的理论著作。一如他自己在卷二中所强调的,他的著作并非一种类如普林尼的艺术史的艺术史,而是一部"理论"著作。阿尔伯蒂借此表示的是什么呢？他希望借助最好的人文主义传统构建一种古代艺术规则的模式,这种模式在他看来,是可以在幻觉主义中找到的(参见第二章第五节)。然而,在阐释这些规则的时候,他提出了一种大大超越古典艺术的模式。他构建了一种完全确定的**以幻觉主义在二维表面上复制三维对象**的方法。

因此,阿尔伯蒂为一种已然在佛罗伦萨艺术中存在了至少十年的实践提供了理论支撑,即**线性**(或者**数学**)透视法,他将之归功于雕塑家、建筑家布鲁内莱斯基(Brunelleschi),他也因此将自己著作的意大利语译本献给了布鲁内莱斯基。在一定程度上,阿尔伯蒂在其论述中是**规定性的**,比如,在他坚持绘画必须遵循线性透视法则而不是在中世纪晚期画室里被提出的经验法则的时候(《论绘画》第19节)。然而,在他解释和证明既有传统的时

---

① 参见 Anthony Grafton, *Leon Battista Alberti*: *Master Builder of the Renaissance*, Harvard University Press, 2002。

图四 马萨乔《圣三一》，约 1425 年，佛罗伦萨新圣母玛利亚教堂（Santa Maria Novella）

候，他又是描述性的——1417年，线性透视已被多纳泰罗（Donatello）应用于浮雕《圣乔治和龙》（St George and the Dragon）之中，被马萨乔（Masaccio）应用于壁画《圣三一》（The Holy Trinity）之中（参见图四）。与透视法描述一样，阿尔伯蒂也为该技法提供了一种几何学分析和理论基础。这一基础可以——就像对和音作为纯数率的感知那样——被视为马萨乔等艺术家已然使用过的、现在可以被准确定义的潜在基础规则。

阿尔伯蒂对透视法的分析是文献中最清晰的解释之一。根据阿尔伯蒂，对现实的描述应始终如是，即它看起来就像"窗外景色"。景色相似于图像，窗相似于图面（绘画）。阿尔伯蒂借助虚线对其方法进行了说明：虚线连接起艺术家的眼睛与描绘中的主题，它们在与图面相交织的时候（窗、绘画），生成被描绘作品。在这里，阿尔伯蒂运用了源自通晓多门语言的 11 世纪阿拉伯人阿尔哈曾（Alhazen）（伊本·海什木[Ibn al-Haytham]）的光学思想，阿尔哈曾通过罗杰·培根等 13 世纪方济会修士的著述在欧洲众所周知。在阿尔伯蒂看来，"窗外景色"这一幻觉的获得办法是让**所有与图面成直角的线相交在平面上的一个点**（消失点）。这一方法让艺术家得以确定画中对象的相对大小。阿尔伯蒂的著名例证是瓷砖地面与物体的幻觉问题,其结果是瓷砖与物体的逐渐消失是可信的(图五)。

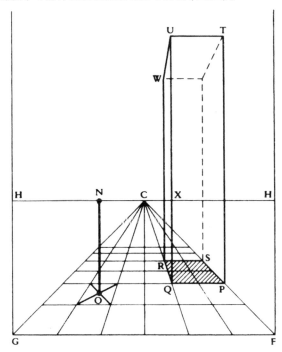

图五　透视图中的瓷砖地面与物体,参照的是莱昂·巴蒂斯塔·阿尔伯蒂在《论绘画》中的描述(阿尔伯蒂的原著没有插图)

阿尔伯蒂的影响与列奥纳多的经验透视　阿尔伯蒂的透视理论获得了巨大成功,旋即得到了他的同时代艺术家们的接受,比如保罗·乌切洛(Paolo Uccello)和多梅尼科·韦齐亚诺(Domenico Veneziano)。大约在1450年,画家皮耶罗·德拉·弗朗西斯卡(Piero della Francesca)撰写了一部增补性的专著《绘画透视法》(*De prospectiva pingendi*),于其间他通过挑选出画中的许多被一对一地投射到平面上的关键点,使得阿尔伯蒂的方法更加易于在实践中运用。1450年,他似乎已然在《被鞭打的基督》(*The Flagellation of Christ*)中运用了他自己的理论(参见图六)。

不久,所有紧跟时代的意大利艺术家都转向了数学透视法,有时候是通过最为复杂的结构。正如2000年前的毕达哥拉斯音乐法则的情况那样,阿

图六 耶罗·德拉·弗朗西斯卡《被鞭打的基督》细部，约 1450 年，乌尔比诺马尔凯国家艺术馆（Galleria Nazionale delle Marche, Urbino）

尔伯蒂透视法则最初似乎声名大振，无人对之表示异议。然而，任何人但凡仔细查看基于纯粹线性透视法的画作，都无法消除这种绘画有矫揉造作成分的感觉。透视法则的准确运用似乎产生了相当索然无味、矫揉造作的画作。它们并不赏心悦目，令人想到了当下科普杂志上的工艺插图。它在一定程度上就像和音理论中的基本音程的情形（参见第四章第四节）。这些是作为整数的比率被精确定义的，但倘若合乎纯律的比率被稍微向上或向下调整（取决于乐曲和音程），它们就会更动听——或者我们应当说"更令人激动"。

事实证明，数学透视法同样如此。阿尔伯蒂无法推测到的东西被列奥纳多·达·芬奇（Leonardo da Vinci, 1452—1519）发现了：倘若它谨慎地遵守数学定律，一幅图像就未必是"和声的"。列奥纳多依然认为存在支撑视觉描绘训练的法则，只是它们是"其他"法则。在一定程度上，这是正确的。很明显，阿尔伯蒂的方法对广角而言是不准确的。不过，这一难题依然可以在数学上得到解决。然而，列奥纳多所为之事是**探求潜在的透视法则，于其间是数学而不是经验主义具有决定权**。一如我们可在其（去世后出版的）《论绘画》（*Trattato della pittura*）中观察到的，列奥纳多是非常系统地着手工作的。他考察了当对象、画面和观察者的相对位置发生变化的时候显示出来的各种潜在感知变化。在此过程中，他考察了颜色和形状的差异，设计了可以按照透视法作画的机器,设法把眼睛的工作考虑了进去。所有这一切的后果是列奥纳多不再接受阿尔伯蒂的线性透视,因为他已然明白视觉过程的蒙蔽和复杂状态。然而,列奥纳多并未完全背离数学透视法则。事实上,他试图通过吸收小的、以实验方法获得的变化来消除缺陷,以便结果看起来更加可信。他也以**非**线性透视法取得了很多进展,比如当物体被进一步移动的时候光亮和阴影的逐渐移动。然而,他并没有成功地为作为一个整体的透视法设计出一个替代性的、相容的系统。一如艺术史学家和列奥纳多专家马丁·肯普(Martin Kemp)所言,列奥纳多坚持不懈的研究见证了致力于一门注定将失败的视觉描述科学的英雄壮举。①

一个与毕达哥拉斯和亚里士多塞诺斯音乐理论等量齐观之物出现在我们的脑海之中。当音乐学家们希望其作品基于纯粹的毕达哥拉斯比率之上的时候,感知实践是非常难以对付的,以致这些比率不得不被调整,为此人们不得不去寻找同样让音乐**观察**充分发挥其价值的其他系统。无论人们多么努力地试图找到一种声音理论基础,这首先导致了混杂系统。一如在音乐中那样,绘画中的透视法在一定程度上是客观的(基于数学原则),但也在很大程度上是主观的(基于观察,这是具有时间和空间依赖性的)。诚然,阿尔伯蒂的数学透视法提供了一种指南,但使用列奥纳多所描述的经验和美学"校正方法"也是必需的。一些人文主义者必定熟悉音乐学和视觉艺术之间的这一显著但恼人的相似之处。比如,16世纪,乔万尼·巴蒂斯塔·贝内代蒂探求过一种同时适合和音(参见第四章第四节)和透视法的权威数学理论,但同样没有成功。

在北欧,直到16世纪,对线性透视法的新洞见才为人所知。15世纪,荷兰南部地区(佛兰德斯)的画家,比如扬·凡·艾克(Jan van Eyck)和罗吉尔·凡·韦登(Rogier van Weyden),已经在运用一种近似数学透视法之物,但没有数学基础。因为德国艺术家阿尔布雷希特·丢勒(Albrecht Dürer),透视法技术的理论正当性在1506年被从意大利介绍到了北部。然而,在其著作《量度四书》(*Underweysung der Messung*)中,丢勒并没有全方位地坚持阿尔伯蒂的解释,人们甚至可以说存在一种设计错误,它效果良好,碰巧导

---

① Martin Kemp, "Leonardo da Vinci", *Grove Art Online*, Oxford University Press, 2004.

致了一种更具经验性的透视法。尤其重要的是,正是丢勒的透视画绘图器的发明对艺术作品和艺术理论产生了最大影响,被收入了后来论述透视法的所有手册之中(参见图七)。17 世纪,透视法研究在荷兰达到巅峰,见诸皮特·萨恩列达姆(Pieter Saenredam)和塞缪尔·凡·霍赫斯特拉滕(Samuel van Hoogstraten)等人的著作。然而,这些研究的透视法成绩是绘画本身。

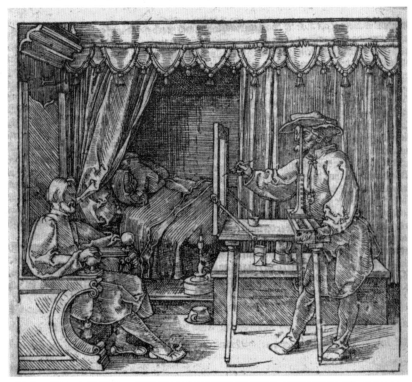

图七　阿尔布雷希特·丢勒《持机械格栅的艺术家》,载《量度四书》,1525 年

阿尔伯蒂的素描理论与费奇诺的新柏拉图主义:理想选择的标准　除透视法的引入之外,阿尔伯蒂也是一位"素描"(disegno)理论领军人物,素描是《论绘画》第二卷的主题。在这里,阿尔伯蒂也同时是描述性的和规范性的。他分析了意大利艺术家在设计形象方面的既有方法——大纲、构图和对象。然而,他也添加了许多指导方针,借助它们他创建了一种更新的、规范性的标准。

阿尔伯蒂将绘画艺术分为三个部分:

(1)素描(circumscriptio):一切对象及其局部在详细描述的基础上被勾勒于此。

(2)构图(compositio):这是由作为一个整体的图像的各构成部分之间的层级关系构成:historia——被描绘的故事被分为局部的方式,局部被再分为局部的局部,局部的局部依次被分解为最小的构成部分(比如,手、手指和指甲等)。

(3)光色(receptio luminum):光线的影响与着色的范围被添加于此。

就我们的了解而言,阿尔伯蒂的艺术分析是欧洲同类分析中最早的。然而,我们已在印度和中国传统(比如"六支理论"和谢赫的六法——参见第二章第五节)中见到过关于画的结构和组织的理论,但这些并不为阿尔伯蒂所知。因此,阿尔伯蒂的层级制构图概念几乎就像是被凭空捏造出来的。但是,在古代修辞学中,在讲演者的原诰或者言语的结构里(参见第二章第七节),或者在维特鲁威论述建筑组织的建筑理论里(参见第二章第四节),我们已然看到过一个类似的概念。① 15世纪,对任何被教授过人文主义修辞学的人而言,"合成"这一概念都是众所周知的——词构成词组、词组构成句子、句子构成段落。阿尔伯蒂将这一概念拓展到了绘画。一如在修辞学中,他把绘画的构图定性为一个层级分层结构,于其间图像的最小元素被以正确的方式组合起来,以便构建在它们之间形成整个作品的连贯组织的更大部分。借助其新概念,阿尔伯蒂得以分析乔托的一幅壁画,好像它是由出自西塞罗之手的句子组成一样。② 正如我们已经看到的那样,这种分析办法也在其他学科中产生了影响,包括对音乐的分析(参见第四章第四节)。这种按层级分段的方法将成为几乎所有现代人文学科的一个"常量"(参见第五章)。

除一种新的艺术分析方法之外,阿尔伯蒂还提出了很多已然对他身后若干代人具有预见性的规范性建议。他拒绝了中世纪的在绘画中使用金色。相反,金色的幻觉应该借助光线与色彩技术而获得。此外,阿尔伯蒂主

---

① Michael Baxandall, *Giotto and the Orators: Humanist Observers of Painting in Italy and the Discovery of Pictorial Composition 1350—1450*, Oxford University Press, 1971, p.130.

② Ibid., p.131.

张,对历史(historia)的表征——叙事性的历史画——处于画家可以选择的主题的层级系统之巅。其他主题也被融入历史之中,比如肖像、风景(事件的背景)、对情绪及情绪反应的正确描绘。历史所关涉的不只是图像的叙事面向——讽喻性也是它的一部分。

在第三卷和第四卷中,阿尔伯蒂讨论了艺术家的培养。它必须与接受人文艺术培养的人文主义通才的培养一致。通过发表这一意见,阿尔伯蒂决定性地背离了"作为工匠的艺术家"这一中世纪观念。之前的一部著作《工匠手册》(*Libro dell'arte*)——琴尼诺·琴尼尼(Cennino Cennini)著于大约1399年——已经内含将绘画提升至诗歌的地位的请求,但其阐释却在技术说明方面陷入了泥淖。阿尔伯蒂为艺术实践提供了一个完备的基于经验和理论洞见的智识仓库。比如,根据阿尔伯蒂,艺术家应不仅仅模仿自然;为了获得真正的美,他也必须**改善**自然,他同时警告,不要在事先没有充分研究自然的情况下去改善自然。阿尔伯蒂推荐了宙克西斯提出的(普林尼描述的)一种方法,宙克西斯通过选取不同模特的最为完美的性格特征并将它们组合起来构成一个全新整体,创作了一幅特洛伊的海伦的理想画像。在后来的若干世纪中,**理想选择**这一方法成了绘画的新标准。就像波利克里托斯的经典方针那样,阿尔伯蒂的标准是规范性的(参见第二章第五节),但同时,两种标准都是源自实践——就阿尔伯蒂而言,源自所谓的宙克西斯法。

阿尔伯蒂的理性选择标准从马尔西利奥·费奇诺那里获得了哲学基础。费奇诺是柏拉图著作和《秘义集成》的译者(参见第四章第一节),追求一种集合所有其他体系的所有基本真理的普遍哲学体系——从古代体系到现代体系,从基督教体系到非基督教体系。这种"综合性的新柏拉图主义"(synthetic Neoplatonism)引起了人文主义艺术家的共鸣。它为他们提供了重提经典往事作为例子的正当性。毕竟,唯有通过组合业已存在之物的最佳部分,绝对的真理或者美方可获得。就此而言,理想选择主要是基于范例,而不是基于规则。

最后,阿尔伯蒂讨论了"合式"(decorum)原则。与年轻人相比,老年人必然使用有礼有节的姿势。哲学家、士兵和圣人的穿衣打扮必须符合具体的指导纲领,等等。这些规则遵守了亚里士多德学派的建议,即为了获得所希望的修辞和诗学效果,要尽可能多地收集关于不同类型的人的信息。所有这些事实都有助于关于视觉世界的知识。

艺术史模式:从瓦萨里、祖卡里到贝洛里　艺术理论被复活了,艺术史书写同样如此。我们在乔治·瓦萨里(Giorgio Vasari,又译乔尔乔·瓦萨里,1511—1574)的《绘画、雕塑、建筑大师传》(*Le Vite de' più eccellenti pittori, scultori, ed architettori*)中可以看到这一点。该书第一版面世于 1550 年,于 1568 年得到了扩充。瓦萨里的著作由许多传记组成——150 多位艺术家按时间顺序排列,从 13 世纪到瓦萨里所在时代。这一传记顺序催生了一个了不起的艺术故事,这个故事从非常粗疏的起点开始后逐渐好转,经由马萨乔和多纳泰罗,以伟大的列奥纳多告终,在米开朗琪罗的艺术中达到了终极完美——瓦萨里如是说。瓦萨里"发现了"一种如普林尼在古典艺术中所观察到的"**进步模式**",即**幻觉主义**现实描绘的增加。除幻觉主义的这一发展之外,瓦萨里还在**美**、**说服力**和**抽象概念的表达**中,发现了一种进步模式。①瓦萨里认为,他对品性的评价是完全客观的,具有普遍性。比如,米开朗琪罗是有史以来最杰出的艺术家,因为他单枪匹马地完善了绘画、雕塑和建筑,也因为他基于素描原理证明了三者之一的同一性——整体的各部分之间的层级融贯性。

瓦萨里之后,艺术理论著作的数量开始快速增长。吉安保罗·洛马佐(Gianpaolo Lomazzo)尽可能完整地概述了绘画在实践中的精妙之处,而费德里科·祖卡罗(Federico Zuccari)则勉力让**所有**艺术——从人文艺术到视觉艺术——基于一个素描原理。根据祖卡罗,素描不过是所有思想的基本原则而已。他建立了一个包括所有知识的层级体系,于其间视觉艺术处于第二高位——仅次于神学。

17 世纪,艺术理论专著在艺术院校被用作了手册。查尔斯·勒布朗(Charles LeBrun)和乔万尼·贝洛里(Giovanni Bellori)把理想选择的主题多元化了,贝洛里达在艺术史里发现了一种新模式。不同于瓦萨里仅仅看到了进步,贝洛里在其 1672 年出版的《传记》(*Vite*)中,描述了拉斐尔之后

---

① 参见 Einar Rud, *Giorgio Vasari: Vater der europäischen Kunstgeschichte*, Stuttgart, 1964。

(1520年以降)的艺术的急剧衰落。① 根据贝洛里,直到16世纪末期的画家阿尼巴尔·卡拉奇(Annibale Caracci),我们才发现美术的复兴。通过调整和校正自然形式,卡拉奇得以再次实现完美。卡拉奇一直在贬低卡拉瓦乔(Caravaggio),因为无论后者的自然主义风格在多大程度上被模仿,他的纯现实主义绘画都差得很远。现在,崛起、鼎盛和衰落的循环周期也出现在艺术史书写之中。

别样的标准? 荷兰艺术理论家中的"别致性" 理想选择的标准与其说是经验的,毋宁说是理论的。除学院派之外,仅有少数艺术家效仿了新柏拉图主义。在上文我们提到过卡拉瓦乔,他的非理想化的风格在整个欧洲被广泛复制,但那首先是在荷兰,那里有各种各样的"现实主义"绘画文化,从弗兰斯·哈尔斯(Frans Hals)到伦勃朗(Rembrandt),理想选择在某些情况下是完全不存在的(参见图八和图九)。

虽然拥有很多知名阐述者的荷兰古典主义②与荷兰现实主义共同存在,但北方的一些艺术理论家试图证明荷兰艺术的现实主义倾向。首先,卡莱尔·范·曼德尔(Karel van Mander)以意大利理论为其1604年专著《画书》(Schilder-boeck)开篇,但后来提到了一个他用荷兰语单词"schilderachtig"表示的新概念,该词通常被译为"picturesque"(别致性)(虽然后者直到18世纪末才开始被使用)。虽然范·曼德尔并没有始终如一地使用这个概念,但在某种艺术理论的意义上,它似乎表示"生动的""逼真的"和"独特的"。③ 无论如何,它并不表示"来自古典"或者"理想的选择"。后来,约阿希姆·冯·桑德拉特(Joachim von Sandrart)和塞缪尔·凡·霍赫斯特拉滕等理论家,以及布雷德罗(Bredero)等作家,采用了别致性这一概念,赋予它他们自己的阐释。冯·桑德拉特使用这一术语来明确伦勃朗的艺术并不是基于知识,而是基于自然的令人愉快的面向。别致性似乎为阿尔伯蒂的标

---

① 参见 Francis Haskell, *Patrons and Painters: A Study in the Relations between Italian Art and Society in the Age of the Baroque*, Yale University Press, 1980。

② 参见 Albert Blankert, "Classicism in Dutch History Painting", in A. Blankert, J. Giltaij and F. Lammertse (eds.), *Dutch Classicism*, NAi Publishers, 2000。

③ 参见 Caroline van Eck, Jeroen van den Eynde and Wilfred van Leeuwen (eds.), *Het schilderachtige*, Architectura & Natura Pers, 1994, pp.12—15。

准提供了一种替代性的选择。

然而,这种替代性的"标准"并没有获得太高声望。艺术理论家简·德·毕晓普(Jan de Bisschop)断言,画家可能在很大程度上迷失自我于别致性之中,以致他们偏爱以丑为主题。然而,德·毕晓普也主张,视觉世界的所有元素包含一定程度的美。倘若自然已经是美的,那么人们为什么还要勉力理想化?正如凡·霍赫斯特拉滕所坚持的那样,毕竟,艺术关乎视觉世界的全部。虽然很多对象中都有一个层次结构,但模仿(imitatio)的价值赋予了依靠即使是奇丑无比之物而存在的权力。

图八　弗兰斯·哈尔斯《马勒·巴伯》(*Malle Babbe*,约1630年),柏林画廊(Gemäldegalerie)

艺术理论家威廉·胡雷(Willem Goeree)指出,美仅仅是一个相对概念。它取决于语境和观察者的意见。一些人甚至推断,丑拥有它自身的魅力。比如,凡·霍赫斯特拉滕在关于阿德里安·布劳威尔的著作中讨论过"有缺陷的吸引力"(参见图九),胡雷断定"在艺术中,某种丑也就是美"。① 作为对这一荷兰概念的一种解释,丑的别致性有时候联系着加尔文主义者对瞬间性、短暂性的关注。然而,在此间尤其让我们感兴趣的,是这些艺术理论家试图为荷兰绘画实践提供某种基础。这就是为什么他们在荷兰艺术中发现了某种普遍模式的原因——创作栩栩如生的,因此有时候丑陋的肖像的欲望,与之相对照的是,学院派追求经典的、普遍的"美的"描绘。

---

① 参见 Thijs Weststeijn, *The Visible World: Samuel van Hoogstraten's Art Theory and the Legitimation of Painting in the Dutch Golden Age*, Amsterdam University Press, 2008。

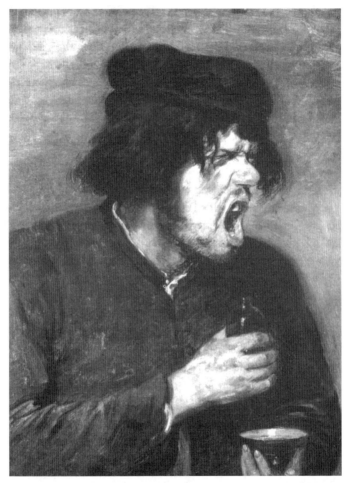

图九　阿德里安·布劳威尔（Adriaen Brouwer，又译艾缀因·布劳尔）《苦药》 *The Bitter Tonic*，约 1635 年），法兰克福斯泰德艺术馆（Städelsches Kunstintitut）

然而，艺术理论中的这种描述性方法似乎并没有定下基调。更具规范性、更享指示性的理论家们持有所有王牌。在其《论古代绘画》（*De pictura veterum*，1637）中，语文学家弗朗西斯库斯·尤尼乌斯（Franciscus Junius）主张，古代业已存在的完美的绘画艺术是如此的技法精妙和无瑕，以致它不可能天下有双。因为尤尼乌斯的话语，很多人都去寻找完美艺术的法则，到世纪末，很多人认为已然找到了它们。完美绘画具有人们可以借助基于规则的指导方针而获得的莫大的简单清晰。热拉尔·德·赖瑞斯(Gerard de Lairesse,又译杰勒德·德·雷瑞斯)的《杰出的画书》(Groot Schilderboek)便是这样一种指导方针的最佳例证之一,它用我们的术语来讲,相似于陈述性规则系统。德·赖瑞斯是一位画家,五十岁失明之后,开始在其位于阿姆斯特丹的家中设坛授课。他的弟子们记录下他的课程,这些课程从1707年以降,被出版并被译为法语、德语和英语。在艺术理论的层面上,德·赖瑞斯的著作与阿尔伯蒂的理想选择最为相似。然而,在更为实际的领域,德·赖瑞斯提供了一份规则清单,可以被用于创作至高无上的艺术。他列举了男女身体各部分的比例,详尽概述了应当被运用于一切可以想象得到的情势和行动之中的被描绘的姿势、位置安排和构图。艺术家可以通过关于这些规则的知识和它们的实施来证明他的博学,但他自由地活动于其间的限制条件却变得越来越具约束力了。毋庸赘言,伦勃朗被作为该错误行事方式的一位代表受到了指责。

温克尔曼的新艺术史与布尔克的崇高　　长达数世纪,瓦萨里的艺术史书写一直处于支配地位。直到约翰·约阿希姆·温克尔曼(Johann Joachim Winckelmann)写出其《古代艺术史》(Geschichte der Kunst des Altertums, 1764),这一情势才发生变化。与他之前的逸闻趣事性强的传记相呼应,他试图将艺术史描述为一条连续不断的叙事线索,希望通过它找到艺术的本质。温克尔曼提出了希腊艺术分为三个发展阶段——从**古代**经**古典**到**希腊**——这一观点,该观点至今依然为艺术史家们所沿用。温克尔曼认为,希腊艺术的古典时期是三个阶段中最为完美的。他对古代的敬畏是有争议的,但他对之的解释却没有。温克尔曼把希腊古典艺术的至高无上归因于公元前5世纪希腊人的性格,以及他们在民主和哲学方面的造诣。[①] 换言之,在温克尔曼看来,关键是社会和知识语境,而不是艺术语境。

18世纪也目睹了一门新学科的建立——哲学美学,著有《美学》(Aesthetica, 1735/1762)的亚历山大·鲍姆嘉通(Alexander Baumgarten)是其创始人之一。虽然哲学美学基本上是在我们的探求范围之外,但埃德蒙·伯克

---

① Robert Williams, *Art Theory: An Historical Introduction*, Blackwell, 2005, p.97.

的《论崇高与美概念起源的哲学探究》(A Philosophical Enquiry into the Origin of Our Ideas of the Sublime and Beautiful, 1757)是值得一提的,因为他主张无论是美还是丑,都可能导致崇高的经验。显然,伯克受到了朗吉努斯著述中论述崇高的古典专论的启发(参见第二章第八节),但他将自己的思想拓展到了普遍意义上的绘画和人类情感。就非美之物和违反规则之物可以引发审美情感这一洞见而言,他的哲学是非常有价值的。我们已在荷兰艺术理论家的著作中见到过这种观念,比如凡·霍赫斯特拉滕的"有缺陷的吸引力",以及胡雷的艺术中的某些丑也可能引人入胜这一主张。然而,在荷兰之外,他们的思想并未对任何古典主义理论产生丝毫影响。不过,半个世纪以后,伯克的哲学艺术理论在欧洲产生了共鸣——从德尼·狄德罗(Denis Diderot)到伊曼努尔·康德(Immanuel Kant),这一事实表明,古典主义的约束在18世纪已变得多么令人无法容忍。①

建筑法则:再论阿尔伯蒂及其持续影响 阿尔伯蒂在近代早期艺术理论中的支配地位几乎是不可能被夸大的。他的线性透视构想代表了视觉世界描绘的一个转折点,引发了接连不断的新话语。他的"历史"概念决定了欧洲的一切叙事性绘画。他的理想选择标准形塑了所有艺术理论家,为数不多的希望为"错误的"地方绘画实践辩护的艺术理论家除外。然而,阿尔伯蒂的最大部头的著作并非是关乎艺术,而是关乎建筑。他著于大约1452年的《论建筑》(De re aedificatoria)是维特鲁威以降的欧洲第一部建筑专论。在这部著作中,阿尔伯蒂也再次论及经典,但与阿尔伯蒂的《论绘画》大多都是新元素不同,他的建筑理论主要是更为系统地阐释维特鲁威的相当模糊的《建筑学》(参见第二章第五节)。

阿尔伯蒂希望让建筑基于"自然法则"之上,借助"自然法则"他意指正确比率的普遍原则。通过对经典的不离不弃,阿尔伯蒂主张宇宙的和谐是以可以被模仿于建筑之中的数学术语来表示的。因此,建筑设计必须基于三个原则:(1)数字、(2)比例和(3)分布。这三个原则的正确运用促成"**和谐**"(concinnitas):否则将依然彼此分离的整体的各部分之间的恰当和

---

① Robert Williams, *Art Theory: An Historical Introduction*, Blackwell, 2005, p. 100.

谐。阿尔伯蒂的和谐的基础是毕达哥拉斯的音乐理论，其中的和音是以完美数率来表示的，比如1/2、1/3、2/3和3/4。他把这些比率运用于他自己的设计之中，比如佛罗伦萨的鲁切拉宫（Palazzo Rucellai），于其间他使用了一个比例合理的立面，以使让一排房子构成一个和谐的整体（图十）。

图十　莱昂·巴蒂斯塔·阿尔伯蒂所设计的鲁切拉宫，1446—1451年，佛罗伦萨

阿尔伯蒂提出了一个极具影响的概念，那就是倘若"自然法则"得到遵守，各部分之间的和谐关系便促成这一情势，于其间什么东西也不能被移动或者添加，以防让结果更糟。与维特鲁威的最大不同是阿尔伯蒂把音乐和音用作了建筑比率的基础，而维特鲁威则把人的身体视为正确比例的主要源头（参见第二章第五节）。二者之间也存在一种微妙的修辞差别。维特鲁威介绍建筑物**是**如何被设计的，但阿尔伯蒂却规定它们**应该**如何被设计。一如在人文学历史上常常发生的那样，从描述到规范的转变可以见诸于此。

在阿尔伯蒂之后的大多数论述中，我们同样发现了对正确的建筑比例的强调，虽然这些比率并非总是基于音乐和音。比如，1490年，弗朗西斯科·迪·吉奥吉奥（Francesco di Giorgio）像维特鲁威一样强调人体是正确比例的主要源泉。米开朗琪罗也把人体用作建筑的基础，因为正如他在流传下来的一封信中所解释的那样,建筑必须在其对称和缝隙方面模仿人体。①他甚至反对使用先验比例,在这里他偏离了维特鲁威的思想体系。另一方面,列奥纳多认同维特鲁威,这时他能够以无与伦比的方式描述维特鲁威式人体姿势,见诸画像《维特鲁威人》(图十一)的两种基本宇宙形式——圆形中人(homo ad circulum)和矩形中人(homo ad quadratum)(参见第二章第五节)。

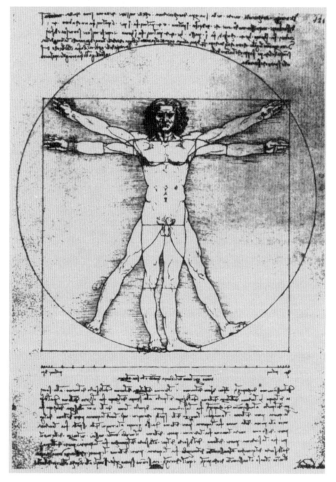

图十一　列奥纳多·达·芬奇《维特鲁威人》,约 1487 年,学院美术馆(Gallerie dell'Academia),威尼斯

① 参见 James Ackerman, *Italian Renaissance Aesthetics*, Oxford Art Online, 2004。

16世纪后半叶,随着安德烈亚·帕拉第奥(Andrea Palladio)的著名专论《建筑四书》(*I quattro libri dell' archittetura*,1570)问世,音乐和音在建筑理论中的使用再次浮出了水面。帕拉第奥批评米开朗琪罗,并再次将建筑比例建基于毕达哥拉斯和声理论之上。建筑被限制、还原为一个严格的边界条件的陈述性规则系统。塞巴斯蒂亚诺·赛利奥(Sebastiano Serlio)的《建筑五书》(*Tutte le opere dell'architettura*,出版于1537—1575年间)便是这一规则系统的一个例证,它将建筑界定为一种**语法句法**(grammatical syntax)形式,而这种语法句法就准确性而言超越了德·赖瑞斯的绘画句法和德雷斯勒的音乐句法。当帕拉第奥的学生文森佐·斯卡莫齐(Vincenzo Scamozzi)进一步为其师傅的建筑理论提供修辞支撑的时候,我们可以说有了一部新的**建筑经典**。这部经典将构成严格意义的17世纪和18世纪古典主义建筑理论的基础。它在新教欧洲地区广为传播,而意大利建筑则随着弗朗西斯科·波洛米尼(Francesco Borromini)的远为自由的巴洛克风格,从截然不同的方向再次起飞。然而,巴洛克建筑当时并未获得任何理论支撑。

18世纪,古典主义建筑理论依然处于支配地位,虽然作为直接研究希腊建筑的结果,它被赋予了一种众所周知为**新古典主义**(neoclassicism)的新阐释。长期以来,希腊建筑一直都不是直接可得的,但1751年,当罗伯特·伍德(Robert Wood)出版其叙利亚帕尔米拉废墟(Palmyra)和黎巴嫩巴勒贝克遗迹(Baalbek)的雕刻画的时候,他在欧洲引起了巨大轰动。① 受到温克尔曼的希腊艺术研究的启发,伍德的作品导致了对古典式柱型及其正确比例的重新界定。与阿尔伯蒂让比例依赖于音乐和音相反,它们现在是基于对希腊艺术和建筑的**历史**研究而被经验地确定。

简言之,从15世纪到18世纪,早期近代建筑理论家寻找并发现了建筑中的基础模式,它们在一些情况下是描述性的,多数情况下是规定性的,最终是历史性的。这些模式主要是由基于音乐、物理或者经验知识的数学比构成。

中国和印度:走向风格的历史化 一如在唐朝和宋朝那样,在相对短暂

---

① 参见 Hanno-Walter Krufft, *Geschichte der Architekturtheorie*, Verlag C. H. Beck, p.235。

的元朝(1276—1368),中国艺术批评家在评价绘画时使用的是谢赫六法(参见第二章第五节和第三章第五节)。14 世纪期间,大量技法指南面世,它们把不同的描绘形式(比如花与枝)与具体的情感联系了起来。王绎(1333—1368)的两本指南讨论了色彩和面部表情的描绘。这些著述是更加具体的 17 世纪指南的先导。明朝期间,对中国艺术史进行评论的艺术鉴赏家或者文人越来越多。最初,这些行家的意见是作为杂记选辑而流传的,有时候是被处理为手稿的形式。

　　文人对艺术的这般巨大兴趣并不亚于对古代手稿的兴趣。正如我们在王世贞(1526—1590)的学习精要中所发现的那样,这些鉴赏家的不受束缚甚至导致了新的艺术理论。王世贞把艺术史描述为一系列转折点,其标志是唐朝之前和唐朝的**人物**画家与长于描绘的美术家,继而是元朝的**山水画**家。① 另一方面,在中国宫廷存在一种对宋朝艺术风格的偏好,这种风格也是以史为证(参见比如图三、图十二、图十三和图十四,它们分别是唐朝之前和唐朝的人物画、宋朝和元朝的山水画)。

图十二　相传作者是阎立本的《历代帝王图》(*The Thirteen Emperors*)细部,唐朝,约 650 年,波士顿美术博物馆

---

① 参见 Lin Yutang, *The Chinese Theory of Art*, Putnam's, 1967。

图十二　马远《山径春行图》(*On a Mountain Path in Spring*)，
宋朝，13世纪初，台北故宫博物院

图十四　黄公望《富春山居图》(*Dwelling in the Fuchun Mountains*)，
元朝，约1350年，台北故宫博物院

　　清朝初年,中国艺术家倘若无视他们可以从中选择的异常丰富的艺术遗产,便无人依然能够作画。早在17世纪,兼容并蓄的艺术实践便凭借其历史化的"新风格"在中国起步,而类似发展在欧洲直到19世纪才出现。关于风格意识和历史化,17世纪的耶稣会士没有任何东西可以传授给中国人。相反,一些在中国工作的耶稣会艺术家,比如朱塞佩·伽斯底里奥内(Giuseppe Castiglione,1688—1768),开始以中国文人所描述的风格作画,虽然他们依旧显示出欧洲影响的痕迹。①

在印度,内容丰富的 11 世纪和 12 世纪艺术话语传统开先河地描述的透视缩短法(参见第三章第五节),似乎并没有进一步发展——就我们的探求而言,肯定没有。类似地,寻找有关莫卧儿帝国艺术史的任何史料也是相当困难的,虽然其微型画令人眼花缭乱。当然,表面现象很可能有欺骗性,尚有很多手稿等待着被发掘或者被利用。②

艺术理论是源自经验吗? 一方面,阿尔伯蒂以降,欧洲艺术理论为列奥纳多基于经验之上的既有线性透视法提供了一种基础;另一方面,相同的艺术理论提供了极具规范性的规则,它们不可能源自经验,比如作为最容易做到的绘画设计的"被描述的故事",以及建筑中的先验比例(很可能还有绘画中的理想选择)。阿尔伯蒂之后,几乎所有艺术理论都是规定性的、反经验主义的。这有别于我们在音乐理论中发现的那个世界,于其间一种假说刚被设想出来便被另一种假说取而代之——虽然我们在作曲理论中同样见到了规定性元素。除一些荷兰理论家之外,早期近代艺术理论的"经典"起点在很大程度上保持未变,直到我们遇到伯克。艺术理论似乎陷入了对准确规则的偏好之中,以及对古典模仿的欲求之中。虽然鲜有艺术理论从古代传承下来——而且这主要是以罗马复本的方式,但艺术理论比音乐理论更多地受支配于人文主义,艰难地发展。直到 18 世纪的希腊艺术和建筑研究,我们才看到向更具描述性的方法的回归。我们已然将欧洲艺术理论与之进行过比较的其他唯一地区是中国,于其间有一种历史化的方法在 17 世纪登台亮相。

原则:陈述性规则系统原则;基于范例的描述原则(理想选择的标准);数学比例原则

模式:数学视角;经验视角;见诸以幻觉艺术描绘现实、美、说服力,以及见诸表达抽象思想的进步(根据瓦萨里);崛起、鼎盛与衰落的艺术史循环;

---

① 参见 Fred Kleiner, *Garner's Art Through the Ages: A Global History*, Thompson Wadsworth, 2009, p. 729。

② 参见 Daniel Ehnbom, "Indian Subcontinent: Painting: Literary references", in *Grove Art Online*, Oxford University Press, 2004。

理想选择模式;别致模式;希腊艺术中的古代—古典—希腊模式;美与丑皆可通往崇高;建筑比例的规则系统

第六节 修辞学·包罗万象(抑或空空如也)的科学?

中世纪期间,修辞学几乎没有超越过传道和写信的地位,但人文主义期间,它高高在上于其他所有文科。根据罗伦佐·瓦拉,修辞学是融合逻辑学和语言学,甚至让它们冗余的艺术(参见第四章第三节)。借助其层级分层,修辞学发挥了音乐、视觉和文学创作等实践的理论支撑作用。它勉力整合了一切知识,即将成为文艺复兴的最重要元素之一。[①] 一如西塞罗所指出的那样,称职的修辞学家理应无所不知,条件是该知识可以运用于实践。

古典雄辩术的吸纳 尽管修辞学的地位得到了提升,但倘若我们去早期近代修辞学中寻找新洞见、原则或者模式,我们就会几乎空手而归。一如修辞学历史学家布莱恩·维克斯(Brian Vickers)所指出的,人文主义修辞学的历史就是吸纳和综合被手稿猎人逐一发现的古典专论的故事。[②] 这个故事始于之前不为人知的西塞罗的演讲、彼特拉克和萨卢塔蒂的书信的发现。就西塞罗而言,人文主义者可以利用他的个人化写作来了解这位伟大的雄辩家,他同时也是哲学家和政治家。一个发现旋即被继以另一发现。1416年,波焦·布拉乔利尼到康斯坦茨议会(Council of Constance)旅行期间(参见第四章第一节),发现了昆体良的《雄辩术原理》的一个全本。他在很短的时间内抄完了手稿,数年之后流通的复本达四十之多。到15世纪末,已然有几十上百个版本被印刷。这就为我们提供了一种关乎对修辞学话语的需求的思想。西塞罗的《论雄辩家》全本的发现引起了一场旗鼓相当的轰动。人们终于可以读到显影于构思绝佳的对话形式之中的西塞罗了。这个文本成了魅力(suavitas)的榜样、模仿的范例。人文主义者所真正希望成就的,是不但要复制这部经典著作的语法,而且尤其是雄辩术。

[①] Heinrich Plett, *Rhetoric and Renaissance Culture*, Walter de Gruyter, 2004.
[②] Brian Vickers, *In defence of Rhetoric*, Oxford University Press, 1988, p. 255.

1453年，君士坦丁堡陷落之后，很多希腊学者找到了他们的通往意大利之路，在那里他们让人文主义者了解到被奥尔多·马努齐奥大量印制的赫莫杰尼斯的《修辞初阶》（参见第二章第七节）。亚里士多德的《修辞学》最后也可资利用了。有人撰写了"新"修辞学著作，比如特拉比松的乔治（George of Trebizond）的《修辞五篇》（*Rhetoricorum libri quinque*），但它在赫莫杰尼斯声名鹊起于意大利的时候，被搁置到了一边。除亚里士多德著作的一些部分之外，所有修辞学著述几乎都是规范性的指南。在修辞学的某些分支学科中确乎出现了更新的研究：伊拉斯谟的《论丰富多彩》（*De copia*）以多达206章的篇幅聚焦修饰与变体的修辞艺术，极为流行。借助插图，他在第33章中给出了"your letter pleased me greatly"（你的来信让我非常高兴）这个句子的195种变体。享有盛名的其他修辞学分支是记忆术（ars mnemonica）和开题术（ars inveniendi），见诸乔尔丹诺·布鲁诺（Giordano Bruno, 1548—1600）和戈特弗里德·莱布尼茨的研究（参见第四章第三节），但在作者本人看来，这些"艺术"并不属于修辞学。①

同样有人撰写逻辑学指南，它们非常接近于修辞学，以致它们被用作了说服艺术的手册，比如鲁道夫·阿格里科拉的《辩证开题术》（*De inventione dialectica*）、彼得·拉米斯的《分析辩证法》（参见第四章第三节）。赫拉尔杜斯·福修斯的著作主要是基于亚里士多德和赫莫杰尼斯，他为拉米斯贴上了反亚里士多德派的标签。然而，即使是在福修斯的手中，人文主义修辞学也首先是一种既有著作的综合，包括主题、结构、文体、记忆、诵说的经典分类（参见第二章第七节）。至多在重点上有一些变化。

我们已见识过作为分享知识的通用语言的阐述者的弗朗西斯·培根；在他的著作中（第四章第三节），我们第一次发现了一种新版修辞学，它从根本上可以被概括为反修辞学。但是，培根本人是一位雄辩大师。当他在英国议会发言的时候，听众鸦雀无声，全神贯注。托马斯·霍布斯（Thomas Hobbes）害怕民众领袖破坏稳定的言论，但尽管如此，他自己的修辞学依旧

---

① 参见比如 Ingrid Rowland, *Giodano Bruno: Philosopher/Heretic*, Farrar, Straus and Giroux, 2008。

激情强烈。① 在其早年著作《皇家学会史》(History of the Royal Society, 1667)中,托马斯·斯普拉特(Thomas Sprat)指出,一切雄辩术都应被禁止。人们让他人信服不应借助言语而应借助事实。斯普拉特之后,早期近代修辞学从未真正恢复元气。

伯纳德·拉米修辞学语法:共振动觉　然而,一些人认真尝试了揭示劝说性演讲的基本规则系统。在这里,新科学的笛卡尔数学思想对修辞学研究产生了巨大影响。本领域最著名的著作是伯纳德·拉米(Bernard Lamy, 1640—1715)的《演讲的艺术》(Art de parler)。② 拉米既是一位非常有天赋和影响的数学家和物理学家,也是一位声明卓著的修辞学家,他在1679年以其《力学专论》(Traité de mécanique)表征了一段心灰意冷的人生历程。

拉米的《演讲的艺术》的起点是波尔·罗亚尔逻辑学的《思维的艺术》(De l'art de penser)的终点(参见第四章第三节)。该著作始于解释言语和意义原则,但继之以主要聚焦发音的修辞效果和字词的使用。出乎预料的发音和词序可以激发听众的兴趣,让他们更加专心。拉米对声音和情感整合的处理是**修辞语法**的一个极佳范例。他概述了单音的组合和词语的分级,这可以被解释为一种语言学练习。但是,当拉米为"正确的"句子长度、短语和句子的停顿和结尾界定规则的时候,他回到了修辞学的世界。他对讲究修辞的交流过程的分析似乎是以新科学为基础的。拉米把这一过程描述为一种物理现象,谓之为"共振动觉"(sympathetic kinaesthesia),于其间演讲者情绪的波动为造成演讲者情绪波动的声音所转移。虽然这一假说是拉米修辞学分析中最令人感兴趣的部分,但是,唉,它是无法证实的。然而,就我们的了解而言,在17世纪修辞理论中,唯有拉米的著作能够在多个维度超越古典标准著作。

维柯与戈特谢德:历史分析与基于范例的修辞学　笛卡尔、培根和霍布斯等人对修辞学是敌视的。他们之后的很多科学家和学者同样如此。然

---

① Thomas Conley, *Rhetoric in the European Tradition*, University of Chicago Press, 1990, p. 163.

② 参见 John Harwood, *The Rhetorics of Thomas Hobbes and Bernard Lamy*, Southern Illinois University Press, 1986。

而,18 世纪,我们在贾姆巴蒂斯塔·维柯的《演说术原理》(*Institutiones oratoriae*,1711)里,再次发现了一种古典主义的修辞学研究。人们可以因此说维柯落伍了,但他那自信满满的历史化方法弥漫于他的所有著述(参见第四章第二节),领先于其时代;他处于 19 世纪的发端处,于其间历史分析是中心(参见第五章)。诚然,修辞学终结于历史的垃圾堆上,但维柯是认识到其**历史**价值的第一人。

在约翰·戈特谢德(Johann Gottsched,1700—1766,又译约翰·戈特舍德)的著作中,我们发现了解释德语修辞学和诗学的类似尝试。在关乎修辞学之处,戈特谢德采取了基于规则的系统和基于范例的系统相结合的方式(他的诗学将在第四章第七节被讨论)。戈特谢德的《演讲详解》(*Ausführliche Redekunst*)是分两卷出版的,共达 700 多页。第一卷包含了一种确定良好语言表达的普遍原则的努力。在第二卷中,他以如何表达良好的例子、经典演讲的德语模仿,以及来自不同流派的例子填满了数百页。并不存在像我们之前在语言学中所见到的那种支配性的基于范例的理论——范例首先旨在阐明总体原则。

对人文主义修辞学的解释　我们该如何解释人文主义修辞学的史无前例的快速崛起和同样迅速的衰落呢?有时候,修辞学的最初流行被解释为它为暴力的不文明使用提供的"文化替代物"(cultured alternative)。[①] 即是说,修辞学是无须强迫的说服艺术。人文主义者把这一艺术视为最具人性的劝说形式,醒目地对立于早期近代欧洲的血腥镇压、迫害和宗教战争。但是,这一解释貌似一个值得称赞的目标,实则并非全然令人满意。就其本身而言,古典文化的发现与吸纳也已然成为一个目标。很多人希望古罗马的宏伟得到全方位的复兴,而语言是该复兴的最重要元素之一。然而,书写语法正确的拉丁语是远远不够的。人文主义者也希望让雄辩的风格与其说服力相匹配,谁能比身为哲学家和政治家的杰出演说家更有资格充当楷模呢?对佛罗伦萨等城市的抱负而言,他们代表了理想的范例。这种"模仿艺术"或者"模拟艺术"正是人文主义修辞学的最杰出贡献之所在。虽然就新原

---

① 比如 Thomas Conley, *Rhetoric in the European Tradition*, University of Chicago Press, 1990, p.110。

则或者模式而言,它的贡献微乎其微或者简直没有,但就"模仿艺术"而言,它是无可匹敌的。

在其他人文学科中,模仿艺术扮演了并不如此重要的作用。哲学家们并不是真正模仿亚历山大格式诗行(Alexandrine),而是探寻最佳原则与方法本身(瓦拉、波利齐亚诺)。音乐学(拥有它的新和音理论)和艺术理论(拥有线性透视和经验视觉的发展)同样如此。虽然人们发现自己在其中也受制于古典——尤其是在拥有阿尔伯蒂的理想选择的艺术理论中,但对古典的文字模仿更少了。当拉丁文的声望在16世纪,尤其是17世纪减退的时候(参见第四章第三节),作为模仿艺术的修辞学多半都达不到要求,于是衰落开始了。唯有它的概念还继续存在于音乐、文学和艺术研究之中。

原则:程序性规则系统原则;类比原则(二者都仅仅作为亚里士多德的遗留物——参见第二章第七节);"模仿"原则

模式:共振动觉

第七节 诗学·绝境中的古典主义

正如修辞学的情况那样,人文主义诗学受制于古典的霸权,几乎没有超越它自古罗马以来所采取的规定性特征。虽然人们最初求助于贺拉斯的《诗艺》(参见第二章第八节),但中世纪以降,这部著作已然众所周知。直到1549年,亚里士多德的《诗学》被翻译,新的研究和评论才紧随其后,接踵而至。

明屠尔诺、斯卡利格与卡斯特尔维特罗的三一律 16世纪,最重要的诗学研究是明屠尔诺(Minturno)的《诗艺》(*De poeta*,1559)、J. C. 斯卡利格的《诗学七书》(*Poetices libri septem*,1561)和卡斯特尔维特罗(Castelvetro,又译卡斯特尔维屈罗)的《亚里士多德〈诗学〉诠释》(*Peotica d'Artistotele vulgarizzata e sposta*,1570)。[①] 人们可能认为,这些学者让亚里士多德风格的诗

---

① Baxter Hathaway, *The Age of Criticism*: *The Late Renaissance in Italy*, Ithaca, Cornell University Press, 1962.

学恢复了其经验主义的光环。但是，这离真相再远不过了。与亚里士多德设法从希腊悲剧和史诗中演绎出普遍原则相反，意大利人文主义者将这些原则转换为先在目标。新兴的文学理论家们尤其着力于具体化"合意的"文学形式，而不是描述他们所在时代的既有文学。亚里士多德的《诗学》的各个面向都被视为是规范性的。甚至"净化"这一概念都被重新阐释为一种道德完善的形式。就此而言，自中世纪欧洲诗学以来，几乎没有什么看似发生了改变——人文主义者只不过以古典著作，在这个例子中以亚里士多德，替换了《圣经》。

然而，人文主义者也提出了一些新见解。亚里士多德在希腊悲剧中发现的行动统一律被延伸为了"时间、地点和行动统一律"。这一拓展是分两步发生的——包括时间统一律的补充是为明屠尔诺和斯卡利格所建议的，包含行动统一律是由卡斯特尔维特罗所提出的。① 这个"三合体"是在纯理论的基础上实现的。明屠尔诺和斯卡利格通过调用被视为最终结果的模仿（对现实的模仿），剔除了时间轴上的中断，比如不同场景之间的昼夜更迭。戏剧表演的时间轴与它意欲表现的行动的时间轴必须严格一致。无论如何，戏剧中的事件都绝不允许延续 12 小时以上。第三个统一律，即地点统一律是这样被卡斯特尔维特罗证明具有合理性的：因为一个人绝不可能同时观察一个以上的地方，行动必然保持不变。换言之，它需要不仅被限定在某个镇或者某个宅子，而且甚至被限定在某个处所，这个处所相当于可以被一个人看到的一个空间。一切都被用于创造最大透明度这一目标。

因此，意大利三人组已然把戏剧塞进了一件几乎不可能的紧身衣。就像他们的艺术和建筑同辈理论家那样，他们认为自己已然因为模仿原则的被人深思熟虑的含义，把握了戏剧的普遍规则。然而，他们的"三合体"远离意大利戏剧实践十万八千里。即便如此，这些 16 世纪人文主义者的思想产生了出乎意料的巨大影响，但主要是在意大利之外。卡斯特尔维特罗的规则发展成了荷兰、法国、英国和德国古典主义的标准规则。事实上，古典诗学成了北欧戏剧的标准，反之，在意大利（比如贾姆巴蒂斯塔·马里尼[Giambattista Marini]）和西班牙（路易斯·德·贡戈拉[Luis de Góngora]及

---

① Robert Gigliucci (ed.), *Lodovico Castelvetro: filologia e ascesi*, Bulzoni, 2007.

其他人)兴旺发达的巴洛克戏剧却在很大程度上缺乏理论基础。

巴洛克诗学？特绍罗与格雷西安 围绕巴洛克戏剧与文学而撰写的专著为数不多,其中之一是埃马努埃莱·特绍罗(Emanuele Tesauro)的《亚里士多德的望远镜》(*Il cannocchiale aristotelico*,1654)。处于其核心的是**隐喻**这一概念——它可以通过类比联系起各不相同的现象。与古典主义者绝不希望对任何事物留下不确定性相反,特绍罗提倡产生愉悦与惊奇的隐喻性修辞的多义性。① 隐喻的发现打破了传统规则,催生了一个在亚里士多德的视野之外的诗学概念。特绍罗的著作的标题("亚里士多德的望远镜")表示与新科学的类比。亚里士多德的不足之处在于望远镜的缺乏,这就意味着很多现象对他而言依旧是觉察不到的。

西班牙耶稣会士巴尔塔泽·格雷西安(Balthasar Gracián,1601—1658,又译巴尔退则·格雷西安)也在其《敏锐与创新的艺术》(*Agudeza y arte de ingenio*,又译《诗之才艺》)中,赞美妙喻的愉悦、对字词和复杂语序的妙用。② 格雷西安的著作的核心是"**概念**"(concepto)这一观念,他模糊地将其定义为"一种揭示观念之间关系的深刻见解"。格雷西安使用概念来表示思维敏捷(或者敏锐)和一种比较性隐喻。他主张"没有敏锐或者概念的理解宛若没有光、没有光线的太阳"。与古典主义者所主张的东西相反,机敏和隐喻是读者或者听众对文学或者戏剧作品的理解的不可或缺部分。格雷西安将其理念落实在代表作《批评家》(*Criticon*)以及广受欢迎的格言集《圣言手册和谨慎的艺术》(*Oráculo manual y arte de prudencia*)中,后者提倡审慎的艺术,至今依然在不断被重印。

在特绍罗或者格雷西安的著作中,我们并没有像在卡斯特尔维特罗的著作中那样,发现更深的理论支撑;卡斯特尔维特罗能够借助时间、地点和行动的普遍三一律,把诗学与一个严格的规则系统融为一体。在早期近代诗学中,巴洛克理论家依然是边缘性的。然而,他们与诗学实践的距离近多了,他们的著作更多的是描述性的,而不是规定性的。

---

① Pierantonio Frare,*Retorica e verità*:*le tragedie di Emanuele Tesauro*,Edizioni Scientifiche Italiane,1998。
② Virginia Foster,*Balthasar Gracián*,Irvington Publishers,1975。

古典主义的视界：海因修斯、福修斯、布瓦洛与戈特谢德　在荷兰，古典诗学思想的传播者是达尼埃尔·海因西乌斯（Daniël Heinsius, 1580—1655），杰出语文学家约瑟夫·斯卡利格（J. C. 斯卡利格之子）的爱徒。除无数语文学成果的评论和编辑之外，海因西乌斯在 1601 年编辑了亚里士多德的《诗学》，继而在 1611 年编辑了颇具影响的论著《论悲剧之构成》（*De tragica constitutione*），于其中他以一种易于理解的方法解释了亚里士多德的思想与诗学古典主义。① 虽然海因西乌斯几乎没有补充任何新思想，但他的做法得到了荷兰共和国（比如冯德尔[Vondel]）、英国（比如本·琼生[Ben Jonson]）、法国和德国等国悲剧家的采纳。

1647 年，赫拉尔杜斯·福修斯通过其《诗学原理》（*Poeticae institutiones*）完成了最系统的人文主义文学理论概述之一。借助其私人图书馆的藏书，福修斯勾勒了全部古典文学流派及其特征。福修斯请求议会（the States General）予以财政支持，帮助支付这部卷帙浩繁的著作的印刷费；一笔 800 荷兰盾的拨款——多于 6 个月的薪水——即将到账。② 这证明了古典主义诗学享有的地位。像修辞学那样，它是对任何有抱负的年轻人的古典教育的一部分——虽然他最终步入了商界。

意大利亚里士多德学派的引入也导致了法国 17 世纪文学与戏剧实践的一场革命。在其著名的《随笔录》（*Essais*）中，米歇尔·德·蒙田（Michel de Montaigne）提倡简单明了，拒绝任何修饰。然而，很难在法国著作中找到新的诗学理念，虽然因为"标准条款"的具体规则，出现了"合式"程序的激增。甚至最重要的诗人和评论家尼古拉·布瓦洛（Nicolas Boileau）在其 1674 年出版的《诗的艺术》（*L'art poétique*）中，也不过是重新阐释了模仿原则和时间、地点和行动统一律而已。布瓦洛著作中的唯一令人惊奇之处是

---

① J. H. Meter, *The Literary Theories of Daniel Heinsius: A Study of the Development and Background of His Views on Literary Theory and Criticism during the Period from 1602 to 1612*, Van Gorcum, 1984.

② 最近，福修斯的巨著已然被译介：赫拉尔杜斯·福修斯《诗学三书》，扬·布罗门达尔、埃德温·拉比合编、合译，布里尔，凡 2187 页（Gerardus Vossius, *Poëticae institutiones libri tres / Three Books on Poetics*, edited and translated by Jan Bloemendal in collaboration with Edwin Rabbie, Brill, 2010, 2187pp）。

"我不知道是什么"(je ne sais quoi)这个句子。即使借助对古典主义的模仿、合式原则和统一律的最为严格的应用,依然存在一种无法预测的元素(我不知道是什么)将文学作品提升为艺术。① 1711年,亚历山大·蒲柏(Alexander Pope)在其《论批评》(Essay on Criticism)中,将这一"异常派"原则阐释为"一种超越艺术范畴的优雅"。它是对出现在理论之外之物的承认。一如我们已然在狄俄尼索斯和普林尼的古典诗学和艺术理论中所见到的,很显然,有"好的艺术"但没有"美的艺术"的规则(参见第二章第八节)。

1730年,约翰·戈特谢德在其《德语诗学批评尝试集》(Versuch einer critischen Dichtkunst vor die Deutschen)中,在创造一个包罗万象的规则系统方面走得最远(参见第四章第六节)。在巴洛克大众戏剧中,社会身份混乱,韵律形式不一致;作为对凌乱的巴洛克大众戏剧的一种反应,戈特谢德教演员言说亚历山大格式的诗行,激励净化。凡不能被理性地理解的,统统被禁止。戈特谢德似乎并非是在运用模仿原则,而是在勉力让戏剧全然非人化。引人注目的是,戈特谢德的妻子,"技巧娴熟的朋友"(die geschickte Freundin)露易丝·阿德尔冈德·库尔姆斯(Luise Adelgunde Kulmus),在她自己的大众戏剧中打破了她丈夫的所有规则。

古典主义的终结:约翰逊博士 直到18世纪下半叶,塞缪尔·约翰逊(Samuel Johnson,1709—1784)——其所在时代最重要的批评家,更多地被称作约翰逊博士(Doctor Johnson)——才对古典主义诗学发起成功的批评。体弱多病的约翰逊是一位书商之子,对其所在时代的文学几乎有着百科全书式的了解,对大部分英国文学烂熟于心。他不出数年便编纂了有史以来最好的词典之一,但是他却不断地抱怨自己的懒惰。他有强烈的社会良知,反对奴隶制度。他曾经提议为"黑人在西印度群岛的再次造反"干杯。他的一生被詹姆斯·鲍斯韦尔(James Boswell)在其《塞缪尔·约翰逊传》(Life of Samuel Johnson)中最为详尽地记录了下来。

1765年,在他为莎士比亚文集撰写的前言中,约翰逊开始了对古典主

---

① 参见 Richard Harland, *Literary Theory from Plato to Barthes*, Palgrave Macmillan, 1999, p.41。

义诗学原则之一——时间与地点的统一律——的批评。① 虽然很多人都对该统一律表示怀疑,但能够从理论上推翻其基本前提的人正是约翰逊。根据卡斯特尔维特罗,时间和地点统一律是让戏剧可信之必需(鉴于现实的相关匹配结构)。约翰逊完全驳斥了这样的可信性的存在。他坚持认为,观众从头至尾都知道戏剧就是戏剧、演员仅仅是演员。戏剧被评判的标准并不是它们与真实生活多么相符,而是它们的戏剧性的内容。卡斯特尔维特罗错误地假定,观众中有人会全神贯注于戏剧。在约翰逊看来,这就让他得出了如下错误结论:观众是在观看一种极有可能认为具有真实性的现实,而不是在观看一出戏。按照约翰逊的观点,戏剧就像一种叙事,于其间不同的时间和地点得以具体化。被观察到的东西最终从来都不是现实,而是其他东西的符号而已。对于把自己描述为无害的庸人的某人而言,这是一种恰当的观点。

尽管他全然批评时间和地点统一律,约翰逊依然是在古典主义的框架内进行写作。然而,古典主义被他之后的理论家们彻底放弃了。在英国,这是随着伯克的崇高也可以被丑陋和不受控制者唤起这一概念而发生的(参见第四章第五节)。在意大利,古典主义遭到了维柯的历史化方法的抛弃,而在德国,1766 年,戈特霍尔德·莱辛在《拉奥孔》(*Laokoon*)中将机械的古典主义规则置诸脑后。在法国,狄德罗甚至主张,对现实的诗学模仿(模仿理论)完全不可能存在——毕竟言语是表达思想和观察,而不是表达现实。

文学史的肇始:本博与胡埃 朗吉努斯的代表作《论崇高》面世1500 多年之后(参见第二章第八节),文学史再次在欧洲成为研究的主题。J. C. 斯卡利格的著作《诗学七书》包含了一种诗学理论和对希腊诗歌的一种历史归类,于其中他像亚里士多德一样,赋予了荷马一个关键的地位。福修斯的《诗学原理》虽然也提供了一种古代诗歌概述,但没有提及当代文学史书写。另一方面,1525 年,威尼斯人文主义者彼得罗·本博(Pietro Bembo)在其《俗语论》(*Prose della volgar lingua*,又译《通俗语言的叙述》)中,勾勒了意大利文学从源起到他所在时代的一个轮廓。他把但丁、彼特拉克和薄伽

---

① 参见 Donald Greene, *Samuel Johnson: A Collection of Critical Essays*, University Press of Virginia, 1984。

丘视为意大利语言和文学的新创始人。在本博看来,彼特拉克是最纯诗歌的榜样,薄伽丘是最佳散文的榜样。非古典作家享有这般殊誉,这是第一次。本博版的意大利经典是由奥尔多·马努齐奥出版的,现在仍在欧洲大部分地区被人阅读。本博的工作延伸到了人文学的很多其他领域——除诗学之外,他的最大成就在于他对牧歌——因作曲家蒙特威尔第的作品而大大拓展的世俗音乐流派——的分析。

文学史书写在北欧也被开展。最引人注目的著作之一面世于1670年,它就是出自阿姆斯特丹瓦隆教堂(Walloon Church)牧师,法国人皮埃尔·丹尼尔·胡埃(Pierre Daniel Huet)之手的《论小说之源》(*Traité de l'origine des romans*)。人文主义者大多认为小说反古典主义而不予理睬,但胡埃却为之奉献了一整部专论。他把小说定义为一种全然以散文体写作、旨在愉悦读者的虚构故事。胡埃考察了从古代到他所在时代的小说。他也分析了《圣经》和《古兰经》等宗教著作的虚构成分,包括《新约》中的耶稣寓言。虽然大致同时,斯宾诺莎在其影响深远的著作《神学政治论》中,提出了一种"阐释《圣经》的正确方法"(参见第四章第一节),胡埃将自己限定于《圣经》中的明显虚构的面向。然而,并没有一条从胡埃到近代文学史书写的直线。虽然出现了一些地方性的文学史著作,比如约翰逊博士的《诗人列传》(*Lives of the Most Eminent English Poets*,1779—1781),但直到19世纪,这个领域才成为一门学科(参见第五章第六节)。

诗学与其他人文学科　在欧洲,在诗学、艺术理论、建筑理论的发展中,以及在较小程度上,在音乐学的发展中,存在一种显而易见的共同趋势。全以规范性方式发端,但到早期近代结束时,它们悉数告别了先验规则与比例。虽然历史化理论在18世纪的刺激很可能加速了对这些规范性规则的遗弃,但开启这一逆转的却是约翰逊博士、伯克,甚至"被误解的"荷兰艺术理论家(参见第四章第五节)等人的批评。因此,得以让人文学摆脱古典主义束缚的,并不是19世纪的新人文学学者,而是17世纪和18世纪的理论家和历史学家。

除这一共同趋势之外,也存在明显的分歧。古典主义诗学建基于模仿现实(模仿理论),而艺术理论则基于通过理想的选择改善现实,音乐学和建筑理论则基于普遍的比例。换言之,古典主义**诗学主要是亚里士多德式**的,古典主义**艺术理论是新柏拉图式**的——亚里士多德式修饰概念除外——**音乐学和建筑理论主要是毕达哥拉斯式**的。古典名著已然变质为一个杂物筐,于其间每个人文主义者只要希望都能找到点东西。

与这一趋势并行不悖的,还有一种见诸艺术研究的经验主义传统,但在很长一段时间,这种传统局限于列奥纳多的透视图探索和一些"被误解的"理论家或者历史学家,他们非常大胆地研究他们所在时代的文学、艺术或者建筑。除音乐学之外,经验主义探寻受制于古典主义视角。很有可能的是,艺术、文学和建筑——在较小程度上,音乐——研究与他们的作品(大部分理论家都是实践者)关系非常密切;对很多人而言,对复兴这些古典艺术的追求与他们的理论不谋而合。

中国与其他诗学:从胡应麟到赵执信　　在我们对早期近代诗学的讨论中,我们已然绕开了伊斯兰文明、印度和非洲。早期近代,几乎没有阿拉伯诗学的任何痕迹。然而,俨如在印度那样,就像我们所讨论的阿拉伯逻辑学与语言学那样(参见第四章第三节),表象可能具有欺骗性。关于非洲诗学理论,同样几乎没有什么为人所知,虽然松迪亚塔(Sunjata)史诗之类伟大史诗的创作和传述此时正活跃。① 就我们的了解而言,唯一探寻过理论基础的诗学传统是在中国。②

正如我们已然在刘勰的《文心雕龙》的创作方法中(参见第二章第八节)、陈骙的《文则》的规则系统中(参见第三章第七节)所看到的那样,自古以来,创建诗歌语言和创作令人满意的文学作品的原则就已然在中国被提出(模式已然被发现)。胡应麟(1551—1602)代表了中国文学批评在明代(1368—1644)期间最为重要的发展。他坚持诗歌的本质由至多两个原则组成:

1. 正式的文体与乐音
2. 想象力与人格精神

---

① 参见 Ralph Austen, *In Search of Sunjata: The Mande Oral Epic as History, Literature, and Performance*, Indiana University Press, 1999。

② 参见 James Liu, *Chinese Theories of Literature*, The University of Chicago Press, 1975。

根据胡应麟,该二分法至关重要,因为虽然存在人们可以遵循为基本原则的原则,但全然没有可以遵循为第二基本原则的原则。在中国艺术理论中我们也发现过类似的对照,即谢赫的六法(参见第二章第五节和第三章第五节)。在这里,谢赫的第一法"精神共鸣"大致地对应于胡应麟的第二条诗歌原则"想象力"。对它们二者的任何之一而言,没有规则被设计可言,相反,这对其他而言则是有可能的。然而,倘若没有精神共鸣或者想象力,花更多时间审视一件艺术品(参见第二章第五节)或者聆听一首诗也就毫无意义可言。因此,我们再次发现了我们也曾在欧洲诗学、音乐学和艺术理论中见到过的好/美的艺术模式——好的艺术可以被形式化,而美的艺术则不能。

清代期间,我们同时发现了道德主义和经验主义的文学观。18世纪上半叶,赵执信所著《声调谱》(*The Handbook of Tonal Patterns*)是经验主义文学观最为重要的一个例证。这部著作解释了中国古代诗歌的韵律(声调)规则。它是对基于声调语言的诗歌的最为全面的研究之一。它大大拉近了诗学与中国古代诗歌的语文学研究的距离(参见第四章第一节)。

原则:陈述性规则系统原则;"模仿"原则

模式:时间、地点和行动统一律;对时间、地点和行动统一律的驳斥;文学作品与隐喻的多义性;从规范回到描述的元模式;好的艺术可以被形式化,而美的艺术不能

概要:早期近代人文学中有进步吗?

行文至此,我将往回撤一步,尝试考察从古代到早期近代的人文学作为一个整体的历史。着眼于这一巨大的时间跨度,我们能够讨论人文学的"进步"或者"发展"吗?倘若如此,那么此间的进步又是由什么组成?在我们能够处理这个问题之前,我们首先描述早期近代人文学中的一般模式。

I. 早期近代人文学中的一般模式

人文学中的一致性与新世界观 通过它寻求的古典文学的复兴,人文

主义赋予了欧洲人文学一种空前绝后的一致性。一切人文主义活动,从历史编纂学到音乐学,悉数被置于了古典模式之中。在此过程中,**准确**、**一致**和**文献资料提供**的语文学方法很快就成了所有其他学科的标准。虽然这种古典复兴有益于历史编纂学、音乐学和语文学,但它对在中世纪便已然崭露头角的学科比如语言学和逻辑学,则裨益甚微。在很多情况下,人们可能说到人文主义的束缚。中世纪传统被抑制,一切受制于人文研究的解放。就此而言,中世纪的基督教人文学并非像经常被人想当然地认为的那样,有别于人文主义人文学;《圣经》是前者的权威,古希腊、古罗马的古典著作是后者的权威。然而,相较于我们在基督教中世纪发现的情况,人文主义活动导致了一种更具批评性和怀疑性的态度。对这一观点的解释似乎是区分真正的古典源头和众多伪作与讹误的努力。与此同时,人们逐渐意识到,《圣经》也可以通过语文学的方法得到处理。对《圣经》作为一部著作而不是一本神圣不可侵犯的书的批评性研究,导致了与圣经融贯的历史无法与世俗历史一致这一发现,这又转而导致了关于人与国家的新的世俗观点。

人类与宇宙的关系 根据传统的科学史学,亚里士多德宇宙观主要是被新科学家的发现推翻的,比如伽利略、开普勒、培根和笛卡尔。这一观点已然被证明是不全面的。引发世界观革命的,恰是一切早期近代学术活动——从语文学、艺术理论和音乐学到历史编纂学、解剖学和自然哲学——的合力。在人文学内部,首先是语文学开启了经常讨论的理论与经验主义之间的互动,影响了一切学术活动,从音乐研究到自然研究。目前,如下认识已获广泛共享:人文学和自然科学都曾对新的世界观发挥作用;人文学不仅先于自然科学,而且在很大程度上形塑了它们。[①]

因此,虽然人文主义的原初目标是古典的复兴,但它是以这样的一种方式发生的,结果或许是,并非故意的,基督教的恪守圣经的世界观在历史的意义上被推翻了。这也对亚里士多德的世界观表示了怀疑,因为它自中世

---

① 参见比如 Anthony Grafton, *Defenders of the Text*, Harvard University Press, 1991, pp. 1—22;Steven Shapin, *The Scientific Revolution*, University of Chicago Press, 1998, p. 229;Eric Jorink, *Het Boeck der Natuere*, Primavera pers, 2007 (*Reading the Book of Nature in the Dutch Golden Age, 1575—1715*, Brill's Studies in Intellectual History 191, 2010)。

纪以来,已然与基督教世界达成"一揽子交易"(亚里士多德的天球理论与基督教神学的融合——参见第三章第五节)。

渐增的形式化:逻辑、数学与程序 古代人文学的特点之一是对规则系统的追求(参见第二章第九节)。早期近代期间,这些规则系统的复兴被伴以渐增的形式化;我们发现,渐增的形式化显影为经验性实践的基础,比如在语文学、语言学、音乐学和部分艺术理论(透视理论)中,以及作为建筑理论、修辞学、诗学、艺术理论和音乐学中的标准和规范性规则。在自然科学中,形式化往往一如伽利略、开普勒、惠更斯和牛顿等人所指出的那样,等同于数学描述,但在人文学中,可以被识别出来的形式化有三种。

比如,波利齐亚诺的理论并不是基于数学原则,而是服务于剔除手稿的逻辑一致性原则(参见第四章第一节)。我们将把他的语文学方法——它被使用于16世纪的整个欧洲——称作语文学实践的**逻辑形式化**。桑克蒂乌斯和波尔·罗亚尔的语言学,以及莱布尼茨的逻辑学属于这种类别(虽然他们坚持程序性规则系统原则,但从当下的观点来看,他们的形式化是以逻辑操作为基础的)。另一方面,和声理论和透视理论包含了一种**数学形式化**。人们曾试图通过使用数字或者几何法则来处理和声感知与低音幻觉。我们可以把诗学、艺术和音乐创作中——于其间艺术自由被还原为戏剧、艺术作品或者乐曲的"原初状态"——的标准的,几乎程序性的指示称作**标准**或者**程序形式化**。

这三种类型并不相互排斥。比如,阿尔伯蒂最初以数学方法形式化了透视法理论,但它接着就被皮耶罗·德拉·弗朗西斯卡变得更加容易理解了,他以一种按部就班计划的形式拓展了它,以便获得与程序形式化相对应的线性透视法(参见第四章第四节)。建筑理论也在一定程度上是以数学方法形式化的(算术比例),在一定程度上是以程序方法形式化的(各部分借以被集合构成一个整体的方法)。当然,也有于其间形式化即使有可能也几近为零的智识活动,比如在历史编纂学中。然而,在规则系统可以被发现的地方,就有形式化。其中引人注目的东西是,人文学主要利用程序和逻辑形式化,对数学形式化的利用微乎其微。

形式化的优点显而易见:理论可以被准确地记录和评价,而无论它是描述性的还是规定性的。我们已然看到,在这样做的过程中,语文学、语言学、逻辑学和部分音乐学(和音)和艺术理论(透视法)等学科中的理论要么被推翻,要么被改头换面,而诗学、音乐和艺术创作的形式化则主要导致了诗学、创作理论被继以新的风格形式。因此,形式化的作用在不同人文学科中不尽相同。

从规定回规描述 早期近代末,出现了对先在地界定的描述性规则系统的反感。这种反感被继以对见诸人文主义材料(尤其是见诸艺术、建筑、戏剧、文学和音乐)的规则与比例的更具描述性的探求。我们将把这种模式描述为**远离规定朝向描述的趋势**。这种趋势与古代的趋势相反,在古代我们发现了一种从描述到规定的模式。因此,早期近代人文学起步时主要是规定性的,但在 17 世纪,尤其是 18 世纪期间,方向发生了变化,规定被代替以一种对材料的基于观察的描述性方法。

看来在早期近代期间,人们意识到了艺术、音乐、语言和文学的既有"描述"并不与经验材料相符,在此之后他们聚焦一种更加历史化的方法(维柯、温克尔曼、伍德),或者一种重建的描述性方法(荷兰艺术理论家、巴洛克批评家,以及德·莱特等语言学家)。虽然这种重建的方法从来不是全然描述性的——它依旧在一定程度上是规定性的——但我们可以大体上提取出人文学历史上的一种长期模式,它就是**从描述到规定然后回归描述的循环**。

平行发展与独特发展 一如我们在古代和中世纪所做的那样,我们在早期近代的各地区之间发现了诸多令人侧目的类似。比如,波利齐亚诺的系谱理论在多个面向可以与阿拉伯伊斯纳德法相提并论,彼特拉克的历史模式与伊本·赫勒敦的文化提升循环相符。在中国和欧洲也有平行发展,尤其是在语文学方面。这两个地区不断有手稿被重新发现和重建,但也被伪造和拆穿。语言学、诗学和历史方法被用于文献的年代推定和查证——但这些语文学方法在欧洲仅仅引发了一场世界观的革命。历史编纂学的平行发展也几乎见诸所有地区。在早期近代期间,循环模式广受欢迎,从欧洲和中国直到莫卧儿帝国。

除这些平行发展之外,也存在独特发展。比如,理论推测与经验验证之间富有成效的互动仅仅在欧洲有发展(参见第四章第四节)。同样独一无二的是语文学中的逻辑形式化,和声研究和透视理论中的数学形式化。相反,我们也在其他领域发现了程序形式化,尤其是在音乐创作系统中。对中国而言,李贽的历史相对主义和历史化的"新风格"暂时是独一无二的,而对非洲而言,个人经验原则与口头传述原则的融合则似乎是独特的。

II. 人文学中有进步吗？

连续性与进步概念　上文所讨论的早期近代的发展引发了我们是否可以言说人文学中的"进步"这一问题。绝无历史概念已然像"累积进步"(cumulative progression)的提出那样,遭到猛烈批评(参见第四章第二节关涉法国启蒙思想家的部分)。我们首先要问自己的是我们何以理解"进步"。我们足以进步意指形式化、实现科学和学术的联合、朝向经验描述的趋势、世界观的世俗化,还是别的什么东西？虽然科学哲学中有大量关乎科学进步的文献,但它并不涵盖人文学。①

表面上,似乎对进步定义的任何选择都是主观武断的。然而,因为我们在本书中聚焦经验模式的探求,所以,基于我们已然发现的模式定义"进步"不无意义。一如我们在上文所指出的,在很多情况下这些模式对应于**规则系统**。然而,我们已然看到,规则系统从来不是孤立的。它们总是用于**解决某一具体问题**,比如证明史料的可信度、修订译本、确定语言的可能的词形和句子结构(经常是作为语法)、描述现实,或者证实推理线索的合理性。我们因此可以按照它们解决特定问题的程度比较不同的规则系统。这就意味着倘若有关问题可以在不同时期(最好也在不同领域)进行比较,我们就可以把规则系统的已然被发现的**问题解决能力**的增强或者减弱,用作"进步"的标准。

虽然不同时期的问题绝少全然相同,但事实证明,人文主义问题存在大量融贯性。与自然科学相比,这一点会立即让人印象深刻。比如,在亚里士

---

① 有关概述,参见 John Losee, *Theories of Scientific Progress*: *An Introduction*, Routledge。同时参见 Philip Kitcher, *The Advancement of Science*: *Science without Legend*, *Objectivity without Illusions*, Oxford University Press, 1993。

多德及其追随者按照所有运动的"目的论"目标定义运动问题的地方(在尘世万物朝向地球中心的自然场所的地方),伽利略及其追随者借助数学描述定义了运动问题,没有任何目标概念。换言之,在古代和中世纪期间,动力学主要属于自然哲学,而在早期近代,这个研究领域发展成为了一门数学—经验学科。见诸人文学的分野并没有这么明显。博雅艺术中存在大量连续性——即使在人文主义革命之后也同样如此——在很多情况下,问题几乎没有因为时代不同而有所不同。比如,在古代和早期近代(在中世纪也经常如此),人们希望以规则系统的形式编写语法,利用规则系统修复文献,并且同样地,再次借助规则系统证实推理。虽然解决办法有别,但问题定义非常相似。

问题解决能力即一种理论成功和进步的标准,这一概念源自托马斯·库恩(Thomas Kuhn)的《科学革命的结构》(*The Structure of Scientific Revolutions*,1962)。然而,不同于库恩认为他的进步概念仅仅适用于问题基于特定范式得到解决的相对平静时期("常态科学"),而不适用于被科学革命分割的时期,我认为问题解决能力这一概念也可以被使用在不同时期之间。① 因为语法、逻辑学、修辞学、诗学、历史编纂学和音乐学中的问题之间的大量融贯性,我相信我可以做到这一点。

在下文中,我将设法确定每一人文学科中的一个核心问题,检查是否存在**有关问题解决办法的进步**。很显然,我的进步概念是有局限的,但要决定是否存在进步,它是足够准确的。我的分析并不排除不同的问题选择将导致不同的情形这一可能性(自不待言,我的分析只字不提有关问题在当下人文学中的状况——参见第五章概要)。因此,如果某一学科中似乎有数个核心问题,我将尽可能地设法把它们包括在内。

语言学

问题:确定一门语言的词形和句子结构

解决办法:帕尼尼是为一门语言的词形和句子结构及其意义设计出基本完整的规则系统或者语法的语言学家。此外,很长一段时间以来,他曾

---

① 同时参见 Larry Laudan, *Progress and Its Problems: Toward a Theory of Scientific Growth*, Routledge, 1977。

是——在一些人看来,他依然是(但参见第五章第三节)——唯一一位成功做到了这一点的语言学家。他的语法似乎迄今尚未被超越。除梵语之外,适合自然语言的完整语法尚未被建构。因此,似乎并不存在累积进步。然而,一如我们在第一章所指出的,帕尼尼的语法在有限的古梵语文集之外,**无法**被验证。因此,明智之举是判断希腊、罗马,尤其是更为晚近的语言学家的成就,特别是在论及尚未消逝、关于它们存在任意多的验证信息的语言的时候。倘若我们做到这一点,在说明词形和句子结构的确定方面的一些累积进步便可以得到证明。比如,阿波罗尼奥斯·狄斯克鲁斯的语法以一种累积的方式延续了狄俄尼索斯·特拉克斯的语法,可以涵盖更大比例的潜在语言表达。与狄俄尼索斯主要聚焦词形不同,阿波罗尼奥斯越来越多地讨论句子结构或者句法(参见第二章第一节)。正如在模式派中所见到的那样,中世纪语言学家不但集中精力于确定词形,而且将他们的考察延伸到了句子结构。桑克蒂乌斯及其他早期近代语言学家拓宽到了更为复杂的现象,比如省略(参见第四章第三节)。桑克蒂乌斯之后,似乎出现了探求确定词形与句子结构的解释方案的减速;到波尔·罗亚尔的时候,我们甚至可以说在最初的发展之后,出现了退化。然而,在波尔·罗亚尔派语法学家之后,出现了另一条前进之路,以及越来越具体的语法,比如关于法语的语法,这条道路总体而言可以涵盖越来越多的句子结构。这些语法绝不是完美无缺的,虽然它们确乎力图界定官方书面语言。要在阿拉伯语言学中找到这一进步路径则并不这么容易;18世纪,西拜韦已然在阿拉伯语言学中达到了毋庸置疑的顶点,未曾有人匹敌。中国语言学情况类似;在中国语言学中,这些类型的规则系统直到现代才被建构。

历史编纂学

问题:推定历史事件的年代

解决办法:除确定(书面的或者口述的)史料的可信度之外,推定历史事件的年代也是历史编纂学的核心问题之一。然而,年代推定并不总是被认为具有重大意义。希罗多德几乎不推定他的历史剧的年代,修昔底德一直在很大程度上是含糊的,但从伯诺索斯和曼涅托开始,尤其是从蒂迈欧开始(参见第二章第二节),城市建立和国王列表的时间先后排名和年代推定被认为是非常重要的。但在此等年代推定的准确性方面有任何进步吗？伯诺索斯给出了一个相当随性的编年排列，而蒂迈欧则设法根据作为时间单位的奥林匹亚运动会四年周期与皮西安竞技会列表，尽可能准确地推定大多数重大历史事件的年代。因为罗马编年史，年代推定方面的准确性有了进一步的提升，但这依然局限于同时代事件。另外，这种年代推定仅仅可用于罗马历法制度之中。推定历史更为悠久的犹太、巴比伦、波斯或者希腊历史事件的年代这一问题一旦出现，罗马编年史就变得不够合适了。就不在他们自己的历法制度之内的历史事件的年代推定而言（参见第三章第二节），尤西比乌斯、塔巴里和比德也经常是不可靠的。直到约瑟夫·斯卡利格与其他人实现重大历法调和（参见第四章第二节），不同民族的历史才得以被集合到一个编年体系之中。在这样做的过程中，斯卡利格继续以古代历史学家所做的在很大程度上乃地方性的年代推定为基础。换言之，地方性年代推定的解决办法是在古代和伊斯兰文明期间，被建构于**内部**历法计算之上，比如希腊的奥林匹亚运动会四年周期、中国的朝代、罗马的建城纪年或者伊斯兰的圣迁（hidjra），但直到各不相同的这些历法制度在16世纪期间统一之后，全球年代推定这一问题才得到解决；基于此，其他人可以继续。

语文学

问题：确定文献史料的可信度

解决办法：文献的可信度或者权威性问题总是联系着原始史料的来历。早期亚历山大派语文学家已然拟定词语之间的类推比较，这种比较可被用于发现和修订前后矛盾的史料中的讹误（参见第二章第三节）。基督教中世纪期间，这一问题的解决出现了中断——《圣经》是唯一被视为可靠的史料，尤其是拉丁文《圣经》（参见第三章第三节）。本质上，一切人文主义活动都必须被要求符合与圣经融贯的启示（参见第三章第二节）。揭露赝品或者追查讹误的技术几乎失传。第一代人文主义者以降，尤其是罗伦佐·瓦拉以降，出现了准确、一致和文献提供的语文学标准的复兴，这些标准被成功地用于了揭示伪造之物（参见第四章第一节）。历史—语文学方法成了一种强大的武器，虽然很长时间它依然是主观的。随着波利齐亚诺的推断著作之间系谱关系的方法的出现,这一情形发生了改变,从而为史料可信度的确定带来了更高准确性(这与伊斯兰的伊斯纳德法类似,但波利齐亚诺是否知道这一点却不得而知)。波利齐亚诺的方法得到了伊拉斯谟的拓展,斯卡利格、本特利及其他人的完善。在顶级欧洲大学,语文学作为一门学术性学科被讲授(参见第四章第二节)。当卡索邦得以基于纯语文学视角反驳《秘义集成》(并推定其年代)的时候,这个领域获得了一种几乎无懈可击的地位。明朝期间,语文学也兴盛于中国,以顾炎武及其经验学派为先导(参见第四章第一节)。讨论"进步"是很困难的,因为在紧接于明朝之前的中国历朝历代,并不存在语文学学科。然而,我们是**可以**讨论进步的,条件是我们从3世纪的晋朝做出更大的跨越,当时束晳基于纯粹的直觉确定了竹简的可信度。

音乐学

问题:确定音程的和音

解决办法:在古希腊,毕达哥拉斯的和音解决办法长期以来作为公认的观点处于支配地位(参见第二章第四节);在中国和印度音乐理论中,我们发现了类似的解决办法。然而,亚里士多塞诺斯将经验观察置于了数学之上,它标志着一场漫长论争的开始。中世纪期间,该论争进入了冬眠状态,但人文主义时期,它被再度唤醒。虽然出现了许多关于和音的理论和经验专论,但在解决问题方面丝毫进步也没有取得——除非一切和音模式都被推翻了(参见第四章第四节)。然而,模式的此次被推翻和随后的被改进却带来了早期科学方法论中最为重要的创新之一——理论推测(包括数学形式化)和经验验证之间的刺激互动。正是这一方法论导致了新科学问题解决能力的重大提升——但它在音乐学中则意义不大。然而,确定和音并不是该领域的唯一问题。古代音乐家(亚里士多塞诺斯)、中世纪音乐家(《音乐手册》派)和早期近代音乐学家(尤其是德雷斯勒),悉数致力于提出制定旋律的规则系统(参见第四章第四节)。但是,很难根据问题解决能力谈论进步,因为这些规则系统总是适用于具体的音乐风格。同样,在其他领域也有进步,比如摇摆在非常不准确的纽姆乐谱和精准的乐谱之间的记谱法问题(参见第三章第四节和第四章第四节)、十二音调谐的问题(参见第二章

第四节、第三章第四节和第四章第四节),以及计算毕达哥拉斯小音程的问题(参见第二章第四节和第三章第四节)。然而,1800年前后,和音问题依然悬而未决。

艺术理论

问题:在二维表面上描绘三维物体

解决办法:在所有时期或者地区,这个问题都没有被发现。在古罗马,普林尼制订了一个针对现实的"幻觉艺术描绘"的指南,但具体的解决办法却没有被提供(虽然实际上,很多壁画画家能够描绘这样的三维对象)。针对"正确的观察、尺寸与结构"和"与主题的相似性"的原则是分别通过印度六支理论和谢赫的中国艺术理论被提供的(参见第二章第五节),但是没有规则系统。在"透视缩短法"的规则在其中被解释的印度12世纪绘画论述中(参见第三章第五节),我们发现了幸存下来的首次三维规划处理。欧洲中世纪并没有为三维对象的描述提供解决办法,但阿尔伯蒂的线性透视法为我们提供了一种同时涵盖透视缩短和视点渐消的解决办法。这似乎已然解决了在二维表面描绘三维物体的问题。然而,列奥纳多后来以实验证明,比起阿尔伯蒂对它的描述,视觉活动的运作过程要棘手得多(参见第四章第五节)。他对经验透视的处理渐增地以线性透视为基础,但导致了一种混杂的理论,这种理论一定程度上基于数学(阿尔伯蒂的数学形式化),一定程度上基于经验(列奥纳多的程序形式化)。

逻辑学

问题:确定推理的有效性

解决办法:古代以降,共有三种办法验证推理线索的逻辑有效性。它们是希腊、中国和印度办法。第一种是演绎性的,第二种是类推性的,第三种是归纳性的(参见第二章第六节)。规则的显性逻辑系统唯有在希腊曾被制订,唯有在欧洲和伊斯兰文明中才有这些规则系统的问题解决能力的增强,尤其是在继续基于亚里士多德的阿维森纳阿拉伯逻辑学和布里丹学术逻辑学中。在这两种情况下,亚里士多德三段论的一些不足被消除了,或者说它被进一步形式化了(参见第三章第六节)。在早期近代,莱布尼茨设法为亚里士多德三段论提供了一种更深层次的"逻辑语言",虽然否定(除别的以外)不可能借助莱布尼茨的语言被形式化(参见第四章第三节)。墨守成规的清政权建立之后,中国的逻辑学传统销声匿迹达数世纪之久,而在印度,虽然出现了逻辑系统激增,但在确定推理线索的有效性这一问题上,决无值得注意的进步(参见第三章第六节)。一言以蔽之,在伊斯兰文明和欧洲的三段论传统中,唯有累积性进步。然而,一如我们在第二章第六节所解释的,这种逻辑学几乎没有实用价值。没有欧几里得断言可以借助这种逻辑学得到验证,瓦拉因为其虚假性拒绝了这种逻辑学(参见第四章第三节)。

修辞学

问题:建构令人信服的论证

解决办法:修辞学作为对令人信服的论证的研究始于亚里士多德,尤其是他的盖然性论证概念(参见第二章第七节)。在他之后,他的解决方案即使有也很少被超越。比起在希腊—罗马世界,在中国和印度,修辞学与逻辑学构成了一个组合;就像在欧洲那样,它曾在古代体验过一种极致。在基督教中世纪,修辞学受制于布道(第三章第七节),但在早期近代,它通过瓦拉、阿格里科拉及其他人的著作达到了一个新顶点(第四章第七节)。在瓦拉的修辞学中,自然论证概念与亚里士多德式论证进行了比较与对照(同时参见第四章第三节),但瓦拉并没有提出具体的解决方案,更不要说制订修辞证据的规则系统。17世纪末,拉米设法记述了一种修辞学语法和他所谓的"共振幻觉"的基础(第四章第七节),但论证无法使用他的系统被建立(唯有修辞学意义上的"好句子")。早期近代的最佳论证系统是以亚里士多德的修辞学为基础的,有时候被扩展来包含一些重点的澄清与变化。事实上,在古代—早期近代时期,修辞学在问题解决能力方面的进步并不显著。

诗学

问题:创作具有诗意的作品

解决办法:自古以来,人们已然为创作好剧本、诗歌或者小说制订了规则系统,或者仅仅为了创作好的或者美的句子(参见第二章第八节)。然而,该问题的通解方案并没有被找到,主要是因为"好"艺术有时间和地点依赖性。很多人设法通过归纳出他们发现的经验主义的规律性,将这种时间和地点依赖性提升为绝对的、规范性的规则。比如,亚里士多德基于经验确立的希腊戏剧的行动统一律被贺拉斯提升为了一条绝对规则(第二章第八节)。中世纪,亚里士多德诗学在欧洲失去了活力,而在伊斯兰文明中,它却是大量评论的主题(第三章第七节)。人文主义时期,亚里士多德所描述的行动统一律被延伸为了规范性的时间和地点统一律;卡斯特尔维特罗和布瓦洛等诗人认为,他们已然借助时间和地点统一律解决了创作具有诗意的作品这一问题(第四章第七节)。不过,正如我们也已然在许多旋律语法中所看到的那样,这些诗人仅仅解决了某一特定风格的问题,并没有累积性的进步。印度和中国诗学的规则系统同样如此(第二章第八节和第三章第七节)。然而,其他问题被解决了,比如,利用帕尼尼模式阐释吠陀经的问题(第三章第七节)、欧洲的西方艺术用韵问题(第三章第七节),尤其是陈骙的令人钦佩的文体定量分析(第三章第七节)。

多数人文学科中的进步 人文主义调色板非常复杂,无法用一个简单的结论来进行总结,但大体上我们可以断言,除修辞学、诗学和(足以让人吃惊的是)音乐学之外,就我们假定的核心问题而言,在从古代到早期近代的漫长时段内,在人文学的问题解决能力方面存在显而易见的进步。不过,这种进步并没有以相同的速度在各个时期发展,也没有出现在所有地区。然而,多数学科的规则系统的问题解决能力在 18 世纪都胜过了在古代。即使是在就我们假定的核心问题而言其间并无进步可见的学科中,至少存在一个其间**有**进步可见的其他问题,比如在诗学和音乐学中——修辞学是唯一的例外。因此,我们在本概要开始时提出的问题可以在很大程度上被肯定地回答:**人文学中存在"问题解决能力"意义上的进步,修辞学除外**。

我们要继续牢记,我们仅仅考察了人文学中的一个进步概念。然而,可以看出,尽管普遍看法如此,进步概念和相关联的科学发展概念适用于人文学。

第五章 现代:复兴的人文学

19世纪期间,人文学的很大一部分都变"新"了。虽然每一门学科的主题依然如故(音乐、艺术、语言、文学或者历史),但研究方法变了。比如,历史编纂学中有了一种实实在在的"文献研究"(philologization),它起始于早期近代,但现在在所有西方大学成了范式。语文学也经历了从纯古典到民族的变化。这些变化并不是突如其来地发生的。18世纪期间,对赞颂古典的反应变得越来越具批评性。另外,创建民族国家的渴望导致了对民族史的兴趣越来越浓。从法国大革命开始,历史被变得更加容易理解了。修道院档案室被国有化,博物馆馆藏对公众开放。与一个民族对其历史的兴趣相匹配的,是对通俗文学和民间传说越来越多的需求。约翰·戈特弗里德·赫尔德是这个领域的先驱。在前一章中,我们把赫尔德描述为维柯的继承人,但他同样也可以被视为是来自现代。比如,赫尔德创造了民族可能生死存亡这一观念,还有民族精神这一概念。另外,赫尔德还是将在19世纪发挥强大作用的民族主义的精神之父。[①] 直到进入20世纪,人文学才得以摆脱民族主义的束缚。在现代人文学中,以及——非常令人吃惊的是——在后现代人文学中,我们再次看到了连续不断的一条原则和模式线索。其他地区的自然科学和人文学越来越多地受到欧洲的支配,其结果是后殖民批评在20世纪下半叶大行其道。

---

① 参见 Joep Leerssen, *National Thought in Europe: A Cultural History*, Amsterdam University Press, 2006。

第一节　历史编纂学·世界的历史化

19世纪,一切历史变得与当下息息相关了。古典的束缚被摆脱了,一切历史时期被视为是等值的。历史现在也被用于了民族主义的目的,被体制化了。由孔德和马克思所发展的实证主义历史编纂学对20世纪初的历史编纂学产生了深刻影响。战后历史编纂学的特点是一方面拥抱秩序和模式,另一方面又抛弃它们。欧洲的观点在很大程度上决定了其他地区的历史编纂学,非洲历史编纂学是显著的例外,它有自己的口头传述原则,该原则实际上似乎已然反过来影响了欧洲。

客观性要求:利奥波德·冯·兰克与历史主义　18世纪,了无变化的古典时代的人文主义理想已然遭到猛烈批评。第一位重要历史学家是利奥波德·冯·兰克(Leopold von Ranke, 1795—1886),他追随维柯和赫尔德的路线(参见第四章第二节),公然反对之前的人文主义学者,**主张一切历史时期享有同等地位**。结束作为文法学校老师的职业之后,兰克凭借其出版于1824年的第一部大作《拉丁与条顿民族史:1494—1514》(*Geschichte der romanischen und germanischen Völker von 1494 bis 1514*)的成功,成了柏林大学的一员。在这部著作中,兰克使用了大量成文文献,包括回忆录、日记、民族档案和外交资料。他让它们全部受制于严格的、有条有理的语文学原则。兰克的著作导致了一种新历史观的创造,它众所周知为**历史主义**(historicism)。这一运动并未力图就历史发表意见,而是仅仅说明"它实际何如"。为了达到这一目的,兰克整合了人文主义语文学与叙事体的历史编纂学。他的学生被派往很多新近开放的国家和教会档案馆,在那里他们必须进行深度的文献史料考证。无论是原始史料的内容还是外部要素,比如形式和载体,都经受了批评性分析。这种文献学方法的使用旨在确保历史学家的客观性,所以,兰克的目标——确定事实——实现了。[①]

在德国,兰克实践其史学观的方法引来了许多赞誉和模仿。比如,他拒

[①] Siegfried Baur, *Versuch über die Historik des jungen Ranke*, Duncker & Humblot, 1998.

绝让他对法国大革命和罗马教廷的厌恶对他的历史发现产生任何影响。然而,现在,兰克的客观主义努力被认为是不可企及的。首先,史料很少是"客观的"(它们很可能是被教士戴着有色眼镜编写的);其次,每个时代都有把一切客观性追求扼杀于摇篮之中的隐含假设。看起来兰克是明了这一点的,因为他信奉赫尔德的"时代精神"概念——每个时代都是由几种指导思想所控制的,它们为有关时代定调。或许兰克认为,历史学家能够揭示这些指导原则,包括他自己所在时代的那些指导原则。然而,看起来兰克也无法做到这一点。比如,对他而言显而易见的是,虽然人类历史上有神圣计划,但他从未直言这个假定,更不用说把它提出来讨论。

兰克的伟大功绩即他的综合性史料批评。就历史文献的使用而言,之前从未制订过这样的一个高标准。虽然数世纪之前,"文献支撑的史料原则"已然被约瑟夫·斯卡利格等人文主义者征用(参见第四章第二节),但兰克是为作为一种方法的文献—历史实践在大学课程中提供一席之地的第一人。这就使得历史作为一门独立学科更加系统化和条理化了,因为辅助性的科目与标准化的方法论而更加完整。① 新兴的洪堡式大学凭借其科研和教学自由,为稳定的环境和学术独立提供了保障。因此,兰克留下的学派是令人敬畏的。从 1800 年前后到 1940 年,兰克式方法在欧洲和美国代表了最为重要的历史编纂运动。其结果是口述资料被搁置了将近一个世纪之久,虽然它们曾经在修昔底德和司马迁等人的著作中(参见第二章第二节)、在伊斯纳德传统中(参见第三章第二节)发挥过非常重要的作用。

尽管他们公开宣称学术独立,很多 19 世纪兰克派成员开始随着民族主义的旋律翩翩起舞。比如,在完成其讨论古罗马的著名典范之作之后,特奥多尔·蒙森(Theodor Mommsen,1817—1903)于 1848 年进入政界,成了俾斯麦寻求民族统一的狂热支持者。其他人利用了历史编纂学为特定民族身份提供基础。莱顿大学民族史教授职位第一位持有者罗伯特·弗鲁因(Rob-

---

① 关于学术性的"学科"概念,参见 Hubert Laitko, "Disziplingeschichte und Disziplinverständnis", in V. Peckhaus, Ch. Tiel (eds.), *Disziplinen im Kontext: Perspektiven der Disziplingeschichtsschreibung*, Fink, 1999, pp. 21—60。

ert Fruin,1823—1899)便是一个著名的例子。虽然他自称兰克派成员——他的就职演讲题为"历史编纂者的不偏不倚"(The impartiality of the historiographer)——但他对17世纪外交家利弗维·范·艾特泽玛(Lieuwe van Aitzema)的描述则不无偏见、过于简单,他断言利弗维·范·艾特泽玛是一位暗藏的天主教阴谋家。

历史的辉格解释:从麦考莱到班克罗夫特 在日耳曼历史学家宣称他们正在为公正的历史编纂而奋斗的时候,英国历史学家最初选择了相反的路线。他们寻求对没有发生过革命的英国渐进历史这一假定的支持。在其《法国革命论》(Reflections on the Revolution in France)中,埃德蒙·伯克已然表示国家不可能建基于抽象思想之上,建议最好遵循传统。1848年——革命之年——几乎是悄无声息地从他们身边溜走的,这一事实在辉格派史学家(自由派史学家)看来,证明了英国的渐进式发展。

托马斯·麦考莱(Thomas Macaulay,1800—1859)将渐进式发展路线提升成了一种历史模式,虽然是强加的。在其《自詹姆斯二世即位以来的英国史》(History of England from the Accession of James II,简称《英国史》)中,麦考莱认为他能够证明19世纪英国是长达数世纪的渐进式发展的结果,直至文明形式越来越高级,自由越来越多。在英国,变化意味着连续性,而这种连续性不过是证明了进步而已。英国人首先让自己摆脱了他们的迷信,然后摆脱了他们的专制制度,在此之后他们又成功设计了一部在宗教自由和言论自由之间平衡良好的宪法。甚至英国已然经历过的唯一一场革命,1688年光荣革命(当时荷兰执政官威廉三世在一场政变之后成了英国国王威廉三世),也被解释为宪制持续发展的一部分。[①] 任何历史著作都难有麦考莱的《英国史》受人欢迎。该书发行量上万册,被译成不少于十一种语言,一如他自己所写的,替代了"少女案头的当下时髦小说"。[②]

麦考莱的历史不过是持续进步的历史而已,现在众所周知为"历史的

[①] 参见 Lisa Jardine, *Going Dutch: How England Plundered Holland's Glory*, HarperCollins Publishers, 2008。

[②] Thomas Macaulay, "History", in *The Complete Writings*, 10 volumes, Boston & New York, 1901, volume 1, p.276.

辉格解释"。① 在这样一种阐释中,历史的复杂性被还原为一个成功的故事,于其间每一个事件都被提供一个必需的位置。无论这样的一个故事是多么过分地简单化,它却引起了大众的共鸣,带来了一种从此以后几乎不可能消除的历史观。事实上,持续进步模式已然存在于 18 世纪法国启蒙思想家中间,比如杜尔哥和孔多塞(参见第四章第二节),但不同于他们以一种或多或少的普遍主义方法进行工作,坚持所有文明都显示出了进步——有时候出现暂时的反复期,麦考莱将其辉格史限定于英国的命运。麦考莱甚至不理会其他国家的历史,尤其是充满流血革命的法国。

然而,辉格解释也曾在 19 世纪法国一度走红。比如,在其《法国史》(*Histoire de France*,1846)中,儒勒·米什莱(Jules Michelet)解释说,法国大革命源自独特的致力于自由和博爱的法国民族精神。在新世界,1882 年,乔治·班克罗夫特(George Bancroft)无所畏惧地在《美国宪法形成史》(*The History of the Formation of the Constitution of the United States*)中主张,美国的建立是普世自由的进步的必然结果。作为条顿武士的盎格鲁—撒克逊后裔,美国人天生拥有热爱自由的民族精神。

然而,当兰克式的方法进入到欧洲和美国大学的时候,辉格派史学家失宠了,对史料不加批评的使用和带有偏见的解释遭到了漠视。然而,朝着更高层次的文明持续进步这一观念却继续存在于大众对过去的想象之中。

实证主义历史编纂学:孔德与巴克尔　19 世纪,历史学获得了巨大的声望,但在自然科学的巨大成功面前则相形见绌。因此,前途一片光明的社会研究首先向自然科学寻求其方法。奥古斯特·孔德(Auguste Comte,1798—1859)的社会学是社会研究的典范,其历史研究以**实证主义**方法为基础。根据孔德,这种方法全然基于可以观察得到的事实,这些事实受制于可以借助演绎规则证实的法则。宗教或者形而上学的解释是被拒绝接受的。然而,实证主义联系着进步信念,这一点可以见诸孔德的把人类历史划分为

---

① 这一描述源自赫伯特·巴特菲尔德(Herbert Butterfield)的《历史的辉格解释》(*The Whig Interpretation of History*,又译《辉格党式的历史阐释》),诺顿出版公司(Norton and Co.),1931 年。

三个阶段:**神学**、**形而上学**和**实证主义**阶段,第三阶段据孔德所言,从不终结。① 虽然鲜有历史学家对孔德的阶段划分印象深刻,但他的实证主义方法确实有不少追随者。英国人亨利·托马斯·巴克尔(Henry Thomas Buckle,1821—1862)在其《英国文明史》(History of Civilization in England)中,将实证主义推到了极致。他设法假定人类进步过程的法则。借助气候、土壤、食物、植物和动物等主要原因,他认为他能够推断出"在欧洲,人类强过自然,而在其他地方,自然强过人类"。虽然他的"法则"无一经受住了时间的检验,但巴克尔属于最早设法解释科学革命为何发生在欧洲而不是在其他地方的人之列。

实证主义"救赎史":马克思 19世纪工业革命也制造了一个新领域——**经济史**(economic history),孔德实证主义被用作了它的一种模型。这种史学最重要的代表是卡尔·马克思(Karl Marx,1818—1883),他首先是以政治哲学家和经济学家著称,但也作为历史学家赢得了重要地位。马克思主张,为了理解历史,大家必须研究人们何以学会生存、他们为此生产哪些商品,以及他们何以做到。在这样的研究中,宗教或者其他难以理解的原因统统不应被用作解释。马克思把人们生产商品的方法称作**生产方式**(means of production)。这种方式控制了每一次历史变迁,实际上代表了一种解释。通过聚焦有史以来的生产方式的分析,马克思认为他可以把人类历史划分为四个阶段,它们将最终通向最后的第五阶段:

(1) 原始社会:没有生产资料的私人占有,比如部落文化;

(2) 奴隶制度:生产资料由奴隶主阶级掌握,比如罗马帝国;

(3) 封建制度:生产资料由贵族掌握,比如欧洲中世纪;

(4) 资本主义:生产资料由资产阶级掌握;这个阶段伴随着日趋激烈的阶级斗争,比如工业化的欧洲;

(5) 社会主义和共产主义:没有生产资料的私人占有;唯有在一场反对资本主义的革命之后,这个阶段才能到达。

借助欧洲的历史,马克思概述了被使用于每一阶段的生产资料,从原始

---

① Pierre Macherey, *Comte*: *la philosophie et les sciences*, Presses Universitaires de France, 1989.

工具到手磨，从风车到蒸汽机。他指出，每一阶段的社会阶级之间都存在着张力，张力导致阶级斗争和革命，之后则是一个新阶段的开始。比如，英国光荣革命带来了资产阶级的解放，而法国大革命和巴黎公社则预示了工人阶级的解放。我们将把马克思的方法命名为一种单独的原则——"生产资料分析原则"(the analysis of means of production principle)。

马克思认为，他可以借助他的方法原则演绎出的历史模式即阶级斗争反复爆发与革命随之而来——直到到达没有尽头的最后阶段。就此而言，马克思的史学与孔德的史学类似，孔德的最后实证阶段也不会终结。另外，马克思受到了格奥尔格·威廉·黑格尔(Georg Wilhelm Hegel, 1770—1831)的历史哲学与辩证法的影响。黑格尔考虑到了一种宇宙的历史观，于其间存在的发展与"精神"的合理性的发展一致。它从主观精神(个体的人)发展到客观精神("世界精神")，再发展到绝对精神。但是，马克思首先是受到了黑格尔**历史辩证法**的影响；根据历史辩证法，一切历史变化都是源自两种极端的合题。马克思拓展了黑格尔辩证法，以便包括哲学家路德维希·费尔巴哈(Ludwig Feuerbach, 1804—1872)的**唯物主义**；费尔巴哈(像孔德那样)主张历史变化应该仅仅基于物质的而不是形而上学的原因进行解释。

虽然马克思认为他可以证实一种新的历史进程，但他的模式与其说是经验的，毋宁说是强加的(意识形态的)——尤其是最后一个阶段。然而，马克思宣称他的模式具有普遍性。所有社会经过相同的续发事件，从共同的起点到最终的目标。这种洞察在一定程度上因为弗里德里希·恩格斯(Friedrich Engels, 1820—1895)，对社会主义运动产生了巨大影响，与基督教救赎史不无相似之处；在救赎史中，人们认为有一条普适路径从共同的起点延伸到最终的目标(参见第三章第二节和第四章第二节)。马克思的断言很快便引起了争论，而且易于反驳，这实际上被成功地做到了。①

因此，马克思的救赎史无关历史，但他对历史的辩证解释却有助于另一目的——支持马克思谴责对工人阶级的剥削，追求没有生产资料私人占有的社会等政治观点。在其出版于1845年的《关于费尔巴哈的提纲》(Thesen

---

① 参见比如 Karl Popper, *The Poverty of Historicism*, Routledge, 1957。

über Feuerbach)中,他坚持世界必须不仅要被解释,而且要被改造。虽然几乎没有历史学家会严肃对待马克思的历史模式,但他的如下观念却极具影响力:生产力代表历史的真正动力,生产方式的双重上层建筑首先支持支配生产方式的意识形态。一如我们将在下文看到的,这一方法原则影响了社会—经济史学,以及年鉴学派。

解释与理解:狄尔泰与文德尔班　对实证主义方法日益强大的影响做出反应是不可避免的。第一个系统地对历史和普遍意义上的人文学进行哲学反思的是威廉·狄尔泰(1833—1911);1883年,他开始发展了一种新的历史理论。① 他坚决主张,与自然科学家关注解释不同,人文学者专注于理解。对历史学家而言,计算和测量是毫无意义的,他们必须探寻历史人物的内在动机和意图。1883年,术语"人文学"(Geisteswissenschaften)第一次被狄尔泰赋予了本质。不过,一如我们在本书前言中所解释和证明的,我们将这一概念一般化至所有人文学科,从古代到当下。

哲学家威廉·文德尔班(1848—1915)让人更加准确地认识到了自然科学(Naturwissenschaften)和人文学之间的区隔,声称自然科学使用聚焦**一般**之物和**系统**之物的**常规法则研究**法(nomothetic approach,又译一般规律研究法),而人文学使用旨在理解**独特**、**个别**事件的**个案研究法**(idiographic method)。② 之前,从未有人在这两个知识领域之间进行如此直截了当的对比。然而,尽管文德尔班的区隔具有概念清晰性,但历史地讲,它是不正确的。一如正从我们的探寻中显现出来的,若干世纪以来,人文活动已然显示出一种常规法则研究传统,比如语文学的文本修复法则、语言学的语法规则、艺术理论中的透视法和音乐学中的和音理论。不过,就历史学而言,文德尔班很可能是有几分道理的。除崛起、鼎盛与衰落这一相当无足轻重的模式之外,对普遍历史法则的追求收效甚微。因此,文德尔班宣布,历史学家不应试图规定关乎过去的重要解释系统,更不要说法则。他们应当满足于研究过去的片段,于其间每个成分都是在独特的社会和文化语境下被制

---

① Wilhelm Dilthey, *Einleitung in die Geisteswissenschaften. Versuch einer Grundlegung für das Studium der Gesellschaft und der Geschichte*, Teubner, 1959 [1883]。

② Wilhelm Windelband, *Geschichte und Naturwissenschaften*, Heitz, 3rd edition, 1904。

造的。延伸开来,适用于历史的东西适用于人文学的所有学科,从语文学到音乐学。虽然在这一点上文德尔班并不可靠,但**常规法则研究法**和**个案研究法**之间的差异与狄尔泰的**解释**与**理解**之间的区隔却颇具影响,甚至时至今日,它们依然支配着关乎自然科学与人文学之间差异的思考。狄尔泰与文德尔班的思想为人文学科提供了一个清晰的身份,但它并不总是与人文学的**实践**相对应。

20 世纪:新兰克历史主义 几乎没有一丝察觉,我们便已然进入 20 世纪。狄尔泰的理解与文德尔班的个案研究法被实施于其中的运动之一是新兰克史学,也被称作历史主义。① 虽然新兰克学派史学家并不寻求模式或者普遍真理,但他们确乎假定**存在可被认知的关于历史的真相**。历史的入口可以自批评性的史料研究获得,于其间人们应该最大限度地与**当下**保持距离。新兰克历史主义是对兰克的客观性观念的一种阐释,即存在一种可以被重构的"真实的"历史,但现在是在没有兰克的时代精神和人民等概念的情况下。历史主义最为重要的方法是最大可能地浸入某一特定历史时期,以便理解人类世界,其间的每一种现象都是独特的,而不是某种普遍之物的变体。根据这种拒绝模式的方法,每一段历史都依赖于其独特的语境,历史知识绝不可能得自于其他语境。模式并不公平对待不甚重要的独特语境。因此,留给历史学家负责的不过是**诸多不相干的语境**而已。因果关系概念是被拒绝的,更不要说普适性的阐释力。在新兰克学派历史学家中,我们在一定程度上看到了对历史悠久的变则原则的重新启用,根据这一原则,每种现象都是被单独考察,普遍化并不存在(参见第二章第三节)。因此,**相对主义**(relativism)可以指望得到极大关注。

在其最为极端的形式中,新兰克历史主义似乎主要为历史哲学敲边鼓,而不是一种史学实践。全然剔除外部语境与来自过去的影响是几乎不可行的。因此,对一些人而言,前文(第一章)讨论过的"现代主义"是一种既成事实。正如维柯的"追随者",意大利哲学家、历史学家贝奈戴托·克罗齐

---

① "历史主义"(historicism)有多个定义:根据《柯林斯英语词典》(*Collins English Dictionary*,2003),历史主义即历史受制于自然法则这一观点。我们接受布赖萨赫(Breisach)(同上)的定义,以及将它与如下观点联系起来的其他定义,即存在可被认知的关于历史的真相。

(Benedetto Croce,1866—1952)所宣布的:一切历史都是当代史。

年鉴学派与时间跨度的层级模式:布洛赫、布罗代尔 与拒绝模式的新兰克学派历史编纂学相比,寻求模式的方法依然史无前例地具有说服力。然而,代替孔德和马克思的无关乎历史的方法,20世纪初,一个新的社会—经济历史学派深深地扎根在了已然成熟的批评性史料分析传统之中。最初,这个年鉴学派(Annales school)活跃于斯特拉斯堡(Strasbourg),后来活跃于巴黎;1945年之后,它逐渐支配了法国的历史编纂学。与新兰克学派相对照的是,这些历史学家探寻大规模的结构和力量,以及因果关系和历史普遍规律。年鉴学派历史学家投身于人类生活各个面向的经济和社会史之中。从一开始,亨利·贝尔(Henri Berr)、吕西安·费弗尔(Lucien Febvre)和马克·布洛赫(Marc Bloch)等年鉴学派历史学家便认为,建构**整体史**(total history)大有可能,就像费弗尔在1911年借助其《菲利普二世与弗朗什-孔泰》(*Philippe II et la Franche-Comté*)之所为。这种史学综合地理、心理、社会—文化和经济等因素,对历史现象进行阐释。

年鉴学派历史学家首先是历史学家,他们所撰写的著作相较而言不偏向理论。"每逢历史学家思考历史理论,他的著作就静止不动",费弗尔如是认为。① 就在被盖世太保处死之前,布洛赫1944年在狱中撰写了他讨论历史理论的唯一著作;于其间他坚决主张,历史学家的任务是**超越成文和口述史料**。② 为了理解历史现象,历史学家也应考虑其他史料,事实上一切可能的史料。比如,欧内斯特·拉布鲁斯(Ernest Labrousse)在其分析中以社会—经济的视角阐释了法国大革命,考察了18世纪的价格趋势和经济危机。出版其著名的地中海总体史之后,年鉴学派"王子"费尔南·布罗代尔(Fernand Braudel,1902—1985)撰写了一部关于15世纪到18世纪资本主义的历史,《物质文明、经济和资本主义》(*Civilisation matérielle, économie et captitalisme*)——英译名为 *Civilization and Capitalism*(《文明和资本主义》,共三卷),在该书中他不但综合了各种可能的史料,而且大胆假定了普遍规

---

① Lucien Febvre, *Pour une histoire à part entière*, S. E. V. P. E. N., 1962, p.852.
② Marc Bloch, *Apologie pour l'histoire ou métier d'historien*, Cahier des Annales 3, Librairie Armand Colin, 1949. Translate as *The Historian's Craft*, by Peter Putnam, Vintage Book, 1953.

律,然后对这些普遍规律进行审视。比如,布罗代尔发现了这样的一些法则,比如"处于支配地位的资本主义城市总是位处(一个网络的)中心",又如"世界经济中总是存在一个区域层级"。通过考察长长的一个时间段——长时段(longue durée)——和抽象化地方语境,布罗代尔得出了他的普遍规律。他确定了三种层级次序的时间尺度(time scale):

(1) **结构**:在很长一段时间(前面提到的长时段)发生的事件被描述和概括。

(2) **时机**:在中时段发生、带有一定程度的规律性重现的事物,但对社会的变化相较而言不是那么重要。

(3) **事件**:短期事件;根据布罗代尔,它们几乎不影响历史进程,它们受制于和受影响于更高级的时间尺度。

像这样的分层让人想到了结构语言学的层级分析(参见第五章第三节)。在早期近代人文学中,我们也发现过层级结构,比如阿尔伯蒂的**素描**理论中的**构图**,以及甚至更早的模式派语言学的**成分结构**,于其间**较低的层次受制于较高的层次**。但是,在历史编纂学中,结构、时机和事件的层级模式首先是被年鉴学派历史学家提出来的。然而,广义地讲,这种分层并不对应于人们在宏观历史、中观历史和微观历史之间所做的区隔。

布罗代尔指出,在长时段的最高层面可能存在历史的普遍规律。他的观点是与新兰克学派的起点相左的;新兰克学派坚持认为普遍规律是不可能的,因为语境始终具有特殊性。然而,整合新兰克学派和年鉴学派这两种传统并非是不可能的,只要我们假定宏观层面和微观层面之间的逐渐过渡。于是,如下主张是可能的。我们越是放大,历史就越具体;我们越是缩小,历史就越普遍。这一连续体的两极被历史主义和年鉴学派赋予了一种非对称形状,人们在任何地方都无法划出边界线。具体性和普遍性二者在每个地方都发挥作用。虽然历史编纂学的具体和常规特征双双能够通过这种方法得到公平对待,但问题依然是这两个极端的阐述者是否能够赞成这一点。

很多世纪之前,在刘知几的历史批评中——参见第三章第二节,我们曾看到过年鉴学派历史学家考察一切可能的史料(社会、经济、文化和地理)这一实践。然而,年鉴学派历史学家不可能知道刘知几的著作。这并不是因为二者之间漫长的间隔(毕竟希腊—罗马历史编纂学家生活在更为久远的过去),而是因为年鉴学派的兴趣领域主要是在西方和地中海历史的范围之内。然而,我们知道,伊本·赫勒敦的社会学史(参见第三章第二节)对年鉴学派历史学家产生了影响,因为马克·布洛赫广泛讨论了他的方法。马克思的历史唯物主义史学产生过影响,这也是大家公认的。马克思所使用的社会—经济因素被年鉴学派历史学家概括成了**所有**因素和**一切**可能的史料。因此,我们将年鉴学派历史学家的方法命名为"穷尽史料原则",我们将赋予刘知几引入了这一方法的荣耀。

因此,我们在 20 世纪初的历史编纂学中发现了两种主要方法,二者都宣称是"客观的"。一种是个案研究法,寻求独特性与个体性(新兰克学派),另一种主要是常规法则研究法,探寻普遍性与系统性(年鉴学派)。虽然千真万确,狄尔泰与文德尔班影响不凡,但它不是支配性的。我们发现了二者探寻模式和拒绝模式的方法。然而,他们的著作似乎代表了人文学的公认观点,这一事实在很大程度上是因为在 20 世纪初,它连同克罗齐的著作,几乎是唯一关乎人文学的哲学反思。

20 世纪后期的模式寻求性历史编纂学 20 世纪后半叶,多种多样的历史方法显影,我们依然可以把它们描述为要么是模式寻求性的,要么是模式拒绝性的。① 我们将以讨论研究一般规律的、探求模式的群体为起点。

社会—经济史 该趋势的特征是在社会和经济史中寻找普遍原则的欲望。它实际上始于 19 世纪,但直到年鉴学派历史学家,才被提供了良好的基础。美国新左派历史学家和德国历史学派(Historische Sozialwissenschaften,又译社会科学史学派)继续以它为基础。社会—经济史受支配于以定量方法推知历史趋势与模式。历史人口学(historical demography)试图基于

---

① 另外,还有一种极权主义历史编纂学,它是共产主义的、法西斯主义的或者国家社会主义的。这些意识形态的书写遵循国家意识形态:历史(再)阐释的依据是马克思主义的阶段划分、罗马英雄或者日耳曼种族主义。持不同政见的历史学家要么遭到迫害——比如安东尼奥·葛兰西(Antonio Gramsci),要么远走他乡——比如欧文·帕诺夫斯基。贝奈戴托·克罗齐虽然在法西斯主义的意大利得到了认可,但遭到了全然的孤立。虽然情势在某种程度上更为复杂(列宁时代相较斯大林时代更加宽容),但关于原则和模式,除意识形态的历史编纂学并不是基于批评性分析而是基于拥护既定学说以外,几乎没有什么值得谈论。

过去的人口数据和迁徙衡量(migration balance)追踪长期的发展,也是从这一传统发展而来的。

计量历史学　计量历史学家以经济史学为基础,利用历史资料的数学—经济模式来阐释历史。一如之前已然在音乐学和艺术理论中被尝试过的那样(参见第四章),现在似乎是历史轮到要被以数学方法讨论了。这首先是通过使用一种**反事实的**(counterfactual)方法做到的(它也曾被罗伦佐·瓦拉以一种非常初级的形式使用过——参见第四章第一节)。比如,罗伯特·福格尔(Robert Fogel)和阿尔伯特·费希罗(Albert Fishlow)曾经猜想,倘若铁路尚未被修建,19世纪美国经济会是什么样。他们借助计量经济学模型,设法测算了铁路建设的实际成本与无铁路经济的假定成本之间的差异。然而,因为罗伯特·福格尔和斯坦利·恩格尔曼(Stanley Engerman)的著作《苦难的时代:美国黑奴制经济学》(*Time on the Cross: The Economics of American Negro Slavery*, 1974),计量历史法备受争议。数学—经济模型再次被应用于历史问题,即19世纪美国奴隶制度是否是一种有利可图的生产方式。与公认的观点背道而驰,福格尔和恩格尔曼认为他们可以证明奴隶制度是有利可图的。不过,他们使用的数学分析的方式引发了诸多批评。比如,在其《奴隶制与数字游戏:〈苦难的时代〉批判》(*Slavery and the Numbers Game: A Critique of "Time on the Cross"*, 1975)中,赫伯特·古特曼(Herbert Gutman)反对说:(1)福格尔和恩格尔曼的分析仅仅基于一个种植园,不具代表性,(2)被用于测量奴隶制度残酷性的标准是错误的,(3)更具系统可靠性的资料被忽视了。尽管有这一批判,《苦难的时代》中的结论在很大程度上原封未动,直到又一个三十年的研究被完成。由于情绪已然在某种程度上冷静下来,计量历史学现在被大多数历史学家视为一门重要的辅助学科,但它已然与"主流"历史无关。

新实证主义历史(及其失败)　1950年代,新实证主义——一种甚至更加极端的历史观,与计量历史学和实证主义方法有关——开始流行起来。根据这种观点,所有历史过程和事件都可以借助演绎法从普遍法则中推导出来。这一概念不应与计量历史学混为一谈,但它非常契合使用逻辑学和数学推导的历史编纂运动。卡尔·亨普尔(Carl Hempel)的演绎—律则

(D-N)解释模型最为著名。① 根据亨普尔,就像在自然科学中那样,历史学家首先必须描述**初始条件**,在此之后历史事件便可以基于逻辑演绎和普遍法则被推断出来。给定的一组初始条件总是产生相同的作用。然而,亨普尔很快便意识到了并非所有历史解释都是演绎性的,他将他的模型拓展到了包括归纳法和统计学在内。不过,新实证主义运动是短命的,死得很不体面。

文化史 一种常规法则研究法基于奥斯瓦尔德·斯宾格勒(Oswald Spengler, 1880—1936)和阿诺德·汤因比(Arnold Toynbee, 1889—1975)等早期文化史学家的模式,从一个意想不到的视角发展了出来。虽然这些模式并不是数学的或者定量的,它们的确遵循了维柯和赫尔德的崛起和衰落系统模式传统。在其《西方的没落》(*Der Untergang des Abendlandes*/*The Decline of the West*, 1918/1922)中,斯宾格勒认为19世纪实证主义进步模式并不是为经验所支撑的。他建议以一种文化发展、成熟和消亡于其间的文化史代替19世纪实证主义进步模式。他把他的观点建基于八大世界文明——印度、巴比伦、中国、埃及、阿拉伯、墨西哥、希腊—罗马和西方等文明。斯宾格勒认为,这一模式很可能演绎出西方文明正处于其毁灭的门槛上。

在其十二卷皇皇巨著《历史研究》(*A Study of History*,撰写于1934年到1961年之间)中,汤因比也使用了一种文化的崛起与衰落模式。他把他的分析建基于一个甚至更大的世界史综合之上。根据汤因比,当文明试图面对一系列严肃挑战的时候,它们就开始繁荣。倘若一种文化不再能够做到这一点,它就开始衰落了。文明之死是自杀的结果,而不是谋杀。汤因比表示他十分钦佩伊本·赫勒敦的《历史绪论》(*Muqadimmah*),于其间历史的系统趋势得到了揭示(参见第三章第二节)。然而,因为汤因比频频使用神话和隐喻(就此而言,他忽视了伊本·赫勒敦对神话的批评),他的著作遭到了猛烈批评。②

---

① Carl Hempel, "The Function of General Laws in History", *Journal of Philosophy* 39 (2), 1942, pp. 35—48.
② 荷兰历史学家彼得·戈耶尔(Pieter Geyl,又译彼得·盖尔,1887—1966)宣称,汤因比忽略了不利于他所假定周期的证据。他把汤因比的方法描述为"伪装为历史的形而上学猜想"——参见Pieter Geyl, *Arnold Toynbee and Pitirim Sorokin, The Pattern of the Past: Can We Determine It?*, Greenwood, 1949。

并不是所有文化史学家都着迷于周期模型。比如,约翰·赫伊津哈(Johan Huizinga,1872—1945)首先坚持对历史采取审美方法,于其间艺术、庆典和表演的重建起着重要作用。然而,赫伊津哈也使用了模式寻求性的范式:在其著名的《中世纪的衰落》(Herfsttij der Middeleeuwen/The Autumn of the Middle Ages,1919)中,他一方面揭示了晚期中世纪的"文化规则",另一方面确立了与系统性的崛起和衰落模式的联系,当时他认为他能够证明14世纪和15世纪必须被视为衰落时期,而不是复兴的开始。在雅各布·布克哈特(Jacob Burckhardt,1818—1897)的著作中,我们已经可以发现对复兴的关注;因为他对艺术理论的重要性,他将在第五章第五节被讨论。

历史上,也有几个时段的研究似乎已然违背周期模型。我们可以在其中发现这类例证的著作之一是马克斯·韦伯(Max Weber)的历史—社会学系列《世界宗教之经济伦理》(Die Wirtschaftsethik der Weltreligionen/The Economic Ethic of World Religions)。尤其是在《新教伦理与资本主义精神》(Die protestantische Ethik und der Geist des Kapitalismus/The Protestant Ethic and the Spirit of Capitalism,1905)中,他断言西方在现代资本主义的引入方面,获得了独特的机会。根据韦伯,在加尔文教徒"在这个世界"过的苦行僧生活——于其间几乎所有利润都被用于再投资——和资本主义制度的建立之间,存在一种因果联系。工业革命研究也假定存在对周期模型的偏离。而且,我们在自然科学的历史上发现了这一点,于其间科学革命摆脱了崛起、巅峰与衰落模式。[1] 在对数种文明的比较中,这些研究是在探寻模式,但同时也具有文化特殊性,聚焦一种文化中的特殊性(同时参见"模式寻求性与模式拒绝性历史编纂学之间"部分)。

模式寻求性历史综述 寻求模式的历史综述图景比狄尔泰和文德尔班所曾预料的情形更为复杂。年鉴学派和德国历史学派寻求历史过程中的**社会—经济普遍规律**,计量历史学家使用**数学模型**分析潜在历史过程,新实证主义者寻找历史事件的**逻辑推导**,而文化史学家搜寻史料中的**普遍的、特殊**

---

[1] 参见 H. Floris Cohen, *The Scientific Revolution: A Historiograpgical Inquiry*, University of Chicago Press, 1994;同时参见 H. Floris Cohen, *How Modern Science Came into the World: Four Civilizations, One 17th-century Breakthrough*, Amsterdam University Press, 2010。

的文化原则。唯有计量历史学是以数学形式化为基础；新实证主义使用逻辑形式化，而文化和年鉴学派历史学家实际上并不使用任何形式化（虽然后者也经常利用统计分析）。倘若存在对模式寻求性历史中的"程序性规则系统"的任何探寻，那它就是在实证主义历史之中，只可惜就此而言，实证主义历史失败了。

20 世纪后期的模式拒绝性历史编纂学　虽然模式拒绝传统确乎批评和摒弃模式，但这种拒绝却让路给了探寻具有文化特殊性的不同模式，意识形态的、殖民的或者后殖民的模式。因此，把"模式拒绝"排他地界定为拒绝**普遍**接受的世界历史模式是合乎情理的。

叙事主义　1950 年代后半段，一群历史学家对探究一般规律的历史编纂学的理想和实践深表怀疑，主张构成历史编纂学本质的并非是因果解释，而是描述（story）。历史的自主性必须通过叙事被再次还原。叙事主义不止是对狄尔泰的理解的一种回归，而是代表了一种叙事史学的主张，叙事史学在很大程度上是独立于史料何以被获得的。叙事主义者依然可以使用经济数据，但无须建立事实之间的因果联系。历史叙事**确乎**必须包含的内容变为持续至今的深度讨论的主题。根据早期叙事主义者，现实的结构或者秩序也作用为叙事的结构。在其《历史与真理》（*Histoire et vérité/History and Truth*，1955）中，保罗·利科（Paul Ricoeur）讨论了存在的不可逾越的暂时性，它为叙事提供了一种预定的时间维度。大卫·卡尔（David Carr）的起点是一种人类"存在经验"，历史叙事没有它便甚至不可能存在或者被理解。在其《叙事逻辑：历史学家语言的语义分析》（*Narrative Logic*：*A Semantic Analysis of the Historian's Language*，1983）中，弗兰克·安克斯密特（Frank Ankersmit）向前推进了一步，主张历史的融贯性与秩序是历史学家叙事的产物。通过叙事本身，历史学家制造替代历史现实的意义，历史现实根据定义是缺席的。倘若有模式见诸历史可言，它们未必有主体间性，因此是无法证实的。因此，一方面，有的叙事主义者主张**现实的结构决定叙述的结构**，另一方面，有的叙事主义者持相反的观点，即**描述的结构提供（历史的）现实的结构**。在这里，海登·怀特（Hayden White）占据着一个很有趣的地位。在其《元史学》（*Metahistory*，1973）中，怀特基于修辞格概念讨论了对 19 世纪主要史学研究方法的分析。每一个史学研究时期原来都有自己的修辞格。在怀特的著作中,历史与文学叙事之间的关系变得如此紧密,以致它们在本质上完全一致。

批评学派　一如叙事主义,法兰克福哲学学派拒绝基于实证主义起点的历史。这一新马克思主义学派因为其**批评理论**(critical theory)声名鹊起。在他们的《启蒙辩证法》(*Dialektik der Aufklärung/Dialectic of Enlightenment*, 1947)中,两位最重要的代表,西奥多·阿多诺(Theodor Adorno)和马克斯·霍克海默(Max Horkheimer)表示了对一切移花接木到理性的阐释性方法的反对,无论它们是科学的、基于进步的还是其他什么的。这是因为这样的方法没有正确处理西方文明中的马克思主义"异化"概念:不再属于社会的感觉。批评学派对模式寻求性方法不关心政治态度进行了讨论,因为这种方法含蓄地让所有知识服务于现有权力和生产关系。唯有通过一种全然批评的方法,神话才能解谜。尤其是,法兰克福学派生产的是历史批评,而不是历史。然而,批评概念已被该学派提升成一种基本原理,促成了对史学中的很多潜在假定的认知。

后现代主义。对世界大战的恐惧导致了很多历史学家明确地拒绝进步概念。一些历史学家甚至希望让自己摆脱"现代性"的命名,因为"现代性"在他们看来联系着20世纪的灾难。于是便有了后现代主义这一术语的被采用(一个在19世纪已然被用于表示后印象主义绘画的术语)。它是被汤因比最先用于史学的;汤因比指出,后现代始于第一次世界大战结束的时候。实际上,现代性批评起步于法国哲学家的著作,比如米歇尔·福柯(Michel Foucault)、雅克·德里达(Jacques Derrida)和让-弗朗索瓦·利奥塔(Jean-François Lyotard),他们驳斥了对普遍性的一切主张。通过把某些现实仅仅归因于变化,变化与连续性这一古老的历史问题得到了解决。[①] 在这种观点中没有绝对真相的存在。对文本、人物和事件的阐释必须"去中心化"或者消除稳定性,其结果是多元性战胜了人为的统一性。根据这一革命性的观点,历史著作并无特殊地位,它们是与所有其他文本一样的文本(参见第五章第六节)。元史学和对任何真相的主张悉数被分析、解构和拒

---

① 参见 Perry Anderson, *The Origins of Postmodernity*, Verso, 1998。

绝。然而,后现代主义者谈论"持续变化"的时候,他们实际上有他们自己的普适性的历史模式。这就导致了他们的历史批评中的不一致性,他们的历史批评相反希望推翻所有绝对的或者非绝对的模式。后现代主义者的抱负比批评学派的抱负走得更远了一步——甚至马克思主义的阐释也得正视它。不久便出现了反应,批评家提出了没有任何一本历史著作符合后现代主义视野这一事实。其结果是狭义的后现代主义思想遭到了大多数历史学家的漠视。[1]

模式拒绝性历史综述 简言之,我们可以将非探究一般规律的运动描述如下。根据叙事主义(的一种观点),**唯有"叙事"赋予历史以意义**;根据批评学派,**唯有普遍批评才能让历史褪去神话色彩**;根据后现代主义,**任何历史真相的断言常遭解构**。就像寻求模式的历史的最极端形式那样,拒绝模式的历史的最极端形式几乎没有催生历史编纂。

模式寻求性与模式拒绝性历史编纂学之间:新文化史 1980年代以降,已然出现了文化史的强势复兴。于其间,人类生活的所有领域都被视为文化的表达。这种所谓的**新文化史**(new cultural history)也联系着心态史和"新史学"(nouvelle histoire),似乎在一定程度上源自年鉴学派,在一定程度上源自之前的文化史(参见上文)。不过与年鉴学派相反,新文化史更多地聚焦特定时期或者地区,或者甚至一个村庄,比如法国历史学家埃马纽埃尔·勒华拉杜里(Emmanuel Le Roy Ladurie)在1982年出版的著名的《蒙塔尤:1294—1324年奥克斯坦尼的一个村庄》(*Montaillou, village occitan de 1294 à 1324*)。与之前的文化史不同,新文化史将自己呈现为并不明确地探寻或者拒绝模式。事实上,它超越了上文所讨论的运动,基于其主题被描述会更好。

文化史主要关注被非精英主义社会团体分享的现象,以及社会运动,比如民族主义、女性主义和后殖民主义。或许,新文化史可以通过它使用的概念得到描述,比如权力、意识形态、文化、身份、种族和接受,以及它的"新的"历史方法,包括口述叙事和传记。虽然文化史学与其研究一般规律的

---

[1] 参见 Sigurdur Magnusson, "The Singularization of History: Social History and Microhistory within the Postmodern State of Knowledge", *Journal of Social History* 36(3), 2003, pp.701—735。

前辈并无联系,比如斯宾格勒和汤因比——唯有赫伊津哈与布克哈特(参见第五章第五节)被以认同的口吻引用——但它似乎已然不止一次地在探寻文化规则和方案。① 这关乎设法借助**源自某一时代**的范畴与方法在这个时代寻找模式。倘若某位历史学家了解 15 世纪艺术理论或者修辞学的规则,他就可以利用它们来分析追溯到那个时代的艺术作品、著作及其他,甚至不那么显在的对象。② 通过这种方法获取的模式与分析通常都有文化具体性(参见第五章第五节"艺术史"),而对跨越不同时代的模式的探寻一般都有某种普遍性的抱负。

中国:西方史学观的发展 从 20 世纪开始,欧洲历史方法在中国取得了具有重要意义的发展。然而,19 世纪,中国的历史编纂学依然几乎全然联系着朝代编年史书写传统,似乎没有革新的形式。在中华帝国的最后阶段(从清朝一直到 1912),依然有大量历史编纂作品。除通常的编年史特点的宫廷编年史以外,我们发现了对蒙古、新疆和西藏等边疆地区的描述,它们再次采用了标准的史学研究方法。甚至何秋涛,首部中俄关系专书的作者,也不会因为见诸其 1881 年出版的《朔方备乘》的历史新概念而受到指责,更不要说新的原则或者模式。③

20 世纪中国引人注目的革命也带来了中国史学的巨大变化。1905 年,具有悠久历史的科举考试被废弃,其结果之一是严格遵守的司马迁(参见第二章第二节)编年史风格也消失了。它被代之以欧洲史学观,尤其是在民国期间(1912—1949)。当中华人民共和国在 1949 年建立时,马克思主义救赎史取得了支配地位。该救赎史覆盖的时间范围是从原始共产主义经过奴隶制时期、封建时代和资本主义阶段,到社会主义时代(参见上文关于马

---

① 参见 Peter Burke, *What is Cultural History?*, Polity Press, 2nd edition, 2008, p. 11 and p. 41。

② 参见比如 Michael Baxandall, *Giotto and the Orators: Humanist Observers of Painting in Italy and the Discovery of Pictorial Composition 1350—1450*, Oxford University Press, 1971;同时参见 Caroline van Eck, *Classical Rhetoric and the Visual Arts in Early Modern Europe*, Cambridge University Press, 2007。

③ 参见 Endymion Wilkinson, *Chinese History: A Manual, Revised and Enlarged*, Harvard University Asia Center, 2000, p. 946。

克思的讨论)。

印度:历史的重构 西方史学观在其他地方也是支配性的,最初是因为欧洲殖民主义,后来是通过为西方所控制的国际学术文化。一如我们已然看到的,历史编纂学在印度直到很晚才起步,始于 11 世纪克什米尔(Kashmir)编年史(参见第三章第二节)和 16 世纪至 18 世纪莫卧儿帝国历史编纂(参见第四章第二节)。19 世纪以降,印度的历史编纂学被嫁接到了我们在上文讨论过的欧洲运动之上。① 比如,伊底哈斯查里雅·拉贾维德(Itihasacharya Rajwade,1863—1926)在撰写他所属的马拉塔人(Maratha)的历史的时候,运用了兰克式史料批评,订正了之前的历史著作中的很多错误。最负盛名的印度历史学家之一是贾杜那特·萨尔卡尔(Jadunath Sarkar,1870—1958),其著述在本质上涵盖了印度历史的各个时期。他对印度历史的重构是在印度和欧洲长达五十年的一手资料探寻的结果——倘若我们考虑到克什米尔编年史之前并无印度历史编纂学存在或者幸存下来(参见第二章第二节),这差不多就是超人的成就。然而,在方法论方面,我们并没有发现新思想。印度独立运动和社会—经济史同样如此。达摩达尔·科萨姆比(Damodar Kosambi,1907—1966)和拉姆·沙玛(Ram Sharma,生于 1919)描述了农民生活,于其间欧洲封建制度和印度封建制度之间的相似性得到了阐明。他们的方法的基础是马克思主义和新马克思主义史学。

非洲:口头传述及其对西方口述史的影响 非洲的历史编纂学似乎是我们在中国和印度发现的欧洲智识支配的一个例外。与兰克式成文史料批评不同,非洲历史编纂学一直在很大程度上基于口头传述(同时参见第四章第二节)。一个例子是《黄金海岸与阿善蒂的历史》(The History of the Gold Coast and Ashanti),它原本是由加纳人卡尔·克里斯汀·莱因多夫(Carl Christian Reindorf,1834—1917)用加族语(Ga)撰写的。莱因多夫的历史编纂利用了口述史料,对我们了解阿善蒂帝国及其在 19 世纪的衰落是非常重要的。让非洲历史编纂学永享盛名的著作是《约鲁巴人的历史》(The History of the Yorubas),其作者是尼日利亚人塞缪尔·约翰逊(Samuel John-

---

① 参见 R. C. Majumdar, *Historiography in Modern India*, Asia Publishing House, 1970。

son,1846—1901)——切勿与18世纪的塞缪尔·约翰逊(参见第四章第七节)混为一谈。这部历史著作直到1921年才出版,主要是基于奥约(Oyo)口述传统。奥约是约鲁巴人的一个帝国,其存在时间从大约1400年到1836年,占地范围从尼日利亚到现在的加纳。约翰逊基于约鲁巴人非凡的口述史(包括完整的世系和编年史),撰写了奥约帝国直到并包括英国摄政期间的历史。这部著作包括了约鲁巴人的国王、英雄、崛起、巅峰和压迫、英国人的到来、战争,以及最后的戏剧性瓦解。唯有在关涉19世纪的最后一部分,约翰逊将其历史编纂建基在了自己的个人经验之上。①

与当下看法相反,非洲的个人经验与口头传述相结合的历史编纂原则因此继续被使用(一如我们在16世纪借助卡蒂家族的历史编纂所看到的——参见第四章第二节)。似乎不存在受欧洲历史方法支配的痕迹。有人建议,口头传述原则的这种固定不变可以被解释为非洲成文史料的缺乏。但是,这种观点是以一种不正确的假设为基础的:仅仅在廷巴克图就有成千上万种为人熟知的史料——参见第四章第二节。而且,这种观点低估口头传述在非洲所有地区曾经享有、现在依然享有的巨大声望。悠久的历史知识既被"语词专家"(民间艺人)保存,也被广大民众记忆。②

访问过非洲大陆的西方人类学家立即对曾经并一直联系着非洲口述史的价值留下了深刻影响。③它在欧洲和美国引发了一场学术讨论,关涉在兰克式成文史料范式处于支配地位的时代的口述史和生活史的价值。并不令人难以置信的是,口述史在欧洲之外,尤其是在非洲的发现刺激了对口述史的兴趣,一个很好的例证即1930年代的芝加哥社会学派。④无论如何,生活史和口述史研究被我们在上文所讨论的新文化史接受了。口头传述原则

---

① 另外,也有由被释放奴隶撰写的对奴隶制度的控诉,比如奥托巴·库戈阿诺(Ottobah Cugoano)和奥拉达·艾奎阿诺(Olaudah Equiano)在18世纪末撰写的自传。这些仅仅是基于个人经验原则。

② 参见杰克·古迪(Jack Goody)《书面与口头的交汇》(*The Interface between the Written and the Oral*)第三章,剑桥大学出版社,1987年。该书也讨论了历史上的口头传述的准确性,从吠陀经和荷马到当代传述。

③ 参见比如 Joseph Ki-Zerbo (ed.), *General History of Africa I: Methodology and African Prehistory*, Preheinemann, 1981.

④ 非常感谢丹妮拉·梅罗拉(Daniela Merolla)的这一建议。

是非洲影响欧洲人文学的一个有趣例证。

20世纪,个人经验与口头传述原则也继续幸存于非洲。与此同时,西方原则站稳了脚跟,但非洲方法依然在场。塞内加尔历史学家谢赫·安塔·迪奥普(Cheikh Anta Diop,1923—1986)的著作是一个有趣的例子。迪奥普成长于塞内加尔,在巴黎攻读了他的研究学位;在巴黎,他基于考古学和人类学研究指出,法老是黑人出身。回到塞内加尔之后,迪奥普形塑了一种判定木乃伊的民族血统的科学方法。虽然迪奥普的方法备受非议,但他对西方的非洲史学的批评已然被广泛接受。在其《文明之前的黑人:神话还是历史真相?》(*Antériorité des civilisations nègres, mythe ou vérité historique?*, 1967)中,他证明了无论是在去殖民之前还是在去殖民之后,欧洲历史学家严重低估了黑人文明的可能性。迪奥普的史学著作已然影响了世界各地的后殖民研究。①

现代与后现代历史 综上所述,我们可以说现代与后现代史学证明了方法原则的多元化,它们不止一次地相互矛盾和排斥。我们何以能够解释如此巨大的碎片化呢?或许,答案在于**无法被忽视的"历史现实"的多样性**。并没有适合各种形式的历史编纂的"绝对"原则,因为历史并不为其主体提供边界。比如,虽然滑冰和奴隶制的历史都属于历史编纂学,但用于二者的历史方法则不是轻易可以互换的。研究口述文化的历史学家不能使用为成文文化制定的文献学方法。因此,历史以一种本质的方式不同于其他人文学科,比如音乐学或者语言学。人们可以研究来自过去的一切,但按照定义,音乐学仅仅研究音乐。

尽管存在大量相互矛盾的历史原则,但也有一种共同的方法——史料批评。它是历史中的一个不变因素,从希罗多德的本土史料选择和适合口头传述的形式化的伊斯纳德法,到兰克式的文献法和法兰克福学派的总体批评方法。没有批评,就没有历史。

原则:以文献学为支撑的史料原则(兰克);生产方式分析原则;变则原

---

① Chris Gray, *Conceptions of History in the Works of Cheikh Anta Diop and Theophile Obenga*, Karnak House, 1989.

则;程序性规则系统原则;穷尽史料原则;口头传述原则;个人经验原则

模式:通向越来越高级的文明形式的阶梯式发展模式(历史的辉格解释);神学、形而上学和实证阶段模式(孔德);主观、客观和绝对精神模式(黑格尔);以共产主义阶段做终结的阶级斗争反复爆发和革命模式(马克思);无关语境的多样性模式;文明的生死模式;使用资本主义/科学/工业革命突破周期模式(韦伯等);三种时间尺度的层级模式:事件、时机、结构;世界经济由区域层级组成;叙事为不在场的历史现实提供意义;万事皆变

第二节 语文学:一门完备的学科?

就像历史编纂学那样,19世纪以降,语文学也聚焦各个时期。经过反复检验的人文主义文本修复方法得到了完善,并被运用于人们"自己的"民族文学。文字系统的解释也重新受到了关注,而象形文字的编码是其最大的成就。"语文学"这一术语越来越多地联系上了最广义的语言学和文学研究。20世纪期间,该术语渐渐被人废弃不用了。

语文学作为解释:从圣书体文字和B类线形文字到玛雅文字 手稿,尤其是荷马时代的手稿的解释,亚历山大学派以降一直是语文学的一部分。然而,没有比埃及圣书体文字的解码更需要想象力多了。很多人都在他们的尝试中失败了,欺骗和诡计司空见惯。第一次认真努力来自伊斯兰文明。9世纪,埃及的胡勒·努恩(Dhul-Nun al-Misri)和伊本·瓦哈希叶(Ibn Wahshiyya)通过对比圣书体文字与当代科普特语(Coptic),理解了它们的一部分。[①] 17世纪,阿塔纳斯·珂雪(Athanasius Kircher)不惜金钱与时间宣传其圣书体文字解码。珂雪把他设计的圣书体文字添加到了已然被人从埃及带到罗马的方尖碑上,但没人认识它们。虽然珂雪的解释极具争议性,但他正确地主张,科普特语不是一种单独的语言,而是古埃及语发展的最后阶段。

---

① Okasha El Daly, *Egyptology*: *The Missing Millennium*: *Ancient Egypt in Medieval Arabic Writings*, UCL Press, 2005.

直到我们接触到托马斯·杨(Thomas Young,1773—1829)和让-弗朗索瓦·商博良(Jean-François Champollion,1790—1832),我们才发现真正的圣书体文字解码。这是由于1799年的一次恰逢其时的发现变得可能的:罗塞塔石碑(the Rosetta Stone),它是被法国军事工程师在埃及的罗塞塔——现在的拉希德(El Rashid)——附近发掘出来的。石碑上刻有以三种语言和书写系统——古埃及圣书体文字、晚期埃及通俗体文字(草书)和希腊文字(它被埃及托勒密王朝统治者使用)——铭写的三段内容相同的铭文。正文是孟菲斯的牧师向国王托勒密五世表示感激之情,落款日期是公元前196年3月27日。关于圣书体文字的争论的最重要主题之一是它们是否表示声音或者概念。1821年,商博良假定了后者,或许是因为17世纪以来,这已然被假定,而且对汉字而言似乎同样如此(另外,被应用在了达尔加诺和威尔金斯的人工语言,参见第四章第三节)。然而,不到一年之后,商博良公布了其圣书体文字字母,于其间象形文字也能够代表声音符号。就此而言,几乎可以肯定的是,他受到了托马斯·杨早前的(发表于1818年的)发现的鼓励,即某些象形文字音形一致。然而,商博良总是坚持他自己做出了新发现。无论如何,他们二者都使用了罗塞塔石碑上的国王名字来解释字母符号。这些托勒密国王的名字是用字母符号拼写出来的,因为它们源自希腊语。因为埃及文献中的国王名字是在椭圆形的图案里,圣书体文字的语音部分可以非常简单地得到解释。

商博良意识到了杨没有理解的内容。他猜想某些圣书体文字也可以表示音节,另一些圣书体文字甚至可以表示完整的单词。结果证明他的怀疑是正确的。圣书体文字几乎记录了从概念到声音这一转变的全部历史。每个符号都被保留了下来,或许是因为对埃及人而言,手迹是神圣的。圣书体文字是一种混合物——是逐渐发展的,这一认知为商博良提供了用以着手真正的解码的关键。他像魔鬼附体的人一样玩命工作,1824年,他完成了他著名的《古埃及象形文字体系》(*Précis du Système Hiëroglyphique*)。[①] 商博良的解释引起了巨大轰动。最终,涵盖了三千多年历史的诸多埃及铭文和

---

① 参见 Lesley Adkins and Roy Adkins, *The Keys of Egypt*: *The Obsession to Decipher Egyptian Hieroglyphs*, HarperCollins Publishers, 2000。

古文稿可以阅读了。这样的解释被意大利人伊波利托·罗塞里尼(Ippolito Rosellini)基于一次沿尼罗河的埃及纪念碑探险所成功证实。

然而,商博良逐字逐句地致力于令人兴奋的解码工作,至其生命终结,却并未带来一种普遍性的解释方法。每一书写系统似乎都有自身的问题。虽然语文学家确实可以从前辈的洞见(比如商博良的**符号的混杂性**这一发现)得到教益,但实际的解码本身经常取决于偶然的考古发现。

比如,世界上最古老的书写系统,美索不达米亚的楔形文字(约公元前3400)的解释之所以成为可能,是因为亨利·罗林森(Henry Rawlinson)于1835年在波斯发掘出了贝希斯敦铭文(Behistun inscriptions)。该铭文的内容为以当时的三种官方语言——古波斯语、巴比伦语和埃兰语(Elamitic)——铭写的相同文句。在这些铭文的发现之后,楔形文字被可靠地解释也就只是时间问题了(1857)。①

在 B 类线形文字——被亚瑟·埃文斯(Arthur Evans)于1900年在克诺索斯(Knossos)附近发现的迈锡尼语(Mycenaean)——的解释中,考古发现同样是突破口。很多年以来,只不过存在一种假设的迈锡尼语声音模式而已。直到1953年才有了进一步的进展,当时迈克尔·文特里斯(Michael Ventris)发现源自叙利亚的乌加里特(Ugarit)的一块石碑上刻有当地城镇的名字。考虑到城镇名通常经年不变这一事实,文特里斯开始寻找类似的 B 类线形文字石碑。然后通过补充假定的声音模式,文特里斯获得了一些可以与克诺索斯附近的城镇名相比较的词,虽然它们有脱漏。因此,一个又一个的符号能够得到解释,在此之后解释 B 类线形文字的字盘系统甚至就有了可能。虽然很多人都曾假定迈锡尼语与伊特鲁里亚语(Etruscan)有关,但结果证明它是希腊语的一种早期形式。②

甚至更加引人注目的解释现在也正在发生。现在,人们正致力于破译玛雅文字,而与此同时,90%以上的玛雅文献都可以被非常准确地阅读,这是已然为玛雅历史编纂与音乐研究带来新发现的聊以自我安慰之事(参见

---

① Lesley Adkins, *Empires of the Plain: Henry Rawlinson and the Lost Languages of Babylon*, St. Martin's Press, 2003.

② John Chadwick, *The Decipherment of Linear B*, Cambridge University Press, 1990.

第六章）。① 然而，还有很多语言的彻底破译依然遥遥无期，比如伊特鲁里亚语、A类线形文字，以及曾经在复活节岛（Easter Island）被人使用的朗格朗格文（Rongorongo）。侥幸的考古发现依然可以创造奇迹。

无论破译的历史可能多么引人注目，已然呈现的事实是，并没有解释文字系统的普遍性的方法原则。然而，在1780年至2000年之间的破译史上，人们可以找到一些能够充当指导准则的模式。**文字系统中的符号的数量**似乎是一个关键因素。倘若其数量不及三十，符号就很可能是声音。倘若有三十个以上，它们就是音节；倘若有成千上万个，它们就是概念。然而，符号可以是混杂的；存在不同类型的符号，比如标点符号和字符。专有名词（比如国王、小镇和城市）是非常重要的，因为在一定程度上，它们独立于语言。不过，除这些模式之外，几乎没有适合实际语文学破译的方法原则。唯一有人偶尔提及的方法与伊特鲁里亚语有关，被称作"组合法"（combinational method）。②它宣传各种潜在知识源头的组合的使用——从考古学—古文物研究、碑文和古文字到信息的语言字体。倘若我们回想起历史学的穷尽史料原则，我们会发现，日光之下，并无新事。

语文学作为校勘：卡尔·拉赫曼的形式化　　不同于破译领域，找到文本修复的普遍原则是可能的。卡尔·拉赫曼（Karl Lachmann，1793—1851）的作用至关重要。对现在被称作谱系理论（stemmatic theory，又译稿本关系理论）或者谱系学（stemmatology，又译稿本关系学）的文本修复，他的贡献胜过了其他任何人。按照这种方法，幸存文本被用于构建可被用于修复原始文本的系谱图（family tree）（谱系图[stemma]）。谱系理论的一些元素已然被使用达数世纪之久，比如文本的原型概念（参见第二章第三节）和（为波利齐亚诺所使用的、见诸早期阿拉伯传述理论伊斯纳德的）系谱法（参见第四章第一节和第三章第二节）。拉赫曼把这些单独的元素放进了一个系统的

---

① Dennis Tedlock, *2000 Years of Mayan Literature*, University of California Press, 2010. 同时参见 Michael Coe, *Breaking the Maya Code*, Thames & Hudson, 1992。

② Ambros Josef Pfiffig, *Einführung in die Etruskologie: Probleme, Methoden, Ergebnisse*, Darmstadt Wissenschaftliche Buchgesellschaft, 1972.

实体。① 首先,他把语文学的方法分为了三个阶段:

(1) 校订(Recensio):在这个阶段,文献学家收集一个文本的所有幸存版本,把差异(变体)详细编目,决定幸存版本之间的宗谱(genealogical)关系——谱系密码(stemma codicum)或者系谱图的类型(参见下文)。这个阶段要尽可能机械地执行,以便让它独立于文本阐释。

(2) 检查(Examinatio):在"原始"文本已然被根据谱系图确定之后,文献学家必须决定它是否是真的。

(3) 修订(Emendatio):倘若原始文本被判定不是真的,那么文献学家就必须基于现存最早的无误版本修复它,以便重构被毁的原型。

拉赫曼并没有把这些阶段的任何一个阶段都完全形式化。文献学家见多识广的猜测依然是文本修复的固有成分。然而,一旦文本变体的谱系图的系谱被组合在一起,拉赫曼断言,很多非常准确的规则就可以运用于它。因此,谱系图概念是文献学的展示品之一。虽然卡尔·朱姆普特(Carl Zumpt)最早制定了古典文本的系谱图,但正是拉赫曼清楚说明了哪些规则适用于谱系图,以及它们何以能够被用于他的卢克莱修(Lucretius,1850)和《新约》(1842—1850)版本。

我们将在下文中用一个选自本·塞勒曼斯(Ben Salemans)的具体例子解释校订、检查和修订等三个阶段。② 在第一个阶段校订中,一个谱系图被基于变体之间的差异构建起来。潜在原则如下:**如果在文本的一个版本中造成了某一错误——比如一个遗漏的段落——那么很可能该文本的后续版本(后代)就含有相同的错误**。拉赫曼假定,带有某一特定遗漏段落(或者一个遗漏的词、行,等等)的所有文本回溯到该错误于其间第一次被发现的同一共同原型(祖先)。如果存在几个共同的错误,它们就可以被用于绘制家族谱系。我们可以把演绎出这样一个系谱图与确定一种独特的遗传性疾病或者 DNA 序列相比较:子女们从他们父母那里遗传这种遗传性疾病或者

---

① Zie Sebastiano Timpanaro, *La genesi del metodo del Lachmann*, Le Monnier, 1963, pp.5—13.

② Ben Salemans, *Building Stemma's with the Computer in a Cladistic, Neo-Lachmannian Way: The Case of Fourteen Text Versions of Lanseloet van Denemerken*, PhD thesis, Radboud Universiteit Nijmegen, 2000, pp.3—4.非常感谢本·塞勒曼斯允许我加上解释把他的例子复写于此。

DNA 序列,然后将其遗传给他们自己的子女。疾病或者 DNA 序列的发生可以被用于去发现家族谱系关系。显示家族关系的系谱图首先是在文献学中被制订的,直到若干年以后,它才在遗传学中被成功使用。

我们将借助一个虚构的例子来解释系谱图的建构。① 假定我们有某一文本的六个版本,我们把它们分别命名为 A、B、C、D、E 和 F,并通过图 15 对其予以阐释(这些名称后面的希腊字母将在下文被解释)。在 A 和 B 的某些段落中,有一个或者更多共同错误被确定,而其他版本——C、D、E 和 F——虽然有其他词相同,但它们**不同于**共同错误。我们因此可以得出结论说,A 和 B 有着相同的原型,于其间错误首次发生。我们把这一遗失的共同原型命名为"a"。然而,著作"a"不可能是比如著作 C 的原型,因为 A 和 B 中的一个或者更多共同错误并没有发生在 C 之中。我们又假设我们在 C 和 D 中发现了独特的错误(它们通向共同原型"b"),以及其他错误发生在 E 和 F 之中(通向共同原型"c")。然后,我们为我们的例子起见,假设 C、D、E 和 F 有相同的错误(据此人们可以推断出它们有共同的原型,我们将把它们的原型命名为"d")。另外,我们假设这六个文本可以被回溯到共同的原始文本 O。本虚构例子中的所有这些共同的错误导致了如图 15 的谱系图,它是校订的结果。

因此,谱系图可以被视为**文本间关系的历史描述**。借助这一谱系图,我们现在可以开始 O 的修复,但在我们已然确定现存文本中无一是源文本(检查)之前则不可以;实际上,源文本从上面的谱系图中显影了出来。我们将再次借助一个例子来阐明文本修复。② 我们假设文本 A 的第一行以 α 打头,在文本 B 的相同地方有一个 β,C 和 D 有一个 γ,E 以 δ 打头,而 F 以 α 打头。我们因此有四个不同的变体——α 出现在两种文本中,β 出现在一种文本中,γ 出现在两个文本中,δ 出现在一个文本中(图 15)。如果我们

---

① Ben Salemans, *Building Stemma's with the Computer in a Cladistic, Neo-Lachmannian Way: The Case of Fourteen Text Versions of Lanseloet van Denemerken*, p. 4. 类似例子可以在关于谱系文献学的其他教材中找到,比如 Walter Greg, *The Calculus of Variants: An Essay on Textual Criticism*, Oxford University Press, 1927, 或者 Vinton Dearing, *Principles and Practice of Textual Analysis*, University of California Press, 1974。

② Ibid., pp. 4—5.

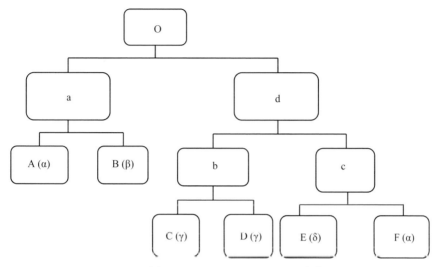

图 15　六种假设文献 A、B、C、D、E 和 F 的谱系图

考察变体 γ，我们会看到它出现在文本 C 和 D 之中，因此很有可能，C 和 D 的共同原型（著作"b"）也有变体 γ。我们现在考察变体 α，它是在 A 和 F 中被发现的。两个文本的第一个共同原型是 O，失传的源文本。根据拉赫曼的方法，我们现在可以假设，源文本也有异文 α，这完全是因为这两个相应的变体没有除源文本之外的共同原型。通过这一方式，我们得以修订失传的源文本的一部分。人们可以以谱系图作为指导性模式，对每一种变体进行类似的逻辑论证。

因此，拉赫曼式修复是根据**基于文本之间系谱关系的差异与一致的逻辑推理**而进行的。这就是我们为何在第四章概要中把波利齐亚诺的系谱方法描述为"逻辑形式化"的缘故，而无论他的方法是多么的隐含（不如说它享有原型理论的地位）。另一方面，拉赫曼的方法是被完整地制定出来的，以便作为"理论"走完其一生。然而，结果证明，动手为某个重要文本建立一个谱系图可谓是一项浩大的工程，于其间见诸所有版本的各种差异与一致必须经过比较，更不要说继续去推断修订的来龙去脉。而且，很有可能几乎什么都无法被修订，甚至事实可能是系谱图无法被制订。不过，倘若有数个版本，它们通常可以借助拉赫曼的方法被组织进一种系谱关系之中。因此，相较于之前的语文学技巧，谱系法向前迈进了一大步。

拉赫曼的影响　拉赫曼的语文学一鸣惊人。它导致了他对卢克莱修的勘校,带来了一个《新约》修订本,前者至今依然是无与伦比的,后者代表了对伊斯拉漠的希腊文《新约》(textus receptus)的拒绝,它已然发挥标准作用达数世纪之久(参见第四章第一节)。然而,拉赫曼的最大影响见诸中世纪文本修复,包括瓦尔特·冯·德尔·福格尔魏德(Walter von der Vogelweide)的诗歌《希尔德布兰特之歌》(*Hildebrandslied*)和《尼伯龙根之歌》(*Nibelungenlied*)。① 人文主义学者忽视了中世纪抒情诗和史诗,直到 18 世纪的某个时候才发现或者重新发现它们。比如,《尼伯龙根之歌》失传于 16 世纪末,但在 1755 年被再次发现。不久之后,流传的抄本有不亚于 34 种之多,其中没有一种抄本与其他抄本相一致(它们经常是由片段组成)。这些版本可以被放进一个谱系图之中,并借助拉赫曼的方法被修复。这一发现和修订的范围是几乎不可能过高估计的。尽管批评不可避免,但《尼伯龙根之歌》被宣布为德意志民族史诗,被提升到了与荷马的《伊利亚特》和《奥德赛》相同的地位。《尼伯龙根之歌》的段落一直出现在海报上、演讲中。"尼伯龙根式忠诚"(Nibelungentreue)——诸侯之间的彼此忠诚高于对家庭的忠诚或者个人自己的性命——成了德意志战时宣传的基石,其中后来的国家社会主义是最低点。

然而,我们不能因为语文学的这般民族主义利用而责备拉赫曼。他本人在很大程度上是一位独立的语文学家。在他把他那被视为主要对古代文献有用的方法运用于当代作者的时候,愈发如此。长期以来人们认为,对作者本人已然出版的著作而言,文本修复是不必要的。然而,倘若一部著作在其作者去世之后被多次重印,它可能很快就变质。每一版都有新的印刷错误。② 拉赫曼证明了谱系语文学何以能够有助于不远的过去的文本。比如,他煞费苦心地编辑了戈特霍尔德·埃弗莱姆·莱辛(Gotthold Ephraim Lessing,1729—1781)的著作。

---

① Martin Hertz, *Karl Lachmann*: *Eine Biografie*, Verlag von Wilhelm Hertz, 1851, pp. 100—119.

② 参见 Maria Mathijsen, *Naar de letter*: *handboek editiewetenschap*, Van Gorcum, 1995, p. 22。

新拉赫曼学派：走向全面形式化　　拉赫曼时代，语文学被运用于各个时期，而他的方法在欧洲及其他地方代表了文本修复的标准。在语文学之外，拉赫曼的方法也有追随者。它成了兰克史学的基石，因为兰克史学为了"客观的"历史编纂学利用了语文学的史料批评（参见第五章第一节）。乔治·魏茨（Georg Waitz, 1813—1886）等历史学家同时是兰克和拉赫曼的门生，继续发展了历史编纂学的语文学化。

所有这些成功意味着人们几乎忽视了拉赫曼谱系学的不足之处。他的方法是以很多并非总是有效的假设为基础的，比如每个版本都俨然源自一个直接的原型、缮写员唯有犯新错而不纠正前辈的错误这一臆想。然而，结果证明，拉赫曼的理论是非常灵活的，将围绕这些假设被修正。一个更为严重的问题是，"共同的错误"这一基本概念并没有被准确地界定。比如，词序方面的差异是不是错误？直到20世纪，细致入微地形式化拉赫曼的方法才开始。重要的一步是由瓦尔特·格雷格（Walter Greg）迈出的，他在《异体微积分：论校勘》（*The Calculus of Variants*: *An Essay on Textual Criticism*, 1927）中，提出了一种毫不含糊的基于不同版本建构谱系图的方法——虽然对拉赫曼方法的界定性解释通常归因于保罗·马斯（Paul Maas）的《评论家》（*Textkritik*, 1960）。更新版本的新拉赫曼语文学已设法全然"机械化"谱系图的组合。这与以两步而不是一步建构谱系图有关。首先，一种深层结构被以链条的形式建立起来，随后决定性的谱系图在第二阶段被推断出来。[①]　与此同时，该过程已被非常准确地界定，以致借助一个从诸多被输入的变体中自动生成谱系图的计算机程序，它既是可复制的，也是可实现的。[②]　因此，谱系语文学似乎是唯一已然成为"常规科学"的人文学科。虽然谱系语文学的工作尚未被完成，但其轮廓已然被如此清晰地界定，以致在相关涉的那些活动中，主要任务是解决问题。一如我们借助帕尼尼语法（第

[①]　关于谱系语文学的新发展，参见 Pieter van Reenen and Margot van Mulken（eds.）, *Studies in Stemmatology*, John Benjamins, 1996；同时参见 Pieter van Reenan, August den Hollander and Margot van Mulken（eds.）, *Studies in Stemmatology II*, John Benjamins, 2014。

[②]　比如, Ben Salemans, *Building Stemma's with the Computer in a Cladistic*, *Neo-Lachmannian Way*：*The Case of Fourteen Text Versions of Lanseloet van Denemerken*。

二章第一节)和奥尔加农创作的形式化(第三章第四节)所看到的,当代谱系语文学乐于接受程序性规则系统原则——明确的结果是基于一定数量的步骤得出的。在亲手建立谱系的过程中,语文学家可以享有的乐趣越来越少了。

然而,只有极少部分校勘可以被化约为谱系学。倘若有人勉力借助整合载文的竹简而修复中国诗歌,或者有人试图从碳化的书卷中修复拉丁文本,那么谱系语文学就作用甚微。唯有在源文本的一种以上的版本已然被重新获取的时候,谱系方法才能被使用。

语文学的拓展　语文学作为校勘这一观点处于支配地位达数世纪之久(参见第二章第三节及之后)。然而,早期近代以降,语文学发展出了文学史、钱币学、铭文学和古文书学等分支。18世纪期间,这些分支可以依靠迅速增长的兴趣,比如来自盖斯纳(参见第四章第一节)和维柯(参见第四章第二节),而在19世纪则来自拉赫曼的同时代人奥古斯特·勃克(August Böckh)。"语文学"不再被用以仅仅意指校勘,而是意指对历史语境中的语言和文学的全面研究。虽然我们在本节不会讨论这一语文学概念,但我们将在关于语言学(第五章第三节)和文学史(第五章第六节)的相关章节中这样做。

语文学:其自身成功的受害者?　谱系语文学或许是最为成功的人文学科。它提供一种准确的方法,借助它源自**所有**时期和**所有**地区的文本都可以被修复。谱系语文学之于人文学即是古典力学之于自然科学。虽然它是对现实的一种近似化,但它是如此之好的一种近似化,以致它是作为一个整体的领域的榜样。然而,不同于每一位自然科学家都是接受古典力学指导,谱系语文学日渐式微。它不再被传授给语言学或者文学理论的学生。语文学依然在必修课之列,但仅仅是在更为专业化的亚学科之中,比如古文书学或者书籍史。就此而言,更加强烈的历史意识可以归因于自然科学而不是人文学。文本修复语文学已然从"学问女皇"(参见第四章第一节)退化为一门地位边缘的辅助性学科。然而,因为其令人惊异的成功,它在人文学的大家庭中,配得上占据一席之地。

原则:穷尽知识源头原则(解码);程序性规则系统原则(文献修订);逻辑推理原则(同上)

模式:文字系统中符号的数量表示符号是否代表声音、音节或者概念,或者是混杂的;同一源头的现存文本可以被历史地描述为一个谱系图;共同的错误有共同的源头

第三节　语言学与逻辑学·语言与意义的法则

语言研究也变为关乎历史了。人们借助语言之间的声音变化,寻找能够有助于发现印欧"原始母语"(protolanguage)的**历时**模式。然而,20 世纪,对**共时**法则的探寻占了上风;普遍语法这一概念也复兴了。19 世纪以降,逻辑学发展成为了一种元数学(meta-mathematics)的形式,它来自我们的历史观察的范畴之外。然而,一如意义研究,逻辑学依旧属于人文学,与语言学构成了一种二元性。

比较语言学的发展　在欧洲,直到 18 世纪后期,人们认为与圣经融贯的希伯来语是所有语言的摇篮,尽管这一点已然在 17 世纪被德·莱特基于美洲印第安语言(参见第四章第三节)令人信服地否定。以前,佛罗伦萨商人萨塞蒂已然注意到梵语和意大利语之间的一些引人注目的相似之处,这些相似之处被博泽等语言学家拓展到了其他语言(参见第四章第三节)。然而,这些发现没有得到继续。1784 年,这一现象发生了变化,当时威廉·琼斯发表了他的著名演讲《论印度人》(*On the Hindus*)。他基于动词词干之间的比较指出,欧洲、印度和波斯语言必定有一种共同的源语言。梵语语法很快就被编写了出来,亨利·科尔布鲁克(Henry Colebrooke)在 1809 年出版了他的帕尼尼语法系统。[①] 最初,主要是英国学者醉心于东方语言,但通过奥古斯特·冯·施莱格尔(August von Schlegel)和弗里德里希·冯·施莱格尔(Friedrich von Schlegel)兄弟,梵语研究传到了德国。同时也因为"原始"这一浪漫主义目标以及对异国情调的嗜好,对**原始母语**的真正探求发展了起来。然而,比较语言学的出现有着更为朴素的开始,即寻找欧洲语言之间的联系。

格林的语音演变法则　众所周知,威廉·格林(Wilhelm Grimm)和雅各

---

① 参见 Frits Staal (ed.), *A Reader on the Sanskrit Grammarians*, The MIT Press, 1972, p.34。

布·格林(Jocob Grimm)是不知疲倦的民间故事收集者,但他们的最大成就或许很可能是在比较语言学领域。两兄弟中,雅各布在语言学领域更加活跃,正是他的名字联系着语音演变法则。然而,1818年,基本原则已然为丹麦人拉斯姆斯·拉斯克(Rasmus Rask)所假定,当时他假定:"倘若两种语言之间存在语词一致,以致我们可以发现字母变化的规则,那么这两种语言之间就存在一种潜在关系。"①格林的《德语语法》(*Deutsche Grammatik*)第二版包含了众所周知的法则,面世于1822年,即雅各布·格林已然读过拉斯克的著作之后。

在其原初形式中,格林法则仅仅给出了几种欧洲语言的语音变化情况,但后来它被其他人拓展到了印度和波斯语言。格林证明,希腊语**清**音 p、t 和 k 等已然变音为哥特语**清**音 f、θ 和 x,后来变音为高地德语**浊**音 b、d 和 g。θ 代表送气的 t,它也被写作 th,x 的发音就像 Bach 一词最后的辅音。因此,存在一种显而易见的从清辅音到浊辅音的语言历史模式。发生在希腊语浊辅音的情况相反,它们变为了德语的清音(参见图16)。

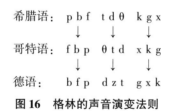

图 16　格林的声音演变法则

格林认为,他可以从上面讨论的变化中得出结论:存在一种**从清音到浊音然后反复**的循环模式。19世纪,历史循环突然发生于各地(参见第五章第一节),这使得声音演变现象愈发可信。与此同时,格林意识到了他所发现的规律性的例外。他主张他的"法则"仅仅是一种趋势,于其间变化是在多数情况下而不是所有情况下发生。② 比如,希腊语单词 treis(三)在经由

---

① 1710年,兰伯特·坦恩·凯特(Lambert ten Kate)已经发现了两种语言之间的系统性语音变化,有时候他被称作第一位印欧语言学家——参见 Dan Brink, "Lambert ten Kate as Indo-Europeanist", in Jeanne van Oosten and Johan Snapper (eds.), *Dutch Linguistics at Berkeley*, The Dutch Studies Program, U. C. Berkeley, 1986, pp. 125—136。

② Jacob Grimm, *Deutsche Grammatik*, 2^e editie, Vol. I, Berlijn, 1870, p. 503.

哥特语的 threis 演变为德语的 drei 的时候(在这里,演变的发生是与上面的 t 经由 th 变为 d 这一模式一致的),是遵守格林法则的。希腊语单词 pous (脚)开始也是遵守格林法则的,这时它演变为哥特语的 fotus,变成德语的 fuss,但最后的声音变化(变为一个 b)在这里是不彻底的。

虽然格林追寻了一种令人着迷的趋势,但它并非是一种没有例外的绝对法则。他似乎也没有追寻一种可能更深层次的没有例外的模式(这后来是由新语法学派所进行的——参见下文)。然而,尽管格林的语音演变法则并不是完美无瑕,但它却是一种需要想象力的模式。谁能不为从希腊语到德语(以及其他日耳曼语言)的历史变迁所触动,比如从 meter 到 mutter、从 phrater 到 bruder,以及从 istemi 到 stehen? 语音演变模式研究实际上为人提供了一个探究过去的机会,它是在数以百万计的德国人(以及英国人)开始把自己视为古希腊人后裔的时候被建构的。① 格林的发现为束缚北欧的这种亲希腊世界观提供了合法性。

比较语言学生根发芽:洪堡的作用 **语言以一种具有历史规律性的方式经历语音演变**,格林的这一假说受到了普遍欢迎。它激励了一代又一代的语言学家更加系统地研究语言之间的相似性,比较语言学将发展成为一门拥有自己的方法论的独立学科。然而,倘若没有威廉·冯·洪堡(Wilhelm von Humboldt,1767—1835)设计一种新的学术结构这一抱负,这是不可能实现的。洪堡出生在一个超级富有的家庭;作为普鲁士高官,他在幕后推动了教授们不但传道授业而且拥有研究自由这一学术制度。洪堡的新大学结构提供了学术的稳定性和连续性,结果出现了一系列比较语言学教授席位。

洪堡也有自己的语言学观点。他是哲学家和语言学家,撰写了一部讨论爪哇岛卡威语(Kawi)的三卷本著作(出版于去世后的 1836 年)。然而,洪堡变得声名卓著主要是因为他关于语言的思辨性理念。他基于维柯和赫尔德的著述指出,语言并不是一种静态结果,而是一种动态现象,或者用洪堡的希腊语术语来讲,不是"产品"(ergon),而是"活动"(energeia)。另外,洪堡区隔出了**内部**和**外部**形式。语言的外部形式由不同语言被从中构建出

---

① 参见比如 Suzanne Marchand, *Down from Olympus: Archaeology and Philhellenism in Germany, 1750—1970*, Princeton University Press, 2003。希腊独立主义忽视了阿拉伯人文学科的影响。

来的原材料(语音)组成。内部形式即可以从这些语音中建构出意义的语法结构。这一区隔对后来的结构主义和生成语言学产生了重要影响(参见下文)。语言使用者可以借助一定数量的语音生成无限数量的言语,虽然这一洞见也已然被归功于洪堡,但在公元前大约500年,我们已经发现它在帕尼尼的著述中大放光彩(参见第二章第一节)。① 普遍语法这一概念也经常被归功于洪堡,但数个世纪之前,我们在模式派当中发现了这一点(参见第三章第一节)。② 洪堡的另一颇具影响的观点是语言决定思想范畴这一理念,他借助它为后来的萨丕尔-沃夫假说(Sapir-Whorf hypothesis)奠定了基础。洪堡既是一位伟大的激励者,也是一位重要的语言学家。他的语言理念超越了迄今为止的比较语言学。

葆朴的变位系统 弗朗茨·葆朴(Franz Bopp,1791—1867,又译弗朗茨·博普)是最早将格林的语言研究拓展至印度和波斯语的人之一。葆朴向前迈出了一大步,走得比任何人都远——他对语言彼此间关系的研究与其说是基于声音演变,毋宁说是借助考察词形结构,尤其是动词变位的那些结构。在他的《变位系统》(*Conjugationssystem*,1816,全称为《论梵语动词变位系统——与希腊语、拉丁语、波斯语和日耳曼语相比较》[*Über das Conjugationssystem der Sanskritsprache in Vergleichung mit jenem der griechischen, lateinischen, persischen und germanischen Sprache*]——译者)中,葆朴声明他的主要目的是**重构一门已然逐步分解为多种印欧语言的语言的语法**。葆朴认为,就词形学而言,梵语是最接近这种初始语言的语言。唯有对多种语法的原则的比较探寻才能生成对变位起源的理解。绝对规律是最古老词形的基础这一理念之前已然被赫姆斯特赫斯为了希腊语考察过,但没有取得多大成功(参见第四章第三节)。很可能,葆朴经由格林受到了赫姆斯特赫斯的方法的影响,然后将其应用于梵语。③ 葆朴并非仅仅聚焦具体的语言

---

① R. H. Robins, *A Short History of Linguistics*, Longman, 1989, p.194.
② 参见比如 Pieter Seuren, *Western Linguistics: A Historical Introduction*, Blackwell Publishers, 1988, pp.109ff。
③ 参见 Jan Noordegraaf, "the 'Schola Hemsterhusiana' Revisited", in Jan Noordegraaf, *The Dutch Pendulum. Linguistics in the Netherlands 1740—1900*, Nodus Publikationen, 1966, pp.23—55。

比较。1833年,在他的《比较语法》(*Vergleichende Grammatik*)中,他也试图制定一种普通"变位法则"。这一"法则"受到了牛顿万有引力定律的启发,主张在**动词词干的元音**和该动词的**词尾**之间存在一种引力(Gewichtsmechanismus)。越是重读的元音对词尾的影响越大,其结果是那些词尾变得越短。另一方面,轻读元音允许增加更长的词尾。

虽然葆朴的变位系统没有经受住时间的考验——似乎重音是决定性的——但他的方法阐明了19世纪人文学存在于其间的思想的形式框架。[①]即使在发达浪漫主义(High Romanticism)时期,形式方法依然史无前例地强大。兰克、拉赫曼和葆朴等人文主义者都是德国浪漫派的代表,但他们分别为了源文献考证的历史编纂学(第五章第一节)、谱系语文学(第五章第二节)和比较语言学,使用了精确的、几乎机械的原则。因此,与**早期**近代的连续性大大超出了人们通常之臆断。

人们很可能期待着葆朴对梵语的探究也会导致对拥有递归、算法规则系统的帕尼尼语法形式主义的重估(参见第二章第一节)。但是,虽然葆朴曾仔细研究过帕尼尼的词法规则,但他并未理解后者的形式主义,它由**关乎上下文**的规则组成。然而,像其遥远的前辈那样,葆朴探寻了梵语词汇结构的最小的意义载体。[②]另外,葆朴与"印度语法学家"有分歧,这或许是因为他的目标——比较语言学——不同。

施莱谢尔的系谱理论与原始印欧语 无论是葆朴的变位系统还是格林的语音演变法则,都不是没有例外的。因此,一代人之后,奥古斯特·施莱谢尔(August Schleicher,1821—1868)提出语言应当被视为生物学的一个分支,于其间绝对规则也不适用。施莱谢尔认为,用文本可以被置于语文学谱系一样的方式(参见第五章第二节),语言可以通过系谱学的系谱图被描述。这样的系谱图表示语言之间的关系,但不断言绝对的语音变化或者变位法则。1853年,施莱谢尔第一次发表了他的图式系谱图,在学术界引起

---

① 参见 Bart Karstens,"*Die Boppsche Wissenschaft?*",MA thesis,Utrecht University,2009,p.37。

② 参见 Johannes Bronkhorst,"Panini's View of Meaning and Its Western Counterpart",in Maxim Stamenov(ed.),*Current Advances in Semantic Theory*,John Benjamins,1992,pp.455—464。

了轰动。① 然而,他的"语言谱系树理论"(Stammbaumtheorie)也受到了批评,主要是因为该理论假定语言之间有严格的区隔,而实际上它们是部分重叠的。尽管如此,施莱谢尔的系谱图依然大致表示了被普遍接受的原始印欧语(Proto-Indo-European)逐渐演变为大约 200 种彼此相关但又各不相同的语言,从波斯语、孟加拉语和乌尔都语到克罗地亚语、罗马尼亚语和荷兰语。而且,因为其进化论的系谱图,施莱谢尔领先于查尔斯·达尔文(Charles Darwin)的《论借助自然选择方法的物种起源》(*On the Origin of Species by Means of Natural Selection*,简称《物种起源》,1859)若干年。② 当一种类似的基因系谱图可以从 20 世纪 DNA 比较研究中推断出来的时候,施莱谢尔的系谱图令人吃惊地获得了四分之一的人的支持。

施莱谢尔也是寓言《羊与马》(*Das Schaf und die Pferde*/*The Sheep and the Horse*,1868)的作者,他虚构了这个寓言,并且认为可以把它从德语转换为原始印欧语。③ 虽然他的重构主要是以虚构而不是事实为基础,但它为长长的一系列新重构尝试定下了基调。直到最近还有人建议"改进"版本,比如孔甫烈(Frederik Kortlandt,又译弗雷德里克·科特兰德)在 2007 年,罗斯玛丽·鲁尔(Rosemarie Lühr)在 2008 年。虽然历史语言学的最终目标是

---

① August Schleicher, "Die ersten Spaltungen des indogermanischen Urvolkes", *Allgemeine Zeitung für Wissenschaft und Literatur*, augustus 1853.

② 关于讨论,参见 Robert O'Hara, "Trees of History in Systematics and Philology", *Memeorie della Società Italiana di Scienze Naturali e del Museo Civico di Storia Naturale di Milano*, 27 (1), 1996, pp. 81—88。关于比较语言学对生物学的影响,同时参见 Benoît Dayrat, "The roots of phylogeny: How did Haeckel build his tree?", *Systematic biology* 52 (4), 2003, pp. 515—527。

③ 施莱谢尔的寓言《羊与马》的德语版如下:Ein Schaf, das keine Wolle mehr hatte, sah Pferde, eines einen schweren Wagen fahrend, eines eine große Last, eines einen Menschen schnell tragend. Das Schaf sprach: Das Herz wird mir eng, wenn ich sehe, dass der Mensch die Pferde antreibt. Die Pferde sprachen: Höre Schaf, das Herz wird uns eng, weil wir gesehen haben: Der Mensch, der Herr, macht die Wolle der Schafe zu einem warmen Kleid für sich und die Schafe haben keine Wolle mehr. Als es dies gehört hatte, bog das Schaf auf das Feld ein。

施莱谢尔的寓言《羊与马》的原始印欧语版如下:Avis akvāsas ka. Avis, jasmin varnā na ā ast, dadarka akvams, tam, vāgham garum vaghantam, tam, bhāram magham, tam, manum āku bharantam. Avis akvabhjams ā vavakat: kard aghnutai mai vidanti manum akvams agantam. Akvāsas ā vavakant: krudhi avai, kard aghnutai vividvant-svas: manus patis varnām avisāms karnauti svabhjam gharmam vastram avibhjams ka varnā na asti. Tat kukruvants avis agram ā bhugat。

重构作为一个整体的原始印欧语系(即它的语法),但或许更为切实可行的是把这样的一个文本转换为原始印欧语,即它的词汇原生体已然有可能被追溯。倘若有新的历史资料面世,这一转换可以被进一步驳倒。

没有例外的语言学法则:维尔纳与新语法学派 格林和葆朴法则的无数例外不为新一代语法学家们所接受,他们以**新语法学派**(Junggrammatiker/Neogrammarians)为众人所知。他们提出,没有任何例外的语音法则是必须找到的,而语言学家的任务是探索那些更深层次、更加复杂的法则。满足于"趋势"的语言学家被说成是不科学的。根据新语法学派,施莱谢尔的系谱图理论是一种科学的失败主义,因为他并没有探寻绝对规律。赫尔曼·保罗(Hermann Paul)的《语言史原理》(*Prinzipien der Sprachgeschichte*,1880)通常被视为新语法学派的宣言,通过它新一代语法学家拉开了他们与老师的距离——这个学派当时是闻所未闻的。根据新语法学派的观点,在寻找根本性的没有例外的法则的过程中,人们应当考察尽可能多的语言元素。这是因为在他们看来,语音演变并不是像在格林的"法则"中那样,仅仅由语音或者音素本身所决定,而且取决于词汇中的其他因素,比如周围音素和重音的位置。这些依赖于环境的因素导致了一个以**维尔纳定律**(Verner's Law)著称的新法则,它是以1875年发现它的丹麦语言学家卡尔·阿道夫·维尔纳(Karl Adolf Verner)的名字命名的。

我们可以借助"father"和"brother"的印欧语原型,即"pəter"和"bhrater"来阐明这一定律。倘若格林法则被应用于这些单词,这些形式在其进一步的发展中将必然在古英语中演变为father和brother。然而,这仅仅适用于brother的形式,对father的形式则不然(它在古英语中是fæder)。维尔纳成功地把语音变化的这一"例外"带入了法则的范畴,并通过纳入印欧语和原始日耳曼语的原始重音系统,对它进行了解释。他证明了格林所描述的语音演变确曾已然发生,但已然被建构的**摩擦音**(fricative)是发声的,因为单词的重音是在紧随其后的那个音节上。pəter的情况正是如此,在它那里重音是在第二个音节上。通过这种方式,解释为什么一个单词的发展有别于另一个单词是有可能的,取决于重音和周围的音素。格林法则因此从一个不准确的趋势变为了一个准确的法则。换言之,格林法则的例外仅仅是表面的,可以通过这些例外借以发生的系统方式得到解释。维尔纳没有意识到,他使用的是帕尼尼在两千多年前已然引入的**上下文相关**规则这一概念(参见第二章第一节)。当然,通过使用这一解释,维尔纳如履薄冰。法则总是可以借助使用所谓的附带条件得到挽救(同时参见第六章)。然而,很显然,对一个单词的发音而言,重音和周围音素是决定性的,所以,维尔纳定律并未被视为一种特别的解决办法,而是被视为一种更深层次的语言法则。

对新语法学派而言,维尔纳定律是精准语言学的典型。① 然而,并不是每一个人都信服。1885 年,雨果·舒哈特(Hugo Schuchardt)指出,维尔纳定律仅仅适用于高度理想化的语境,于其间语言被视为一个同质系统。这样的系统很可能是以古英语或者原始日耳曼语残存文献语料库的形式而存在,但根据舒哈特,没有任何一种活的语言发现自己处于这样的一种情势之中。无论就此而言舒哈特是多么正确,维尔纳定律在假定理想化的范围内,都是无与伦比的。

语言学摆脱历史束缚:索绪尔与结构主义　虽然新语法学派宣称他们已然与之前的历史—比较语言学保持了距离,他们实际上代表了它的最高点。20 世纪初目睹了一个新学派的建立,这个学派将以**结构主义**(structuralism)众所周知,与费尔迪南·德·索绪尔(Ferdinand de Saussure,1857—1913)的名字联系在一起。索绪尔是作为比较语言学家开始其事业的,其博士论文讨论的是印欧语系的元音系统,但他很快就提出了一种新方法。它不再是基于历史或者历时的方法,而是基于**共时的**分析。索绪尔的著述是由他的学生在他去世之后发表的,题为《普通语言学教程》(*Cours de linguistique générale*,1916),其结果是不可能推导出索绪尔本人所主张的东西和被他的学生补充的东西。

在索绪尔的著作中,**语言**(langue)和**言语**(parole)的区隔是关键。② 语言是语言符号的支撑系统(或者结构),而言语则由个体言说者的具体语言

---

① Eveline Einhauser, *Die Junggrammatiker: ein Problem für die Sprachwissenschaftsgeschichtsschreibung*, Trier Wissenschaftlicher Verlag, 1989.

② Carol Sanders (ed.), *The Cambridge Companion to Saussure*, Cambridge University Press, 2004.

表达所组成。根据索绪尔,语言学家应当把语言而不是用法作为研究对象,因为用法常常发生变化。倘若用法(言语)被研究,它只应当在与语言——由象征性的、任意的符号所组成的表意系统——的关系之中。不同于聚焦历史语音法则的新语法学派,首先让索绪尔等**结构主义者**关心的东西是语言的内在结构。根据索绪尔,语言本身,或者**语言**(langage)是由**语言/言语**关系组成。在索绪尔看来,语言交流不过是一种讯息,它由发送人基于**言语**(parole)编码,由收受人借助一般结构即**语言**解码。在这里,索绪尔的观点与6世纪或者7世纪的印度语法学家伐致呵利惊人地相似,在伐致呵利那里也有讯息、概念化和解码(参见第三章第一节)。

索绪尔的语言学从根本上不同于比较语言学,他探寻的不是语言"法则",而是语言符号之间**差异的关系**。根据索绪尔,只存在两种关系,它们要么是**横组合的**(syntagmatic),要么是**纵聚合的**(paradigmatic)。横组合关系意味着一个语言标志,比如一个词的意义是由它与句子中的其他标志的关系所决定的。另一方面,在纵聚合关系中,一个词的意义是相较于同一词类的词被考虑的。不同于横组合关系被一些人视为(句子中的单词或者单词中的音素的)一种水平关系,纵聚合关系被一些人视为(词类中的词或者音素类中的音素的)垂直关系。

因此,索绪尔描画出了一种全然不同于比较语言学家的研究纲要的研究纲要。语言被视为一个自主系统,不再被视为一个历史客体。我们在洪堡的著作中发现了索绪尔的一些思想,比如内部和外部形式概念,但洪堡几乎没有阐述它们。同样,索绪尔的结构主义也是一种规划,而不是实证研究结果。然而,他的规划已然非常有影响,以致它配得上在我们的探究中占据一席之地。

结构主义语言学的支配地位:从雅各布森到布龙菲尔德 索绪尔的结构主义规划将控制语言学(以及其他一些学科——参见第五章第六节)长达四十年,从拥有罗曼·雅各布森(Roman Jakobson, 1896—1982,又译罗曼·雅各布逊)和尼古拉·特鲁别茨柯依(Nikolai Trubetzkoy, 1890—1938)等语言学家的布拉格学派(the Prague school),到以伦纳德·布龙菲尔德(Leonard Bloomfield, 1887—1949)为最重要代表的美国学派(the American school)。布拉格学派的看家本领是音韵学(phonology)。这个学派并不是简单罗列出语音的演变,而是以一种索绪尔式的方式考察这些语音何以彼此相关。他们证明了一门语言中的语音集合是可以基于差异,抑或"区别性特征"被分析的。在英语中,单音/p/和/b/是不同的音素,因为存在最小对立对这样的情况,于其间这两个单音之间的差异代表不同的单词之间的区别性意义,比如 pat 和 bat。对音位系统中的这等区别性特征的研究带来了新解释,包括比如这一事实:说日语者在分辨英语单音/r/和/l/方面有困难。其原因是在日语中,这些单音并没有联系着它们的区别性特征。/r/和/l/在日语中是可以互换的,意指相同的音素,就像比如西班牙语中的/v/和/b/。目前,这一分析在语言学中乃标准实践,但在 1920 年代,音位系统的拆解代表了一种革命性的洞见。音韵学成为了结构主义成功的范例。

然而,基于区别性特征和最小对立对的语音分析与其说是创新性的,毋宁说是布拉格结构主义者希望人们相信的。一部编撰于 8 个世纪之前的古冰岛语语法同样是基于最小对立对法(参见第三章第一节)。这部 12 世纪语法有一个引人注目的标题,"第一部语法专著",这与其说是因为这部著作将是第一种欧洲语言理论,毋宁说是因为它是冰岛手稿《沃缅努斯本》(*Codex Wormianus*)中的 4 部语法著作的第一部。无论是索绪尔还是布拉格学派,都不知道这一专著。12 世纪之后不久,富裕的冰岛进入了一段经济不景气时期,在此之后自然灾害和和气候变化做完了扫尾工程。这个国家变得与欧洲隔绝了,这部著作直到 1818 年都没有发表;在此之后的很长一段时间内,它仅仅闻名于斯堪的纳维亚。[①] 19 世纪,欧洲大陆仅仅通过帕尼尼便接触到了音韵学的综合分析,但是没有最小对立对法。第一部语法专著的知识将必定对欧洲语言学家大有裨益,但结果证明,这一方向盘是在 8 个世纪之后才被重新发现。

在 30 年之后的美国,一场以"**分布主义**"(distributionalism)众所周知的新结构主义运动在伦纳德·布龙菲尔德的领导下发展了起来。他的目标是要让语言学全然科学;正是因为他,语言学在美国高校被广泛传播。布龙菲

---

① Einar Haugen (ed.), *First Grammatical Treatise: The Earliest Germanic Phonology*, Longman, 1972.

尔德与**行为主义**(behaviourism)联系在了一起,行为主义源自社会科学,在他那个时代很流行。它是以这一理念为基础的,即唯有可以观察到的人类行为才无须在推测人类认知的情况下被研究。对布龙菲尔德而言,这就意味着唯有实际存在的句子才接受语言分析。对科学研究而言,按理论设计的句子是不可接受的。根据布龙菲尔德的分布主义方法,每个句子都被分解为不同的成分,每个成分都有自身的句法功能,而这些成分又依次被分解为组成它们的词类。这个过程被延续,直到"最终成分"(ultimate constituent),通常是**词素**(morpheme)被获得,它是单词的最小意义单位,比如动词的词干或者词尾。词素由音素组成,但这些是极微小的,本身并不是成分。词素分布在不同成分之间,分布主义方法使得查明特定词素在某一语言中的传播成为可能。

布龙菲尔德试图揭示语言成分的潜在分布系统,这是与索绪尔的**语言**范式一致的。然而,通过对行为主义的坚持,他把自己限定于被观察到的用法,对**没有**被观察到的句子没有发表任何看法。因此,布龙菲尔德语言学是分析性的,但不是预言性的。它仅仅能够分解被观察到的句子,但它无力界定一切可能的句子的类别。在这里,布龙菲尔德与帕尼尼之间存在着至关重要的分歧,帕尼尼是他非常钦佩的人,帕尼尼的有限的规则系统可以覆盖无限数量的语言表达。①

生成语言学的崛起:哈里斯与乔姆斯基　就有限数量的单位存在于其间的音韵学和形态学(morphology,又译词态学)而言,结构主义方法是成功的,但是对于其间句子数量无限的句法而言,结果证明它是不充分的。根据诺姆·乔姆斯基(Noam Chomsky,生于1928年),要解释语言中词序的丰富性,一种不同的方法是必需的。在其《句法结构》(*Syntactic Structure*,1957)中,他坚持需要的是这样一种规则系统,即它能正确地生成一门语言中**所有**语法正确的句子,而不是一个"差异关系"(relations of differences)的结构主义系统。然而,这些规则并不是与新语法学派的那些法则类似的"法则",相反,它们构成了一种帕尼尼传统(参见第二章第一节)的语法。因此,乔

---

① 参见 Leonard Bloomfield, *Language*, University of Chicago Press, 1984 [1933], p.11。

姆斯基的方法并不是行为主义的,而是一如他自己所言,理性主义的。他专注的不是语言的具体使用,而是语言使用者可以生成无限多句子的知识。与索绪尔一样,乔姆斯基为此目的在**语言行为**(performance)和**语言能力**(competence)之间进行了区隔。语言行为是包括一切缺点在内(口误、结巴、记忆局限)的使用,而语言能力则包括理想化的语言使用者在基础语法形式方面的知识。语言学的目的是解释语言能力现象,而不是语言行为现象。

乔姆斯基详细阐述了他老师泽里格·哈里斯(Zellig Harris,1909—1992)的语法形式主义,即泽里格·哈里斯借助**转换规则**(transformation)设计的一种**上下文无关语法**(context-free grammar)。乔姆斯基以一种全然个性化的方式详细破解了这种形式主义,生成了一种同时讨论结构主义和行为主义的新语言。图 17 提供了少量英语(其规则被称作上下文无关重写规则)的上下文无关语法的一个例子。

$$S \to NP\ VP$$
$$NP \to Det\ N$$
$$VP \to VP\ PP$$
$$VP \to V\ NP$$
$$PP \to P\ NP$$
$$Det \to the,\ a$$
$$N \to man,\ woman,\ garden,\ house,\ child$$
$$V \to kissed,\ saw,\ was$$
$$P \to in,\ behind$$

图 17　小部分英语的上下文无关语法

前五条规则是实实在在的语法规则,而后四条"规则"则表征词汇。符号(或者范畴[category])的意义如下:S 表示句子,NP 表示名词词组,VP 表示动词词组,PP 表示介词词组,Det 表示限定词(冠词),N 表示名词,V 表示动词,以及 P 表示介词。这些规则可以被用于生成现有英语句子,以及之前尚未被说出的句子。

语法规则的应用关涉用一种或者多种**不依赖**上下文的范畴重写或者替代一种范畴,这一范畴是不依赖上下文的(因此,上下文无关规则这一术语与帕尼尼的**上下文相关**规则形成对照——参见下文的讨论)。第一条规则(S→NP VP)被用于开始基于上下文语法生成句子。这一规则可以被解读如下:"S 被重写为 NP + VP"。下一步是重写 NP,根据这种语法,它只有一种选择:NP→Det N。其结果是 Det N VP 这一句序。现在,Det 有两种选择:"the"或者"a"。倘若我们希望总结该"小"语法能够生成的所有句子,我们应当选取二者,但是对这个例子,我们选择"the"。现在,我们的句序是"the N VP"。对于 N,我们再次有多种选择,我们选择"man":"the man VP"。现在,有两种重写 VP 的可能方式,我们选择第一种(VP→VP PP),它生成"the man VP PP"。因此,我们再次在句序中有了一个 VP。我们可以借助**相同的规则**(VP→VP PP)再次重写它,其结果是"the man VP PP PP"。我们可以借助继续调用相同的规则,让这个序列一如我们所希望的那样长。之前我们在帕尼尼语法中见到过这一现象,我们称之为**递归**(参见第二章第一节)。然而,我们选择另一 VP 规则:VP→V NP,其结果是"the man V NP PP PP"。如果我们沿着这个方向继续,我们就获得"the man V det N P det N P det N P det N",在此之后我们可以将单词放入词汇表中,得到比如"the man kissed a man in the garden behind the house"这个句子。这不过是借助前面所引述的迷你语法可以被生成的无限多句子之一而已。比如,借助递归规则 VP→VP PP,这个句子可以被无限地延长,比如 the man kissed a man in the garden behind the house behind the woman behind the man……。

虽然像这样的句子在日常语言中几乎不可能,但它们属于语法正确的句子一类,代表讲英语者的部分**语言能力**。我们可以为每一个被借助上文所描述的语法处理的句子,建构一个**层级树形图**(hierarchical tree diagram),展示符号 S 的每一范畴何以分裂为基础范畴(就这个例子而言,NP 和 VP),它们依次又分为更深一层的范畴(Det N 和 VP PP),直到一个范畴最终到达单词。我们也在谱系语文学中看到过层级分层结构(参见第五章第二节),它是人文学中的一个反复出现的主题——在科赫的乐节结构中(参见第四章第四节)、在阿尔伯蒂的素描理论中(参见第四章第五节),甚至在年鉴学派史学中(参见第五章第一节)。

借助人类思想,乔姆斯基称之为语言"直觉",上文所讨论的语法可以得到验证。如果重写规则可以生成被判定为语法不正确的句子,该语法就不得不被放弃或者修订。现在,我们已然讨论的语法仅仅构成了英语的一个片语,它至多描述了反复(或者递归)介词词组连接现象。然而,不难发现,更为复杂的现象也可以借助上下文无关语法得到解释。比如,通过额外添加重写规则,递归性的句子嵌入可以被一体化。这些是这样的句子,比如 the man who saw the woman kissed the child,以及 the man who saw the woman who was in the garden kissed the child。这些句子可以被我们随心所欲地变长。甚至更复杂的句子都可以为递归规则所涵盖,一如帕尼尼语法的情形。显而易见,一套完整的现行书面英语语法要比图 17 中的规则丰富得多;尽管百般尝试,一种适合任何一门活语言的完整的重写规则系统尚未被制定出来。唯一完整的人类语言语法似乎是帕尼尼的梵语语法,拥有近 4000 条规则,但梵语不再有任何以它为母语者来验证它。

然而,乔姆斯基语法理论并不仅仅由上下文无关重写规则所组成。在《句法结构》中,他展示了变动或者**转换**(transformation)何以能够解释大量新生语言现象。比如,一个类如 John is hungry 的句子很容易被转换为疑问句 Is John hungry? 借助稍微复杂一些的转换,主动句可以被转换为被动句(比如从 the woman kissed a man 转换为 a man was kissed by a woman),等等。在《句法理论的若干问题》(*Aspects of the Theory of Syntax*,1965,又译《句法理论要略》)中,乔姆斯基把他的形式理论发展成了一种语言的普遍观。他最为著名但未经证实的主张之一是语言能力是与生俱来的。根据乔姆斯基,儿童基于相对不多的语言刺激(刺激的贫困)学习语言的令人吃惊的速度、全世界所有儿童学习语言的方式很相似这一事实,表明存在一种固有的基础语法,即**普遍语法**——这一术语 13 世纪以降便已然存在,但被乔姆斯基赋予了一种新的阐释(参见第三章第一节)。在儿童的语言发展期间,普遍语法被儿童们从其环境接收到的刺激"例示"。在其《管辖与约束讲稿》(*Lectures on Government and Binding*,1981,又译《管辖与约束讲演集》)中,乔姆斯基主张语言之间的差异可以通过人类大脑中的参数设置(parameter setting)予以解释(比如,代词脱落 [pronoun-drop] 参数表示句子是否必须有一个显性主语,这在比如英语中是如此的,但在意大利语中却并不如此)。这样的参数已然与可以打开或者关闭的"开关"进行过比较。乔姆斯基对普遍语法假设的阐述在收获追随者的同时,遭遇了批评,这主要是因为语言习得研究显示出了相反的模式。事实上,儿童的语言习得似乎是非常缓慢的,而不是一蹴而就。有证据表明,语言习得的发生并不是根据范畴规则,而是通过基于语言刺激批量储存的渐进式统计拟合。①

在其后期著述中,乔姆斯基日益简化其语言学理论,直到在《最简方案》(*The Minimalist Program*, 1995)中,它几乎全然由一种被称作"合并"(merge)的组合操作(combination operation)组成。到那个时候,原来的发展可验证语法计划已然在很大程度上被放弃。这并未改变如下事实:在其学术事业的多个阶段,乔姆斯基开启了新传统——除他作为政治活动家的平行事业以外。② 比如,他在1950年代的原创性工作启动了对潜在语法形式主义的探究,其结果是乔姆斯基形式语言层级。③ 这个层级既有助于人类语言的形式研究,也(或许更加)有益于同样以语法的形式被表达的编程语言的开发与分析。另外,乔姆斯基的工作推进了人类认知研究,他的形式方法被证明在其他学术领域是非常富有成效的,比如音乐学(参见第五章第四节)、文学理论(参见第五章第六节)和电影研究(参见第五章第七节)。

乔姆斯基以降,帕尼尼传统已然再次生气勃勃。人们试图借助有限数量的规则来涵盖无限数量的句子。然而,凭借其认知主张,乔姆斯基比帕尼尼走得远得多,但非常令人吃惊的是——与其久远的前辈相反——他把语义学置于了研究对象之外。他坚持句法是自主的,其最重要的元素是递归概念。在帕尼尼的形式主义中,我们已经见到过这一概念。一如我们在第二章第一节所解释的,这种形式主义其实是由下面这种重写规则组成的:A→B/C_D,该规则实际上意味着如果A处于C和D的语境中,A就可以被改写为B。这就让帕尼尼的规则是**上下文有关的**,而图17中的重写规则则是**上下文无关的**。乔姆斯基已经在《句法理论》中证明,上下文无关重写规则并不足以解释人类语言的句法。这就是他为什么像哈里斯一样使用转换的原因。不过,1970年代以降,已然显而易见的是,转换实际上是非常有影响

---

① 参见比如 Michael Tomasello, *Constructing a Language: A Usage-Based Theory of Language Acquisition*, Harvard University Press, 2003。

② 参见 Robert Barsky, *Noam Chomsky: A Life of Dissent*, The MIT Press, 1998。

③ Noam Chomsky, "Three Models for the Description of Language", *IRE Transactions on Information Theory* 2, 1956, pp. 113—124.

的。它们可以生成一切可能的词语序列,不受任何限制。① 与此同时,已然被证明的是,人类语言无论如何至少是"轻微地上下文有关的",但或许是仅仅如此。②

似乎让人吃惊的是,相较于乔姆斯基的 50 年历史的基于转换的形式主义,帕尼尼的 2500 年历史的形式主义更接近于语言的结构。这该如何解释呢? 我们必须对夸大帕尼尼语法的重要性保持警惕。首先,它是梵语的一个规则系统,不是人类语言的一个总体理论。另一方面,自从生成语法出现以来,无数新的句法现象已然被发现,针对很多接近极致完美的语言的语法已然被开发(尤其是在计算语言学中——参见下文)。不过,凭借其语法形式主义,帕尼尼大大"领先"于其时代。然而,其重要性是直到 20 世纪才变得清晰的。虽然直到 20 世纪末都存在对其著作的极大兴趣,但帕尼尼的上下文有关规则的价值并不为人所理解——尽管这样的规则曾被 19 世纪新语法学派含蓄地使用(参见上文)。1884 年,威廉·惠特尼(William Whitney)写道:"帕尼尼的著作是匠心独运的奇迹,但是是反常的、滥用的匠心独运。"③帕尼尼是一个十足的难题,甚至对经验丰富的语言学家也是如此。现在他是勉强可以理解的,但这只是因为经年累月的解经工作。④ 然而,他并不是语言学课程体系的组成部分。全世界的语言学学生依然没有被传授帕尼尼的任何知识。倘若有人知道他的名字,那也仅仅是因为他的音韵学,而不是因为他的句法或者语义学。人们依然——但错误地——认为,形式语法这一概念是一种西方发明。⑤

---

① 乔姆斯基也在其音韵学著作中使用转换,参见 Noam Chomsky and Morris Halle, *The Sound Pattern of English*, Harper & Row, 1968。

② 参见比如 Stuart Shieber, "Evidence against the Context-Freeness of Natural Language", *Linguistics and Philosophy*, 8, 1985, pp. 333—343;同时参见 Aravind Joshi and Yves Schabes, "Tree-Adjoining Grammars and Lexicalized Grammars", *Tree Automata and Languages*, 1992, pp. 409—432。

③ Frits Staal (ed.), *A Reader on the Sanskrit Grammarians*, The MIT Press, 1972, p.142.

④ 参见 Paul Kiparsky. "On the Architecture of Panini's Grammar", *Conference on the Architecture of Grammar*, 2002。(http://www.stanford.edu/~kiparsky/Papers/hyderabad.pdf)

⑤ 参见比如 Marc Hauser, Noam Chomsky and Tecumseh Fitch, "The Faculty of Language: What Is It, Who Has It, and How Did It Evolve?", *Science*, Vol. 298, no. 5598, 2002, pp.1569—1579。

语言学与逻辑学的融合:从弗雷格到蒙塔古　早年撰写《句法结构》的时候,乔姆斯基在议程中避开了语义学。鉴于他宣布的目标是描述和解释句法,这似乎是合理的。但没有意义的语言学就像一餐没有品位的饭一样。综合性的语言学理论也必须能够获得句子的意义。对此,逻辑学被证明是理想的。19世纪期间,逻辑学主要是在元数学学科方向发展,尤其是在代数逻辑先锋乔治·布尔(George Boole,1815—1864)的出现以后。这种逻辑学将为未来的计算机科学打下基础,但它依然不在我们的历史概述范畴之内。

然而,19世纪末,一种可以基于句子各部分的意义"制定"句子意义的新逻辑学被发展了出来。这种谓词逻辑是由戈特洛布·弗雷格(Gottlob Frege,1848—1925)设计出来的,他凭借《概念文字》(*Begriffsschrift*,1879)的发表,一夜间成了亚里士多德以降最重要的逻辑学家。一如我们在第二章第六节所看到的,借助命题逻辑,"John is clever and Peter is stupid(约翰聪明和彼得愚蠢)"之类复合句的真值可以基于构成这个句子的基本命题("John is clever""Peter is stupid")的真值计算出来。按照命题逻辑,这些基本命题只能由**连接词**(比如"and""or""if…then…")来连接,没有内部结构。因此,一个类如"John is clever"的句子被表示为比如 p,而"John kisses Mary"被表示为比如 q,其结果是两个命题都关乎 John 这一信息丢失了。另一方面,按照谓词逻辑,它们分别被表示为 C(J)和 K(J,M),其中,C 代表谓词"clever",J 代表"John",K 代表"to kiss",M 代表"Mary"(当然,代表这些谓词的符号是任意的)。我们把句子"John is clever"和"John kisses Mary"的意义表达(meaning representation)称作 C(J)和 K(J,M)。借助谓词逻辑的意义表达是独立于其语言实现(linguistic realization)的。比如,"John kisses Mary"和"Mary is kissed by John"拥有相同的表达 K(J,M)。人们通常认为,虽然词序因语言而异,潜在的意义表达是独立于语言的。另外,谓词逻辑公式可能是复杂的。比如,"Peter sees that John kisses Mary"这一句子被表达为 S(P,K(J,M))。除 John、Peter、to kiss 等**常项**(constant)外,谓词逻辑里也有**变元**(variable)。按照谓词逻辑,"He kisses Mary"这个句子可以被写作 K(x,M),其中,x 是不受限制的变元,只要它对"he"的指称对象是未知的。变元可能受到**量词**(quantifier)的约束:全称量词∀或者存在量词∃。现在,这些量词(也)是基础数学的一部分,但它们最初是在逻辑学中被引入的。按照谓词逻辑,像"Everyone kisses Mary"这样的一个句子可以被写作 $\forall x : K(x, M)$。另外,谓词逻辑包含命题逻辑的连接词,其结果是它确乎为后者的扩展(参见第二章第六节)。

句子的意义可以源自其组成部分的意义这一思想,以及连接这些组成部分的规则,被称作**语意合成性原则**,它也是归功于弗雷格。一如我们已然看到的,语意合成性原则是若干世纪之前由印度语言哲学家耶斯卡在公元前5世纪制定的(参见第二章第一节)。它后来获得了正理派的热情接受与拥护,正理派反对斯丰塔派的**语义整体论**(参见第三章第一节)。然而,正是弗雷格第一个提供了该原则的形式阐释。虽然谓词逻辑并不足以表达一门自然语言的所有句子的意义,但弗雷格能够用它来解决很多非莱布尼茨力所能及的经典问题(参见第四章第三节)。结果证明,谓词逻辑也能借助更多的量词(比如**模态逻辑**[modal logic])和更加精准的意义指称系统(比如**内涵逻辑**[intensional logic]),构成各种各样内容更加丰富的逻辑学的基础。①

然而,逻辑语言是不够的。我们也需要能为某个句子**预测**其意义为何的规则系统。其实,语法的重写规则是适合于此的。为此,我们必须用语义丰富来延展每一句法重写规则,语义丰富规定**各结构成分的语意合成意义何以依赖其组成部分的意义**。比如,重写规则 S→NP VP 被语义加强成为 S[VP(NP)]→NP VP,方括号中的字母表明整个句子 S 的意义何以源自 NP 和 VP 各自的意义。因此,英语句子的句法词序是 NP VP,然而,相应的意义表达则是 VP(NP)。其他重写规则可以通过类似的方式被丰富以语义规则,比如 VP[V(NP)]→V NP。单个词语通常不被加强以意义规则。它们经常意指语言学之外的语境,除非它们相当于连接词或量词。(在某种程度上,我们是在为自己让事情稍微容易一些,因为句子的语义结构并不总一致于其句法结构,而关乎词义的问题代表一门单独的学科。)当我们以这般语义加强的重写规则生成句子的时候,这个句子的谓词逻辑意义可以同时

---

① 参见 Johan van Benthem and Alice ter Meulen (eds.), *Handbook of Logic and Language*, The MIT Press, 1997。

被加强。通过这种方法,语言学的语法实际上是与逻辑语言融合一体的——这个目标已被人尝试数世纪之久,包括波尔·罗亚尔派语言学家(参见第四章第三节),但之前从未被实现过。帕尼尼也利用过组合语义学。在他为单个词语分派语义角色的时候,比如施事人(agens)、受事人(patiens)和接受者(recipiens)(参见第二章第一节),他并未提供将它们融入一种意义表达的任何可能性。

语言学与逻辑学的融合是20世纪人文学的主要成就之一,它已然对形式语言学、计算语言学和人工智能产生了巨大影响,已然把语言哲学变为了一门差不多经验主义的学科。然而,上文所概述的融合已然被大大简化。简单的置换经常并不足以整合结构成分的子意义。谓词逻辑功能的整合可以由一个内容更加丰富的演算(calculus)来调节,这种演算本身也代表一种重写系统(它被称作λ演算[lambda calculus])。① 第一个全面理解乔姆斯基语言学和组合语义学的融合的人是理查德·蒙塔古(Richard Montague,1930—1971)。在《英语作为一种形式语言》(*English as a Formal Language*,1970)中,他展示了谓词逻辑、生成语法和λ演算等三种形式体系何以生成一种新的逻辑语法,众所周知为**蒙塔古语法**(Montague Grammar)。虽然蒙塔古语法是第一种**超越**帕尼尼的语法,但令人惊讶的是,它对乔姆斯基语言学影响甚微,在乔姆斯基语言学中,语义学依然在很大程度上遭排斥。② 最终,蒙塔古语法自成一派。

生成语言学的不足与计算语言学的崛起 联袂逻辑语义学,生成语言学似乎包含了一个完美的成功故事所需要的一切。然而,在1980年代和1990年代期间,出现了很多蚕食生成语言学和蒙塔古思想之基础的问题。

语言的范畴与渐进面向,概率语法概念 乔姆斯基在**语言能力**(语言知识)和**语言行为**(语言使用)之间的区隔并未获得所有语言学家的接受。很多人认为,语言学应该不但聚焦语言知识,而且也聚焦语言使用的研究和

---

① 关于语言学入门,参见 L. T. F. Gamut, *Logic, Language and Meaning, Volumes I & II*, University of Chicago Press, 1991。同时参见 Barbara Partee, Alice ter Meulen and Robert Wall, *Mathematical Methods in Linguistics*, Kluwer Academic Publishers, 1990。

② 生成语法的**逻辑形式**概念除外,然而,它几乎不是形式化的。

合法性。在这里,符合语法(grammaticality)这一概念被证明是无条件的。从心理语言学研究到符合语法评定,似乎存在一个符合语法的句子与不符合语法的句子之间的完整连续统。① 在这里,一个词、一个词组或者一个**结构**的**出现频率**(frequence of occurrence)这一概念是一个相关因素——不但在符合语法的范围内,而且也在语言表达的"可接受性"的范围内。比如,在英语中,倘若有人想知道现在几点钟了,他不问"现在多晚了?"(How late is it?),而是问"现在几点钟了?"(What time is it?),但是人们会问"它多大?"(How big is it?)和"它多长?"(How long is it?)。类似地,人们不问"你有多少年龄了?"(How many years do you have)——就像人们比如用意大利语那样,而是问"你多大年龄了?"(How old are you?)。"你有多少年龄了?"(How many years do you have?)并非不符合语法,而是它不是一种英语**结构**。如果我们希望解释结构连续统,我们就会得出一个具有**统计学**本质的理论。这一点得到了乔治·齐普夫(George Zipf,1902—1950)对语言中的词和词组的概率分布规律性研究的支持。② 这些见解导致了一种生成法与统计法整合于其间的语言观。它将见诸**概率语法**(probabilistic grammar)这一概念,于其间规则系统被拓展至包括统计成分在内。③ 概率语法关乎**基于使用的语法**(usage-based grammar)和**构式语法**(construction grammar)等语言学方法。④ 根据构式语法,新句子不是通过整合上下文无关或者上下文相关原则而生成,而是通过合并**结构**——之前的语言观察的形式—意义组合。结构可以源自之前的语言刺激的片断。片段的频率越大,结构就越稳定。⑤

语法的紧凑与冗余 从一开始,生成语言学传统就非常强调语法的紧

---

① 参见 Bas Aarts, *Syntactic Gradience: The Nature of Grammatical Indeterminacy*, Oxford University Press, 2007。
② 根据齐普夫的法则,一个词的出现频率与这个词在频率表的排位成反比。
③ 参见 Rens Bod, Jennifer Hay and Stefanie Jannedie (eds.), *Probabilistic Linguistics*, The MIT Press, 2003。
④ 参见 Charles Fillmore, Paul Kay and Mary Catherine O'Connor, "Regularity and Idiomaticity in Grammatical Constructions: The Case of Let Alone", *Language* 64, 1988, pp. 501—538。同时参见 Adele Goldberg, *Constructions at Work*, Oxford University Press, 2006。
⑤ 参见比如 Rens Bod, *Beyond Grammar: An Experience-Based Theory of Language*, University of Chicago Press/CSLI Publications, 1998。同时参见 Christopher Manning and Hinrich Schütze, *Foundations of Statistical Natural Language Processing*, The MIT Press, 1999。

凑。乔姆斯基和其他生成语法学家倾向于让他们的语法尽可能短小精悍。然而,倘若有一种语言学见解已然在最近数十年中浮出水面,人类语言就是高度"冗余的"。已然从心理语言学和语言习得研究中变得清晰的是,儿童学习语言的时候,存在语言表达的海量、冗余储存。似乎西拜韦的基于范例的思想(参见第三章第一节)正在最极端的意义上被验证——条件是它与生成语法相融合。一如上文所讨论的那样,整合生成语言学思想与对范例的统计归纳的理论似乎是最有前途的。这一点得到了**计算语言学**的崛起的支持,在计算语言学中,最成功的应用,比如自动语言识别和机器翻译,便是以对储存语言表达的统计归纳为基础的。① 然而,帕尼尼意义上的基本原理也继续延续于此——对基于有限数量的资源(就此而言,范例)的无限生产力的追求。

语言的类型学:自由词序与严格词序 全世界共存在6000多种其变体显然不计其数的语言。通用语依然遥遥无期。乔姆斯基的形式主义认为,所有语言都有稳固的句法,于其间词序为严格的规则所决定。然而,有的语言并无任何固定词序。拉丁语接近于这样的一种语言,但瓦尔皮瑞语(Warlpiri,被使用于澳大利亚)则完全不受词序的限制。瓦尔皮瑞语的相关规则关乎形态学和语义学。与此同时,人们已然发展出公平对待固定和自由词序二者的语言学理论,②这些理论与此同时已然与基于结构的、统计学的方法相融合。另外,有人最近发现了一种递归于其间似乎根本不起作用的语言——皮拉罕语(Pirahā),它被使用于亚马逊地区。③ 虽然进一步的研究是必需的,但这一发现可以彻底削弱普遍语法这一概念。

印度与中国的语言学 现代之初,欧洲和美国之外的语言学提出的新

---

① 关于讨论,参见 Rens Bod, Remko Scha and Khalil Sima'an (eds.), *Data-Oriented Parsing*, CSLI Publications/University of Chicago Press, 2003。

② 比如,词汇功能语法(Lexical-Functional Grammar/LFG)、中心语驱动短语结构语法(Head-Driven Phrase Structure Grammar/HPSG)。参见 Joan Bresnan (ed.), *The Mental Representation of Grammatical Relations*, The MIT Press, 1982; Ivan Sag and Thomas Wasow, *Syntactic Theory: A Formal Introduction*, CSLI Publications, 1999。

③ Daniel Everett, "Cultural Constraints on Grammar and Cognition in Pirahā: Another Look at the Design Feature of Human Language", *Current Anthropology* 46, 2005, pp. 621—646.

主题少得令人吃惊。当罗摩克里希那·戈帕尔·班达迦(Ramkrishna Gopal Bhandarkar)等印度语言学家在19世纪专注于帕尼尼及其评注者研究的时候,第一部汉语语法在清朝末期被制定了出来。马建忠基于拉丁语模式设计出他的语法,于1898年编写了《马氏文通》(*Basic principles for writing clearly and coherently by Mister Ma*)。还有很多其他引人注目的中国语言学家。比如,罗常培研究了中国的少数民族语言,章炳麟揭示了汉语史的阶段划分。然而,我们并未在他们的著述中发现新的原则。

毫不夸张地讲,1900年以降,全世界的语言学家几乎都受支配于西方的(往往是殖民的)影响。比较语言学被输出到了各大洲;20世纪期间,语言学流派发展出了一种"全球化"特征。

语言学状况:生成论与结构论之间 不同于在19世纪,语言学主要是作为一门历史学科而发展,20世纪以降,语言的去历史化研究居于支配地位。人们认为,语言学因此是在朝着精密科学的方向发展。① 然而,倘若历史成分的存在将成为人文或者自然科学学科的一种标示,那么生物学——因为它的进化理论——便是人文学科之一,一如天文学因为它的宇宙论那样。

然而,情况正是如此,语言学即完全适合寻求模式的常规法则研究法的人文领域,而这种常规法则研究法实际上已然成为"通用货币"。不过,我们对语言学发展的概述是远不全面的。比如,我们并未讨论乔姆斯基之前的20世纪生成语言学方法。② 类似地,我们并未讨论近期的发展,比如生成语言学阵营的**最优化理论**(optimality theory)、结构主义或者统计学阵营的层级结构于其间被放弃的**范例理论**(exemplar theory),或者逻辑语义学阵营的正在被拓展至话语语义学的**话语表征理论**(discourse representation theory)。③ 我们甚至完全搁置了语言学的跨学科子领域,比如社会语言学和心理语言学。

---

① 参见 Jerome Kagan, *The Three Cultures*, Cambridge University Press, 2009。
② 比如,卡其米日·埃杜凯威兹(Kazimierz Ajdukiewicz)的范畴语法(Categorial Grammar)、吕西安·特斯尼耶尔(Lucien Tesnière)的依存语法(Dependency Grammar)。
③ 关于新近的概述,参见 Bernd Heine and Heiko Narro (eds.), *Oxford Handbook of Linguistic Analysis*, Oxford University Press, 2010。

尽管有寻求模式的普遍特征,乍看起来当下的语言学表现出一种引人注目的统一性不足。很可能语言学理论多过大学。然而,这些理论中很多都被证明是可以互换的。不过,问题是这是否是一个有希望的结果。直到我们从远处考察当下的语言学理论,一幅更为清晰的图景才显现出来,即大致地讲,我们可以看到两个集群。在一个集群中,我们看到支持基于规则的、独立的方法的种种途径,而在另一个集群中,基于范例的、渐进的过程被传播。最值得注意的发展似乎是连接两个集群、因此设法公平对待语言的基于规则和基于范例面向的途径。不过,一如在历史编纂学中经常发生的那样,除非我们能够往后退,不仅在空间的意义上,而且也在时间的意义上,否则我们无法评价这一发展。

原则:程序性规则系统原则、传述性规则系统原则(比如,语音演变法则)、差异关系原则、语意组合性原则、基于范例的描述原则

模式:语音演变法则、进化论的系谱图、维尔纳定律、生成转换语法、逻辑语法(重写规则与谓词逻辑的融合)、基于范例的语法、整合规则与范例

第四节 音乐学·系统与历史

直到 18 世纪末,欧洲的音乐研究主要是由音乐理论组成。音乐的历史研究屈指可数(参见第四章第四节)。19 世纪,均势急剧变化。一如在其他人文学科中那样,历史视野被赋予了核心地位。最初的音乐史受当时的哲学观点支配,它们有赫尔德派、黑格尔派、孔德派,以及其他派别。1885 年,奥地利音乐家吉多·阿德勒(Guido Adler)在**系统音乐学**和**历史音乐学**之间做出了很有影响力的区分,它将支配 20 世纪的音乐研究。① 系统部分讨论"可以应用于不同音乐趋势内部的最重要法则",②而历史部分聚焦"音乐史",于其间不得不再有对规律性(regularities/gesetzmäßigkeiten)的探寻。③

---

① Guido Adler, "Umfang Methode und Ziel der Musikwissenschaft", *Vierteljahresschrift für Musikwissenschaft*, 1, 1885, pp. 5—20.
② Guido Adler, *Methode der Musikgeschichte*, Breitkopf und Härtel, 1919, p. 7.
③ Ibid.

因此,阿德勒显著地有别于他的同时代人威廉·狄尔泰——他恰恰相反,拒绝探寻人文学科中的法则和规律性(参见第五章第一节)。相较于欧洲,中国正在发生反向过程:与明清两代的音乐研究主要由历史著述组成不同(参见第四章第四节),20世纪出现了一种向理论方法的回归。在印度和阿拉伯—奥斯曼世界延续着理论的支配地位;在非洲,一种令人吃惊的一致性见诸各种各样的音乐传统。

系统音乐学:和音定律的突破 数世纪的争论不休之后,出现了协和音程研究的突破(参见第四章第四节)。加弗里奥、扎利诺等人文学者和伽利略、惠更斯等自然科学家全都在探寻和声音程法则,但似乎没有任何模式能满足要求。德国生理学家、音乐学家赫尔曼·冯·亥姆霍兹(Herman von Helmholtz, 1821—1894)似乎扭转了局势。在《论作为乐理生理学基础的音觉》(*Die Lehre von den Tonempfindungen als physiologische Grundlage für die Theorie der Musik*, 1863)中,亥姆霍兹主要聚焦不谐和音与和声的感觉属性。他设法根据谐音(以及对它们的听觉反应)中节拍的强弱解释不谐和音的音级,这是他能够从**两个乐音协调**与否中推断出来的。两个多世纪以前,伊萨克·比克曼已然提出过类似解释(参见第四章第四节),但现在亥姆霍兹在比克曼失败的地方取得了成功。他设定了一种功能,它被证明是衡量不谐和音观察的良好标准。直到进入20世纪若干年之后,这种表示乐音"粗糙度"的功能都将界定关乎不谐和音的音乐思想。

不过,甚至亥姆霍兹的法则也不过是近乎一种极其复杂的现象而已。慢慢变得清晰的是,多个因素在和音和不谐和音的感知中发挥作用。这些因素一方面关乎听觉,另一方面关乎知觉——更不用提文化—历史面向。如果我们希望认真对待和音感,很重要的就是要排除尽可能多的外部因素。但是,哪些因素是"外部的"呢?长期以来,人文和自然科学学者都认为,普通的单弦琴(单弦乐器)适合于进行受控实验。然而,声学家很快就发现,单弦的乐音是复杂的,包括了**分音:基音加泛音**(参见第四章第四节)。在19世纪变得显而易见的是,复杂乐音可以借助傅里叶分析(Fourier analysis),被描述为正弦函数或者正弦波的组合。每一个分音都对应于一条正弦曲线,唯有仅仅包括一条正弦曲线的乐音产生没有泛音的声音。或许,和音问题可以基于这样的简单乐音得到解决。倘若这对简单乐音是可能的,那么通过组合正弦波,它也可能对复杂乐音有效。

荷兰学者瑞那·普兰普(Reinier Plomp)和威廉·李维特(Willem Levelt)属于这个领域的开拓者。在1965年发表的著名研究中,他们请西方测试对象将同步的简单乐音组按照它们听起来多么宜人的程度,在从1到7的音阶上排序。① 其结果是当两个乐音在振动频率方面有细微变化的时候,节拍被注意到了,但声音依然被判定是和音的("令人愉快的""美好的")。如果两个乐音在振动频率方面的差别稍微大一点,节拍就变得更快,声音就被判定是令人不快的(不谐和的)。直到在振动频率方面的差异变得足够大,两个乐音不会再被认为是和声的。普兰普和李维特发现,测试对象的和音评定是与听觉的生理特性——**临界宽度**(critical bandwidth)——一致的。它是频率范围,于其间一个乐音往往阻止人类听觉器官中的另一个乐音。如果乐音相差不止一个临界宽度,或者在临界宽度方面仅仅有一点点相异,乐音听起来**不会**是不谐和音。另一方面,当乐音被大约四分之一临界宽度分隔的时候,**最大值不谐和音**(maximum dissonance)就被制造了出来;四分之一临界宽度相当于大约3%或者4%的频率差异,或者换言之,一个半音。* 不谐和音的强弱程度被首次依据听觉和物理现象的特性,进行表达。

后来,普兰普和李维特设计了一种方法,它可以基于单音组合计算复音和音,复音由单音组合组成。他们的计算合计出所有相邻分音组合的不谐和音,在相邻分音之后和音相反是与全部不谐和音成比例的。这一计算被证明与渐进的主观判定非常吻合。此外,同音(unison)和八度音的特例作为最和音者从计算结果中显现出来,然后是五度音和四度音,然后是三度音,等等。因此,普兰普和李维特的方法解释了为什么更加简单的数字关系(比如表示八度音的2∶1和表示五度音的3∶2)被认为更和谐。这个方法已

---

① Reinier Plomp and Willem Levelt, "Tonal Consonance and Critical Bandwidth", *Journal of the Acoustical Society of America*, 38, 1965, pp.548—560.

* 关于最大值不谐和音的良好范例,以及向最小值不谐和音过渡,参见 http://en.wikipedia.org/wiki/File:Dissonance-M2-to-unison.ogg。

然在多个场合被成功验证,包括使用非西方测试对象。① 然而,他们的著述依然无法解释和音和不谐和音的所有面向。比如,关于两个**连续**、非同步乐音的和音感,该理论只字未提。这种和音感已然被解释为一种记忆现象,于其间一个乐音被记忆一段时间。类似地,普兰普和李维特的理论只字未提和音概念的历史演变,比如这一事实:在欧洲,直到若干世纪的音乐实践之后,六度音才被视为是和音的(参见第四章第四节)。一些音乐家把这一现象归因于学习过程。最后,乐音的任何组合都可以被感知为"和音"。这只有一个例外——根据普兰普和李维特,如果乐音被四分之一临界宽度分隔,乐音组就**始终**被体验为不谐和音——无关乎时间、地点或者文化。

普兰普和李维特的研究在很大程度上是在一门目前并不被视为人文学独家领地的学科中进行的,即心理声学。然而,这一工作属于阿德勒定义的系统音乐学的范畴。一如我们已然就语言学和语文学的情况所看到的,根据原则将某一学科归入人文学、自然科学或者社会科学几乎是不可能的。

层级音乐分析:从黎曼与申克到勒达尔与杰肯道夫 受昆体良修辞学的启发,早在 16 世纪,德雷斯勒和布麦斯特就引入了音乐的**层级分析**(hierarchical analysis),于其间每首乐曲都被分为越来越小的声部,比如乐节(phrase)和分部(segment)(参见第四章第四节)。18 世纪末,海因里希·科赫甚至在讨论乐句结构的"自然法则"。最小的意义单位是由仅仅一个小节组成的分部。分部连接起来构成乐节,乐节依次构成乐段。

层级音乐描述也支配了 19 世纪。奏鸣曲和交响曲等音乐形式被分解为层级结构;人们不止一次地认为,他们是在追寻"普适性的音乐定律",但这些经常是基于当时的哲学趣味。比如,1853 年,莫里茨·豪普特曼(Moritz Hauptmann)主张,一切音乐的基本单位都是由严格包括两种元素的节奏型(pattern)组成,他按照黑格尔传统把这种节奏型称为**命题**(thesis)。一种更长的节奏型,比如包括三种元素,构成**反题**(antithesis),它与之前的节奏型一道,通过**合题**(synthesis)被转为和音。其他音乐概念也是根据黑格尔辩证法术语被分析的,比如科赫的前分句和后分句(参见第四章第四节)。

---

① 参见 Diana Deutsch (ed.), *The Psychology of Music*, Academic Press, 1999。

雨果·黎曼（Hugo Riemann, 1849—1919）引入了一个新的音乐概念——**乐旨**（motif，又译动机）。他把乐旨定义为不可分割的音乐单位，代表一首乐曲的"生命力"；乐旨在他看来，根据最理想的赫尔德传统，经历了崛起、鼎盛和衰落。① 黎曼出版了全面乐节和乐旨结构版本的巴赫、莫扎特、海顿和贝多芬。

虽然乐节结构分析是19世纪音乐学的基石之一，但对准确的乐句规则的欲求很长一段时间内都没有出现。随着**格式塔心理学**（Gestalt psychology）的出现，我们首次见到了对可以预测乐曲乐节结构的规则系统的探寻。1890年，这个领域的一位开拓者克里斯蒂安·冯·艾伦菲尔斯（Christian von Ehrenfels）在《论格式塔质》（*Über Gestaltqualitäten*）中证明，倘若一种旋律的乐节结构被转移至另一音高，它保持不变。② 虽然每个音符都被移动了，但形式或者格式塔保持不变。被感知的结构并不取决于绝对音高，而是取决于**相对**音高和旋律音符之间的间隔时间，以及音符之间的相似度。比如，如果一串音符在某一个特定位置被一个相对较大的间隔时间或者音程差分隔，音乐的听众倾向于记住那个位置的乐节边界。如果几个均等音符出现在彼此之后，听众倾向于把一个组或者乐节归于那些音符。根据格式塔心理学家，这些基本的"感知法则"（law of perception）代表了一切观察的普遍原则，被他们称作"邻近原则"（principle of proximity）和"相似原则"（principle of similarity）。20世纪上半叶，马科斯·韦特默（Max Wertheimer）基于听觉和视觉观察，进一步拓展和检验了这些原则和几个别的原则。然而，格式塔原则并未具体化我们可以借以毫无歧义地预测乐节结构的形式语法。成就这一点的首次尝试是在20世纪下半叶被进行的。

在海因里希·申克（Heinrich Schenker, 1868—1935）那里，我们发现了现代最具原创性的音乐学家之一。虽然申克的音乐分析就像其前辈的分析那样，是层级的，但他突破了旋律的首要地位。在《自由作曲》（*Der freie*

---

① 参见 Hugo Riemann, *Musikalische Syntaxis. Grundriß einer harmonischen Satzbildungslehre*, Leipzig, 1877；同时参见 Alexander Rehding, *Hugo Riemann and the birth of modern musical thought*, Cambridge University Press, 2003。

② *Vierteljahrsschrift für wissenschaftliche Philosophie*, 14, 1890, pp. 249—292.

Satz,1935)中,申克宣称,一切调性的乐曲都可以被还原为协调的三和音,比如 Doh Mi Sol(C-E-G)。音乐创作不过是对基本和弦的改换与阐释。这并不意味着一首乐曲就是一系列和弦,而是音乐的基本结构可以被如此理解。因此,申克把音乐创作的音符抽象了出来,他把他的方法应用到了语言学中的索绪尔结构主义思想里(参见第五章第三节)。为了从三和音到旋律的拓展,申克引入了**转换**和**拖长**这两种机制,它们被解释得非常详细,以致离把它们形塑为可以验证的规则系统不过还有一小步之遥而已。

这实际上被弗雷德·勒达尔(Fred Lerdahl)和雷·杰肯道夫(Ray Jackendoff)通过他们的力作《调性音乐的生成理论》(*A Generative Theory of Tonal Music*,1983)成功做到了。基于乔姆斯基语言学的形式主义,他们描述了这样的一个规则系统,即上文所讨论的格式塔原则和黎曼的音符概念,以及申克的和声分析理论被整合于其间。勒达尔和杰肯道夫介绍了一种关于若干世纪音乐研究的令人印象深刻的语法综合,于其间借自语言学的方法被用于了音乐学。

必须指出的是,语言语法和音乐语法之间存在重要差异。不同于乔姆斯基的语言语法试图界定语言的正确句子(每个句子的层级短语结构都可以借助这种语法被生成——参见第五章第三节),勒达尔和杰肯道夫的音乐语法与其说是界定"正确的"音乐创作,毋宁说是界定被听众归于乐曲的层级乐节结构。为此目的,勒达尔和杰肯道夫使用了两种规则:**良构规则**(well-formedness rules)和**偏好规则**(preference rules),前者详细说明乐曲的所有符合语法规则的乐节结构,后者预测实际上由"经验丰富的听众"所确定的乐节结构。这一多阶段规则系统使得参照听众的直觉检验他们的语法成了可能。这样的检验确实被进行过——是在一部西部民歌集的基础上,即包括20000首歌的《埃森民歌集》(*The Essen Folksong Collection*)。这些民歌得到了埃森音乐学院学生借助他们观察到的乐节结构的详细论述(在被观察到的乐节中,彼此一致达97%以上)。现在,人们已然发现,勒达尔和杰肯道夫的理论的计算机实施可以准确地预测那些学生所观察乐节的

75%左右。① 当然,这在很大程度上并不意味着75%以上的被理论预测的乐节与音乐学院学生的直觉一致,他们显然大大胜过普通听众。但是,这确乎证明了某些音乐理论现在可以被准确地验证和复制。75%的准确率暗示依然有巨大的提升空间。

可能的提升之一关乎音乐的**基于范例**面向(参见第三章第四节和第四章第四节),这一点是勒达尔和杰肯道夫所忽略的,虽然众所周知,听众很容易记住乐曲(从旋律的片段到整首歌)。一如在语言学中那样,基于规则的方法与基于范例的方法的整合可能是最有希望的选项之一(参见第五章第三节)。当这样的一种整合方法借助一种新的计算机实施,被以相同的《埃森民歌集》检验的时候,被准确预测到的乐节达85%以上,大大高于被基于规则的方法准确预测到的75%的乐节。② 而且,似乎这一提升可以完全被归于基于范例的成分。③ 若干世纪的发展理论之后,音乐分析现在已然成为一门可以验证的学科。④

显然,基于纯调性音乐对音乐分析模型的检验只字未提**无调性**音乐、十二音音乐。不同于阿诺尔德·勋伯格(Arnold Schoenberg)在其《和声学》(*Harmonielehre*,1911)最后一章中提供了十二音体系作曲的首份背景资料,艾伦·福特(Allen Forte)在1973年发展出了一种我们可以借助它获得无调性音乐的层级结构的分析模型。⑤ 借助音类(pitch class),福特设法导出了三个结构层。因此,在无调性音乐中,层级制的分层也是一个未曾中断的组成部分。

---

① 参见 David Temperley, *The Cognition of Basic Musical Structure*, The MIT Press, 2001。为了检验勒达尔和杰肯道夫的理论,坦珀利(Temperley)不得不准备了六个开放性目标,于其间他不得不在某些地方搁置了理论。

② 参见 Rens Bod, "A Unified Model of Structural Organization in Language and Music", *Journal of Artificial Intelligence Research*, 17, 2002, pp. 289—308。

③ Rens Bod, "Memory-Based Models of Melodic Analysis: Challenging the Gestalt Principles", *Journal of New Music Research*, 31, 2002, pp. 27—37。关于音乐分析的概率的、基于范例的模型的概述,参见 David Temperley, *Music and Probability*, The MIT Press, 2007。

④ 参见 Henkjan Honing, "On the Growing Role of Observation, Formalization and Experimental Method in Musicology", *Empirical Musicology Review*, 1(1), pp. 2—6。

⑤ Allen Forte, *The Structure of Atonal Music*, Yale University Press, 1973.

从音乐史到新音乐学　在探寻音乐创作中的模式的同时,音乐学家们也已然找寻了音乐史上的规律性与法则。音乐风格与时期的划分就是这样的探寻的结果。我们在第四章第四节中看到,大致地讲,乔万尼·马蒂尼的时期划分遵循了圣奥古斯丁的与圣经融贯的模式。19 世纪,有多种历史分类被使用。它们是基于赫尔德的循环模式、黑格尔的辩证模式,或者孔德的实证主义模式。① 达尔文思想也被应用到了音乐之中——1896 年,作曲家兼音乐学家休伯特·帕里(Hubert Parry)在《音乐艺术的发展》(*The Evolution of the Art of Music*)中,比较了"原始野蛮人的萌芽状态的音乐"与欧洲中世纪音乐。根据帕里,唯有欧洲音乐历经了人类发展至成熟的各个阶段。他的音乐史是可以与巴克尔的世界史(参见第五章第一节)相提并论的,在巴克尔那里,进步被提升为了一种自然法则,而西欧代表了历史发展的巅峰。在所有 19 世纪人文学科中,我们都可以发现帕里的种族主义世界观。

在《音乐风格》(*Der Stil der Musik*,1911)中,吉多·阿德勒批评了他的同时代人,支持对**风格**概念的强调。阿德勒提出了确定音乐风格的许多标准,比如节奏属性、调性、歌唱、复调结构、乐器使用和表演实践。在他看来,非常重要的是,作曲家们被集合为具有相同风格特征的群体。英雄崇拜是全然错误的。阿德勒细致分析了维也纳古典风格,他的追随者考察了贝多芬的个人风格。他的研究被延伸到了其他作曲家,从帕莱斯特里那到瓦格纳,但风格概念最初仅仅被用于相对短暂的周期。阿德勒将其思想汇编成了两卷本的《音乐史手册》(*Handbuch der Musikgeschichte*,1929),该书至今还在被人使用。虽然阿德勒在其学术生命中是非常高产的——他或多或少发展了整个现代音乐学——但他在私生活中,则似乎是一个沉默寡言的人。正如作曲家古斯塔夫·马勒(Gustav Mahler)常说的那样:"倘若我想独自一人,我就和吉多·阿德勒去散步。"②

虽然阿德勒仅仅将音乐风格的思想应用于短周期,但 1919 年,当音乐

---

① 参见 Warren Dwight Allen, *Philosophies of Music History*, Dover Publications, 1962。

② 参见 Friedrich Engel-Jánosi, *Adler ein stolzer Bettler. Erinnerungen aus einer verlorenen Generation*, Verlag Styria, 1974, p. 30。

学家库尔特·萨克斯(Curt Sachs)使用艺术史术语**巴洛克**(baroque)表示1600—1750年间音乐的时候,他确定了更长的音乐风格期。为此,萨克斯把海因里希·沃尔夫林(Heinrich Wölfflin,1864—1945)引入的艺术分析五原则系统地应用于了音乐(参见第五章第五节)。源自视觉艺术和文学的风格期经常在长时间的论争之后,被逐一认为适合于音乐史。大致地讲,西方音乐的这一分类对应于中世纪(古艺术与新艺术)、文艺复兴、矫饰主义(mannerism)、巴洛克、洛可可、古典主义、浪漫主义和印象主义。这些风格被继以了平行风格,比如新浪漫主义、十二音音乐、具体音乐(musique concrète)和序列主义(serialism,又译十二音阶作曲法)——更不用说已然被传统音乐学忽视的流行音乐的诸多风格。

除聚焦欧洲音乐之外,来自其他地区的音乐研究也出现了。亚朴·孔斯特(Jaap Kunst)被视为**人种音乐学**(ethnomusicology)——他自创的一个术语——创始人之一。在《巴厘岛的表演艺术》(*De toonkunst van Bali*,1925)中,他的基本假设是音乐唯有联手其他文化表达形式,比如舞蹈和戏剧,方可被成功研究。虽然人种音乐学经常被视为"非西方"音乐研究,但其方法同样适用于而且已然被应用于西方音乐。

1945年之后,源自其他人文学科的方法也被应用于音乐史。它们包括结构主义(借自语言学,参见第五章第三节)和更为拒绝模式的运动,比如叙事主义(narrativism)、批评理论和解构主义(参见第五章第一节)。① 一如在历史编纂学的情形那样,批评理论和解构主义质疑音乐学中的每一种一致和连贯。关于法则和普适性的断言遭到了拒绝,但文化趋势得到了考察。新近发展起来的**新音乐学**(new musicology)是后者的一个例证。就像**新文化史**那样(参见第五章第一节),它既以它使用的概念为特征,比如权力、种族、性别、意识形态和身份,也以女性主义和后殖民研究的影响为特征。新音乐学的目标似乎是一种新音乐观念和批判的创造,而不是一种增加音乐知识的欲求。比如,西方评价标准的应用于非西方音乐遭到了批评,学术性的音乐研究忽视流行音乐的研究这一事实也遭到了批评。

---

① 参见 Alistair Williams, *Constructing Musicology*, Ashgate, 2002。

奥斯曼帝国与阿拉伯世界：四分音论争　19 世纪奥斯曼和阿拉伯音乐学依然在很大程度上是曝光不足的。四分音阶研究似乎是这个时代为数不多的常量之一。最初由黎巴嫩音乐学家米哈尔·穆沙卡（Mikha'l Mushaqa, 1800—1880）引进的二十四音阶成了激励论争的话题，尤其是关于这一音阶的调谐。① 出现了两个阵营——埃及阵营和土耳其阵营，前者提出二十四个四分音之间音程相同，而后者拒绝均匀分隔。论争得到了模糊数学推理的支持。现在，这场论战看起来像是卖弄学问，但在奥斯曼—阿拉伯世界，它被认为是非常重要的，以致为了解决意见分歧，人们在 1959 年和 1964 年召开了两次大会。直到**电子**模拟音阶的出现，理论论争才逐渐消失，让位于音乐实践研究。这不禁让人想起与欧洲的和音和不谐和音研究的比较。最终，关于"自然"全音的争论被遮蔽了，电子生成的乐音带来了这场论战借以尘埃落定的新见解。

非洲：异中之同　长期以来，非洲的音乐研究受支配于欧洲殖民国家（参见第四章第四节）。然而，第二次世界大战后，非洲音乐研究发展加快，这尤其是因为夸比纳·恩克蒂亚（Kwabena Nketia），他在《非洲音乐》（*The Music of Africa*, 1974）中识别并分析了非洲音乐传统。除巨大多样性之外，他也揭示了见诸非洲的引人注目的一致性。首次变得清晰的是，数百个或者甚至数千个非洲帝国的音乐传统之间到底存在多少交流。恩克蒂亚的分析涵盖了对音乐传统、音乐群体及其在社区的地位的描述，他也介绍了对非洲音乐的旋律、复调、节奏与和声的详细考察。1954 年，大卫·里克罗夫特（David Rycroft）通过他对祖鲁语、斯瓦特语（Swati）和其他语言的研究，描述了音乐与语言之间的密切关系。里克罗夫特发展了一种新的、间接的分析形式，借助这种分析方式，他得以揭示了非洲音乐中的重叠的问答结构。就我们已然讨论的乐节结构而言，这种音乐可以通过重叠乐节的形式被复制。格式塔"邻近"和"相似"原则被认为是普适性的（参见上文），似乎也适用于非洲音乐。虽然恩克蒂亚声称加纳音乐的乐节结构并**不**受制于"规则"，②

---

① 参见 Robert Günther (ed.), *Musikkulturen Asiens, Afrikas und Ozeaniens im 19. Jahrhundert*, Gustav Bosse Verlag, 1973。

② Kwabena Nketia, *African Music in Ghana*, Northwestern University Press, 1963, p.80.

但与此同时已然变得清晰的是,这些乐节结构依然可以被众所周知的格式塔原则非常准确地预测。① 非洲音乐研究是直到最近几十年才真正开始繁荣的,它有可能是一笔无可匹敌的财富。

中国与印度:走向全球化的音乐学 与早期近代相比,19 世纪中国和印度产生的音乐研究新趋势即使有也很少。音乐的历史编纂传统被保留了下来;在印度,建立音乐规则系统的悠久习惯被延续了下来。1911 年之后,中国的音乐实践急剧变化,西方影响占据了支配地位。尽管如此,在中华民国长期没有音乐研究。直到数十年前,这一情势才以"全球化的"音乐学的形式发生变化;除历史编纂之外,全球化的音乐学也越来越聚焦中国音乐分析。② 另一方面,在 20 世纪印度,我们看到了一种从理论专题论文的支配地位到更加基于史料的方法的倒转。印度音乐史被忽视了数世纪之久(就像印度的其他所有历史一样),但当下它正在被广泛研究。③

音乐学的地位 若干世纪以来,音乐学是严格意义的人文学科的杰出范例,于其间理论与经验主义之间的互动,比如研究和音,达到了非常了不起的高度。在欧洲,音乐的历史编纂经历了一种边缘性的存在(但在中国却并非如此——参见第四章第四节)。19 世纪,平衡发生了变化——音乐史受到了巨大刺激,而和音研究越来越走向了心理声学。唯有音乐分析在以相同的速度继续。在相当长的一段时期内,音乐学处于不同运动的影响之下——赫尔德学说、孔德实证主义、黑格尔哲学、兰克史学或者达尔文进化论——但在阿德勒和克的指导下,音乐学成了一门拥有其自身方法论的独立学科。20 世纪期间,音乐学再次受到了其他运动的影响。它可以被不无道理地称作最具跨学科性的人文学科(或许考古学除外)。它有精确的一面(形式音乐分析)、行为主义的一面(音乐认知)和人文的一面(音乐

---

① David Temperley, *The Cognition of Basic Musical Structures*, The MIT Press, 2001, pp. 286—290.

② 参见比如 Sinyan Shen, *Chinese Music in the 20th Century*, Chinese Music Society of North America Press, 2001。

③ 参见 Simon Broughton, Mark Ellingham, James McConnachie and Orla Duane (eds.), *World Music, Vol. 2: Latin & North America, Caribbean, India, Asia and Pacific*, Penguin Books, 2000。

史)。人文面向有寻求模式和拒绝模式两种趋势。一方面有正变得日益占据支配地位的经验主义的音乐学,另一方面有批评经验主义——常规法则研究方法的**新音乐学**的崛起——虽然在这里其他类型的模式(意识形态的和后殖民的)正在被探寻。在欧洲和美国之外,我们发现最重要的音乐学发展不是在中国或者印度,而是在非洲,在那里,既有巨大多样性同时又显示出令人吃惊的一致性的音乐正在被人发掘。

原则:数学比例原则;程序性规则系统原则;层级分析原则;基于范例的描述原则;变则原则

模式:单音的和音/不谐和音由听觉器官的临界宽度所决定;一切音乐面向、一切音乐风格和地区的层级结构(调性的、无调性的、非洲、中国,等等);音乐史遵循风格周期的模式

第五节　艺术史与考古学·走向视觉语文学

一如在音乐学中那样,欧洲艺术史目睹了历史和系统两个要素的发展。历史要素发展于高校之内,而系统的、风格定位的要素最初则是繁荣于高校之外。20世纪初,两个要素整合了起来,在此之后,一种理解潜在意义的图像学方法被设计了出来。20世纪末,艺术史包括了大量寻求模式的方法,也包括了一些拒绝模式的方法。另一方面,考古学主要是寻求模式性的,是朝着社会和自然科学的方向在发展的。

历史要素:不断脱离艺术理论　　早期近代的瓦萨里和贝洛里历史编纂学在很大程度上是基于古典理想的,但是在18世纪和19世纪期间,艺术史坚定地把自己从古典主义的桎梏中解放了出来(参见第四章第五节对这一过程的描述)。因为1834年它在柏林大学被体制化,弗朗茨·库格勒(Franz Kugler)是第一位艺术史教授,这门学科被赋予了学术基础。最急迫的问题似乎是艺术史和文化史之间的关系。[①] 最早的19世纪艺术史著作

---

① Marlite Halbertsma, "De geschiedenis van de kunstgeschiedenis in de Duitssprekende landen en in Nederland von 1764 tot 1933", in Marlite Halbertsma and Kitty Zijlmans (eds.), *Gezichtpunten*: *een inleiding in de methoden van de kunstgeschiedenis*, SUN. 1993, p.52.

是紧随黑格尔及其精神(Spirit)哲学史的脚步出现的。在他去世后出版的《美学》(*Ästhetik*)中,黑格尔主张艺术史与他提出的精神发展阶段(参见第五章第一节在马克思项下的部分)紧密相关:建筑于其间处于支配地位的所谓**象征**时代、雕塑于其间处于前沿位置的**古典**时代,以及绘画于其间独领风骚的**浪漫**时代(根据黑格尔,浪漫时代早在中世纪便开始了)。

  黑格尔的反经验主义模式被采用到了弗朗茨·库格勒在1842年出版的《艺术史手册》(*Handbuch der Kunstgeschichte*)中。虽然这部著作不再受制于古典的束缚,但它现在是不偏不倚地按照黑格尔世界观。艺术史被分为了四个时期:前希腊、古典、"浪漫"(中世纪)和现代(从早期近代到19世纪)。库格勒提出日耳曼人是希腊人的继承人,认为中世纪艺术真实地表达了人类的感受。他认为我们今天所谓的文艺复兴是缺乏艺术创造性的。然而,作为全权负责普鲁士艺术政策的人士,库格勒用于其学术工作的时间越来越少,但他能说服他的学生雅各布·布克哈特为他的《艺术史手册》进行新的、大刀阔斧的修订。经过布克哈特之手,黑格尔世界观销声匿迹了;在1848年出版的第二版中,"文艺复兴"这一概念被引入。在第三版中,"浪漫"和日耳曼人分别被中世纪和哥特代替。我们有理由推举雅各布·布克哈特既为文艺复兴的发现者,又为文化史的创始人(参见第五章第一节)。布克哈特是瑞士人,痛恨日耳曼学者的民族主义议程,专注于经典著作的复兴;他说,经典著作的复兴催生了一种新的欧洲文化。在巴塞尔大学,他集中精力于文艺复兴时期的表现形式的历史。在布克哈特的手中,视觉艺术主要被视为历史编纂之源,较少地被视为独立研究的主题。他的著述很多都还在被人阅读,比如《意大利文艺复兴时期的文化》(*Die Kultur der Renaissance in Italien*,1860)和《意大利文艺复兴时期的历史》(*Geschichte der Renaissance in Italien*,1867)。这些著述的视野是令人吃惊的:各种形式的文艺复兴表达都有被讨论,从诗歌和音乐到自然科学,从社交礼节和道德到宗教。布克哈特的著述在一定意义上是永恒的,或许因为它们没有当时的民族主义和哲学时尚。

  在瑞士艺术史学家的悠久而著名的传统中,布克哈特名列第一。然而,他的著作尽管令人印象深刻,但它并未为**分析**艺术品提供一种方法。布克哈特去世之后,他在巴塞尔大学的席位由当时才28岁的海因里希·沃尔夫林继任,沃尔夫林能够把艺术史从一门基于史实的学科提升为一门更偏向分析的、以风格为目标的学科。我们将首先讨论这个风格要素的建立,它几乎完全是在大学之外发生的。

风格要素:莫雷利的视觉语文学　就我们可以讨论**早期**近代风格分析而言,它主要存在于规范性的专著之中。15世纪,阿尔伯蒂描述了艺术品的层级分层何以被结构,但经过仔细观察,他仅仅分析了**一种**风格:"理想选择"(参见第四章第五节)。多种艺术风格的比较见诸早期近代中国,但它并未在西方获得太多理论关注(参见第四章第五节)。直到19世纪,比较法的风格分析才在欧洲真正启动,它主要是被非常活跃的古代艺术交易所刺激。一种对可靠属性的需要发展了起来,它推进了"视觉语文学"的崛起。就像校勘的语文学一样,它试图借助有条不紊的严谨,确定艺术品的日期和制造者("真实性")。

试图发展讲求规律的风格学的第一人是意大利人乔万尼·莫雷利(Giovanni Morelli, 1816—1891)。因为受训于比较解剖学,他把他的解剖学分类原则应用于绘画。莫雷利的方法背后的基本理念是每一位艺术家都有其个人风格,它显形于画作的最细小的、最微不足道的细节之中,对它们艺术家完全无法控制。[①] 即使是在艺术家设法以另一种风格绘画的时候,他的"手法"也会通过比较和归类耳朵、鼻子、手和其他身体部位,以及云彩、树叶、折痕和个人技巧的绘画再现,被识别出来(参见图十八)。

莫雷利也比较了人物的姿势和色彩的运用,但在他看来,这些并不显露艺术家的手法,几乎无法用于实际的归因判断。莫雷利分析了从意大利和德国藏品中选出来的艺术品,其结果是成百上千的新的归因判断。[②] 他发现的模式——**在一个艺术家的职业生涯中,他对绘画细节的描述保持不变**——被广泛接受,鉴赏家和艺术史家都按莫雷利模式进行培训。莫雷利的方法也被应用在了考古学中,以便把希腊花瓶和浮雕归类。

[①] Richard Wollheim, "Giovanni Morelli and the Origins of Scientific Connoisseurship", in *On Art and the Mind: Essays and Lectures*, Harvard University Press, 1972, pp.177—202.

[②] 参见比如 Ivan Lermolieff [pseudoniem van Giovanni Morelli], *Die Werke italienischer Meister in den Galerien von München, Dresden und Berlin*, Verlag von E. A. Seemann, 1880。

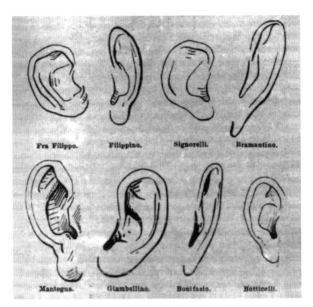

图十八　乔万尼·莫雷利,对 8 位不同风格的文艺复兴时期艺术家的耳朵描绘的研究,载《艺术史研究》(*Kunstkritische Studien*),第 99 页

莫雷利的方法的准确度引出了我们是否是在这里处理规则系统的问题。结果证明不是。莫雷利的视觉语文学无法被定义为规则系统,要么是程序性的要么是陈述性的。他的方法有一种非常主观的成分。莫雷利将解剖学应用于鼻子、耳朵、手等的绘画再现,总是用它去尝试尽可能精确地"比配"其他画作中的描述。① 然而,这种比配并没有被详细描述。因此,莫雷利的方法是更多地基于范例或者类比,而不是规则。使用与古典的亚历山大学派语文学家在字词层面探寻文本相似性一样的方法(参见第二章第三节),莫雷利在肢体的——或者甚至更为细微的——层面寻找视觉相似性。就像伊斯兰语言学家西拜韦那样——他对阿拉伯语的描述不是借助规则而是范例被实现的(参见第三章第一节),在莫雷利对艺术家风格的描述中,他提供了大量详细的例了,而不是规则。

莫雷利的归因方法取得了巨大成功。在一定程度上正是因为他的著

---

① 参见 Giovanni Morelli, *Kunstkritische Studien über italiensche Malerei*, 3 volumes, Brockhaus, 1890—93。

作,现在才有了一部包括成千上万公认的归因判断的艺术史文集。另外,如果有历史文献被发现,比如卖契,他的归因判断就可能或者被证实或者被推翻。此外,莫雷利的方法也在艺术史圈外产生了影响。他的潜在"意义"可以见诸细节这一观念曾被西格蒙德·弗洛伊德(Sigmund Freud)满意地引证,也曾被亚瑟·柯南·道尔(Arthur Conan Doyle)通过夏洛克·福尔摩斯(Sherlock Homes)之口援引。

鉴赏的全盛时期:从贝伦森到霍夫斯泰德·德·格鲁特 1890 年,伯纳德·贝伦森(Bernard Berenson,1865—1959)遇见了莫雷利,后来成为他最著名的追随者。他是最早建立起大型绘画图片档案馆的人之一,借助这家档案馆,艺术鉴赏甚至可以被更加系统地处理。在没有史料的情况下,必须有基于纯形式理由编排艺术品的可能性,就像编排植物一样。贝伦森逐步建立起了作为艺术专家的巨大声名,在一定程度上是因为他的关于意大利绘画艺术和图画的手册,其中,《佛罗伦萨画家作品集》(*Drawings of the Florentine Painters*,1903)无论是视野之广还是见地之高,都是无与伦比的。莫雷利方法的应用被证明是一种非常有利可图的行为。在美国,天文数字的款项正在被付给意大利大师。贝伦森的归因判断可以成就或者毁掉一幅画,他收取的 5% 佣金使他成了家财万贯的人。然而,对贝伦森的欺诈指控导致了艺术鉴赏在 20 世纪的信誉扫地。无所谓,贝伦森的图片档案馆依然被使用,被保留在他富丽堂皇的托斯卡纳豪宅塔蒂别墅(Villa I Tatti)内。

图片档案将在艺术研究中发挥越来越重要的作用。在荷兰,艺术鉴赏家科内利斯·霍夫斯泰德·德·格鲁特(Cornelis Hofstede de Groot,1863—1930),荷兰国家博物馆图片室(Rijksprentenkabinet)主任,修建了一个巨型私人档案馆收藏荷兰艺术品实物、目录和文献资料。[①] 然而,他的归因判断不止一次导致了激烈争论,甚至导致了他声名狼藉,当时他宣称一幅画是弗兰斯·哈尔斯(Frans Hals)的真迹,尽管化学分析证明,20 世纪的色料已然被使用其间(霍夫斯泰德·德·格鲁特将其归因于后来的添加)。目前,有关的那幅板面油画被一些人认为是汉·凡·米格伦(Han van Meegeren)的

---

① Jan Emmens and Simon Levie, "The History of Dutch Art History", in Jan Emmens, *Kunsthistorische opstellen*, collected works, volume II, Van Oorschot, 1981, pp.35—50.

最初伪作之一。缓慢但肯定地变得清晰的是,如果没有史实或者图像支持(参见下文),艺术鉴赏是不充分的。另外,自然科学的方法开始发挥越来越重要的作用。然而,图片档案馆依然是不可或缺的,霍夫斯泰德·德·格鲁特的私人藏品构成了1932年在海牙开门迎客的荷兰艺术史研究所(Netherlands Institute for Art History,RKD)的基础。它是世界上最大的艺术史文献资料中心。

历史与风格要素的融合:沃尔夫林与维也纳学派　　虽然海因里希·沃尔夫林是布克哈特的学生,但他的著作也应在莫雷利和贝伦森的语境下被考察。尽管莫雷利很成功,但他的方法并未被证明可用于作为一个**整体**的绘画的风格分析。在很大程度上正是莫雷利对最细小的风格单位的强调该受责备。① 毕竟,没有一种视觉要素可以被视为是单独的,因为它联系着一幅画作的其他要素。与莫雷利基于细节的方法相反,沃尔夫林设计了一种分析方法,根据这种方法被考察的不但有作品的所有单独要素,而且还有它们与整体的关系,以及光线和色彩的使用。这种方法似乎与阿尔伯蒂的15世纪素描理论吻合,它也聚焦绘画中的部分—整体关系(参见第四章第五节)。但在阿尔伯蒂将其素描用作规范性工具的地方,沃尔夫林感兴趣于描述性分析。沃尔夫林"发现了"新的艺术风格周期,这赋予了他的风格著作一种莫雷利所缺失的历史要素。

　　沃尔夫林虽然忠实于赫尔德和黑格尔的传统,但依然把风格周期视为一种崛起、巅峰和最终衰落的模式。然而,他是最早引入术语**巴洛克**的人,以之命名文艺复兴之后在欧洲发展起来的艺术风格。② 最初,沃尔夫林也把现在众所周知为矫饰主义的16世纪运动视为巴洛克。虽然他的前辈布克哈特和贝伦森称这些运动是堕落的,但沃尔夫林决意不做规范性的评论。按照索绪尔的结构主义(参见第五章第三节),沃尔夫林在其《美术史的基本概念》(*Kunstgeschichtliche Grundbegriffe*,1915)中,引入了大量新的风格概

---

① 参见 Gerrit Willems, "Verklaren en ordenen: over stijlanalytische benaderingen", in Marlite Halbertsma and Kitty Zijlmans (eds.), *Gezichtpunten: een inleiding in de methoden van de kunstgeschiedenis*, SUN. 1993, p.127。

② Meinhold Lurz, *Heinrich Wölfflin: Biografie einer Kunsttheorie*, Werns, 1981.

念;为了表征从文艺复兴到巴洛克的风格转换,他把这些概念集合成了五个对立对:

1. 从**使用线条**到**不用线条**的方法(在使用线条的技法清晰地界定轮廓的地方,不使用线条的方法则基于模糊不清的转换);
2. 从**浅**(二维)到**深**(三维)的创作;
3. 从**封闭**到**开放**的创作;
4. 部分创作从**多元性**到**一致性**;
5. 图形表示从**清晰**到**弥漫**。

一如在结构主义语言学中那样,这些对立的使用相当于**差异关系原则**(参见第五章第三节)。

沃尔夫林的风格周期概念深刻地影响了人文学其他分支中的此类周期的研究。他的巴洛克概念与建筑和雕塑的历史编纂旗鼓相当,也敌得过音乐(参见第五章第四节)、文学(第五章第六节)和戏剧(第五章第六节)的历史分析。在产生广泛影响的同时,沃尔夫林的方法也受到了批评,尤其是被瓦尔特·本雅明(Walter Benjamin),后者在论文《严谨的艺术科学》(*Strenge Kunstwissenschaft*,1933)中表示,沃尔夫林忽视了启动风格变化的**社会**和**文化**背景。在1920年代取得支配地位的维也纳艺术史学派(Vienna School of Art History)为沃尔夫林的形式主义方法补充了一种社会—文化视野。按照莫雷利模式受训的艺术史家,比如,阿洛伊斯·李格尔(Alois Riegl)和弗朗茨·维克霍夫(Franz Wickhoff)等,延续了沃尔夫林的工作并得以恢复其他被忽视的风格周期——矫饰主义、早期基督教艺术和晚期罗马艺术。

从形式到意义:帕诺夫斯基与肖像学 1920年代期间,一个新学派在德国和荷兰两国发展了起来,它聚焦被描述主体的意义而不是形式。在荷兰,歌德弗里德斯·胡格沃尔夫(Godefridus Hoogewerff)开启了这一传统;在德国,它是被阿比·沃伯格(Aby Warburg)鼓动的,其偌大的图书馆将构成举世闻名的伦敦沃伯格研究所的核心。不过,最重要的代表人物是沃伯格的学生欧文·帕诺夫斯基,他让肖像学作为一个独立的体系引起了关注。1933年,受希特勒人种论的逼迫,帕诺夫斯基逃到了美国,在那里他对这个国家新兴的艺术史产生了非常富有成效的影响。帕诺夫斯基着迷于所谓的艺术的深层象征意义。比如,他断言扬·凡·艾克作于1434年的名画《阿尔诺菲尼的婚礼》(*Arnolfini Wedding*)(参见图十九)不只是描绘了一场婚礼,也是婚姻行为的一种视觉契约。帕诺夫斯基认为,他可以阐明诸多意指婚姻圣礼的潜在象征——前景中的小狗代表忠诚、桌上的橘子象征纯洁、被抛在一边的鞋表示夫妇俩站立在圣地。虽然这些解释中有一些似乎是牵强附会的,但帕诺夫斯基能够基于这些象征意义在15世纪相当普遍地为人所知的历史资料证实它们中的大多数。

图十九 扬·凡·艾克《阿尔诺菲尼的婚礼》,1434年,伦敦,国家美术馆

在《肖像学研究》(*Studies in Iconology*,1939)中,帕诺夫斯基系统地说明了他的解释方法。他界定了分析艺术作品意义的三个层面:

1. 前肖像学描述(pre-iconographic description) 大致地讲,这相当于沃尔夫林的形式分析。首先,描述要求实践经验(比如,对对象与事件的熟悉度,这似乎有些像我们在早期近代艺术专著中见到的"关于一切可见之物的知识")。另外,前肖像学描述必须有被沃尔夫林着手的风格史知识作为支撑。

2. 肖像学分析(iconographic analysis) 该层面包括依据人物、故事和寓意决定绘画的主题。对此的要求一方面是关于文献资料的知识,另一方面是关于艺术史类型学(图画传统中的主题和主旨的历史)的知识。

3. 肖像学解释(iconographic interpretation) 该层面包含了画作的深层意义,包括象征参照。这不但要求艺术史专业知识,而且尤其要求源自心理洞察力的"综合直觉",以及对**源自艺术品被创作于其间的那个时期**的相关世界观的全面了解。①

帕诺夫斯基强调指出,这些层面不能被相互独立地考察。唯有三个层面的彻底分析才能令人满意地揭示作品的意义。很自然,帕诺夫斯基并没有提供分析和阐释艺术的任何形式的规则系统,但他的有条不紊的原则已然为数代艺术史学家创造了工作机会。②

比如,荷兰艺术史学家艾迪·德·容(Eddy de Jongh)认为,显而易见地描绘日常生活诸面向的荷兰17世纪风俗画(genre painting)代表了一种"表面现实主义"。在对日常生活场景的栩栩如生的再现中,存在着可能关乎同时代文本的教化意义。③ 如果我们看到了一个男孩在一具头盖骨边上吹泡泡,那么出自扬·斯蒂恩(Jan Steen)之手的一个明显写实的客栈场景就获得了教化意义。在著名的17世纪寓意画册中,就像罗默·维谢尔(Roemer Visscher)和雅各布·卡茨(Jacob Cats)创作的那些,随时可能破裂的肥皂

---

① 参见 Erwin Panofsky, *Studies in Iconology:Humanistic Themes in the Art of the Renaissance*, Harper & Row,1972(1939)。

② 参见 Michael Holly, *Panofsky and the Foundations of Art History*, Cornell University Press, 1985。

③ Eddy de Jongh, "Realisme en schijnrealisme in de Hollandse schilderkunst van de zeventiende eeuw", *Rembrandt en zijn tijd*, Tentoonstellingscatalogus Brussel, 1971, pp.143—194. 英文版见 Eddy de Jongh, "Realism and seeming realism in seventeenth-century Dutch painting", in Wayne Franitz (ed.), *Looking at Seventeenth-Century Dutch Art:Realism Reconsidered*, Cambridge University Press, 1998。

泡可能是生命短暂的象征。因此,扬·斯蒂恩的画就像深受大众喜爱的17世纪谚语那样,"寓教于乐"。然而,肖像学方法的批评者认为,德容和帕诺夫斯基的方法没有为象征阐释设定范围。每一个被描绘的对象都可以被象征地阐释,而很多荷兰绘画的目标或许不过是记录可见的现实而已(参见比如第四章第五节中的17世纪艺术专著中的"别致性"概念)。① 尽管如此,帕诺夫斯基的方法改变了艺术史。在象征阐释可以被寓意画册支持的范围内,他的方法已然把现代观众送上了不为之前的若干代艺术史学家所理解的**意义模式**的轨道。虽然这些意义模式具有文化独特性,但用于发现它们的方法则不是。

帕诺夫斯基也把他的肖像学方法应用于更长的周期。他率先比较了视觉艺术史上的再生或者"复兴"(renascence),比如卡洛林文艺复兴、10世纪奥托文艺复兴、12世纪文艺复兴和15世纪意大利文艺复兴。在《西方艺术中的文艺复兴和历次复兴》(*Renaissance and Renascences in Western Art*,1960)中,帕诺夫斯基证明了唯有15世纪文艺复兴是综合性的、持久性的。虽然古典的主题和元素被用于了早前的复兴,但那是暂时性的,被证明是对古代的怀旧,而不是它的复活。根据帕诺夫斯基,唯有15世纪文艺复兴展示出了形式与内容的统一。② 这是源于如下认识:古代必定是存在于过去,而文字的回归毫无意义。

走向认知—历史方法:贡布里希 正如它在语言学和音乐学中所做的那样,心理—认知方法也繁盛于艺术史当中。现在,艺术分析可以基于观众的心理而不是纯粹的历史视野而进行。这一技法是由我们在上文讨论的维也纳学派所开创的,其中恩斯特·贡布里希(Ernst Gombrich)和鲁道夫·阿恩海姆(Rudolf Arnheim)是主要代表人物。以相同于勒达尔和杰肯道夫设法把握音乐感知的方法(参见第五章第四节),贡布里希和(在一种主要是以心理学为目标的意义上)阿恩海姆试图掌握视觉艺术何以被观众观察。

---

① 参见 Svetlana Alpers, *The Art of Describing: Dutch Art in the Seventeenth Century*, University of Chicago Press, 1983。

② Erwin Panofsky, *Renaissance and Renascences in Western Art*, Harper and Row, 1972 [1960], p. 113.

然而,确定视觉刺激的单位比确定音乐或者语言刺激的单位要难得多。在音乐和语言中,基本单位由数量相对较少的乐音和音素组成,而在视觉刺激的情况下,一切都可能是基本单位;尽管莫雷利早前尝试过,但并没有定义的希望。虽然在其《艺术与错觉》(*Art and Illusion*,1960)中,贡布里希令人信服地解释了艺术作品阐释何以受到自动主义(automatism)的影响,二维投影面因为它而被视为三维空间,但他的著作并没有带来一种精确的艺术分析方法。然而,1950 年,贡布里希确乎逐渐把他的思想融入了很多人所谓的最容易通达的艺术史引论《艺术的故事》(*The Story of Art*),这本书直到他 2001 年去世前不久,他还修订过。

艺术分析中的计算与自然科学方法 当艺术的数字、计算分析开始在 20 世纪下半叶发展的时候,一种形式的风格理论似乎近在咫尺。源自计算性图像分析(computational image analysis)的算法被用于详细分析不同时期的光线和色彩的使用、绘画技巧和透视法。虽然像创作与意义等更加复杂概念的计算方法至今仍不成熟,但计算技术已然让数项成就归于了自己名下。① 借助非常详细的画作数字扫描,计算机可以比训练有素的艺术专家或者艺术家远为准确地分析组织、光线的使用和透视法。浮现出来的关于扬·凡·艾克对透视法的使用、卡拉瓦乔对光线的运用的洞察,已然推翻了之前的理论。② 无论数字、计算法尚在多大程度上处于初级阶段,它为检验关乎绘画的假设提供了一种强有力的工具。之前在发展谱系语文学、语言学和音乐分析的算法的过程中,我们看到过这种技法的潜力。计算法已然促成了一个新的跨学科领域,被称作**数字**(digital)或者**计算人文学**(computational humanities)。源自人文学的理论和思想可以比以往任何时代都更快、更准确地被验证,或许迄今从未被以手工方式找寻到的模式正在被发现。

---

① David Stork,"Computer Image Analysis of Paintings and Drawings:An Introduction to the Literature",*Proceedings of the Image Processing for Artist Identification Workshop*,van Gogh Museum Amsterdam,2008.

② 参见 David Stork,"Computer Image Analysis of Paintings and Drawings:An Introduction to the Literature",*Proceedings of the Image Processing for Artist Identification Workshop*,van Gogh Museum Amsterdam,2008。

自然科学的方法古老得多。早在20世纪之初,为了让底画可见,借助X光的绘画分析就开始了。这很快又被继以红外摄影术、借助紫外线和其他方法的分析,包括画板树木年轮测定。与此同时,对研究艺术作品的底画或者基础绘画层而言,自然科学技术已变得不可或缺,虽然依旧必须由人来阐释画作。让人着迷的是看到自然科学技术如何促成更为可靠的归因判断,或者对艺术作品的更为睿智的阐释。在重大研究项目中,比如旨在伦勃朗绘画归因判断的伦勃朗研究项目(the Rembrandt Research Project),科学方法可能是决定性的——虽然这些方法已然不止一次地与更为传统的艺术史相冲突。①

方法多样性与新艺术史 一如音乐学中的情形那样,艺术史受益于多种多样的方法和技术。除去风格和肖像法(它们是艺术史特有的),以及已经被讨论过的源自观察心理学、自然科学和信息技术的方法,还有以麦耶尔·夏皮罗(Meyer Shapiro)为代表的人类学—马克思主义、以西格蒙德·弗洛伊德为代表的心理分析、以阿诺德·豪泽尔(Arnold Hauser)为代表的社会学艺术研究。丝毫不令人吃惊的是,平行于**新音乐学**和**新文化史**,**新艺术史**现在也即将诞生。这是一种共同兴趣与学派的联合,而不是一门独立的学科。批评是重要目标,批评有正当理由。一如爱德华·萨义德(Edward Said)在《东方学》(Orientalism)中所证明的,将西方标准应用于其他文化是相当可疑的。新艺术史从若干不同的视角看待艺术——不但包括马克思主义的方法,而且包括解构主义、女性主义和后殖民的方法。然而,这种形式的多元性与计算和自然科学技术相距甚远,或许是因为后者的所谓的普适主义主张。或许我们可以说在20世纪末有两种艺术史,但要把它们标示为寻求模式的或者拒绝模式的,却并非易事。② 比如,寻求模式的分析方法也被用于新艺术史;这样的一种方法是叙事学(narratology),它根植于文学理论(关于这一点的更多论述,见第五章第六节)。

---

① 参见 Ernst van de Wetering, "Thirty years of the Rembrandt Research Project: The Tension between Science and Connoisseurship in Authenticating Art", *IFAR Journal*, 4(2), 2001, pp.14—24。

② Charles Haxthausen (ed.), *The Two Art Histories: The Museum and the University*, Yale University Press, 2003.

中国与其他地区　　清朝(1644—1912)之初,艺术和风格批评依然在以令人印象深刻的规模被提出(参见第四章第五节),但晚清时期,文人艺术的数量似乎在逐渐减少。① 当清朝的大门在鸦片战争期间(1839—1860)被猛然打开的时候,文人的水准到达了最低点。艺术繁荣于上海等"自由"城市,但它们的学术研究似乎尚未发生。直到中华民国,尤其是中华人民共和国时代,艺术理论才获得新的刺激。

其他地区也有被研究。在加尔各答大学,奥地利人斯特拉·克拉姆里斯(Stella Kramrisch)成了第一位印度艺术史教授。通过其著作《印度艺术原理》(*Principles of Indian Art*,1924),她奠定了印度艺术研究的基础。她有能力把见诸可追溯到公元400年前后的《毗湿奴最上法》(参见第二章第五节)的复杂的规则系统,从默默无闻中抢救出来。其他地区的艺术史也有被记录,最初是从强烈的殖民视角,但到20世纪末,更加本土化的视野已然变得越来越普遍。

考古学的崛起　　正如我们在讨论作为早期近代第一位考古学家(以及作为实物史料原则的发现者)的弗拉维奥·比翁多的时候所指出的那样,考古学的早期近代历史是碎片化的。早在古代中国和希腊,以及在伊斯兰文明(参见第四章第二节)中,考古活动就有了。文艺复兴时期,拉斐尔和米开朗琪罗为了研究古代壁画,下到了尼禄(Nero)的罗马金宫(Domus Aurea,又译金殿)内部;皮罗·利戈里奥(Pirro Ligorio)确认并分析了蒂沃利(Tivoli)哈德良别墅(Villa Hadriana)遗迹。然而,一般说来,搜寻历史上的手工艺品和艺术作品不过是破坏(foraging)而已,这种现象一直延续到了18世纪的赫库兰尼姆(Herculaneum)和庞贝发掘。唯一的例外很可能是托马斯·杰斐逊(Thomas Jefferson)对其弗吉尼亚庄园上的一座古坟的小心细致的发掘(1784)。这门学科的更大连续性和更加系统的基础直到19世纪才出现,在20世纪愈加如此。这样一来,考古学便与历史、语文学、语言学等联系了起来,尤其是与艺术史,因为它最初关注艺术作品。

---

① 参见比如 Susan Brush, *China*, *Painting Theory and Criticism*, Oxford Art Online, Oxford University Press, 2004; Osvald Sirén, *The Chinese on the Art of Painting: Texts by the Painter-Critics, from the Han through the Ch'ing Dynasties*, Dover Publications, 2005[1936]。

第五章 现代:复兴的人文学

在什么地点、什么时候考古学发展成了一个拥有**方法原则**的领域?当他在 1870 年至 1880 年间发现特洛伊(Troy)和迈锡尼(Mycenae)的时候,海因里希·施里曼(Heinrich Schliemann)坚持他所做的一切就是一步步跟随荷马的《伊利亚特》——惹得他的同事大怒。即便如此,施里曼的做法被视为现代最重要的考古学方法:**基于文本的考古学**(text-based archaeology)。[①] 这一方法带来了新的成功。美索不达米亚城市乌尔(Ur)就是作为《圣经》细读的结果被发现的。不过,多数考古发现依然是偶然被发掘的。另外,19 世纪考古学家全都是外行。这对 1900 年前后该领域的最重要人物而言,同样如此,从打开了图坦卡蒙(Tutankhamen)墓的霍华德·卡特(Howard Carter)到亚瑟·埃文斯,克里特岛(Crete)米诺斯文明(Minoan civilization)的发现者。20 世纪期间,考古学在现代大学体制化之后,一种新型实践发展了起来。基础建设项目以考古遗址考察为先导成了一种必须。航拍也被利用于系统地探寻考古模式。甚至谷歌地球(Google Earth)已被用于考古航测,业余考古学家已再次在之前不为人知的罗马遗迹的发现中,发挥了重要作用。[②]

一旦考古遗址被发现,标准方法就关乎发掘。18 世纪初的赫库兰尼姆发掘简直无异于破坏,但事实上任何发掘都是如此。它们是基于一种源自**地层学**(stratigraphy)的假设,即是说,在存在一层叠一层的地方,下面一层比上面一层历史更悠久。这一假设并非没有例外,因此,测定年代的技术必不可少。长期以来,年代测定主要是基于文献资料(参见第四章第一节和第四章第二节),但当涉及史前文化的时候,这些是没有任何意义的。早在 1878 年就已被证实的,是黏土层相当于冰川时代的冰层。这使得追溯至晚期冰川时代大约 12000 年之前的年代测定成了可能。20 世纪初出现了树木年代学(树木年轮测定),它为做出更加精确的估计提供了可能。然而,1949 年,威拉德·利比(Willard Libby)发现了碳 14(c-14)年代测定法,随之出现了最引人注目的突破。它用的是放射性衰变原理。植物或者动物死亡

[①] 参见 Bruce Trigger, *A History of Archeological Thought*, Cambridge University Press, 1996, pp. 40ff.

[②] Declan Butler, "Enthusiast uses Google to Reveal Roman Ruins", *Nature*, NatureNews 14 September 2005.

以后,它就停止从空气中吸收碳,在此之后不稳定的碳 14 就以非常准确、非常规律的速度衰变。然后,通过确定依然存在的碳 14 的数量,在考古遗物内部或者表面发现的植物或者动物实物的年龄就可以被计算出来。通过这种方法,人工制品可以被追溯至 80000 年前。这种方法导致了考古学的一场革命,以一种引人注目的方式大大提高了我们对最古老的人类文化的认识。每当一尊出土雕塑被证明有成千上万年历史的时候,它都引发一场媒体轰动。①

自然科学技术可以用于年代测定,但在关乎文化和人工制品阐释的时候,它们几乎什么也提供不了。最通用的阐释方法恰好是按照人文学科的传统。正如在历史编纂学、语言学和音乐学中那样,几乎所有 19 世纪运动的方法都已然被利用在考古学中,从赫尔德式的循环和马克思主义的时代到不加掩饰的种族主义进化识解。直到进入 20 世纪很久之后,西方人的非洲民族低人一等信念仍然非常强烈,以致撒哈拉以南的一切令人印象深刻的考古发现全被归因于来自北部的影响(参见第五章第一节关于非洲的部分)。② 一个典型例子是兴盛于 5—16 世纪的不朽之城大津巴布韦(Great Zimbabwe)的 19 世纪发现或者重新发现。③ 直到 1980 年,南罗德西亚(Southern Rhodesia)殖民政府全面禁止提及这座城市的黑人"血统",但是,这些考古发现仅仅在津巴布韦就有两百多项是众所周知的。④

然而,已然经受时间考验的模式也见诸 19 世纪。其中最具影响的模式之一是三个史前时代系统——石器时代(the Stone Age)、青铜时代(the Bronze Age)和铁器时代(the Iron Age),它是被丹麦人克里斯蒂安·尤尔根森·汤姆森(Christian Jürgensen Thomsen)在 1848 年推断出来的。汤姆森把这些类别建基在用于制造被发现的人工制品的材料上。然而,这些时代经

---

① 参见比如 "Full-Figured Statuette, 35000 Years Old, Provides New Clues to How Art Evolved", in *New York Times*, 13 May 2009。
② Bruce Trigger, *A History of Archeological Thought*, Cambridge University Press, 1996, p. 201.
③ 参见 Peter Garlake, *Early Art and Architecture of Africa*, Oxford University Press, 2002。
④ Innocent Pikirayi, *The Zimbabwe Culture: Origins and Decline of Southern Zambezian States*, Rowman Altamira, 2001.

常被误用,比如,某些当代文化因为其技术情势被托诸"石器时代"的时候,尤其是在大众媒体中。20世纪期间,出现了一种对更具科学性的考古阐释基础的需求,它在1960年前后导致了一种人类学方法。这种**过程考古学**(processual archaeology,又译新考古学)是以验证具体假设为基础,这在社会科学里是正常的。因为它的实证主义方法,这种考古学已然受到现在众所周知的**后过程考古学**(post-processural archaeology)的批评。[①] 这种后发运动受到了后现代主义的影响,就像在关乎新艺术史的情形中那样,它与其说是一种方法,毋宁说是它们的一种混合律,它们有着建构比较考古学这一共同目标。反过来,后过程考古学已然因为缺乏科学性受到了批评。

虽然考古学通常托诸人文系部,但与此同时,其方法原则已被置于自然或者社会科学项下。目前,考古学被视为一个跨学科领域,于其间自然科学、社会科学和人文学的知识相整合,以使重建过去。

现代艺术史:从规定到描述 艺术史的多个面向与音乐学类似,见诸比如历史—风格方法的建构、认知—计算运动,尤其是**新音乐学/新艺术史**的进步。然而,最重要的发展则是向更具描述性的艺术史的回归。直到进入18世纪很久之后,艺术史学家一直探寻"正确的"艺术的准确比例与普适法则。18世纪下半叶,尤其是19世纪,人们开始意识到这样的追求多么具有破坏性。巴洛克和其他风格在很大程度上被忽视了,很多艺术家因为没有坚守古典标准遭到了漠视。倘若存在一种艺术史的重要发展,那么它与其说是摆脱了人文主义的束缚,毋宁说是摆脱了规定性的桎梏。

艺术史的当下状况是弥散性的。为了艺术作品的归因判断、阐释和修复,学者们使用物理、化学、计算的方法,当然也使用历史、风格和肖像学的方法。[②] 在其对归因判断和修复的探求中,艺术史这一学科在一定程度上类似于**法医学**(forensic science),它熟悉各种市场,使用各种可资利用的资源来识别"犯罪者"和复原"犯法行为"。尽管如此,自然科学方法在艺术史

[①] 参见 Michael Shanks and Christopher Trilley, *Re-Constructing Archaeology: Theory and Practice*, Routledge, 1987。

[②] 关于艺术修复的例子与被使用的多种方法,参见 Machtelt Israëls (ed.), *Sassetta: The Borgo San Sepolcro Altarpiece*, Villa I Tatti Primavera Press, 2009, pp.161—203。

中并不享有它们在音乐学中享有的同等地位。音乐学中的很多现象实际上是物理的或者生理学的(比如不谐和音,参见第五章第四节)。要在艺术史中找到这样的物理现象要困难得多,我们或者最好讨论作为"工具"的自然科学方法的使用。另外,艺术史中存在一种强烈反实证主义的运动,即新艺术史,它在美国已然被格外令人满意地建立了起来。

原则:基于范例的描述原则;类比原则;差异关系原则;层级分析原则;变则原则

模式:在一个艺术家的职业生涯中,绘画细节的描述保持不变;视觉艺术遵循风格周期模式;现实主义再现具有象征性的阐释("表面上的现实主义");人类感知影响阐释;史前文化遵循石器时代—青铜器时代—铁器时代模式;自然史料(树木年轮、碳14)可以测定人工制品的年代

第六节 文学与戏剧研究·修辞学与诗学的神奇消失

当谱系语文学在探寻文本修复规则(第五章第二节)、语言学在探寻语言的规律性(第五章第三节)的时候,文学理论在寻找诗歌和小说写作等文学创作的模式。在一定程度上,文学理论是古典语文学和诗学的继承者——它与戏剧研究分享的一种地位。曾经繁盛的修辞学,一门"关于一切的科学",被吸纳进了论证理论,在一定程度上继续存在于文学理论之中。

文学史编纂:从实证主义到形式主义 早期近代古典主义诗学所造成的破坏是巨大的(参见第四章第七节)。为了成就普遍认为的优美与明晰,所有文学、诗歌和戏剧都必须遵守规定性的、机械的规则。相反,欣欣向荣的巴洛克文学与诗歌依然是完全自然的。18世纪期间,这种观点变得不稳了起来,我们发现了从更广阔和更平等的视角研究文学的尝试(参见第四章第七节)。浪漫主义时期,存在对联系着民族历史的一切的极大兴趣。中世纪文本被重新发现,并在经过修复之后被出版(参见第五章第二节)。一种将这些文本置于历史概况之中的需要发展了出来,以便文化遗产可以被正确地看待。

最早的文学史主要是与书目有关。它们提供一种无休无止的作家及其

著作概述,有多种分类和细分,其中的一个例子是厄杜因·科赫(Erduin Koch)——不能与音乐学家海因里希·科赫混为一谈(参见第五章第四节)——的《概论》(*Grundriss*,1798)。一代人之后,文学史编纂看起来大为改观。比如,1835 年,格奥尔格·格维努斯(Georg Gervinus)撰写了一部民族主义倾向的德国文学史,《德国民族文学史》(*Geschichte der poetischen National-Literatur der Deutschen*)。读者被提供的不是一份书目概要,而是一个以德国中世纪文学的辉煌为起点的故事,德国中世纪文学慢慢地但肯定地为僧侣阶层所讹用,然后在浪漫主义期间受制于学者,最后在 18 世纪被批评家解放。

我们之所见是 19 世纪的文学史编纂就像艺术史和音乐史编纂一样,受到了彼时哲学风尚的影响。它们是赫尔德派(参见第四章第二节)、黑格尔派(参见第五章第三节)或者达尔文派,但几乎在所有情形下都是实证主义的。① 这些历史编纂希望证明文学著作能够何以被**解释**,要么是基于时代精神,要么是基于作者生平。弗朗西斯科·德·桑克蒂斯(Francesco de Sanctis)颇具影响的《意大利文学史》(*Storia della letteratura italiana*,1870)是一个有趣的例证。他的历史编纂如同因果链条一样延伸,经由但丁和文艺复兴,从早期西西里和托斯卡纳诗人到曼佐尼(Manozoni)。德·桑克蒂斯的文学史是其时代的典型产物,这一事实被他忠实的学生贝奈戴托·克罗齐引人注目地描述过;克罗齐曾评论说,一切历史都是当代史(同时参见第五章第一节)。

在费尔迪南·布吕纳蒂耶(Ferdinand Brunetière)的著作中,我们发现了一个达尔文进化论文学史的例子;1890 年,布吕纳蒂耶描述了法国文学从 10 世纪到 19 世纪的进化。布吕纳蒂耶把小说视为一种体裁(genre),它以其他体裁(悲剧、抒情诗歌)为代价而发展,最后达到了越来越高的水平。伊波利特·泰纳(Hippolyte Taine,又译伊波利特·丹纳,1828—1893)因为其**自然主义的**文学史描述,走得最远。根据泰纳,每部作品都是被三个因素完全按照因果关系界定的:**种族**、**环境**和**历史契机**。如果有人知道这三个因

---

① 参见比如 Michael Batts, *A History of Histories of German Literature*, *1835—1914*, McGill-Queen's University Press, 1993。

素,他/她就能解释,或者甚至预知作家及其著作。在泰纳看来,一切人类表达都是这三个因素的结果,它们反过来不过是化学与物理过程的结果。虽然这种最新提出的观点在当下的自然科学中并非是闻所未闻,但它忽视了认知的自主层面的存在:为了理解一部作品,并非总是必须将其还原至物理现象(参见第六节)。

虽然19世纪文学史在多个方面彼此不同,但它们是以一种共同的方法原则为基础——**文本可以按照因果关系被解释**(达尔文进化论的、自然主义的或者通过赫尔德意味的时代精神与民族精神——参见第四章第二节和第五章第一节)。"因果解释原则"是典型的19世纪现象。当下的文学理论并不认为文学作品解释切实可行。就此而言,威廉·狄尔泰似乎是正确的,当时他主张,在人文学中,文学理论不是关乎解释对人类心智的表达(解释),而是理解它(理解)。不过,与此同时,狄尔泰批评了在文学作品这样的人类表达中寻找模式的观念。在这一点上,他被证明是有些不正确的。同一个风格周期或者地区的著述通常显示出多种相似性,揭示这一点已然并且将依然被人文学者成功承担。探寻文学作品中的模式与法则**不**意味着它们(必须被)按照因果关系被解释。

这种最新提出的观点获得了一个文学理论家新流派的认可,他们是1915至1930年间活跃于俄罗斯的**形式主义者**(formalist)。维克多·什克洛夫斯基(Viktor Shklovski)和朱里·坦尼亚诺夫(Juri Tynjanov)属于他们的最重要代表之列。他们探寻文学作品的**内部**(internal)规律性,比如形式特征及其影响,而不是探寻可以阐明作品创作的**外部**(external)法则。这些形式主义者的努力导致了一种新的文学观,它表明文学作品何以在文体和内容方面随时间而发展。比如,坦尼亚诺夫主张,文学文体周期是由一系列居于支配地位的形式、规则和体裁所决定的。这并没有让其他运动和体裁不可能,但它们并不处于相关时期的中心。当然,俄罗斯现实主义就像任何理论一样有缺陷,但对文学理论的有效影响是文学史编纂变得更加讲究文体了,不那么实证主义了。形式主义者反对心理阐释、基于作家传记的阐释,以及马克思主义文学观。然而,1920年代期间,形式主义者变得越来越不为斯大林政权所容忍,在此之后他们的方法被布拉格派结构主义者接续。他们包括语言学家罗曼·雅各布森(参见第五章第三节),他是随彼得堡形式主义者开始其事业的。形式主义者的影响比人们时常所认为的要大。作为自主产物的作品这一概念可以被追溯至他们,因此,将严格意义上的文学理论追溯至形式主义者并不罕见。①

因此,我们发现了一种从哲学—实证主义方法到文体定位方法、到文学史的转变。我们之前在艺术史和音乐史编纂中发现过这一转变。因此,我们可以得出结论说,**艺术(音乐、绘画、文学)的历史编纂经历了一个从 19 世纪哲学—实证主义方法到 20 世纪文体定位方法的变化过程**。这种平行于文体驱动的历史编纂的变化因阿德勒发生在音乐之中、因沃尔夫林发生在视觉艺术之中、因俄罗斯形式主义者发生在文学之中。此外,20 世纪期间,文体定位方法的局限已被察觉,我们看到了一种更加多元的观点的出现,于其间作家的社会—文化语境、作品的接受与文体一道被考察。我们不再看到做出演绎性阐释的尝试。

叙事结构语法:普洛普 俄罗斯形式主义者对文学理论甚至比他们对文学史更为重要。形式主义者中最注重形式的是弗拉基米尔·普洛普(Vladimir Propp,1890—1970),他专注于俄罗斯民间故事的分析。他的文学理论包含了第一种严格意义上的叙事分析模式。普洛普的目标是非常不凡的。全部文学体裁都受制于它的一个规则系统可以被设计出来吗?在其《民间故事形态学》(*Morphology of the Folk Tale*,1928)中,他使用了被发展于语言学之中的结构主义方法(参见第五章第三节)来分析 115 个俄罗斯民间故事。他将这些故事分为越来越小的单位,直到他得出最小的叙事单位,他称之为"叙述素"(narrateme)。叙述素的一个典型例子是"坏人收集有关受害者的信息"。叙述素具有在故事中充当稳定的、恒定的元素的**功能**,独立于它们被如何完成以及谁完成。

普洛普共为 115 个民间故事发现了 31 种不同的功能。破坏、调解、反应开始、主人公出走、认出、惩罚、解决和婚姻便是这些功能的范例。普洛普也找到了 7 种人物类型或者主人公(dramatis personae)。他们是英雄、坏人、帮助者、神助者(提供魔法者)、派遣者(为英雄派遣任务者)、假英雄和王室

---

① 参见 Peter Steiner, *Russian Formalism: A Metapoetics*, Cornell University Press, 1984。

成员(公主及其父亲)。这31种功能和7种人物类型是普洛普理论的基本成分。通过组合和重新组合它们可能生成**所有**俄罗斯民间故事,在其他方面则生成更多。把叙述素按顺序排列进故事可以与句子中的词序相提并论。我们可以把这种排序视为讲故事的句法或者语法。普洛普给每个叙述素分配了一个符号,并用它们发展了一个形式的规则系统,以图解的方式证明这些符号何以能够被串在一起构成神话故事。普洛普的形式主义也允许符号的重复,这就意味着其规则系统可以涵盖的民间故事的数量是无限的。

虽然普洛普根据结构主义的传统将自己限定于有限的语言素材(参见第五章第三节),但他的规则系统可以借助新的神话故事或者甚至尚未被"构思"的神话故事被验证。这意味着普洛普的理论与帕尼尼和乔姆斯基语言学旗鼓相当,在帕尼尼和乔姆斯基语言学中,无限数量的现象可以大体上为有限数量的资源所涵盖。像这样的东西之前从未在文学理论中被证明过,要么是在基于规则的亚里士多德诗学里,要么是在印度的形式诗学《戏剧学》里(参见第二章第八节)。当然,普洛普通过把自己限定于神话故事使得它相对容易,但它让他得以阐明一种复杂体裁的结构。

就主题而言,普洛普的工作似乎与沃尔夫林的艺术分析(第五章第五节)、勒达尔和杰肯道夫的音乐分析(第五章第四节)属于相同的传统。此间的主要侧重点是对形式而不是意义的分析。尽管存在这一局限,普洛普的方法空前地有影响——它被证明适合于分析几乎每一种叙事现象:戏剧、电影、电视,甚至游戏(参见第五章第七节)。普洛普的确切方法已然影响了数代文学理论家和人类学家。它催生了新的流派,从布拉格结构主义者到法国叙事学家。甚至普洛普著作的反对者也已然开启新的运动,比如米哈伊尔·巴赫金(Michail Bachtin)的马克思主义分析、以罗兰·巴特为创始人的后结构主义学派(参见下文)。

普洛普形式主义与结构主义的融合:叙事学 在普洛普于1950年代被翻译为英语和法语之后,不可避免地出现了对其方法的批评,尤其是因为其对意义的忽视。结果证明,正是结构主义的方法(参见第五章第三节)能够借助对立对的方法补充文学分析以意义。结构主义通过罗曼·雅各布森在西欧变得众所周知,使文学理论家和人类学家处于其支配之下。其最为著名的阐述者是克劳德·列维-施特劳斯(Claude Lévi-Strauss),他基于结构主义的对立(比如生与死、非生与非死和高与低、非高与非低),分析了神话。① 然而,结构主义并没有提供意义的这些分配可以借以被获取的语法规则系统。

整合结构主义与形式主义原则是相当容易的,它导致了一种以叙事学众所周知的新文学理论,叙事学是茨维坦·托多罗夫(Tzvetan Todorov, 1969)自创的一个术语。叙事学旨在进行完整的叙事分析,不仅揭示各构成部分及其功能与关系,而且也揭示主题、动机和情节。② 情节这一概念把我们带回到了亚里士多德那里,他在《诗学》中把情节定义为从故事的开头经由中部延伸至结尾的张力之弧(arc of tension),其中,最大程度的张力与故事的中间部分相重合(参见第二章第八节)。然而,故事可能包括非常变化多样的情节线索,并不遵守亚里士多德的理论或者普洛普的形式主义。对普洛普著作的批评之一是他局限于借助线性情节结构的文学体裁。热拉尔·热奈特(Gérard Genette)和其他人证明了对复杂得多的叙事结构而言,深刻的叙事学分析也是可能的,就像在马塞尔·普鲁斯特(Marcel Proust)的《追忆似水年华》(À la recherche du temps perdu)中那样。在大多数文学体裁中,各组成部分并不构成线性的,而是层级的或者甚至"分裂的"结构(于其间安排好的部分可以反过来彼此连接——参见第五章第七节)。

对某些媒体而言,叙事学分析已经被如此程度地形式化,以致它可以被或全部或部分地按步骤执行。比如,最近有研究证明,广受欢迎的电视连续剧《犯罪现场调查》(CSI: Crime Scene Investigation)的叙事结构可以通过计算获得。③ 结果是已然被调查的所有事件由不超过 8 种基本成分(叙述素)组成。在计算语言学和人工智能中,叙事学的计算应用正在进一步被开发。在视觉艺术中,叙事学也正在被用于揭示绘画的叙事结构,但在历史学家

---

① Claude Lévi-Strauss, *Anthropologie Structurale*, Plon, 1958.
② 关于叙事学引论,参见比如 Mieke Bal, *Narratology: Introduction to the Theory of Narrative*, 2nd edition, University of Toronto Press, 1997。
③ Benedikt Löwe, Eric Pacuit amd Sanchit Saraf, "Identifying the Structure of a Narrative via an Agent-based Logic of Preferences and Beliefs: Formalizations of Episodes from *CSI: Crime Scene Investigation*^{TM}", in Michael Duvigneau and Daniel Moldt (eds.), *MOCA'09, Fifth International Workshop on Modelling of Objects, Components, and Agents*, Hamburg, 2009. Zie ook Scott Turner, *The Creative Process: A Computer Model of Storytelling and Creativity*, Erlbaum, 1994.

中,这种方法则是有争论的。① 最终,叙事学已然跻身于女性主义和后殖民文学批评。

从叙事学到后结构主义和解构主义 叙事学招致批评的特点之一是它主要基于文本而不是读者。1960 年代期间,这一批评导致了现在所谓的**后结构主义**(poststructuralism)。用几句话来概述这一运动并非易事,这一方面是因为它依然处于快速发展阶段,另一方面是因为它主要是一种思想与批评的混合体,而不是一种泾渭分明的理论。我们可以这样说,**根据后结构主义的方法,读者被赋予作为主要研究主体的作者的地位**。这一变化通常被称作作者的"去中心化"。后结构主义正在考察意义分析与归因的其他源头,比如文化标准、其他文献,当然还有读者。这些别样源头并不保证一致性。在很多情况下,后结构主义分析的目的在于证明多种意义可以被归于同一个文本,以及这些意义可能取决于读者而彼此冲突。早在 16 世纪,相同的思想便以一种初级的形式出现在了人文主义学者米歇尔·德·蒙田的《随笔录》中(同时参见第四章第七节),但直到后结构主义者在 20 世纪这样做的时候,它才被系统地发展出来。因此,后结构主义的最重要影响之一就是它已然证明,**文本的意义随读者的身份而发生变化**。

这就是存在于罗兰·巴特的 1967 年著名论文《作者之死》("The Death of the Author")背后的东西,在这篇文章中他宣布了作者作为真正的阐释之源的隐喻性死亡。作者之死同时是读者作为文本的多个意义之源的诞生。在分析巴尔扎克小说《萨拉辛》(Sarrasine)的著作《S/Z》中,巴特详细阐明了他的方法。依然处于结构主义的影响之下,巴特将这部中篇小说切分成了 561 个阅读单位(lexies)。他的分析是以小说的层级分层为基础的,它就像音乐和艺术分析一样,遵循"层级分析原则"(参见第五章第四节和第五章第五节)。然后,他根据不同的意义归因判断分析了阅读单位。结果是巴尔扎克的现实主义文本充满了象征和其他含义,它们可以被读者以不同的方式进行阐释。

后结构主义已然对哲学产生巨大影响。目前,二者紧密地交织在一起,

---

① 参见比如 Mieke Bal, *Reading Rembrandt: Beyond the Word-Image Opposition*, 2nd edition, Amsterdam University Press, 2006。

以致哲学和文学理论运动在后结构主义中可能是等同的。雅克·拉康、罗兰·巴特和米歇尔·福柯(同时参见第五章第一节)属于最重要的后结构主义人物之列。雅克·德里达和朱莉娅·克里斯蒂娃(Julia Kristeva)的著作也被视为后结构主义的代表,虽然因为他的《声音与现象》(*La Voix et le Phénomène*,1967)这一著作,德里达首先是被视为**解构主义**(deconstructivism)的创造者。我们在历史编纂学项下相当详细地讨论过解构主义方法(参见第五章第一节)。然而,德里达并不把解构主义视为一种"方法"。根据他的说法,作为内在对立与矛盾的产物,"文本解构自己"。文本的解构揭示这些矛盾的概念是在何等程度上相互交织在一起的。① 后殖民文学批评也可以被包括在解构主义之中。殖民话语遭到了解构,西方/东方之类殖民概念组受到了批评。② 解构主义作为一种运动在很多大学站稳了脚跟,但它也因为其极端的相对主义,成了人们的笑料;它仍然被斥责缺乏学术性格。正是比利时人保罗·德·曼(Paul de Man)在移民到美国之后,才得以在美国学界建立一种解构主义的视野。然而,德·曼去世后不久,他的著作就失宠了,因为人们发现他在第二次世界大战期间撰写了很多反犹太主义的文章,发表在一份通敌卖国的比利时报纸上。看起来好像是德·曼对他的解构主义文本条件和作者角色抱有个人兴趣。③ 德里达把德·曼的反犹太主义写作相对化也没有对运动产生任何裨益。④

虽然解构主义和后结构主义有时候都被诟病缺乏学理性,但巴特的方法证明了相反的情况。他小心谨慎的**句法**分析是以一种经验方式被完成的,其基础是我们也在艺术理论、音乐研究和语言学中见到过的方法原则。

---

① 参见 Jacques Derrida, *De la grammatologie*, Les Édition de Minuit, 1967。
② 参见 Edward Said, *Orientalism*, Vintage Books, 1978。同时参见 Gayatri Chakravorty Spivak, "Can the Subaltern Speak?", in Cary Nelson and Lawrence Grossberg (eds.), *Marxism and the Interpretation of Culture*, MacMillan, 1988。
③ 参见 David Lehman, *Sign of the Times: Deconstruction and the Fall of Paul de Man*, Poseidon, 1991。
④ 还有索卡尔事件(the Sokal-affair),那是在 1996 年,物理学家阿兰·索卡尔(Alan Sokal)向"顶级"刊物《社会文本》(*Social Text*)投了一篇满是荒谬的推理和伪科学术语的文章。索卡尔的意图在于证明只要编辑们被意识形态正确的观点满足,后现代主义刊物一切东西都发表。文章的发表被索卡尔揭露后,在学术界引起了极大愤慨。参见 Alan Sokal and Jean Bricmont, *Fashionable Nonsense: Postmodern Intellectuals' Abuse of Science*, Picador USA, 1998。

语义分析，以及多种意义归因判断，多半是含糊的。然而，这正是后结构主义者之所想。虽然就模式的"普遍有效性"而言，他们是拒绝模式的，但与此同时，他们指向一种非常稳定的模式，即**每一文本都有多种阐释**这一结果，这一点也已然被注意到适合每一历史事件（参见第五章第一节）。

平行运动：阐释学与前在"方法" 在文学理论史上，辨识出不同于上文所概述的实证主义经由结构主义到后结构主义的路径是可能的。**阐释学**（hermeneutics），或者对阐释的研究，便是这些发展之一。它存在于实证主义盛行于世之前。弗里德里希·施莱格尔（Friedrich Schlegel, 1772—1829）开启了这一运动，同时基于彼时新的文学体裁——罗曼司（小说）——创造了浪漫主义这一术语。根据施莱格尔，对文本的理解而言，关于整体的"直觉"是必需的。然而，对整体的理解无法仅仅依靠集合对独立部分的理解而获得。因此，读者必须同时应对两个层面——部分和整体。弗里德里希·施莱尔马赫（Friedrich Schleiermacher, 1768—1843）进一步发展了这一思想。[①] 他认为，因为任何形式的理解都取决于语境，所以，部分必须在整体的语境中被理解。然而，整体是由构成部分组成，别无他物。因此，何以可能突破这个众所周知为**阐释学循环**（hermeneutic circle）的恶性循环？阐释学只能根据一种基于与作者心态共鸣的"预见的"或者猜测的方法而发生。对文本的理解可以基于上文所描述的循环运动，被渐渐构建起来。就其**理解**概念而言（参见第五章第一节），威廉·狄尔泰与施莱尔马赫观点一致。

19世纪阐释学方法提供了精彩的阐释，但它包含了一种主观性极强的成分——推测作者的意图。另一方面，20世纪阐释学将**前理解**（Vorverständnis，又译"先前理解"）这一思想置于中心位置，前理解即前在的理解，或者已然被历史地决定、所有阐释都以之为起点的一切偏见、先入之见与预先判断。[②] 哲学家马丁·海德格尔（Martin Heidegger, 1889—1976）

[①] 参见 Kurt Nowak, *Schleiermacher: Leben, Wek und Wirkung*, Vandenhoeck & Ruprecht, 2001。

[②] 参见比如 Jean Grondin, *Introduction to Philosophical Hermeneutics*, Yale University Press, 1994。

认为,文本理解继续受我们的先验意见的影响,但根据他的看法,最重要的是阐释者知道其立场。根据最杰出的 20 世纪阐释学家汉斯-格奥尔格·伽达默尔(Hans-Georg Gadamer,1900—2002),阐释是作为"来自过去和现在的视域的融合"的产物而被建构的。① 伽达默尔用这些夸张的词汇所意指的是,大致地讲,当它被应用于读者自己的情势时,文本理解即被达成。这就把阐释学带到了后结构主义的周围。不过,因为其前在的起点,阐释学在本质上外在于我们探寻方法原则的范畴,而这对后结构主义方法而言却并非如此。的确,虽然后者基于本质时常模糊、截然不同的源头,但它并不对"预兆"负责。

源自形式主义与结构主义的其他 20 世纪运动 很多其他文学理论运动也都或直接或间接地源自形式主义、结构主义和后结构主义。它们中大多是寻求模式性的,虽然它们的方法原则并未总是被准确地界定。我们将在下文中讨论几种。

新批评和新历史主义 新批评(new criticism)主要兴盛于 1920 年代至 1950 年代之间,就像形式主义者,它把文学作品的自律放在了核心位置。文学理论家最重要的活动就是对文本的细读,脱离其语境。这种细读的目的在于揭示形式与内容之间的相互作用、复杂性和含混性。然而,新批评并没有发展出任何被正式界定的工作原理。虽然该运动不复存在了,但细读却继续被附加了巨大重要性。后来,从新批评中出现了新历史主义(new historicism);1990 年以降,它已然变得颇有影响。新历史主义似乎代表向在历史语境中理解作品的一种回归,而与此同时,人们试图借助文学理解文化史。② 在这里,文学分析闯入了文化史(同时参见第五章第一节)。

经验主义的文学理论和心理叙事学 对人的文学行为的心理研究是在对后结构主义者们相当主观主义、非经验主义的分析回应中发展起来的。这一运动研究人们如何在内心描绘和处理文本、他们利用文本做什么。③

---

① Hans-Georg Gadamer, *Wahrheit und Methode: Grundzüge einer philosophischen Hermeneutik*, Mohr, 1960.

② 参见 Harold Veeser (ed.), *The New Historicism*, Routledge, 1989。

③ 参见比如 Richard Gerrig, *Experiencing Narrative Worlds. On the Psychological Activity of Reading*, Yale University Press, 1993。

心理叙事学关涉读者将彼此一致的分析归于故事的程度,比如叙事单位和情节线索的划分,以及人物和叙事者的识别。① 这一跨学科领域介于人文学科和社会科学之间。

修辞分析和论证理论 虽然修辞学在 19 世纪几乎没有出现任何新发展(同时参见第四章第六节),但它在 20 世纪通过揭示文本的修辞论证,东山再起。比如,论证被按照其修辞说服力进行了分析。斯蒂芬·图尔敏(Stephen Toulmin)的研究成果《论证之用》(The Uses of Argument,1958)是最有影响的例证。虽然如此,修辞学已然在文学理论中处于边缘位置。然而,被称作**论证理论**(argumentation theory)的跨学科领域已然呈繁荣之势,是法学研究之类学科中的一种重要的辅助性学科。②

口头表述研究 20 世纪,口头文学研究大大拓展了。③ 一座出乎预料的源自世界很多地方的口头故事宝库露出了真容;与此同时,让口述诗人能够即兴创作诗歌的机制也得到了研究。该领域——以塞尔维亚口述抒情诗歌研究为基础——最重要的洞察之一是诗人们已然在其记忆里储存了大量诗歌"公式"。④ 这个学科中的诗歌公式概念是可以与语言学中的"结构"概念,或者普洛普形式主义中的"叙述素"相提并论的。这些公式可以通过传统的方式被组合或者被重组,因此促成非常迅速的诗歌创作。一如在音乐中那样,口述诗歌被证明是同时基于规则和基于范例的,于其间公式是基于范例的,而组合它们的程序则是基于规则的(参见第五章第四节)。

中国文学理论:新文化运动以降 清朝初期,中国文学理论依旧繁荣(参见第四章第七节),但在其后期阶段,活动的层次大大下降。⑤ 中国诗学最重要的代表之一是阮元(1764—1849),他主张唯有以韵律和平行形式

---

① 参见 Marisa Bortolussi and Peter Dixon, *Psychonarratology*: *Foundations for the Empirical Study of Literary Response*, Cambridge University Press, 2003。

② 参见 Frans van Eemeren and Rob Grootendorst, *A Systematic Theory of Argumentation*: *The Pragmadialectical Approach*, Cambridge University Press, 2003。

③ 参见 Jack Goody, *The Interface between the Written and the Oral*, Cambridge University Press, 1987。

④ Albert Lord, *The Singer of Tales*, Harvard University Press, 1960。

⑤ James Liu, *Chinese Theories of Literature*, The University of Chicago Press, 1975, pp. 103ff.

(比如头韵)写作的文本方能被称作"文",与之相对应的是"标准文本"(笔)。① 阮元的影响一直持续到了清朝灭亡之后;在他的著作中,中国古典研究是支配性的腔调。

中华民国期间(1912—1949),最重要的运动是新文化运动。胡适和陈独秀等文学改革家宣称古文是没有生气的,断言没有生气的语言绝无可能生产有活力的文学。1942 年,毛泽东发表了他著名的讲话,于其间他主张艺术和文学应服从政治。这篇讲话将构成中华人民共和国一切文化的国家方针。文学理论只能颂扬由"革命现实主义"和"革命浪漫主义"整合而成的社会主义现实主义。"文化大革命"期间(1966—1976),文学理论整体陷入了停滞状态。

戏剧研究的崛起:在文学理论的阴影下? 现代戏剧研究经常被视为一门源于文学理论的学科。然而,从一种历史的观点来看,相反的情况更有可能。若干世纪以来,诗学主要关乎戏剧而不是文学。在亚里士多德和婆罗多牟尼那里(第二章第八节),在卡斯特尔维特罗的三个时间、地点和行动统一律中(第四章第七节),我们看到了这一点。作为小说在 18 世纪的崛起和一个国家自己的民族文学在 19 世纪被赋予重要性的结果,欧洲的文学研究对其戏剧的关注不如对其文学史的关注那么多。直到 20 世纪,戏剧研究才再次被继续,这导致了现代戏剧研究的建立。这在很大程度上是因为马克斯·赫尔曼(Max Herrmann,1865—1942),他从 1919 年起担任第一位戏剧研究教授。在其《中世纪和文艺复兴时期德国戏剧史研究》(*Forschungen zur deutschen Theatergeschichte des Mittelalters und der Renaissance*,1914)中,赫尔曼声明他有一个雄心勃勃的目标,那就是过去的戏剧表演的复兴,以便"消失的表演"可以被再次复活。这一历史化的方法显然受到了新兰克历史书写传统的影响(参见第五章第一节)。然而,赫尔曼并没有将自己限定在戏剧文本的研究。为了重建历史,他也尽可能多地使用了源自戏剧实践的其他史料——演出报道、会议记录、年书、评论、期刊、信函、宣传小册子、小说和海报。

---

① Betty Peh-T'I Wei, *Ruan Yuan*, *1764—1849*: *The Life and Work of a Major Scholar-Official in Nineteenth Century China before the Opium War*, Hong Kong University Press, 2006.

不久,联系着这一重建的种种问题导致了赫尔曼终其一生的论战,但借助他的"穷尽史料原则",他建立了20世纪戏剧研究的标准。虽然彻底的重建现在被认为是乌托邦,不过,赫尔曼的方法带来了大量历史资料,它们为我们提供一种关于希腊、中世纪和文艺复兴时期戏剧的生动想法。1923年,赫尔曼成了声名卓著的柏林戏剧研究所(Theaterwissenschaftliche Institut)首任主任,但十年之后,当希特勒的人种论被引入的时候,他被迫退休。在非常困难的环境下,比如,他仅仅被允许站着在柏林国家图书馆阅读手稿,赫尔曼继续致力于他崇高的戏剧艺术概述,但1942年,这位幕后人物(éminence grise)被转移到了特莱西恩施塔德(Teresianstadt)集中营,两个月后死在了那里。①

目前,在学术性的戏剧研究中,赫尔曼的方法已然因为实证主义被搁置,后结构主义的方法在发号施令。② 然而,现在,戏剧重建依然被光彩夺目地实践,比如以基于计算机的欧洲历史戏剧多媒体模拟的形式,比如**戏剧计划**(Theatron Project)。迄今为止,这一类型中最了不起的戏剧重建是伦敦莎士比亚环球剧场(Globe Theatre)的新近重建,于其间建筑师和戏剧史家通力合作,勉力尽可能准确地重建这家著名的剧场。赫尔曼的梦想似乎最终已然成真。

至于**戏剧分析**,文学理论中的方法大多也已然被用于戏剧。③ 另外,源于艺术史的方法已然被使用,尤其是帕诺夫斯基阐释视觉源头的肖像学步骤(参见第五章第五节)。表演技巧研究是更加理论的戏剧方法之一。它与亚里士多德的《诗学》和婆罗多牟尼的《戏剧学》(参见第二章第八节)一样,历史悠久。19世纪期间,欧洲表演理论展露于法国人弗朗索瓦·德尔萨特(François Delsarte)的著作中,他设法让内在经验与姿势和动作等相一致。他这样做是基于他对人际互动的观察。

20世纪,在以**戏剧人类学**(theatre anthropology)而为众人所知的**跨文化**

---

① Stefan Corssen, *Max Herrmann und die Anfänge der Theaterwissenschaft*, Niemeyer, 1998.
② 参见 Phillip Zarrilli, Bruce McConachie, Gary Jay Williams and Carol Fisher Sorgenfrei, *Theatre Histories: An Introduction*, Routledge, 2010。
③ 参见比如 Christopher Balme, *The Cambridge Introduction to Theatre Studies*, Cambridge University Press, 2008。

表演(intercultural acting)研究中,出现了表演技巧的这种经验主义方法的令人着迷的续篇。这一运动是由意大利人尤金诺·芭芭(Eugenio Barba)启动的,它勉力发现普适性的表演原则。在戏剧人类学中,源自各种文化的戏剧传统被比较,历史悠久的印度、中国和日本文本被查考。① 虽然这项技术尚处于起步阶段,密切联系着戏剧表演,但戏剧实践的跨文化研究正在给人留下合意的印象。

原则:因果关系解释原则;层级分析原则;程序性规则体系原则;基于范例的描述原则;前在方法原则(阐释学循环);穷尽史料原则;变则原则

模式:艺术(音乐、绘画、文学)的历史编纂经历了一个从19世纪哲学—实证主义方法到20世纪文体定位方法的变化过程;文学体裁受制于规则系统(语法);语法界定"正确的"而不是"优美的"形式;文本的意义取决于读者的身份而发生变化;口述诗歌创作通过储存的诗歌公式的交流而产生;作为内在矛盾的产物,文本自我解构;层级叙事结构存在于一切叙事媒介之中

第七节 媒体与文化研究·从电影研究到新媒体

文学、戏剧、绘画和音乐是自古以来就存在的,迄今一直被连续不断地研究。另一方面,电影、电视和数字媒体仅仅自20世纪以来才存在,对它们的研究还不到一个世纪,在某些情况下还不到数十年的历史。最初,这些研究挪用来自其他人文学,尤其是文学理论的方法。虽然电影、电视和新媒体研究最近被整合为了媒体研究,但另一门学科已然带着支配一切的抱负逐步形成:**文化研究**(cultural studies)。

电影与电视研究:从结构到文化模式 电影的历史刚刚一个世纪之久;作为一门学术性学科,电影研究始于1970年代。然而,该领域中最早的研究与这种媒体本身的历史一样长。② 法国哲学家亨利·柏格森(Henri Berg-

---

① Eugenio Barba and Nicola Savarese, *A Dictionary of Theatre Anthropology: The Secret Art of the Performer*, Routledge, 2005.

② 参见 Robert Stam, *Film Theory: An Introduction*, Wiley-Blackwell, 2000。

son,1859—1941)经常被视为电影理论的先驱。1896 年,在其《物质与记忆》(Matière et mémoire)中,他介绍了作为"运动影像"和"时间影像"的媒介的发展。对作为一种艺术形式的电影的首次研究是由意大利人里乔托·卡努杜(Ricciotto Canudo,1879—1923)完成的,他把这种新媒体视为五种旧艺术的综合:建筑、雕塑、绘画、音乐和诗歌,后来他为之补充了舞蹈。

直到形式主义电影理论在20世纪前二十年的出现,一种严格的聚焦电影技术元素分析的方法才被发展出来,比如灯光、编剧、音响、构图和色彩。然而,按照这种传统,对电影基本结构的探寻并未被启动。不过,我们确乎在结构主义电影理论里找到了它,尤其是在克里斯蒂安·麦茨(Christian Metz,1931—1993)的著作里。在《电影语言:电影符号学》(Film Language: A Semiotics of Cinema,1974)中,麦茨提出了他的"大组合段"概念(Grande Syntagmatique),于其间他把电影的"通用"基本成分称作"结构段"(syntagma)。他为它们提供了一个层级组织,以便电影叙事结构可以被形象化。麦茨的大组合段被其他人,尤其是被米歇尔·科林(Michel Colin)精心发展为了一个规则系统,借助这个规则系统,一切可能的电影的一切可能的结构原则上都可以被生成。① 正如在谱系语文学或者生成语言学中那样,电影叙事结构被阐释为一个树形谱系图(参见第五章第二节和第五章第三节),树叶代表电影场景,而枝状结构表示场景之间的关系。

然而,作为一个程序性规则系统,科林的著作并不达标。虽然科林所使用的语法基本成分含有镜头、镜头序列和场景等范畴,但它们并不以语言语法与某一语言的具体词汇相联系的方式,或者音乐语法与某一音乐风格的具体乐音相联系的方式,与**具体**镜头有联系。这就让电影语法悬置在了一个相当抽象的层面上,要验证它很难。因此,大组合段主要属于符号学的传统,而不是形式语言学的传统。

另一方面,还有其他方法,尤其是**叙事学**方法(参见第五章第六节)已然被发展到如下程度:它们甚至可以借助适合于电视连续剧叙事结构派生物的计算技术被验证。然而,这一方法暂时仅仅服务于相对简单的电影和

---

① Michel Colin, "The Grande Syntagmatique Revisited", in Warren Buckland (ed.), *The Film Spectator: From Sign to Mind*, Amsterdam University Press, 1995, pp.45—86.

电视连续剧,尚不作用于麦茨和科林聚焦的更为复杂的电影。

虽然1970年代的电影研究受拥有普适主义方法的语言学和符号学支配,但我们在1980年代看到了对电影史日益高涨的兴趣。最了不起的贡献之一是大卫·波德维尔(David Bordwell)、珍妮特·斯泰格(Janet Staiger)和克里斯汀·汤普森(Kristin Thompson)等人的系统的好莱坞经典影片历史编纂(1985)。除这一历史的观点之外,电影也已然被这样研究,即从批评理论(参见第五章第一节)和后结构主义(参见第五章第六节)的视角,以及从女性主义和后殖民主义的观点。这些方法从探寻"通用"模式出发,但它们确乎发现了电影中的文化模式,尤其是关于男—女关系和权力结构的表现。电影也已然被借助源于人文学"之外"的方法进行研究。比如,雅克·拉康使用了心理分析的过程,斯拉沃热·齐泽克(Slavoj Žižek)通过电影分析"真实"/"实在界"(the real)这一哲学概念。

我们也看到了具体研究方法在电视研究中的缺席。① 然而,模式也在此间被揭示。比如,在《电视:技术与文化形式》(*Television*:*Technology and Cultural Form*,1974)中,雷蒙·威廉斯(Raymond Williams)确定了电视这一媒介发展历史上的一次引人注目的变化。1970年代,电视节目不再是用单独的、连续的版块(block)制作,比如新闻、智力比赛和电影;相反,一切几乎无缝地流入其他一切之中。节目间的正常间隙现在播商业广告和第二天的电影与智力比赛的预告。威廉斯称这一现象为**流**(flow),它导致了信息、广告、娱乐和预告片的不间断流动,旨在让观众锁定某一特定频道。除这一批评性分析之外,电视也被使用其他方法进行研究,比如上文所介绍的电视连续剧叙事分析。就像电影一样,电视已然被使用人文和社会科学中的几乎所有技巧研究过,旨在同时批评和阐明电视媒介历史和结构中的趋向。

媒体研究的崛起 对电影、电视、摄影、戏剧和数字媒体的普遍研究被概指为**媒体研究**(media studies),它最近已然发展为一门学术性学科。本领域的老前辈之一是瓦尔特·本雅明(1892—1940),他也是批评理论的法兰克福学派的创始人之一(参见第五章第一节)。虽然本雅明的关涉艺术史

---

① 参见 Robert Allen and Annette Hill (eds.), *The Television Studies Reader*, Routledge, 2004。

的著作之前曾被提到(第五章第五节),但我们尚未提及他最有影响的贡献,出版于1936年的《机械复制时代的艺术作品》(*Das Kunstwerk im Zeitalter seiner technischen Reproduzierbarkeit*/*The Work of Art in the Age of Mechanical Reproduction*,又译《技术复制时代的艺术作品》)。这部著作是同时关于艺术理论和媒体理论的。根据本雅明,复制和传播艺术作品的新技术带来了艺术和艺术家之间关系的急剧变化。电影、摄影和留声机等放弃了艺术作品的传统**真实性**(authenticity)概念。这是因为原作和复制品之间的区别在电影和摄影中是没有意义的。同一部影片可以被同时放映,因此,没有一个观众在其他观众面前享有特权地位。艺术作品已然变为大众文化(mass culture)的一部分,失去了若干世纪以来环绕于它的神秘性或者**光晕**(aura)。本雅明认为他可以在新艺术中看到一种**民主化模式**(pattern of democratization);作为他那个时代的孩子,他分析了艺术在法西斯主义和共产主义政权中的使用。本雅明所观察到的模式已然在很大程度上决定了媒体研究中的批评运动。

马歇尔·麦克卢汉(Marshall McLuhan,1911—1980)所进行的分析性质大大不同。在《理解媒介:论人的延伸》(*Understanding Media*:*The Extensions of Man*,1964)中,麦克卢汉主张媒体就像电话和电视一样,是人类感官的延伸。他把人与媒体之间的关系分析为身体与世界之间的一种复杂的相互关系。根据他的分析,一双鞋或者一辆自行车与电视或者电话一样,是媒体的重要部分。因此,人们只得通过探究媒体(比如人—世界关系)来解释世界。麦克卢汉主要是因为其"媒介即信息"这一口号而出名的,借助这一口号,他意指媒介本身就是值得我们关注、延伸感官的信息。这就是为什么在书写文化在很大程度上代替口头文化的时候,眼睛比耳朵发挥的作用要大。虽然麦克卢汉的分析从根本上构成了媒体研究,但近年来,该学科已然越来越多地受到了**文化研究**的影响。

文化研究:极端的折中主义 **文化研究**是一种人文学科运动,于其间方法的折中主义不但不被视为问题,而且实际上已被提升为一种范式。文化研究最初是批评理论的延续(参见第五章第一节),但它很快就为这些所加强:经济学、传播研究、社会学、语言学、文学理论、文化人类学、哲学、艺史、后结构主义和性别研究(以及其他更多的东西)。① 文化研究试图整合所有这些学科,以便研究**文化实践及其与权力的关系**。高雅和低俗文化之间的区隔不再被划分——一切都是文化。"文化研究"这一术语是理查德·霍加特(Richard Hoggart)在伯明翰当代文化研究中心(Birmingham Centre for Contemporary Cultural Studies, CCCS)成立的 1964 年自创的,虽然这一学科目前主要联系着斯图亚特·霍尔(Sturat Hall),霍加特的继任者。

就像批评理论学派一样,新马克思主义是文化研究最初的灵感之源。在这个项下,它让自己密切地联系着安东尼奥·葛兰西(Antonio Gramsci, 1891—1937)的思想,葛兰西提出了**霸权**(支配)文化和**底层**(从属)文化之间的区别,颇具影响。后来的接纳源自人文学科和社会科学的众多方法已导致该学科不再进一步要求方法的连贯,成了方法的大杂烩。这是终极形式的跨学科性吗?或者它是怎么都行的案例吗?无论多少种方法已然被文化研究采用,我们没有在它们中间找到程序性的规则系统原则——不过我们在其他人文学科中确乎找到了。尽管(或许因为)缺乏清楚、连贯的方法,文化研究已然通过之前未曾被发现的文化材料揭示出趋向与模式。比如,权力和知识之间的新关系浮现了出来,关于数字世界的可及性和民族身份的单一性的持久神话已然被否定。这种"当下文化的无限多元性"②正是文化研究的目的所在。③ 然而,作为一门混源的学科,它缺乏一个保证任何可控性的清晰基础。因此,文化研究有着退化为一个懒散领域的风险,于其间一切都可以被要求给予。我们会重蹈古典修辞学的覆辙吗?它从一门无所不包的学科演变为了一门空空如也的学科(参见第四章第六节)。时间将证明一切。

---

① 参见 Richard Johnson, "Multiplying Methods: From Pluralism to Combination", *Practice of Cultural Studies*, Thousand Oaks, 2004。

② 参见 Jan Baetens, Joost de Bloois, Anneleen Masschelein and Ginette Verstraete, *Culturele studies: theorie in de praktijk*, Vantilt, 2009,封底文字。

③ 以一种众所周知为**文化分析**(Cultural Analysis)的相关方法,米柯·鲍尔(Mieke Bal)称这种形式的实践为交叉学科(interdiscipline)。参见 Mieke Bal, *The Practice of Cultural Analysis: Exposing Interdisciplinary Interpretation*, Stanford University Press, 1999。

新媒体：因"根茎状"结构变动不居的学科　新媒体研究是人文学中最新的学科。这个领域最令人感兴趣的问题之一是对其自身研究对象的界定。① 目前，新媒体主要是被用以意指**数字媒体**，比如因特网、网页、虚拟现实、视频游戏、移动电话、数字电影和互动电视。然而，一代人之前，1975 年前后，新媒体主要指**视听媒体**，包括电影、电视和录像。在这一代人之前，人们认为新媒体就是电话、收音机和摄影。简言之，"新媒体"这一概念本身处于一种不断变化的状态之中。因此，其中，该学科考察新媒体在何种程度上为"新"，以及这在历史和概念的意义上意味着什么。在《再媒体化：理解新媒体》(*Remediation: Understanding New Media*, 2000)中，杰伊·博尔特(Jay Bolter)和理查德·格鲁辛(Richard Grusin)把历史上的每一种"新"媒体都吸收之前媒体的内容这一事实确定为了一种模式。比如，电影包含业已存在于舞台的叙事结构，计算机游戏使用源于电影的叙事结构。

新媒体研究中的另一探索是揭示超文本、网站和视频游戏的基本结构。被用于语言学、文学和电影研究的传统层级结构似乎并不适合此目的。该领域的早期探索是假想的——它们考察了公布时尚不存在的一种假设形式的媒体。比如，1941 年，在《小径分岔的花园》(*El jardín de senderos que se bifurcan/The garden of forking paths*)中，豪尔赫·路易斯·博尔赫斯(Jorge Luis Borges)介绍了小说可以借助迷宫般的结构以多种方式被阅读这一想法。博尔赫斯的思想极大地影响了超文本在 1960 年代的发展。另一位重要的人工智能研究者是万尼瓦尔·布什(Vannevar Bush，又译范内瓦·布什)，他参与了原子弹的早期研究。在他的论文《诚如所思》("As We May Think", 1945)中，他预见到了"因贯穿在它们之间的一个关联记录网而唾手可得的全新形式的百科全书"的可能性。这样的结构构成了当下数字媒体的基础，比如网站和游戏，于其间迷宫般的交错是一种反复出现的元素。

交错结构这一概念得到了吉尔·德勒兹(Gilles Deleuze)和费利克斯·瓜塔里(Félix Guattari)的进一步阐释，他们为此目的在《千高原》(*Mille plateaux*, 1980)中引入了术语"根状茎"(rhizome，又译根茎、块茎)。这个词被

---

① 参见 Noah Wardrip-Fruin and Nick Montfort, *The New Media Reader*, 2003。

借自植物学,在植物学中意指一种在地面下、通常呈水平方向生长的茎,它经常再向上转向,并因此长成一株新的植物。人文学科中的**根茎状结构**(rhizomatic structure)并不假定一个有分支的基础。相反,它是一个网络,成扇形向两边散开,由很多没有清晰的起点或者终点的交叉点组成。这样的一个结构比语文学和语言学中的层级树形结构更加复杂。在根茎状结构中,在树形结构中被层级地分离的不同部分也可能被直接地彼此相连。在数学和信息技术中,根茎状结构被**图表**(graph)概念遮盖了。① 因此,网站或者视频游戏的结构通常不能被线性或者层级结构代表,而是被根茎状结构代表。游戏的级别和网站的网页可以是彼此联系的,以便人们可以自由地,而不是以一种层级的方式,在不同级别或者网页之间来回变动。所有的新媒体结构探索无形中导致了一种根茎状结构。不过,根茎状结构这一概念并不局限于新媒体——它是被借助文学理论设计出来的,已然被用于分析普鲁斯特等作家(参见第五章第六节)。

在《**新媒体的语言**》(*The Language of New Media*, 2001)中,列夫·曼诺维奇(Lev Manovich)也把分散的、根茎状的平台这一思想接受为新媒体的结构基础。曼诺维奇把他的结构描述为一个**关系数据库**(relational database),将其与更为传统的叙事形式进行了比较。传统形式有始有终,而数据库创建一个没有具体路径可循的结构,就像根茎状结构那样。

除这种对基本结构的探寻之外,新媒体学科也关涉新媒体艺术、赛博文化、互动性、数码政治,等等。就其研究主体而言,新媒体研究或许是人文学中最具创新性的领域。没有什么比"新"这一概念老化得更快,因此该学科不断地关注重新界定自己。然而,就方法而言,新媒体研究不过和其他媒体领域一样,是杂合而生的。

新人文学科的杂合性 可能看似奇怪的是,我们对原则和模式的人文主义探寻的历史以文化研究和新媒体研究告终。然而,对方法基础的探寻在任何地方都不像在这些学科中那样,与当下有关(在我们在此尚未讨论

---

① 参见比如 Gary Chartrand, *Introductory Graph Theory*, Dover, 1985。

的甚至更为新近的学科中,比如视觉文化研究①和表演研究②,同样如此)。方法的杂合性这一现象不仅见诸所有"刚刚起步的"学科,而且见诸19世纪及其之前。③ 早期文学理论、艺术史和音乐学基于取自19世纪哲学和孔德实证主义的方法;20世纪初,戏剧研究基于文学理论,而在20世纪后半叶,新媒体和文化研究也指望社会科学。一门学科要一直到它已然与它源起于其间的领域相分离,才建立自己的方法。就文学理论而言,这个过程耗去了整个19世纪。我们没有理由认为,这一过程将随着新近的人文学科发生得更快。人们唯一需要依然对之感到不安的是跨学科的杂合物:它们被证明会让人微笑一时,但不会让人笑到最后。

原则:程序性规则系统原则;源自人文学科和社会科学的方法原则的杂合选择

模式:原作和复制品之间的区别消失于摄影和电影等"新"媒体之中;"新"媒体吸收之前媒体的内容;电视媒体的历史证明一种从"版块"到"流"的转变;新媒体产品具有根茎状结构

概要:现代人文学中有断裂吗?

现代人文学中的常见模式 在讨论现代人文学是否表示与早期近代的断裂之前,我们将呈现我们已然在19世纪和20世纪人文学科中发现的大量常见模式。在此期间,欧洲之外的人文学科在很大程度上受到了欧洲的影响,其中,非洲的历史编纂学是最引人注目的例外(参见第五章第一节)。

历史的解放:人文学科变为描述历史 不同于音乐、艺术、文学和戏剧的历史在早期近代获得了零星关注,19世纪以降,历史编纂在每一人文学科中都被赋予了核心地位——从欧洲到印度(另一方面,在中国,艺术史编纂已然占据核心地位达数世纪之久)。艺术的历史被进一步分为风格周

---

① 参见 Nocholas Mirzoeff, *An Introduction to Visual Culture*, Routledge, 1999。
② 参见 Soyini Madison and Judith Hamera (eds.), *The Sage Handbook for Performance Studies*, SAGE, 2006。
③ 关于19世纪语言学的杂合性,参见 Bart Karsten, '*Die Boppsche Wissenschaft*'?, MA thesis, Utrecht University, 2009, p.37。

期,于其间每一个周期都显示出一种崛起、鼎盛和衰落的模式。另外,我们已然看到,从本质上讲,20世纪人文学科全都得到了认知、计算和后现代视角下的研究。除去偶尔的例外(语言学,或许还有语文学),人文学科同时有寻求模式和拒绝模式成分,后者仅仅拒绝"普适性的"模式,而不拒绝本土的或者具有文化特殊性的模式。

从规定性回归描述性趋势的延续 这一趋势是在18世纪被开启的,一直延续到了现代。最初,西方人文学科大多依然处于浪漫主义或者民族主义的桎梏之下,当时黑格尔学派、孔德学派和赫尔德学派的运动居于支配地位,但在20世纪,描述性的方法似乎已然回到了音乐、艺术、文学和戏剧研究之中。它随着布克哈特和沃尔夫林的反民族主义态度始于艺术史,播散到了其他人文学科。我们记得在古代存在一种从描述性到规定性的趋势(参见第二章概要)。倘若我们试图调查作为一个整体的人文学的历史,似乎有一个从描述性到规定性,然后返回描述性的循环趋势。

层级分层作为反复出现的主题 这种分层源自修辞学,但它出现在所有人文学科之中——一部人文作品被分解为其构成部分,其构成部分被再次分解为更小的单位,直到以不可再分的词缀告终,比如语言中的音素、音乐中的音符、绘画中的构成要素,以及电影中的镜头。我们可以断言,层级结构形式的分析是欧洲人文学科中的一个常量——从古代的拥有其层级分类的修辞学(参见第二章第七节),还有维特鲁威对建筑的分析(参见第二章第五节),经由中世纪的模式派语言学(参见第三章第一节)和人文主义艺术理论(第四章第五节),到19世纪的谱系语文学和音乐学,以及20世纪语言学、历史和文学理论。新近发展起来的新媒体研究证明了对甚至更为复杂的结构的进一步探寻,比如根茎状结构(第五章第七节)。

语法作为反复出现的主题:规则与范例 层级分层表示了人文主义表达的语法或者程序性规则系统的存在。分层的构成部分可以由范畴和词、音符或者镜头等基本单位所表示。然后,这些构成部分被规则系统,请注意——语法,联系起来。然而,实践是更加难以控制的。没有完美的规则系统,基于规则的方法似乎唯有在它被**基于范例的**成分推动的情况下才奏效——这完全是因为如此多的语言学、音乐、文学、电影和艺术表达都是基于惯例。虽然严格意义上的基于规则的传统源于印度(帕尼尼),基于范例的传统主要源自阿拉伯世界(西拜韦),而两种传统也都存在于希腊(阿波罗尼奥斯·狄斯克鲁斯)。二者的整合源于 20 世纪(后乔姆斯基的)欧洲(参见第五章第三节)。

与早期近代人文学的断裂抑或连续性? 人们普遍认为,现代人文学代表与早期近代的一种断裂。[①] 人们甚至经常假定,人文学科直到 19 世纪才成为学术性学科。[②] 根据这种观点,就方法和结果而言,早期近代人文学依然是与其他"科学"步调一致的,然而,19 世纪,两种类型的学科登台亮相,每一种都有自己的方法——自然科学和人文学科,前者探寻"常规法则研究"模式,关注阐释,而后者研究"具体的"独特事件,关乎理解——参见第一章和第五章第一节。

我们的历史探寻显示出一幅不同的景象。尽管有狄尔泰和文德尔班的"理解"和具体建议,依然存在一种从古至今不曾间断的人文传统,它聚焦模式和规则探寻(除此之外,还有一种关注模式**拒绝**的平行传统——我们将在本概要末尾部分回到这一点来)。然而,没有断裂。早期近代和现代人文学的最大差异在于我们在上文提到的历史成分。

现代人文学中的累积进步 连续性问题引发了在现代人文学中是否如在早期近代人文学科中那样,存在累积进步的问题。在关于早期近代人文学的第四章的概要中,我们根据库恩的"问题解决能力"回到过这一问题。在下文中我们将简要介绍对每一人文学科而言,它与早期近代前辈的连续性(有意识的或者无意识的)由什么组成,检查它是否包括了在之前的概要中被讨论过的问题解决方面的进步。我们将不考虑电影和电视研究、文化研究和新媒体研究,因为这些学科并没有近代早期对应物。

历史编纂学 兰克的"史料批评"(第五章第一节)带来了现代史的语文学化。虽然兰克改变了历史书写的普遍实践,但他的语文学方法并不代表一种断裂。他的史料批评有意识地延续和拓展了列奥纳多·布鲁尼、约

---

① 参见比如 Michel Foucault, *Les Mots et les Choses*, Edition Gallimard, 1966;同时参见 Gunter Scholz, *Zwischen Wissenschaftsanspruch und Orientierungsbedürfnis: zu Grundlage und Wandel der Geisteswissenschaften*, Suhrkamp, 1991。

② 参见 Otto Oexle (ed.), *Naturwissenschaft, Geisteswissenschaft, Kulturwissenschaft: Einheit-Gegensatz-Komplementarität?*, Wallstein, 2000。

瑟夫·斯卡利格等人的人文主义历史编纂学,这些人也使用了严格意义的语文学批评,于其间斯卡利格还包括了文化语境(参见第四章第二节)。另外,我们已然看到了非洲口述史何以(在16世纪和17世纪之间)借助人类学家进入欧洲历史,并因此带来了不同地区之间的一定程度的连续性。至于累积进步,当我们如在第四章的概要中所做的那样,考察测定历史事件的年代这一问题的时候,我们已然看到了问题解决能力方面的进步。在这里我们发现了精益求精,因为年鉴学派和其他人的穷尽史料,也因为旨在测定历史器物的年代的新技术的使用,比如树木年代学和碳14法(参见第五章第一节和第五章第五节)。

语文学 连续性在任何地方都大不过在谱系语文学中。拉赫曼式文本修复建基于波利齐亚诺和本特利的人文主义方法之上,波利齐亚诺和本特利遵循的是阿拉伯伊斯纳德语文学家的传统,最终可以被追溯至亚历山大学派学者那里。也有关涉文本修复问题的累积进步。一如我们在第五章第二节所看到的,拉赫曼是第一位把文本修复方法形式化为规则系统的语文学家,在此之后19世纪和20世纪的语文学家赋予了文本修复方法一种日益形式化、更加数学的基础。目前,谱系语文学似乎是一门"完整的"学科,就像古典机械学或者物理学中的几何光学一样。然而,(非谱系的)语文学也依赖于对文本的解读和阐释性解释,这样的修复即使有也较少有累积进步的倾向。

语言学 连续性见诸语言学的程度也很高。格林和葆朴的历史语言学建基于博泽的早期著作和赫姆斯特赫斯关于没有例外的一种源语言这一思想之上。新语法学派继续走的是与格林、葆朴和他们的同事相同的道路。因为他们聚焦共时而不是历时语言学,结构主义者似乎显示出了一种断裂,但就方法而言,他们依然使用规则系统,在对模式的探寻中并没有中断。因为乔姆斯基,我们看到了结构主义思想与帕尼尼的著作的整合。主要基于范例的(数据定位)语言学建基于帕尼尼和西拜韦二人的传统之上。验证被发展于计算语言学中的语法方面的进步是最容易的。累积进步在其中不仅是存在的——而且可以量化。

逻辑学 最大的变化似乎已然发生在逻辑学中。一种新的逻辑体系自亚里士多德以来首次被发展了出来——弗雷格的谓词逻辑。然而,这种逻辑学继续建基于莱布尼茨和其他人的早期近代尝试之上,弗雷格的谓词逻辑甚至概括了悠久的命题逻辑。**蒙塔古语法**也是经典问题,即逻辑学与语言学体系的整合的一种解决办法。另外,弗雷格和蒙塔古推进了语意合成性这一古老的印度概念,虽然他们或许并不知道它。因为弗雷格的谓词逻辑,在决定逻辑论证的有效性方面(参见第四章的概要)的进步也是显而易见的。整句首次被转换成了谓词—逻辑公式,它们然后被整合进其有效性可以被准确计算的复杂论证之中。在逻辑学的历史上,这是一项无与伦比的成就。

  音乐学 在音乐学中,早期近代的和音探寻和早期近代的音乐语法发展双双继续存在。然而,对音乐的历史研究的强调要强得多,虽然这主要是在欧洲(发生在中国的情况恰恰相反)。在音乐学中首次有了累积进步。诚然,普兰普和李维特是以赫姆赫兹和前辈音乐学家及声学家的著作为基础的,但他们在令人满意的程度上解决了和音与不谐和音问题。无论如何,他们把这个问题还原为了在一定程度上是生理学课题,在一定程度上是历史课题。随着其层级分层,悠久的音乐语法通过申克、勒达尔与杰肯道夫的工作获得了形式化,并针对听众的直觉进行了验证。正如在语言学中那样,这些音乐语法被基于范例的成分加强,在此之后,也有在预测被观察到的乐句结构的准确性方面的可见进步(第五章第四节)。

  艺术史 早期近代,莫雷利、贝伦森和沃尔夫林的风格聚焦的艺术分析在很大程度上是缺席的,不过这样的一个传统却在明朝期间存在于中国(第四章第五节)。然而,在阿尔伯蒂的构图等旧方法和沃尔夫林的方法之间存在较高程度的连续性,即在艺术作品的层级的部分—整体分析之中(第五章第五节)。从早期近代到现代艺术史编纂的转变在很大程度上是由从规定性到描述性的变化组成的。就进步而言,描绘二维表面上的三维客体问题被解决得和早期近代一样好(参见第四章的概要)。我们因此看到了最大的进步是在具体的大师作品的归因判断问题方面。最初,它们依然是以一种直觉的方式被做出的,但莫雷利发展了一种绘画细节的分类法,它被沃尔夫林拓展为了一种普遍的风格分析。自然科学方法的持续发展意味着一幅画可以被更为准确地归因于某位画家,或者不可以。

考古学 很难讨论考古学中的长期连续性,因为考古发掘直到18世纪才发生。然而,在考古文物研究中、在题铭研究和古文物研究的形式中,有一些自古以来的联系性是可以被辨识出来的。不过,倘若我们要谈论累积进步,我们必须将自己限定在18、19世纪和20世纪。在这里,我们可以发现在发现考古遗址和测定人工制品年代方面的进步。最初,遗址是凭碰运气或者通过文献渊源被发现的,但自从考古土壤调查成为基础设施项目的常规部分以来,遗址问题已然被高度系统化,发现遗址的可能性已然急剧上升。航拍技术的引入进一步增加了探测选项。年代测定也已然被大大改进,最初是通过黏土层研究,后来是通过检测树木年轮,近来则是因为碳14法(参见第五章第五节)。

文学与戏剧研究 在本博和胡埃的早期近代著作中(参见第四章第七节),我们见到了19世纪欧洲文学史编纂。普洛普、托多罗夫和其他人对叙事语法的发展看起来是新兴的,但可以说,我们也在拥有规定性的叙事和戏剧结构的古典诗学里找到了它们(一如在布洛瓦的著作中)。然而,早期近代诗学完全是规定性的,而现代文学分析主要是描述性的。另一方面,规则系统在俄罗斯形式主义和叙事学中的使用有别于其他一切早期近代体系。它在形式主义中有断裂。在源自基础叙事结构这一问题方面的累积进步是显而易见的。普洛普主观地以其叙事语法(叙述素)推断基本成分,而在叙事学中,这些结构成分可以在很大程度上被预测,这个过程可以借助某些计算方法被自动实施。然而,就意义的归因判断而言,进步是很难或者甚至不可能确定的。适用于文学研究的东西对戏剧研究也是有效的。早先,戏剧史曾为 J. C. 斯卡利格和其他人所撰写,但赫尔曼的历史戏剧重建则是现代的。类似的,现代表演理论和亚里士多德与婆罗多牟尼一样历史悠久。进步主要见诸戏剧重建的准确性方面,比如环球剧场(参见第五章第六节)。

一切人文学科中的进步 以上讨论表明,一如在早期近代人文学中那样,在现代也有进步(就问题解决能力而言)。然而,我们应当再次强调,这种进步仅仅就每一学科中的一两个问题而言是可见的。不过,与普遍持有的观点相反,在所有领域都有进步。

战后人文学中的二分法？ 虽然在早期近代和现代人文学之间并没有断裂,但在战后人文学中存在一种二分法。我们首先在解构主义和后结构主义的崛起中见到了它。虽然可以说,对通用模式的探寻依然故我,但随之出现了拒绝这一探求的传统,尽管很多具有文化独特性的模式被辨识了出来(参见第五章第一节、第五章第五节和第五章第七节)。这两种传统似乎是不可调和的——艺术、音乐和文学的风格和计算分析与后结构主义和解构主义方法大相径庭,反之亦然。有两种艺术史、两种音乐学和两种文学理论在运转,彼此间没有任何真正的接触,通常无视彼此的成就。好像历史在复制自己一样,当下人文学中一方面存在着追溯至亚历山大学派(公元前3世纪)的"规则派"运动,另一方面,我们发现了一个源于帕加马(公元前3世纪)的"异常派"学派——参见第二章第三节。

引人注目的是,寻求模式和拒绝模式活动在每一学科中并不同等有力。比如,拒绝模式运动否定通用模式,在语言学和逻辑学中不如在文学理论、音乐学和艺术史中常见。① 我们也在公元前3世纪发现了这种二分法,而且有时候是在同一个人身上。在其哲学观点中,索利的克吕西波斯保持着拒绝模式的观点(然而,这种观点导致了令人着迷的文本阐释,参见第二章第三节),但与此同时,他是古代最系统的逻辑学——命题逻辑——的设计者(参见第二章第六节)。这样的学术分裂是一种例外;倘若我们没有以一种比较的方法接近人文学的历史,它就会一直无人问津。② 然而,拒绝模式这一思想的种子是在古代萌芽的;让人困惑的是,后结构主义人文学的学者为何没有在帕加马的异常派论者中寻找其精神祖先。或者如马克思所言,人们担心历史上的一切都出现两次——第一次是作为悲剧,第二次是作为闹剧?③

---

① 同时参见 Julie Thompson Klein, *Humanities, Culture and Interdisciplinarity: The Changing American Academy*, SUNY Press, 2005。

② 这种"精神"分裂也见诸科学史,比如在伊本·西那(阿维森纳)和笛卡尔等人身上,对他们而言,自然哲学和关于自然的数学知识是非常奇怪地全然分离的领域。非常感谢 H. 弗洛里斯·科恩(H. Floris Cohen)为我指出了这一点。

③ Karl Marx, "Der 18te Brumaire des Louis Napoleon", *Die Revolution. Eine Zeitschrift in zwanglosen Heften. Erste Hefte*, 1852。

第六章　结论·改变世界的人文学洞见

在本书中我揭示出了人文学历史上的一条连续不断的路线——从古至今、遍地开花的对理论原则和经验模式的探寻。通过仅仅总结"已然改变世界"的人文学洞见，我对待这一历史是不公正的——然而，正是这些改变世界的洞见曾长期遭人忽视，被不公平地归功于自然科学。因此，在本结论中我将以聚焦人文学的社会影响为起点。之后我将讨论人文学与自然科学之间的关系，再稍稍勾勒未来的前景。

倘若有一种图景从本结论中清晰地显现出来，它就是探寻语言、音乐、艺术、戏剧和文学中的原则和模式在全世界都存在。人文学的历史编纂表明，"硬科学"（hard science）远比数学和物理普遍，[①]"改变世界的发现"见诸所有学科。

史料批评的发现催生了宗教改革运动，带来了启蒙运动　史料批评的发现导致了西方世界观的最大变化之一，时至今日依然影响巨大，尤其是在历史真相调查之中。实际上，我们是在谈论两种发现——**史料批评**（source criticism）和**史料修复**（source reconstruction），它们在19世纪期间被整合成了一种包罗万象的方法。史料批评被初步建立于希腊（参见第二章第二节）；经由形式化的伊斯纳德法（第三章第二节），它为早期近代人文学者带来了一种严格的学术方法（第四章第一节）。经由瓦拉、斯卡利格和其他人之手，它变为了一种强有力的工具，借助它，古老的史料可以基于纯粹语法的、历史的、逻辑的分析被揭示。现在，一己之力便能彻底推翻曾经被认为

---

① 类似观点曾为弗里茨·斯塔尔（Frits Staal）所支持，但仅仅是为逻辑学和语言学——参见 Frits Staal, *Universals: Studies in Indian Logic and Linguistics*, University of Chicago Press, 1988。

无懈可击的史料。最著名的例子是瓦拉在 1440 年的证伪《君士坦丁的捐赠》,以及后来的教皇国合法性的法律失效(参见第四章第一节)。最初,瓦拉的结果很少或者没有产生影响,但在宗教改革运动期间,它被马丁·路德等人用作了反对罗马天主教的世俗权力的有力证据。通过波利齐亚诺,瓦拉播下了形式化的**史料修复**的种子,它可以被用于借助一个系谱追溯过程,重建现有复本的原始版本(第四章第一节)。16 世纪后期,约瑟夫·斯卡利格基于埃及国王列表重建(由曼涅托完成),证明了世界史必定比与圣经融贯的历史(第四章第二节)悠久。虽然斯卡利格通过引入"神话"时间的概念,设法保护《圣经》,但在 17 世纪和 18 世纪期间,他的结果导致了激烈的《圣经》批评,引发了启蒙运动。19 世纪,拉赫曼完善了史料批评和史料修复;直到今天,它依然构成了历史研究的基础(第五章第二节)。比如,各国政府和国际机构纷纷利用史料批评和文献修复来帮助确定文献的可靠性。并不独见于司法管理的是,史料批评成为辅助性学科这一工具箱的一部分。它也是日常实践的一部分,比如在关乎种族灭绝大屠杀的历史真相调查中。

人文主义者的发现理论与经验主义互动构成了科学革命的基础 在 15 世纪语文学、艺术理论和音乐学中,存在理论与经验主义之间的有趣互动,于其间无论理论可能看起来多么牢不可破,经验主义享有决定权。一如我们在上文所看到的,这种相互作用在语文学中始于瓦拉和波利齐亚诺;经由斯卡利格和卡索邦,它成就了一门拥有自身方法论的稳固的 19 世纪学科(第四章第一节)。这门学科的影响的一个例证是这一事实,即很多 16 世纪和 17 世纪科学家同时也是语文学家,从伽利略和开普勒到牛顿。语文学是第一门证明假设甚至理论何以能够基于新观察(比如新发现的史料)被推翻的早期近代学科。我们也在艺术理论中发现了这种互动。虽然阿尔伯蒂建构了极佳的一个线性透视数学结构,但结果是**经验**透视并未遵循它。为了阐明这种经验透视的基础理论,列奥纳多费尽了心血,但除了几条经验法则之外,他并未成就理论基础(第四章第五节)。列奥纳多在其实验中非常系统地考察了光源、色彩和对象的位置的影响,他的实验构成了新科学家的灵感来源。人文主义音乐学家一丝不苟的弦乐实验及其数学基础具有类似的重要性。通过他们的和音法则研究,他们几乎直接把假设提出与实验之间的互动传递给了新一代学者,这实际上就是伽利略父子间的情形(第四章第四节)。对语言学、艺术理论和音乐理论的基本模式的探寻显示出了与后来对落体运动、行星运转及其数学基础的基本法则的探寻一样的连续性,其中,源自第一次探寻的结果中有一些构成了第二次探寻的起点(参见第四章第四节和第四章概要)。

形式语法的发现奠定了信息技术与互联网革命的基础 语法的范畴是非常多层面的。首先,狄俄尼索斯·特拉克斯、多纳图斯和西拜韦等人的教学语法使得希腊语在希腊化世界、拉丁语在后罗马帝国世界、阿拉伯语在伊斯兰文明中的传播成了可能。倘若没有这些实践语法,任何语言都不会发展为通用语,希腊化、罗马或者阿拉伯帝国就不会被建立,或者无论如何不会以相同的方式被建立。除这些语法的帝国主义功能之外,它们的潜在**形式主义**改变了世界,尽管是以一种截然不同的方式。比如,差不多 2500 年之后,帕尼尼的形式规则系统被用作了更为高级的程序语言的基本形式体系(参见第二章第一节)。乔姆斯基的发现形式语言的层级(第五章第三节)构成了描述和分析计算语言的基础。乔姆斯基早期的形式著作在很大程度上是关于语言的,后来被证明更适合于程序语言,而不是人类语言。程序语言的分析和编辑是通过语言学工作被着手实施的,语言学工作建立了信息技术的基础以及它的诸多给人以深刻印象的应用,尤其是当下的互联网革命。

其他发现:印欧语系揭示了各民族之间的关系,古文本激发了民族主义、权力与知识相互纠缠 这些例子只是冰山一角。我们只需提醒自己,不管好坏与否,印欧语系的 19 世纪发现是怎样界定了我们对各民族之间关系的看法,因为它也导致了一种关于原本"纯种的"雅利安人的假说。[①] 19 世纪以降,古代文学文本、绘画和考古文物的出土和修复对民族的自我形象和身份建构产生了巨大影响,这对民族主义和种族主义在 20 世纪上半叶的发

[①] 19 世纪学者马克斯·穆勒(Max Müller)和克里斯蒂安·拉桑(Christian Lassan)认为,乌尔语(ur-language,又译原始人类语言)的语言学证据意味着存在一个纯血统的雅利安人种。他们的见解后来被国家社会主义者接管。

展的作用非同小可(参见比如发现和修复《尼伯龙根之歌》——第五章第二节)。更加晚近的战后"发现"又如何呢?比如已然变得众所周知的权力与知识的交织(第五章第七节);或者揭穿关于数字世界的可达性的神话(第五章第七节);对电视作为一种通过"流"拴住观众的媒体的分析。我们不应忘记已然拖沓地播出数年之久的电视连续剧《犯罪现场调查》仅仅由8种叙事基本成分构成这一发现(第五章第六节)。这些发现是否将改变世界必定日久自明,但它们无论如何都是全方位地令人兴奋的。

不存在人文学与自然科学之间的完全二分 在我们对原则与模式的探寻中,无论在任何地方,我们都见到了人文学与自然科学之间的楚河汉界。人文学者和科学家们都在寻找基础模式,他们设法以逻辑的、程序性的或者数学的形式化来表达它们。另外,就模式的"本质"而言,人文学科与自然学科之间存在着连续性。不同于人义学中的模式似乎没有那么绝对,受制于变化,在自然科学中它们似乎是绝对的——无论如何在物理学中是如此。然而,在人文学科自身中也存在一种渐变,从几乎绝对的语音演变定律到不那么绝对的和声规则,再到可变的具有文化特殊性的模式,比如对视觉描绘和文本的阐释(参见第五章第五节和第五章第六节)。不过,在自然科学中也有像这样的渐变——从理论物理的绝对定律到化学中的更近似法则,再到生物学中的地方性的、多变的模式。著名生物学家恩斯特·迈尔(Ernst Mayr)主张,通用模式在生物学中不存在。① 迈尔承认,物理和化学的法则也在分子层面上适合于生物系统。然而,在一个复杂的系统中,未曾有遵守理论物理中严格的"定律"定义的生物规律性被观察到。根据迈尔,生物学家用"定律"意指的东西是模式,它通常是地方性的,并不普遍有效,而且经常是统计学上的。这些规律性被广泛用于解释生物现象,它们并没有被归纳为更加深奥的物理或者化学定律。

科学哲学家菲利普·基切尔(Philip Kitcher)在声明存在**自治层面**(au-

---

① Ernst Mayr, *This is Biology: The Science of the Living World*, Harvard University Press, 1997, p.62.

tonomous level)的生物解释的时候,对此表示了认同。① 比如,在生物学中,被用于细胞层面的一组概念和解释有别于被用于生态层面的概念和解释。这并不排除复杂的生物过程还原——迟早——为物理过程。然而,把一个生物现象还原为基本粒子物理学来理解是没有意义的。我们依照基切尔的意见主张,**人文学中也有自治层面的分析和理解**。很显然,物理定律也适用于人类大脑,因此也间接适用于人类大脑的产物。不过,并不属实的是,我们需要向生物学或者物理学咨询如何分析一部文学作品或者一首乐曲之类人文产物。其中,认知和神经科学已然提出了语言和音乐研究的重要见解,但是,倘若我们试图依据相关于彼时的一切大脑活动的总数来理解希腊花瓶绘画或者文艺复兴,它便是不可能的,甚至是可笑的。② 事实证明如此,**自治**分析层面,比如绘画既有的风格分析或者基于语文学的历史分析,能提供最有洞见的模式,也可能推翻既有思想体系(比如约瑟夫·斯卡利格的基于语文学的发现,即世界史长于与圣经融贯的历史——参见第四章第二节)。

"例外"概念:人文学与自然科学之间终归有别? 然而,在例外的概念和处理方面,人文学和自然科学之间很可能是有差别的。在自然科学中,"例外证明规则"这一说法似乎是不可思议的——虽然我们应当在此强调,这一看法在人文学中仅仅被应用于中学语法的描述性传统之中(参见第二章第一节)。同样,非常肯定的是,人文学中也有例外。然而,它们并不仅仅见诸人文学,而且也见诸自然和社会科学。

理论物理有时候因为其普适定律被称作唯一没有例外的学科。这可能代表了一种潜在的分界线。不过,这一分界线代表的与其说是自然科学与人文学之间的差异,毋宁说是理论物理和其他科学领域之间的差异。理论物理绝不允许例外范畴,而应用物理则充满了特定的更正、现象学的常数、正态化和所谓的附带条件。虽然自然的普遍法则被认为是没有例外的,但

---

① Philip Kitcher,"1953 and All That: A Tale of Two Sciences", *Philosophical Review* 93,1984, pp.335—373.

② 参见比如 Aniruddh Patel, *Music, Language and the Brain*, Oxford University Press, 2008。

在具体现象的数学推导中,特定的近似值和更正却被不止一次地使用。①除了存在一种从例外最少的学科到例外最多的学科的循序渐进之外,在这里断言任何东西都是不可能的。虽然理论物理反映出一幅理想图景,但对大多数自然科学而言,它都不是切实可行的(参见我们在上文对生物学的讨论),更不要说其他学问领域。②

人文学摆脱《圣经》、古典主义与民族主义桎梏的历史　人们可以把人文学的历史视为对原则和模式及其形式化的持续探寻——就像我们在本书中所做的这样,视为对强加的思维方式的持续摆脱。古代的希腊人文学主要是基于亚里士多德,而在中世纪的欧洲则有对与圣经融贯的追求(亚里士多德思想体系被整合于其间)。另一方面,在早期近代有人努力成就人文主义古典主义,它虽然缓慢但坚定地拉开了自己与《圣经》和亚里士多德二者的距离,相反,现代首先证明了人文学科的历史化,这一点后来被用于民族主义或者殖民的目的。一言以蔽之,我们可以断言,在最初的亚里士多德阶段之后,西方人文学发现自己处于首先是《圣经》,然后是古典主义,最后是民族主义的桎梏之下。《圣经》、古典名著和民族主义原本是有益的框架,于其间新的思想、方法和模式被迅速建构出来。然而,如果这样的思维方式的边界被达到——它经常很快发生,边界便代表了一种必须克服巨大困难才能被挣脱的高压控制。勉力摆脱思维框架之后的快速接纳并不仅仅是反复出现在人文学中的一种模式。我们在所有学科和所有地区都能见到它。③

跨学科的人文学与学者　本书已然将大量意想不到的人文学者置于了聚光灯下。他们之前没有显影为有影响的思想家,这一事实是因为人文学者自己完全不了解作为一个整体的人文学的历史,至多是仅仅了解他们自

---

① 关于概述,参见 Nancy Cartwright, *How the Laws of Physics Lie*, Oxford University Press, 1983。

② 参见 Rens Bod, "Towards a General Model of Applying Science", *International Studies in the Philosophy of Science* 20(1), 2006, pp. 5—25。

③ 参见 William Dampier, *A History of Science and Its Relation to Philosophy and Religion*, Cambridge University Press, 1966;同时参见 H. Floris Cohen, *How Modern Science Came into the World: Four Civilizations, One 17th-century Breakthrough*, Amsterdam University Press, 2010。

己的学科的历史而已。当然,可以预言的是,亚里士多德将拥有显赫的地位,就像莱布尼茨和乔姆斯基那样。但谁能想到公元前 3 世纪的索利的克吕西波斯会作为人文学中最重要人物之一载入史册呢？诚然,作为命题逻辑奠基人的克吕西波斯是众所周知的(参见第二章第六节),而作为**异常派**方法的鼓动者,他仅仅在语文学家中享有一些声誉(参见第二章第三节)。不过,借助他的异常派方法,克吕西波斯启动了整个模式拒绝传统,这种传统代表人文历史上的一条发展路径,与**规则派**运动齐头并进(参见第五章概要)。唯有在人文学科被全面考察的情况下,这一路径方可被辨识出来。

长期被认为处于边缘位置的学者们也首次在我们的历史上获得了重要地位。17 世纪的研究者威廉·霍尔德是最好的例证。虽然霍尔德在音乐学和语言学等**单个**学科中的工作被其他人的工作掩盖了,但如果他的贡献被作为一个整体来看待,他就会获得一个迥然不同的地位。他对音乐和音和微音程的研究(参见第四章第四节)、他对符号语言的深度考察(参见第四章第三节),以及他在关节语音学领域——它在 19 世纪从人们视野中消失了,参见第四章第三节——的发现,显示出他是一位杰出的跨学科人文学者,有着惊人的研究一致性。霍尔德主要关注人类的声音生成(语言和音乐),以及声音的缺失(失聪者)。因此,霍尔德的总体贡献大于贡献的各部分之和。在各门学科的历史上,霍尔德依旧不过是边缘的,因为他所致力的主题并没有设法发展为一门学科(人类的声音生成研究)。倘若我们不再以一门学科接一门学科为基础,而是作为一个**包罗万象的**领域而讨论人文学的历史,我们就可以像这样把学者们从寂寂无闻中抢救出来。我时刻准备承认,拙作也使用了一种基于"学科"的分类——否则我根本就不会有着手点或者立足点。把这些学科并列起来进行讨论,并且不断地做比较,我们就会看到并未成就为学科的"潜在"学科。未来关于人文学历史的著作最好放弃这些学科命名,这些命名毕竟是在 19 世纪欧洲才被建构的。人文学的现代划分不应妨碍其历史。

除威廉·霍尔德这样的几乎被遗忘的学者之外,人文学知名人士经常活跃于其间的阵地,似乎也比他们因之而出名的阵地宽广得多。比如,莱昂·巴蒂斯塔·阿尔伯蒂显影为有史以来最有影响的人文学者之一。他最为人所知的是他的艺术理论创新(比如线性透视法和素描理论),但他在考古学、语文学、音乐学和语言学等学科也有归于其名下的重要成就(参见第四章)。罗伦佐·瓦拉同样如此,其著述并不局限于语文学,而是也延伸到了逻辑学、语言学和修辞学。类似的是,我们不应忘记约瑟夫·斯卡利格,其独具眼力的语文学、历史和修辞学著作改变了欧洲人的世界观(虽然他作为数学家远不够格——参见第四章第二节)。同样,圣奥古斯丁不仅仅是一位神学家或者哲学家——他作为修辞学家、历史学家和诗学家,在中世纪人文学中起到了决定性的作用(参见第三章)。

伊斯兰人文学者也达到了史无前例的广度。法拉比是语言学家、音乐学家、逻辑学家,以及更多诸如此类的角色,就像阿维森纳(伊本·西那)和阿威罗伊(伊本·鲁世德)那样,他们实际上涉猎了人文学、自然科学和社会科学。比如,比鲁尼被证明是印度学家、语言学家、历史学家、天文学家、数学家,等等。再如司马迁(参见第二章第二节),他不但精通历史编纂学、语文学、语言学和诗学,而且是经验学派的中国代表(参见第四章第一节和第四章第三节)。婆罗多牟尼(参见第二章)主要是在戏剧史研究方面闻名,但他也是最重要的音乐学家和文学理论家之一。对我而言,帕尼尼(参见第二章第一节)在基于规则的人文学传统中发挥如此强大的作用这一事实,在很大程度上是刚发现的——与此同时我们不能忘记始于西拜韦的基于范例传统(参见第三章第一节)。

然而,在我们的综合性的人文学历史中,也有人没有被提供与他们相配的地位。15世纪学者苏尤蒂既是语言学家(参见第三章第一节),又是令人着迷的历史学家(第三章第二节),但因为我们聚焦原则和模式,他仅仅曾被简要提及。一些杰出的学者根本没有在本书中现身,或者仅仅被间接讨论过,比如马克斯·韦伯(参见第五章第一节),他除了是社会学家之外,还是文化史学家、宗教史学家、音乐学家、经济学家和法学家。然而,他的著作的社会学面向如此显著,以致他并不太适合我们的人文学历史。类似的推理几乎让我决定以同样方式对待奥古斯特·孔德,但我无法绕过他的实证主义。当然,我们之前已见到过这样的势不可挡的广度——自然科学的代表性人物被证明也是人文学者。伽利略是最重要的早期近代音乐研究者之一,开普勒是杰出的语文学家,牛顿将其一生的多半时间花在了神学和历史编纂学上(然而,在这些领域,他远说不上优秀——参见第四章第二节)。现代也能够以拥有平衡发展的人文—科学学者而自豪,赫尔曼·冯·赫姆赫兹(第五章第四节)和诺姆·乔姆斯基(第五章第三节)就是杰出的榜样。唯有包括各个学术领域的综合史方能正确处理它们。

有来有往的意外影响　印度、中国、欧洲、非洲和阿拉伯世界之间的接触是丰富的,卓有成效。这些影响很多都是大家知道的,但依然并未在一切情况下都被承认。比如,事实表明,公元前5世纪的印度语言学变得为人所知首先是在中国,然后是在伊斯兰文明,后来它风靡于欧洲和美国,在此之后转为了西方语言学影响其他地区。我们已然看到,在中世纪后期和文艺复兴时期,阿拉伯逻辑学、历史编纂学、语言学和音乐学在欧洲人文学的发展中,起到了决定性的作用。

要证明其他影响就不这么容易了。比如,暂时没有证据表明,阿拉伯人的伊斯纳德**口述**史料修复法(参见第三章第二节)决定了欧洲人的**成文**史料修复法(参见第四章第二节)。然而,两种方法是如此的相似,从伊斯兰文明到基督教欧洲的知识流动规模是如此之大(参见第三章),以致影响无法被排除。另外,我们已然在不同地区见到了平行的,有时候几乎是相同的发展,关于它们,直接影响同样难以确定,比如中国和希腊的逻辑学基本法则(参见第二章概要)、中国和印度的艺术史规则(参见第二章第五节),以及印度、中国和希腊的和声法则(参见第二章第三节)。

本书也揭示了一种意外影响——从非洲传播到欧洲的线路。这种线路已经在很大程度上为人所知,但它鲜有被指名道姓地指涉。关于非洲对欧洲人文学所产生的影响,我们将在这里提供四个例子:

(1) 北非历史学家曼涅托的国王列表(参见第二章第二节)被约瑟夫·斯卡利格用于建构其革命性的年表,其有效效应是推翻地球年龄可以从《圣经》推断出来这一基督教观点(参见第四章第二节)。从长远来看,它导致了一种关于人类与社会的崭新的、世俗的观点。

(2) 基督教革命(参见第三章概要)是由北非的,经常是讲柏柏尔语的历史学家发动的,比如圣奥古斯丁、塞克斯图斯·阿非利加努斯和奥罗修斯,导致了对中世纪欧洲人文学中的几乎一切活动的重新定义和再阐释

(参见第三章)。

(3) 由突尼斯人伊本·赫勒敦提出的文化传播循环模式决定了斯宾格勒和汤因比等欧洲历史学家关于西方世界的观点(参见第五章第一节)。

(4) 古老的非洲口述史似乎已然通过西方人类学家催生了欧洲口述史(参见第五章第一节)。正是因为这一影响,"非精英主义的"口述史继续在20世纪历史编纂中扮演重要角色。

未来研究:从日本到前哥伦布时代的美洲　虽然我已尽力以一种更加全球化的视角来撰写此书,然而,西方人文学仍获得了比例失调的关注。这样做的原因在第一章里被讨论过——源自其他地区的大量手稿尚不可使用。成百上千的早期近代阿拉伯、非洲和其他手稿正等待着被揭秘(参见第四章第二节)。另外,我不得不将自己限定于成文史料,而在很多地方,文学、艺术和音乐研究只以口述形式存在。不过,即使是在这些限制之外,我也留下了一些领域不曾被论及。

比如,卓越的日本历史编纂尚未被讨论。一定会让人兴趣盎然的是,考察中世纪的幕府(Shogun)历史是否因为其循环模式而符合我们在第三章第二节发现的元模式,即《圣经》的结构对应于早期历史编纂学的结构。无论如何,日本人文学几乎尚未被探究。人们通常认为,日本的科学和学术是直到这个国家在19世纪末向西方开放才开始繁荣。在此之前,从1641年到1853年,日本了解西方学术的唯一途径是通过德士马岛(Deshima)上的荷兰贸易站。当时表示"科学"的日语单词"Rangaku"的字面意思是"荷兰研究"(荷兰/Holland 即 O-ran-da)。长期以来,日本的一切外国科学知识都是源于经由荷兰语被译为日语的书籍。成千上万的此类文献在日本各大城市被热购一空,因为那里的人口中70%到80%都是会读写的。不过,这些著作局限于自然科学和技术——于其间日本有很多要向西方学习的领域。然而,在人文学的范围内,日本拥有它自身的悠久传统。除历史编纂学之外,诗学也很发达,最出彩的成就之一是著名的世阿弥元清(Zeami Motokiyo)讨论能剧(No)的14世纪专著,它传播到了西方。[①] 其他人文学科在日本的地

[①] 参见 Masakazu Yamazaki (ed.), *On the Art of the No Drama: The Major Treatises of Zeami*, translated by Thomas Rimer, Princeton University Press, 1984。

位又如何呢？17 世纪以降，人文学和荷兰研究之间有互动呢，还是这两种活动代表不同的世界？在后一种情况下，日本就会例外于我们的概括，即各地的人文学和自然科学被联合研究，相互增强。

我们也尚未讨论前哥伦布时代的美洲，但是在这里我们发现了最引人注目的历史编纂形式之一——阿兹特克人（Aztec）的象形文字历史。① 比如，《曼多撒手抄本》（Codex Mendoza）内含一组完成于 1541 年、讲述阿兹特克统治者的征服的文字与图像，一份被征服地区所缴纳赋税的清单，以及日常生活描述。倘若这样的一个东西是可能的，《奥班抄本》（Aubin Codex）甚至就会更加令人印象深刻。通过色彩艳丽的图画，它描绘了阿兹特克人因为西班牙统治而离开阿兹特兰（Aztlán）。它共有 81 页，涉及阿兹特克历史上最引人注目的时刻之一——1520 年特诺奇提特兰（Tenochtitlan）大屠杀和神庙焚毁的证据。虽然我们尚未为了原则和模式而考察这些文献，但很显然，个人经验原则发挥了重要作用。

既然玛雅文也已几乎全被解码，那么变得清晰的是，存在大量玛雅及历史编纂，包括朝代编年史、传记、对政治争论和斗争的描述。② 我们也在玛雅文化中发现了音乐学文本，其中的一部分将见诸危地马拉（Guatemala）基切省（Quiché）的历史—神话著作《波波尔乌》（Pop Vuh）。还有更多。

我们也绕开了朝鲜、越南和曾经一度繁荣的高棉帝国的人文学。非洲很可能为未来提供最大的希望。没有任何其他大陆有如此多样化的文化和语言。单单是廷巴克图及其附近地区数量惊人的神秘手稿便能激起无穷的想象。与此同时，据推算的 70 万份手稿中有两万份已然被收集起来，但几乎尚未被研究。

然而，有件事已经通过本书变得一目了然了。语言、音乐、艺术和文学中对原则和模式的探寻是不分时间和地点的。鉴于过去卓有成效的交叉渗透，没有任何理由排斥任何地点作为今天的灵感源泉。对帕尼尼和狄俄尼索斯·特拉克斯或者西拜韦，语言学家们不胜感激。艺术史学家可以把瓦

---

① Elizabeth Hill Boone, *Stories in Red and Black: Pictorial Histories of the Aztec and Mixtec*, University of Texas Press, 2000.

② 参见 Dennis Tedlock, *2000 Years of Mayan Literature*, University of California Press, 2010.

萨里与谢赫视作他们的精神导师。文学和戏剧理论家未必仅仅受到了亚里士多德的影响。婆罗多牟尼和刘勰不分伯仲。希罗多德并不是历史编纂学的唯一老前辈——还有司马迁和伊本·赫勒敦。

人文学的未来 虽然对未来的推测很快就变得毫无根据了,但归纳出人文学的几种趋向还是有可能的。就此而言,在作为学术机构的人文学科和作为智识活动的人文学科之间进行区隔是值得花时间的。关于第一种情况,撰文已经不少。① 虽然人文学的教学在多条战线遭受着压力,②但不同学科中的研究却依然一派繁荣。尽管如此,关于人文学科的所谓无用和缺乏科学属性的偏见是很多的。倘若我的著作有一个目标——除填补历史编纂的空白之外——就是将这些偏见托付给幻想王国。

就作为智识活动的人文学而言,情况正在变得比以往更好。源自不同领域的技术和方法正在与人文学科相整合,正在导向对历史、语言、艺术作品、文学作品、乐曲、电影、新媒体产品和其他文化制品的新分析、新阐释。对**通用**模式和**具有文化特殊性**的模式二者的探寻代表人文学中的一个不曾被中断的常量,正在被日益频繁地借助认知和数字化方法进行考察。倘若有趋向正在成形,它们至少可概括如下:

(1)人文材料的**认知法**已然促成语言、音乐、文学和艺术的心理动机的新检验方法。这一方法已为人文学各个领域提供了新模式,代表其最为活跃的分支之一(参见从第五章第三节到第五章第七节)。

(2)人文材料的**数字、计算法**已然导致了诸多新模式的揭示。倘若没有数字化的史料,无论是要一下子比较成千上万的文本,还是在大量史料中找到历史模式,都是不可能的。如果没有计算法,要把语言学洞见转换为言语认知和机器翻译之类的应用一定是不可能的。数字人文学正在带来的不仅仅是新的理解,而且是之前从未被问及的新问题(参见比如从第五章第

---

① Jörg-Dieter Gauger and Günther Rüther (eds.), *Warum die Geisteswissenschaften Zukunft haben! Ein Beitrag zum Wissenschaftsjahr*, 2007, Herder, 2007. Job Cohen, e. a., *Duurzame geesteswetenschappen: rapport van de Commissie Nationaal Plan Toekomst Geesteswetenschappen*, Armsterdam University Press, 2009.

② 参见 Martha Nussbaum, *Not for Profit: Why Democracy Needs the Humanities*, Princeton University Press, 2010。

二节到第五章第七节）。这是人文学中最有希望的运动，正急剧改变着人文学实践。

（3）源自人文学、自然科学和社会科学的**跨学科方法的整合**已然生成新学科（比如考古学、文化研究和媒体研究），这些方法也正被用于更为传统的人文学领域（参见比如第五章第四节和第五章第五节）。无论有多大危险潜伏在不同学术领域的不加批评的整合中，这一趋向被证明是非常具有生产力的，不可逆转。

当然，断言这些趋向将在未来继续就是预测未来。无论它们现在看起来多么鼓舞人心，多么富有创新，但如果我们回望过去的五十年，我们会看到历史如何证明其他模式可能浮出水面。

然而，我们可以有把握地指出的是，过去和现在——或许也有未来——的形形色色的人文学涵盖了各种各样的方法，从最具解构性和相对主义的方法到最为精确和普适主义的方法。这一多彩的调色板同时是人文学的优点和缺点。多样性并不总是受欢迎的。简化研究、在一模一样的顶级刊物发表文章、使用完全相同的方法的压力越来越大。单是精确模化（比如在计量历史学和语言学中）和主观叙事（比如在叙事主义和后结构主义中）的共存就让人文学是所有人类行为中最不能当真的。我是因为探寻人文学科中的寻求模式性的活动着手这本书的，但是，在我的论证的最后可以看到，"拒绝模式性"的工作至少是同样让人感兴趣的。我的建议是我们最好不但要容忍人文学的多变性，而且要接纳它。

附录　关于方法的说明

在写作本书的过程中，我仔细查阅了大约 500 本人文学专著来寻找基本的方法**原则**，提取了经验**模式**(参见第一章)。这些论述是关于这样的主题的研究，比如语言、音乐、艺术、历史、文学和戏剧，它们在本书的主要内容部分有被参考。大致地讲，它们涵盖了从公元前 600 年到公元 2000 年这段时期，关涉中国、印度、阿拉伯世界、非洲和欧洲/美国。我参考的材料主要是第一手史料，如果它们是用德语、荷兰语、法语、意大利语或者英语撰写的(加之一些拉丁语残篇)，我仅用它们的初始语言研究它们。我以翻译的形式阅读其他文献——比如用梵语、阿拉伯语、汉语、古兹语、拉丁语、土耳其语和西班牙语撰写的文献。我数次求教了阿拉伯语学者、印度学家或者汉学家。我也考察了数百本二手资料，它们在本书的注释中有被提及。我知道，自己很可能忽略掉了成百上千部未曾被翻译的专著(同样参见第一章)。

我研究每一份一手资料或者论述的时候，提出了下面三个(先在的)基本问题：

(1) 为了研究这些材料(语言、艺术、历史、音乐、文学和戏剧)，人文学者们发展和使用了**哪些方法和/或原则**？

(2) **人文学者如何应用这些方法和原则**；他/她多么持续地使用它们，或者为什么是这些方法而不是其他方法(就这可以被回答而言)？

(3) **人文学者在所研究的材料中发现了什么结果或者"模式"**？被使用的方法原则对推导出模式有用吗？

然后，我提出后续问题。然而，这些是直到我的考察在进行之中才浮出水面的，因为一开始我不可能知道哪些原则和模式可以被发现，关于它们的附加问题有哪些是可能的。无法保证完整性，这些便是接下来的(凭经验的)后续问题：

(1) **随之被发现的方法和模式的性质**是什么:程序性的规则系统、陈述性的规则系统、类比推理还是其他什么?

(2) 被使用的方法是**基于规则的还是基于范例的**,该方法是**寻求模式的还是拒绝模式的**?

(3) 有**对被发现模式的形式化**吗? 倘若如此,这种形式化的性质是什么(程序性的、逻辑的还是数学的)?

(4) **被发现模式的结构**是什么? 它是线性的、层级的还是其他什么的?

(5) 在对人文材料的处理中,有一个可以觉察到的**从描述到规定的过程**吗(或者反之亦然)?

(6) **不同地区的平行或者独特发展**是什么?

(7) 就被使用的方法和被发现的模式而言,有**不同学科之间的类比**(在地区内部和地区之间)吗?

(8) **人文学和自然科学领域中的原则或者模式之间的共通性和差异**是什么?

(9) **人文学中的核心问题**(在不同时期和地区)是什么?

(10) 有**问题解决能力方面的(累积)进步**吗?

(11) 人文学历史上有**连续性或者断裂**吗?

(12) 原则和模式在何等程度上受制于**意识形态桎梏**(毕达哥拉斯的、佛教的、基督教的、古典主义的、民族主义的还是其他的)?

(13) 有**元模式**(在被发现的模式之上)吗?

(14) 有**理论原则和经验模式之间的互动**吗? 换言之,增大效应有在理论和经验主义之间被激起吗?

(15) 被发现的模式在什么程度上产生了**社会影响**,我们可以谈论"**人文主义的发现**"吗?

我已然将这些问题的答案织入了一个叙事整体。对我而言,准确的方法依然是一个谜——即使是在阅读了几十上百部关于文学创作的著作之后——但本书就是答案。

倘若我的方法,或者源自它的叙事,让某人联想到了辉格派史学,我希望他/她参阅我本人在第五章第一节中对它的解释。最近,辉格派史学完成了一次巨大的意义膨胀,其结果是对急欲知道我们现在把握的某个东西之前如何起源和发展的任何人而言,它已然变成了一种暧昧的标准方法。

索　引

A

阿巴斯王朝　82
阿比·沃伯格　344
阿波罗尼奥斯·狄斯克鲁斯　9，17—19，44，84，85，267
阿布·伯克尔　82，117
阿布德·拉蒂夫·巴格达迪　178
阿布尔·卡西姆　135
阿布勒·法兹勒　197
阿道夫·希特勒　344，366
阿德里安·布劳威尔（又译艾缀因·布劳尔）　238
阿尔布雷希特·丢勒　233，234
阿尔弗雷德大帝　97
阿尔哈曾（伊本·海什木）　230
《阿非利加》　176
阿伽门农　50
阿吉提阿斯　100，103
阿克斯菲什　86
阿拉姆语　169
阿里桑德罗·曼佐尼　355
阿里斯提得斯·昆提利安　45
阿洛伊斯·李格尔　344

阿美尼亚　104
阿米阿努斯·马塞林　28
阿尼巴尔·卡拉奇　238
阿诺·阿马尔里克　146
阿诺德·豪泽尔　349
阿诺德·汤因比　286
阿诺尔德·勋伯格　333
阿普列乌斯　158
阿萨帕达·乔达摩　61，70
阿善蒂　292
阿斯科尼乌斯　159
阿塔纳斯·珂雪　224，295
阿威罗伊（伊本·鲁世德）　147，389
阿维森纳（伊本·西那）　137，140，147，389
阿希姆·冯·桑德拉特　238
阿兹特克人　392
埃德蒙·伯克　74，241，276
埃尔富特的托马斯　88，89，198，203
埃拉托色尼　26，45
埃兰语　297
埃利亚的芝诺　57
埃马纽埃尔·勒华拉杜里　290
埃马努埃莱·特绍罗　255

埃尼亚·西尔维奥·皮科洛米尼　179
埃斯库罗斯　72
艾迪·德容　347
艾伦·福特　333
艾儒略　213
艾萨克·福修斯　171,185,204
艾萨克·卡索邦　170
艾萨克·拉·佩雷尔　185
艾萨克·牛顿　171,186,228
爱德华·吉本　190
爱德华·萨义德　349
爱赫罗迪安　18
安达卢斯　89,109,141
安德烈亚·帕拉第奥　245
安东尼奥·葛兰西　284,371
安吉洛·波利齐亚诺　163
安娜·科穆宁娜　100
安萨里　141
安托万·阿尔诺　202
奥德修斯　50
奥尔多·马努齐奥　166,250,259
奥尔加农(又译二重唱)　120
奥尔良的狄奥多尔夫　115
奥古斯都大帝　27
奥古斯特·勃克　304
奥古斯特·冯·施莱格尔　305
奥古斯特·孔德　277,389
奥古斯特·施莱谢尔　309
奥卡姆的威廉　89,137,138
奥克语(又译奥克西唐语、欧西坦语)　91
奥兰多·德·拉索斯　221

奥朗则布　197
奥利金(又译俄利根)　94,114,145
奥卢斯·盖利乌斯　116
奥罗修斯　93,94,390
奥诺雷·德·巴尔扎克　360
奥斯曼　5,117,135,176,196,214,226,227,328,336
奥斯曼·伊本·阿凡　117
奥斯特拉比　108
奥斯瓦尔德·斯宾格勒　286
奥托·冯·俾斯麦　275
奥托文艺复兴　347
奥约　293

B

八度音阶　47,78,121,128
巴比伦　25,40,47,93,114,183,184,268,286,297
巴尔塔泽·格雷西安　255
巴尔托洛梅奥·萨基(普拉蒂纳)　179
巴赫西斯　49
巴克希俄斯　45
巴鲁赫·斯宾诺莎　185
巴洛克　221,245,255,257,264,335,343,344,353,354
巴斯克语　205
巴托洛梅·德·拉斯·卡萨斯　187
白银时代拉丁文　160
柏柏尔人　93
柏拉图　9,11,17,24,41,46,49,57,60,64,70—72,74,78,81,94,100,136,151,166,170,209,236,260

拜占庭的阿里斯托芬　34

班固　31,33,111

班昭　31

保罗·德·曼　361

保罗·利科　288

保罗·马斯　303

葆朴的变位系统　308,309

鲍桑尼亚　178

贝利撒留　100

贝奈戴托·克罗齐　281,284,355

贝希斯敦铭文　297

悖论　34,62,139,207

本·琼生　256

本·塞勒曼斯　299

本维努托·达·伊莫拉　129

比鲁尼　1,17,32,81,85,86,103,105,
　106,118,135,152,389

彼得·阿伯拉尔　136

彼得·戈耶尔　286

彼得·科尔布　226

彼得·拉米斯　207,250

彼得罗·本博　258

毕达哥拉斯　1,3,24,40—42,44—47,
　51,53,78,79,119,125,126,128,129,
　214—216,218,231,233,243,245,260,
　269,270,396

毕达哥拉斯逗号　48

庇护二世　162,179

变体　39,121,122,139,160,161,196—
　198,225,250,281,299—301,303,325

变位法则　309

标准本　114

表面上的现实主义　354

表演理论　367,380

表演研究　374

别致性　238,239,347

波尔·罗亚尔(波尔·罗雅尔)　202,
　203,206,208,251,263,267,323

波焦·布拉乔利尼　158,159,249

波利比奥斯　26,27,32,75,79,100,194

波利克里托斯　50—52,236

波伊提乌(又译波伊提乌斯)　45,46,
　60,119,136,140,144,214,215

伯里克利　21,23

伯罗奔尼撒战争　23—25

伯纳德·贝伦森　342

伯纳德·拉米　251

伯诺索斯　25,28,169,183,267,268

勃兰登堡的腓特烈三世　171

博纳罗蒂·米开朗基罗　237

博雅教育　37,41,57,68,114,119,129,
　159,198

薄斐略　136,213

不矛盾律　59,63,71,78

不谐和音　40,43,125,215,217—219,
　221,328—330,336,338,354,379

布道艺术　144,151

布拉格学派　313,314

布莱恩·维克斯　249

布里延涅斯　100

布林逻辑　210

C

C.P.斯诺　1

蔡元定 128,225
层级分析原则 338,354,360,367
层级结构 283,326,330,333,338,373,374,376
层级模式 282,283,295
查尔斯·伯尼 224
查尔斯·达尔文 310
查尔斯·勒布朗 237
查理·德·孟德斯鸠 189
查理曼大帝 87,97,114,115,117
查士丁尼大帝 81,100,129
差异关系原则 327,344,354
阐释的 2,132,145,146,154,284,352,357,362
阐释学 362,363,367
忏悔者塞奥菲尼斯 100
常规科学 303
超文本 373
陈第 173,174,212,214
陈骙 150—154,260,272
陈那 142,149
陈述性规则系统 44,55,121,126,128,173,181,220,225,226,241,245
陈述性规则系统原则 44,48,51,56,73,77,128,134,135,213,228,248,261
陈述语法 77
成文史料 25,33,53,93,95,108,179,292,293,391
成文史料原则 25,30,32,33,53,56,95,99,100,103,106,109,113,165,180,198
程序性规则系统 15,91,121,122,128,129,137,146,173,220,288,368,376
程序性规则系统原则 15,20,63,65,67,71,89,91,92,128,143,152,199,211,213,214,228,253,263,295,304,327,338,375
崇高 73—75,77,80,158,209,241,242,249,258,366
传述理论 92,101,103,152,165,298
创世纪 27,74,93,94,103,176,183—185,197
《春秋》 29,30,151,174
词汇功能语法 325
词素 315
词形 14,15,17,34—36,40,67,84,91,160,172,179,199,200,202,212,265—267,308
茨维坦·托多罗夫 359
刺激的贫困 318
从规定到描述 353
从规则到范例 81,123,127,143,153,154
从描述到规定 78,153,264,396
从清音到浊音 306

D

达尼埃尔·海因西乌斯 256
达契亚的波伊提乌 88
打破规则的 152
大津巴布韦 352
大流士 24
大马士革 117,147
大卫·休谟 190

戴克里先 96,97
单弦琴 215,328
但丁·阿利盖利 146
道德哲学 159
道家学说 28,29,111
德尔图良 94
德里乌斯·伊拉斯谟 166
德·摩根定律 138
德尼·狄德罗 242
德士马岛 391
狄奥多里克大帝 136
狄奥尼休斯·伊希格斯 96
狄奥斯科里迪斯 118
狄俄尼索斯·特拉克斯 17,19,35,37,44,84,267,384,392
迪米特里耶·坎特米尔 227
迪奈瓦里 103
地层学 351
递归 14,61,309,317—319,325
递归的规则 16
第二次布匿战争 176
第谷·布拉赫 79
蒂贝里乌斯·赫姆斯特赫斯 172
蒂曼提斯 49
电影研究 319,367—369,373
电影语法 368
东哥特人 100,136
东罗马帝国 99
杜尔哥 188—190,277
短语结构 223,325,332
对称 52,243,283
对立式平衡 51

多纳泰罗 230,237
多纳图斯 19,87,128,384

E

厄杜因·科赫 355
恩舍姆的埃尔弗里克 90
恩斯特·贡布里希 347
恩斯特·迈尔 385

F

发现程序 91
发现的世纪 159,160
伐致呵利 82,313
筏蹉衍那 53
法藏 82
法国大革命 273,275,277,279,282
法拉 86
法拉比 125,126,137,140,141,147—149,152,224,227,389
法兰克福学派 289,294,370
法医学 353
翻译学校 82,118
反事实的方法 285
泛音 124,128,129,217—220,223,228,328
范畴语法 326
范例理论 326
范·伦内普 172
梵文 11—17,19,23,29,39,44,47,61,79,81,82,85,86,105,111,123,127,142
方法论原则 149,157,165

方言语法　90,91,198
方中通　212
菲迪亚斯　49,50
菲利波·布鲁内莱斯基　229
菲利波·萨塞蒂　203
菲利普·德·维特里　123,221
菲利普·基切尔　385
吠陀经（又译韦达经、韦陀经等）　12,39,46,145,150,272,293
费边·毕克托　26,27
费德里科·祖卡罗　237
费尔迪南·布吕纳蒂耶　355
费尔迪南·德·索绪尔　312
费尔南·布罗代尔　282
费格赫（又译法律）　141
费里耶尔的琉珀斯　116,156
费利克斯·瓜塔里　373
分布主义　314,315
丰功伟业志　97
风格　30,43,52,67,68,71,74,77,79
风格期　335
冯德尔　256
佛教　12,29,53,55,63,76,81,106,111,142,149,212,396
否定后件推理（又译否定后件的假言推理）　136
弗拉菲乌斯·约瑟夫　25
弗拉基米尔·普洛普　357
弗拉维奥·比翁多（又译弗拉维奥·比昂多）　178,350
弗拉维乌斯·普罗布斯　96
弗莱辛的奥托　97,98

弗兰克·安克斯密特　288
弗兰斯·哈尔斯　238,342
弗朗茨·葆朴（又译弗朗茨·博普）　308
弗朗茨·库格勒　338,339
弗朗茨·维克霍夫　344
弗朗基诺·加弗里奥　215
弗朗索瓦·德尔萨特　367
弗朗西斯科·波洛米尼　245
弗朗西斯科·德·桑克蒂斯　355
弗朗西斯科·迪·吉奥吉奥　243
弗朗西斯科·费勒夫　166,199
弗朗西斯科·圭恰迪尼　180,182
弗朗西斯科·罗伯特罗　170,186
弗朗西斯科·帕特里奇　186,187
弗朗西斯克·彼特拉克　156—160,163,176—178,193,197,249,258,259,264
弗朗西斯库斯·桑克蒂乌斯　200
弗朗西斯库斯·尤尼乌斯　240
弗朗西斯·培根　209,250
弗雷德·勒达尔　332
弗里茨·斯塔尔　382
弗里德里希·恩格斯　279
弗里德里希·冯·施莱格尔　305
弗里德里希·施莱尔马赫　362
弗鲁门修斯　112
伏尔泰　188,189
伏生　39
符号逻辑　210,211
符号学　368,369
符合语法　13,15,80,324,332

福提乌斯（又译佛提乌、阜丢斯） 115，116，149
复调 119，120
傅泛际 213
傅箴修 145
富尔达的鲁道夫 97
富拉尼语 193

G

伽利略·伽利莱 216
伽玛卡 223，225
噶达拉的菲洛德穆 38
盖丘亚语 205
盖乌斯·瓦勒里乌斯·卡图卢斯 157
概率语法 323，324
甘给沙 142
感知法则 331
刚果 226
《高尔吉亚篇》 64
戈特弗里德·威廉·莱布尼茨 171，210
戈特霍尔德·埃弗莱姆·莱辛 302
戈特洛布·弗雷格 321
哥特语 205，306，307
歌德弗里德斯·胡格沃尔夫 344
格奥尔格·格维努斯 355
格奥尔格·威廉·黑格尔 279
个案 280，281，284
个人经验原则 26，32，33，100，104，113，165，194，196，198，265，293，295，392
各种可能的史料 282
根茎状 374

根茎状结构 374—376
工业革命 278，287，295
公理 19，42，43，45，48，60
公孙龙 62
共同生活弟兄会 166
共性 89，113
共振动觉 251，253
构式语法 324
古保加利亚语 90
古冰岛语 91，314
古波斯语 297
古代教会斯拉夫语 90
古登堡圣经 109
古典拉丁文 160
古典主义 221，238，242，245，252—260，335，338，354，387，396
古斯堪的纳维亚语（又译古诺尔斯语） 91
古斯塔夫·马勒 334
《古王国年谱》 25
古文书学 304
古文物研究 178，179，298，380
古英语 90，311，312
顾恺之 55，56
顾炎武 173—175，192，269
光线与色彩 235
归谬法 57
归纳法 174，286
圭多·达雷佐 120
规定的 30
规则派论者（又译"名实相应论者""类比推理者"） 34—36，45，67，116，162

规则性 201,210
郭若虚 133
《国王的光荣》 112,195
过程考古学 353

H

哈德利安·朱厄尼斯 182
哈里发马蒙 82
哈利卡那索斯的狄俄尼索斯 18
海登·怀特 288
海因里希·克里斯托弗·科赫 223
海因里希·申克 331
海因里希·施坦曼 9,351
海因里希·沃尔夫林 335,339,343
汉朝 28
汉·凡·米格伦 342
汉斯-格奥尔格·伽达默尔 363
豪尔赫·路易斯·博尔赫斯 373
何秋涛 291
和声 3,40—43,45—48,51,63,77,78,119,124—126,128,206,214,215,217,219
和声法则 8,41,215,217,390
和声学者 42,45
和声音程的法则 328
和谐 41,43,51,52,74,78,80,87,218,220,242,243,329
和谐世界 41
(荷兰执政官)威廉三世 276
荷马 18,23,34,35,37,50,65,72,74,75,94,144,258,293,295,302,351
贺拉斯 73,253,272

赫布兰迪·阿德里安斯·布雷德罗 238
赫尔曼·冯·赫姆赫兹 218
赫尔墨斯·特利斯墨吉斯忒斯 170
赫尔墨斯哲学 170
赫拉尔杜斯·福修斯 10,171,184,250,256
赫里索洛拉斯 166
赫罗诺维厄斯 171
赫罗齐厄斯(雨果·德·格鲁特) 169,175,204
赫吴杰尼斯(又译赫墨根尼) 64,69,147,250
赫姆斯特赫斯学派 172
赫西奥德 21,35
黑暗时代 176—178
亨利·柏格森 368
亨利·贝尔 282
亨利四世 170
亨利·托马斯·巴克尔 278
横组合的 313
宏观历史 283
侯利俄斯 177
侯奈因·伊本·伊斯哈格 82,83
侯赛因·赫扎分 196
后过程考古学 353
后结构主义 36,358,360—363,366,369,371,381,394
后期拉丁文 160
后现代主义 289,290,353,361
后殖民主义 290,369
胡安·柏拉图·博内 205

胡克巴尔特（又译于克巴尔） 119，120，123

胡勒·努恩 295

胡适 365

胡应麟 260，261

还原 79，88，89，113，211，219，245，263，277，288，332，356，379，386

幻觉主义（又译错觉艺术手法） 49，50，52，53，56，131，229，237

幻想 148，393

皇帝迈克尔 132

皇帝约翰 116

皇后狄奥多拉 100

皇家学会 206，209，251

黄宗羲 192

辉格史 277

会士利玛窦 175，212

霍华德·卡特 351

J

机械学 378

基督教革命 154，155，390

基尔瓦 194

基于范例的 18，84，86，91，92，123，126—129，153，170，248，251，252，325，327，333，338，354，364，367，376，378，379，396

基于范例的系统 153，252

基于范例的语法 85，92，152，153，327

基于规则的 18，32，33，60，76，78，92，122，126，127，142，145，148，225，240，327，333，358，364，376，389，396

基于规则的系统 252

基于使用的语法 324

吉安·保罗·洛马佐 237

吉多·阿德勒 327，334

吉尔·德勒兹 373

吉罗拉莫·梅罗拉 226

吉兹语 195

计量历史学 285，287，288，394

计算人文学 348

计算语言学 320，323，325，359，378

记谱法 119，120，123，227，269

记忆术 250

纪年系统 99，183

纪尧姆·德·马肖 124

季蒂昂的芝诺 35

加利卡努斯 161

加卢斯·德雷斯勒 221

加伦 52，118

加斯帕里诺·巴尔齐扎 229

加族语 292

迦旃延 16

贾姆巴蒂斯塔·马里尼 254

贾姆巴蒂斯塔·维柯 187，205，252

贾希兹 148，149

间隔 116，227，284，331

简·德·毕晓普 239

鉴赏家 246，340，342

江永 174

讲道术 143，147

矫饰主义 335，343，344

阶名唱法 120

杰伊·博尔特 373

结构 7,14,18,19,24,27,28,39,41,53,54,57,64,65,67,71,73,75,77,86,89

结构主义 308,312—316,326,332,335,343,344,356—360,362,363,378

解构主义 335,349,360,361,381

解构主义者 9

解剖学 51,131,262,340,341

解释 2,4,6,11,15,16,28,31,32,36,40,46,49,52,63,65,66,69,70,74,75

金迪 125

《金刚经》 109

金纳莫斯 100

津巴布韦 352

进步 3,53,56,188—191,197,237,248,261,265—269,271,272,276—278,286,289,334,353,377—380,396

晋朝 269

经验视角 248

经验学派 45,173—175,192,193,269,389

经验主义哲学 190

净化 72—75,163,254,257

鸠摩利罗·巴达 150

旧逻辑学 136,137,140

《旧约》 113,114,144,145

《旧约圣经》的希腊文译本 114

救赎史（又译救恩历史） 93,103,154,176,187,190,223,278,279,291

居延·莫利尼耶 146,147

句法 14,18,19,44,80,84,91,200—202,204,205,208,210,212,221,223,245,267,315,318—322,325,358,361

拒绝模式的 281,282,284,290,335,338,349,362,381,396

具体音乐 42,335

绝对法则 307

绝对规则 272,309

君士坦丁大帝 28,161,162

《君士坦丁的捐赠》 160,161,163,179,383

K

卡尔·阿道夫·维尔纳 311

卡尔诃那 32,111

卡尔·宁普尔 285

卡尔·克里斯汀·莱因多夫 292

卡尔·拉赫曼 164,298

卡尔·林奈 210

卡尔·马克思 278

卡尔·朱姆普特 299

卡莱尔·范·曼德尔 238

卡里斯图斯的安提哥诺斯 49

卡洛林文艺复兴 19,87,96—98,114,116,117,144,156,157,347

卡西 135

卡西奥多罗斯 87,119

喀提林阴谋 33

凯尔特语 90,205

康拉德·策尔蒂斯 182

科卢乔·萨卢塔蒂 158,159,164,177

科内利斯·霍夫斯泰德·德·格鲁特 342

科尼利厄斯·奥里利乌斯 182

科普特语 295

科斯岛的阿佩利斯 50

科学革命 1,156,186,216,228,266,278,287,383

科学哲学 265,385

科伊科伊人 226

可敬的比德 95

克劳德·德·沃热斯基 203

克劳德·兰斯洛 202

克劳德·列维-斯特劳斯 359

克劳狄俄斯·埃利安 22

克劳迪奥·蒙特威尔第 217

克勒窝的伯尔纳 132

克雷莫纳的杰勒德 87,127,177

克里欧奈德斯 45

克里萨斯 24

克里斯蒂安·冯·艾伦菲尔斯 331

克里斯蒂安·戈特洛布·海恩 172

克里斯蒂安·惠更斯 218

克里斯蒂安·麦茨 368

克里斯蒂安·尤尔根森·汤姆森 352

克里特岛 351

克里特的米索迈德斯 44

克利托布洛 101,196

克吕尼的奥德 120

克罗地亚语 310

克洛维 94,95,104

客观性 22,110,274,275,281

肯定前件推理（又译假言推理） 136

孔德实证主义的 375

孔子 9,11,17,21,28,39,47,48,70,76,77,82,174,175,192,213

口述传统 23,36,39,105,193,293

口述史 23,27,30,33,196,282,292,293,378,391

口述资料 165,275

口头传述原则 196,198,265,274,293—295

库尔德语，库尔德 103

库尔特·萨克斯 335

库萨的尼古拉斯 161,167

夸比纳·恩克蒂亚 336

L

拉班·马罗 116

拉丁文通俗译本《圣经》 114,115

拉斐尔 237,350

拉格（又译拉加） 47

拉蒙·卢尔 137

拉米斯·德·帕雷阿 215,228

拉姆·沙玛 292

拉斯姆斯·拉斯克 306

拉塔基 226

拉希德·丁 108,196

莱昂·巴蒂斯塔·阿尔伯蒂 52,198,229,231,243

莱昂哈德·欧拉 212

莱奥尼纳斯 123

兰克 95,97,238,274—277,281—284,289,292—294,303,309,337,366,377

朗格朗格文 298

朗吉努斯（又译朗基弩斯） 73,74,77,80,242,258

浪漫主义 305,309,335,354,355,362,365,376

劳尼库斯·哈利科空迪拉斯　101,196
乐谱　43,120,123,224,227,269
乐器学　224
乐旨(又译动机)　331
勒内·笛卡尔　208
雷·杰肯道夫　332
雷蒙·威廉斯　369
雷纳夫·黑格登　98,106,108
类比原则　35,40,63,71,86,118,253,354
《梨俱吠陀》　39,61
李斯　30,39
李维(蒂托·李维)　27,32,116,157,158,180,181,329,330
李贽　191,192,197,198,265
里乔托·卡努杜　368
理查德·本特利　171,172
理查德·格鲁辛　373
理查德·蒙塔古　323
理查德·瓦格纳　334
理解　1,3,4,6,9,20,49,52,53,64,72,76,82,84,98,106,108,112,119,145
理论基础　216,230,233,255,260,383
理论与经验主义的互动　165
理性计算　211
历史编纂学　3—6,20,21,33,37,77,82,87,90,92—94,96,99—101,104,106
历史的辉格解释　276,295
历史法则　181,280
历史相对主义　197,265
历史相对主义者　192
《历史艺术》　186

历史哲学　279,281
历史主义　187,274,281,283
利奥·阿非利加努斯　193
利奥波德·冯·兰克　274
利奥三世　131
利弗维·艾特泽玛　276
利吉姆的忒阿根尼斯　144
例外规则　201
连接词　18,59,138,321,322
列奥纳多·布鲁尼　158,177,377
列奥纳多·达·芬奇　53,232,244
列夫·曼诺维奇　374
邻近原则　331
临界宽度　329,330,338
刘安　3,47,48,78,80
刘勰　70,76,77,150,260,393
刘知几　31,110,111,283,284
六度音　40,41,215,217,222,330
六度音阶　120,124,221
《六支》　53
卢克莱修　117,157,206,299,302
卢修斯·安内乌斯·塞内加　157
卢修斯·卡西乌斯·迪奥　27
鲁道夫·阿恩海姆　347
鲁道夫·阿格里科拉　167,206,250
路德维希·凡·贝多芬　331,334
路德维希·费尔巴哈　279
路易十四　202,203
露易丝·阿德尔冈德·库尔姆斯　257
吕西安·费弗尔　282
伦纳德·布龙菲尔德　313,314
《论组合术》　137,211

罗伯特·波义耳 228
罗伯特·弗鲁因 275
罗伯特·福格尔 285
罗伯特·伍德 245
罗常培 326
罗吉尔·凡·韦登 233
罗杰·培根 19,88,115,198,230
罗兰·巴特 358,360,361
罗伦佐·瓦拉 160,179,186,198,206,249,389
罗曼·雅各布森 313,357,358
罗默·维谢尔 346
罗塞塔石碑 296
逻各斯 67
逻辑 16,28,32,38,41,42,56—65,68—71,77—79,82,87,89,90,102,103
逻辑规则 73,207
逻辑结论(或译逻辑后承) 136
逻辑推理原则 304
逻辑(学派)哲学 61
逻辑一致性原则 161,175,263
逻辑(又译满提克) 140
逻辑语法 323,327
螺旋模式 190,191
洛多维科·卡斯特尔维特罗(又译卡斯特尔维屈罗) 253—255,258,272,365
洛可可 335
洛瓦托·洛瓦蒂 157

M

马蒂诺·达·科摩 179
马丁·海德格尔 363
马丁·路德 162,167,383
马尔库斯·图留斯·西塞罗 68
马尔提亚努斯·卡佩拉 38,46,87
马尔西利奥·费奇诺 166,170,236
马哈茂德·卡蒂 194
马建忠 326
马科斯·韦特默 331
马克·布洛赫 282,284
马克罗比乌斯 38,116,119,144
马克思·韦伯 287,295,389
马克思主义 284,289—292,349,352,356,358
马克斯·赫尔曼 365
马克斯·霍克海默 289
马库斯·费边·昆体良 45
马库斯·维特鲁威 52
马林·梅森 125,217,224
马鲁斯的克拉特斯 36
马尼利乌斯 160,169,171
马萨乔 229,230,237
马塞尔·普鲁斯特 359
马赛的塞里纳斯 130
马所拉学生 113,114
马塔姆巴 226
马歇尔·麦克卢汉 370
玛尔库斯·特伦提乌斯·瓦罗 37
玛雅 295,297,392
迈克尔·普雷托里乌斯 224
迈克尔·文特里斯 297
迈锡尼 297,351
麦加拉的菲洛 60

麦加斯梯尼 25,105
麦斯欧迪 104
麦耶尔·夏皮罗 349
曼涅里克一世 195
曼涅托 25,27,28,32,169,184,267,383,390
美达悌西·乔达摩 61
美第奇家族 180
美索不达米亚 11,25,82,297,351
蒙塔古语法 323,379
蒙特卡西诺修道院 158
孟加拉语 310
孟子 39
弥曼差派 75,76,145,150
米哈尔·穆沙卡 336
米哈伊尔·巴赫金 358
米诺斯 351
米歇尔·德·蒙田 256,360
米歇尔·福柯 3,289,361
米歇尔·科林 368
《秘义集成》 170,236,269
描述的 53,54,61,73,89,122,123,126,129,133,135,170,173,178,187,195
描述语法 17,86,200,203
民歌 205,332,333
民间故事 306,357,358
民族精神 191,273,277,356
民族主义 191,273—275,290,302,339,355,376,384,387,396
明朝 191,192,246,269,379
铭文学 179,304
命题逻辑 59,60,137,138,142,143,321,322,379,381,388
模仿 49,69,71—73,77,91,100,132,133,143,144,148,158,172—174,182,236,238,239,242,243,248,249,252—254,256—259,261,274
模仿论 49
模式派的 90,203
模式主义 89
模态逻辑 322
莫卧儿 12,109,156,176,196,197,248,264,292
墨子 62
默罕默德言行录 101,117,141
目击者叙述原则 23,25,32,33,53,100,102,113,118,154,165
幕府 391
穆巴里德 86
穆罕默德 82,101—103,117,118

N

纳格萨 15
奈纽斯（又译内尼厄斯） 98
能剧 391
《尼伯龙根之歌》 302,385
尼古拉·布瓦洛 256
尼古拉斯·博泽 205
尼古拉斯·孔多塞 189
尼古拉·特鲁别茨柯依 313
尼古劳斯·穆莱里乌斯 184
尼可罗·马基雅维利 180
尼克尔·奥利斯姆 124
年代学 351,378

涅琉斯的德米特里乌斯 36
纽姆 120,269
女性主义 290,335,349,360,369
诺姆·乔姆斯基 20,90,208,315,390

O

欧几里得 19,20,42,45,58,208,212,213,271
欧里庇得斯 58,72
欧文·帕诺夫斯基 132,284,344
欧阳修 110,111

P

帕加马 35,36,38,45,144,145,381
帕尼尼 5,9,11—15
帕尼尼的 12,14—17,19,23,33,42,47,61,65,67,73,76,79,81,82,85,86
帕坦伽利 16
排中律 59,63,71,78,139
潘末 212,214
庞贝 350
旁遮普 12,38,68
佩罗蒂纳斯 123
批评学派 289,290
皮埃尔·丹尼尔·胡埃 259
皮埃尔·督黑姆 8
皮拉罕语 325
皮罗·利戈里奥 350
皮特·萨恩列达姆 234
皮西特拉图（又译皮西斯特拉妥）24,34
皮耶罗·德拉·弗朗西斯卡 231,263

偏好规则 332
拼音拼写 29
平均律 48,216,225
平行发展 63,264
婆罗多牟尼 3,46,47,75,78,127,224,365,366,380,389,393
珀涅罗珀 50
普遍模式 191,239
普遍语法 19,20,86,88—90,92,203,205,305,308,318,325
普遍原则 242,252,254,284,298,331
普布利乌斯·克奈利乌斯·塔西佗 27
普拉克西特利斯 49
普莱桑（又译卜列东）166
普利西安 19,87,198
普林尼 3,8,49,50,52,53,73,78,80,129,134,157,229,236,237,257,270
普鲁士科学院 171
普鲁塔克 27,67,179
普罗科匹厄斯 100,129
普罗佩提乌斯 157,165
普罗塔哥拉（又译普罗泰戈拉）64
普罗托曳尼斯 50
普塞罗斯 45
普适法则 353
普通教育 68
谱系图 298—303,305,368
谱系语文学 302—304,309,317,348,354,368,376,378

Q

齐普夫的法则 324

奇马布埃　129
耆那教徒　142
启发式规则系统　77,147
启蒙　156,185,186,188—191,223,265,277,289,382,383
启蒙运动者　189,190,197
器乐　46,126,216,224,227
前哥伦布时代的美洲　5,391,392
前提　57,58,62,63,65,66,123,136,140,142,143,147,174,211,258
虔诚者路易　132
钱币学　179,304
潜在规则　144,212
乔尔丹诺·布鲁诺　250
乔塞福·扎利诺　216
乔托　129,235
乔万尼·巴蒂斯塔·贝内代蒂　216,233
乔万尼·贝洛里　237
乔万尼·薄伽丘　146,158
乔万尼·德·马托西斯　157
乔万尼·莫雷利　340
乔万尼·皮耶路易吉·达·帕莱斯特里那　222,334
乔万尼·萨凯里　212
乔治·布尔　321
乔治·达尔加诺　205
乔治·古斯多大　3
乔治·齐普夫　324
乔治·萨顿　3,105
乔治·瓦萨里(又译乔尔乔·瓦萨里)　237

乔治·魏茨　303
乔治乌斯·霍尼乌斯　187
切尔诺里泽茨·赫拉巴　90
切萨雷·巴罗尼奥　162
秦朝　30,39,63,80
琴尼诺·琴尼尼　236
清朝　175,192,225,247,291,326,350,364,365
情节　72,359,364
去中心化　289,360
全球视野　5
全史　108

R

让-菲利普·拉莫　219
让-弗朗索瓦·利奥塔　289
让-弗朗索瓦·商博良　296
让-雅克·卢梭　190,205
让·博丹(又译让·博丁)　182
让·布里丹　137,139
热拉尔·德·赖瑞斯　241
热拉尔·热奈特　359
人类科学　4
人类学　85,105,152,293,294,349,353,358,359,371,378,391
人类音乐　46
人文学　1—11,19,20,28,32,34,36,39,41,46,73,75,77—82,87,90,94,105
人文学的哲学　284
人文研究　158,159,198,262
人文主义革命　266
人物类型(又译主人公)　357,358

人种音乐学　335

儒家基本美德原则　31

儒家学说　28,29,111

儒勒·米什莱　277

阮元　365

瑞那·普兰普　329

若斯坎·德·普雷　221

S

撒狄的墨利托　94

撒马尔罕　81,104

萨迪　194

萨尔嘎德瓦　127

萨非·丁　126,227

萨福　74

萨哈尼　108

萨卡塔亚纳　16

萨丕尔-沃夫假说　308

塞巴斯蒂亚诺·赛利奥　245

塞勒斯特（撒路斯提乌斯）　33

塞琉古　68

塞缪尔·凡·霍赫斯特拉滕　234,238

塞缪尔·约翰逊　257,292,293

塞维利亚的伊西多　114

三度音　40,41,43,215,217,222,329

三段论　57—60,62,63,65,66,79,89,
　　135—143,147,152,154,206,207,211,
　　212,270,271

三艺　38,57,140

三语委员会　168

桑海帝国　156,193,194,226

色诺芬　25,100

沙达佳　46,47

《沙摩吠陀》　46

上下文无关　316,318,319,324

上下文无关规则　316

上下文无关语法　316,318

上下文相关　312,316,324

上下文相关规则　14

社会—经济史　280,284,292

社会科学　1,3,4,284,315,330,353,
　　364,369,371,375,386,389,394

社会学　106—108,110,152,277,284,
　　287,293,349,371,389

社会学分析的史料原则　107,113

神经科学　386

神学　2,9,62,88,94,97,100,101,113,
　　133,140,145,147,153,159,167,168

生产方式　278,280,285,294

生产资料分析原则　279

生成语法　15,208,320,323,325

圣安布罗斯　143

圣奥古斯丁　1,38,93,94,114,131,
　　143—145,154,159,334,389,390

圣保罗　143,145,163

圣博尼法斯　114

圣杰罗姆　93,114,163,167

《圣经》　95,97,103,112—114,131,
　　143—145,152,155,163,167,168,170

圣迁　268

圣书体文字　295,296

省略推理法　64—67,69

诗学　5,8,18,28,30,32,34,49,65,70—
　　78,90,113,134,143,144,146—155

诗学/文学研究 261

《诗艺》 73,253

十二音音乐 333,335

什叶派教徒 101

时代错误 7,8

时代划分 93,94,176,179

时代精神 275,281,355,356

时间、地点和行动统一律 254,256,261,365

时间计算 95—97

时间结构 112,113,153,176,197

时间跨度 29,261,282

时间之前的时间 184

实物史料 175,179

实物史料原则 178,179,198,350

实证主义 3,274,277,278,280,285,286,288,289,334,337,353—357,362,366,367,389

史料批评 193,275,292,294,303,377,382,383

史料修复 38,173,382,383,390

12世纪文艺复兴 87,126,132,157,347

15世纪文艺复兴 132,347

示巴女王 112,195

世界历史模式 288

世俗化 175,176,265

视觉文化 374

视觉资料 53

收复失地运动 89,109

书写系统 296,297

书信写作艺术 144

束晰 269

数学 1,2,19—21,41,42,44—46,48,51,52,78,88,97,103,105,115,117

数学比例原则 48,50,53,56,126,128,134,248,338

数学视角 248

数字人文学 393

双剑符号 42

舜 21

司马光 111

司马迁 5,29—32,77,78,80,108—110,127,133,176,178,187,193,275,291,389,393

司马谈 30

思辨音乐 123

思辨语法(又译理论语法) 81,88,90,92,198,203

斯蒂芬·图尔敏 364

斯多葛学派 35,38,59,60,74

斯丰塔学派 82

斯拉沃热·齐泽克 369

斯里兰卡 104

斯鲁提 47,127

斯佩罗内·斯佩罗尼 186

斯坦利·恩格尔曼 285

斯图亚特·霍尔 371

斯瓦拉 127

斯瓦西里语 194

四度音阶 42,43,125

四句逻辑学 142

四艺 2,38,140

宋朝 127,128,133,150,225,245—247

诵经 39,46

诵说 250
苏埃托尼乌斯 27
苏格拉底 58,64,207
苏拉 67,73
苏尤蒂 86,108,389
素描 130,234,235,237,283,317,343,389
梭伦 34
所罗门国王 112,195
索福克勒斯 72
索卡尔事件 361
索利的克吕西波斯 35,60,381,388

T

塔巴里 7,103,268
塔拉 53,55,127,134
塔伦特姆的亚里士多塞诺斯 41
塔玛沙克语 193
泰奥弗拉斯托斯 71
泰米尔语 16,19,82
碳14(c-14)年代测定 351
唐朝 29,56,104,109,110,127,133,150,245,246
陶尔米纳的蒂迈欧 25
特奥多尔·蒙森 275
特拉比松的乔治 250
特拉比松红衣主教贝萨里翁 166
特拉(库法) 148
特伦斯 165
特姆诺斯的赫尔马戈拉斯 68
剔除原则 164
天籁之音 41,46

天球理论 263
廷巴克图 193—195,226,293,392
通史 3,4,28,92—94,96—98,100,101,103,104,106,112,169,183,187,196,224
通用语 154,208—210,250,325,384
透视法则 229,232,233
透视缩短 54,55,134,135,152,248,270
秃头查尔斯 120
突尼斯 106,177,391
图阿雷格语 193
图尔的格里哥利 95
图尔的马丁 95
图坦卡蒙 351
土耳其语 196,227,395
托勒密 3,45,68,79,125,214—216,296
托勒密二世 34
托勒密五世 296
托马斯·阿奎那 131,133,145,146,159
托马斯·范·艾尔佩 86
托马斯·霍布斯 250
托马斯·杰斐逊 350
托马斯·肯皮斯 167
托马斯·库恩 266
托马斯·利纳克尔 198
托马斯·麦考莱 276
托马斯·斯普拉特 251
托马斯·杨 296
托斯卡纳语 160,198,209,229

W

瓦尔克内尔 172

瓦尔皮瑞语 325
瓦尔特·本雅明 344,370
瓦尔特·冯·德尔·福格尔魏德 302
瓦尔特·格雷格 303
瓦莱里乌斯·弗拉库斯 159
瓦勒里乌斯·普罗布斯 37
万尼瓦尔·布什 373
汪达尔人 86,94,100
王夫之 192
王世贞 246
王绎 246
《往事书》（又译《古事记》） 32
威拉德·利比 351
威廉·狄尔泰 6,188,280,328,356,362
威廉·冯·洪堡 307
威廉·格林 305
威廉·胡雷 239
威廉·惠特尼 320
威廉·霍尔德 4,206,388
威廉·卡姆登 182
威廉·李维特 329
威廉·琼斯 205,305
威廉·莎士比亚 257,366
威廉·文德尔班 6,280
微观历史 283
微阶 42,43
韦塞尔·甘斯福特 167
韦氏拼写 29
唯名论 89,90,138,139
唯名论逻辑学 138
唯实论 89,131
唯实论者 89

维杜金德 98
维尔纳定律 311,312,327
维吉尔 145,165
维柯 187,188,191,197,251,252,258,264,273,274,281,286,304,307
维克多·什克洛夫斯基 356
维拉尔·德·奥内库尔 130
维里乌斯·弗拉库斯 37
维泰博的安尼乌斯 169,183
卫协 55
伪音 221
伪造 39,161,162,169,174,183,264,268
味 5,9,14,22,75,77,82,89,95,96,99,107,110,119,124,141,147,150,155
谓词逻辑 60,321—323,327,378,379
魏朝 76
温绍弗·杰弗里 144
文化大革命 365
文化模式 24,368,369
文化史 286,287,290,338,339,363,389
文化研究 367,370,371,374,375,377,394
文森佐·伽利莱 46,214,216,217
文森佐·斯卡莫齐 245
文体 77,151,152,160,173,250,259,260,272,356,357,367
文献修订 304
文献支撑的史料原则 275
文学研究 34,154,295,364,365,380
文艺复兴 82,124,136,140,151,166,170,180,221,222,224,249,335,339,

340,343,344,347,350,355,365,366,
386,390
倭马亚 101
沃尔夫冈·阿玛多伊斯·莫扎特 331
沃尔特·雷利 187
乌波·埃米尤斯 184
乌尔都语 310
乌尔语 384
五分之一音阶 48

X

西奥多·阿多诺 289
西奥菲勒斯·普雷斯拜特 130
西拜韦 81,82,84—86,89,91,92,152,
153,200,201,267,325,341,377,378,
384,389,392
西班牙的彼得 137
西尔维斯特一世 161
西法兰克 98,120
西格蒙德·弗洛伊德 342,349
西利乌斯·伊塔利库斯 160
西罗马帝国 86,94,99,161,162,176
西西里 21,38,68,81,87,355
西锡安的奇诺克雷蒂 49
希波克拉底 118
希波战争 22,24
希伯来语 168,183,199,204,205,
214,305
《希尔德布兰特之歌》 302
希腊化 17,21,22,25,34,37—40,63,
67—69,73,78,384
希腊化的 67

希腊哲学 17,117
希罗多德 5,21—25,31—33,36,73,78,
102,104,108,112,154,176,180,187,
190,267,294,393
戏剧人类学 367
《戏剧学》 46,75,76,127,150,358,366
戏剧重建 366,380
系谱学 98,163,164,170,175,309
系统原则 11,97,98,100,115,118,
327,371
细读 157,351,363
细节菲洛 52
夏朝 178
夏文彦 133,134
现代虔诚运动 167
现代主义 7,8,281
线性模式 28,33,75,94,108,113,
190,197
相对主义 24,106,191,281,361,394
相似原则 331
肖像学 344—347,353,366
校订 299,300
校正 158,163,171,183,233,238
谢赫 55,56,133,134,235,246,261,
270,294,393
谢赫·安塔·迪奥普 294
心理声学 330,337
心理叙事学 363,364
心理学 124,331,347,349
新柏拉图主义 144,234,236,238
新古典主义 245
新科学 107,171,187,208,217—219,

223,227,228,251,255,262,269,383

新拉丁文(又译近代拉丁文) 160

新兰克学派的 283

新浪漫主义 335

新历史主义 363

新逻辑学 136,137,140,142,321

新马克思主义 289,292,371

新媒体 367,368,373—377,393

新批评 363

新人文主义 172

新儒学 29

新实证主义 109,285—288

新史学 290

新文化史 290,293,335,349

新文化运动 364,365

《新艺术》 123,124

新艺术史 241,349,353,354

新音乐学 334,335,338,349,353

新语法学派 307,311—313,315,320,378

《新约》 114,144,145,167,168,259,299,302

新正理派 142,149

信誉(又译人格) 67,342

行为主义 315,316,337

形而上学 59,87,141,277,279,286,295

形式体系 13,14,16,19,20,323,384

形式语法 20,320,331,384

形式主义 60,150,154,207,309,316,319,320,325,332,344,354,356—359,363,364,368,380,384

形态学 315,325,357

性别研究 371

休伯特·帕里 334

修辞学 32,45,57,61—71,74,77,143,144,147,149—155,159,167,168,171

修辞学语法 251,271

修道院院长苏格 131

修订 115,116,163,165,167,169—172,174,175,216,265,268,299,301,302,317,339,348

修昔底德 5,22—26,31—33,100,102,108,154,176,178,180,267,275

虚拟现实 373

徐光启 212

序时一致性原则 161,175

叙事结构 72,357,359,360,367—369,373,380

叙事学 103,349,358—360,369,380

叙事语法 380

叙事主义 288—290,335,394

叙述素 357—359,364,380

玄奘 82,142

玄宗皇帝 127

旋律法则 40,42—44,220

旋律语法 122,173,220,272

薛居正 111

寻求模式的 6,11,282,287,290,326,327,338,349,396

循环模式 22,24,26,31,33,63,78,94,107,108,110,113,176,188—190,197,198,264,306,334,391

逊尼派教徒 101

殉道者游斯丁 93

Y

雅各布·布克哈特　287,339
雅各布·格林　306
雅各布·卡茨　346
雅各·李维乌斯　184
雅克·德里达　289,361
雅克·德·列日　124
雅克·拉康　361,369
亚当以前的人　185
亚里士多德　11,17,18,26,34,41,42,45,49,57—70,72—74,76,78—80,87
亚历山大·鲍姆嘉通　241
亚历山大大帝　12,17,21,25,47,50,63,68,105
亚历山大的克莱门　94
亚历山大·赫吉亚斯　167
亚历山大·蒲柏　257
亚朴·孔斯特　335
亚瑟·埃文斯　297,351
亚瑟·柯南·道尔　342
言语　64,82,144,172,199,205,206,209,220,235,251,258,308,312,313,318,332,368,393
阎若璩　174
演绎　43,45,46,57,59,61—63,65,66,70,71,79,82,140,150,153,208,212,220,227,254,270,277,279,285,286,299,357
扬·凡·艾克　233,345,348
扬·斯蒂恩　346,347
杨·胡伊根·范·林斯霍滕　226

尧　21
姚最　133
耶斯卡　16,82,322
耶稣会士　174,202,203,212,224,225,247,255
叶耳古比　103
伊本·阿比·伊斯哈格　83,84
伊本·巴图塔　135
伊本·赫勒敦　5,106—110,113,152,176,177,187,193,197,226,264,284,286,391,393
伊本·金尼　86
伊本·卡拉尼西　108
伊本·库尔　226
伊本·拉希奇　149
伊本·卢特富拉　196
伊本·鲁世德　137
伊本·纳迪姆　149
伊本·纳菲斯　141
伊本·瓦哈希叶　295
伊本·西那　126,381
伊波利特·泰纳　355
伊波利托·罗塞里尼　297
伊曼努尔·康德　242
伊弥尼　76
伊萨克·比克曼　218,328
伊斯法哈尼　126
伊斯兰教　12,82,87,99,113
伊斯兰教的哲学　5
伊斯纳德（又译"赛奈德"）　92
伊索克拉底（又译伊苏克拉底）　64
伊特鲁里亚语　297,298

依存语法 85,326

遗传学 300

以弗所的泽诺多托斯 34

艺术理论 2,48,53,55,78,90,124,129—132,134,135,143,144

艺术史 2,3,6,7,28,32,49,53,56,77,78,128—130,132—135,228,229,233

异常派论者 9,35,36,39,45,144,145,381

异常原则 35,40,50,53,56,75,77,134,135,145

因果解释 288,356

音乐诗学 214,221,222

《音乐手册》 120—122,128,221,222,269

音乐学 1—4,6—9,19,28,32,40—42,44—47,75,77—79,81,82,87,118

音乐语法 19,51,67,129,220—222,332,368,379

音素 82,91,311—315,348,376

音韵学 85,214,314,315,319,320

印度哲学 76

印欧语 16,172,205,306,308,311,312,384

(英国国王)威廉三世 276

尤金诺·芭芭 367

尤里乌斯·塞克斯图斯·阿非利加努斯 28,93,94,100,390

尤里乌斯·叙吉努斯 37

尤利乌斯·凯撒·斯卡利格 168,198

尤斯图斯·利普修斯 169

尤西比乌斯 25,28,81,93,100,268

有效性 76,77,79,139,270,271,362,379

与《圣经》融贯原则 92,93,95,99,112,113,115,118,131,132,135,144—146,152—154,162,170,184

宇宙音乐 46

雨果·黎曼 331

雨果·舒哈特 312

语法 2,8,11—20,23,33—35,37,38,41,43,44,57,60,61,63,65,68,73

语法规则 12,14,16,35,73,79,202,280,316,359

语法学派 202

语文学 1,2,6,27,33—35,37—40,44—46,60,64,65,75,77—80,85—87

语言 2,5,8,9,11—20,22,42,44,60,66,78—80,82,84—91,99,110,122

语言行为 316,323

语言学 1—6,9,11—20,32,33,37,41,44,47,60,63,77,78,80—88,90—92

语言一致性原则 162,175

语义学 14,82,209,319—321,323,325,326

语意合成性 82,379

语意合成性原则 16,322

语音学 85,205,206,210,218,388

语音演变定律 8,205,385

元朝 246,247

元规则 14,85

元模式 79,112,113,153,197,228,261,391,396

元史学 288,289

原始印欧语　309—311
原始语言原则　166,168,175
原始资料　38—40
原型　34,53,298—301,303,311
约阿希姆·布麦斯特　222
约翰·埃内斯蒂　191
约翰·邓斯塔布　215
约翰·富克斯　222
约翰·戈特弗里德·赫尔德　188,191,205
约翰·戈特谢德　252,257
约翰·赫伊津哈　287
约翰·霍金斯　224
约翰·开普勒　79
约翰·罗伊希林　167
约翰·洛克　171
约翰·马特松　222
约翰·马提亚斯·盖斯纳　171
约翰·弥尔顿　194
约翰内斯·德·加兰迪亚　123
约翰内斯·德·莱特　204
约翰内斯·德·缪里斯　124
约翰内斯·科托　122
约翰尼斯·斯科特斯　132
约翰·塞巴斯蒂安·巴赫　172,222
约翰·塞姆勒　191
约翰·威尔金斯　209
约翰·沃利斯　218
《约翰一书》　167
约翰·约阿希姆·温克尔曼　241
约克的阿尔昆　87,96,114
约鲁巴人　292,293

约瑟夫·海顿　331
约瑟夫·斯大林　284,356
约瑟夫·尤斯图斯·斯卡利格　25,33
韵律　18,35,39,42,126,147,149,202,257,261,365
韵文作文艺术　144

Z

藏语　16,19,82
宰德·伊本·萨比特　117
早期古艺术　122
泽里格·哈里斯　316
詹姆斯·鲍斯韦尔　257
詹姆斯·乌雪　184
詹森派信徒　202
詹森派哲学　202
张彦远　133
章炳麟　326
章学诚　191,193
赵执信　260,261
真理即成事　198
"真理即成事"原则　187
真值表　59,60,63,137
争议点理论　68
整体主义　82
正理派　16,60—62,69,70,79,82,140,142,322
正确音　221
证伪　75,79,383
政治哲学　185,278
《执矛者》　50,52
执事保罗　98

指代 138,139

秩序与简单性 210

智渊阁 82,118

智者派 41,64,65

中观历史 33,283

中国哲学 28,192

中世纪拉丁文 160

种族主义 284,334,352,384

周朝 21,47

宙克西斯 49,50,236

朱尔加尼 86

朱古达战争 33

朱景幺 133

朱莉娅·克里斯蒂娃 361

朱里·坦尼亚诺夫 356

朱权 225

朱塞佩·伽斯底里奥内 247

朱熹 111

朱载堉 225

《竹书纪年》 29,39

主题 2,6,7,9,12,20,22,44,52,62,64,
65,69,71,113,121,133,134,144,154

专题论文作者派 186,197

转换规则 316

自然法则 42,74,75,105,219,242,243,281,330,334

自然科学 4—9,155,156,165,171,186,187,214,217,227,228,262,263,265

自然哲学 262,266,381

自然主义的 355,356

字母交换 204

纵聚合的 313

宗教改革 162,382,383

宗教革命 154

最可信史料原则 22,32,33,36,102,154,165

最老史料 165

最老史料原则 163,164,167,169,170,175,183,184,198

最小对立对法 91,314

最优化理论 326